U0906664

2023
HUBEI RURAL STATISTICAL YEARBOOK
湖北农村统计年鉴

《湖北农村统计年鉴》编辑委员会 编

©中国统计出版社有限公司 2023
版权所有。未经许可，本书的任何部分不得以任何方式在世界任何地区以任何文字翻印、拷贝、仿制或转载。

©2023 China Statistics Press Co.,Ltd.
All rights reserved. No part of the publication may be reproduced or transmitted in any form or by any means, electronic or mechanical, including photocopying, recording, or any information storage and retrieval system, without written permission from the publisher.

图书在版编目（CIP）数据

湖北农村统计年鉴. 2023 = Hubei Rural Statistical Yearbook 2023 /《湖北农村统计年鉴》编辑委员会编. -- 北京 : 中国统计出版社, 2023.11
ISBN 978-7-5230-0249-0

Ⅰ. ①湖… Ⅱ. ①湖… Ⅲ. ①农业统计－统计资料－湖北－2023－年鉴 Ⅳ. ①F327.63-66

中国国家版本馆 CIP 数据核字(2023)第 175031 号

湖北农村统计年鉴 2023

作　　者 /《湖北农村统计年鉴》编辑委员会
责任编辑 / 高媛媛
装帧设计 / 周　莎
出版发行 / 中国统计出版社有限公司
地　　址 / 北京市丰台区西三环南路甲 6 号
邮政编码 / 100073
电　　话 / 邮购(010)63376909　书店(010)68783171
网　　址 / http://www.zgtjcbs.com
印　　刷 / 武汉市楚风印刷有限公司
经　　销 / 新华书店
开　　本 / 890mm×1240mm　1/16
字　　数 / 417.6 千字
印　　张 / 22
版　　别 / 2023 年 11 月第 1 版
版　　次 / 2023 年 11 月第 1 次印刷
定　　价 / 320.00 元

如有印装差错，由本社发行部调换。

《湖北农村统计年鉴 2023》编辑委员会

主　　任：谢高波

副 主 任：叶福生　张小青　项克强　曾德云　孙国荣　李　光
易俊东　黄德华　齐兴旺

委　　员：（以姓氏笔画为序）
王　煌　叶　俊　叶建刚　左华朗　刘传勇　朱利明
汪明阳　陈汉秋　胡　敏　郭贵洲　雷文涛

编　　辑：（以姓氏笔画为序）
付德耀　冯　鑫　朱　宝　孙　珊　刘沫洋　李　晖
李邦志　肖　华　张　凯　周　真　周雄峰　胡　振
胡将伯　胡艳欣　黄淑芬　童　睿　雷　迪　蔡先锋

责任编辑：高媛媛

编 辑 说 明

一、《湖北农村统计年鉴2023》由湖北省统计局、国家统计局湖北调查总队、湖北省农业农村厅、湖北省水利厅、湖北省自然资源厅、湖北省农业事业发展中心、湖北省林业局、湖北省监狱管理局等部门共同编辑。

二、本年鉴中农业机械化、农业技术推广及应用资料、渔业和农垦统计资料由省农业农村厅提供；水利建设资料由省水利厅提供；耕地情况由省自然资源厅提供；畜禽规模养殖、畜产品加工和兽药生产企业等资料由省农业事业发展中心提供；林业统计资料由省林业局提供；监狱系统农场资料由省监狱管理局提供；粮食和畜牧产量由国家统计局湖北调查总队提供；其余资料由省统计局提供。

三、《湖北农村统计年鉴2023》收录了2022年湖北省农业统计及省级部分年份资料，本年鉴中涉及到的历史数据，均以最新出版的本年鉴数据为准。

四、本年鉴文字资料部分主要反映2022年湖北省及各市州农业农村经济发展、十大重点农业产业链建设情况。

五、本年鉴由于组稿、资料整理和编辑时间紧迫，难免有失误之处，敬请广大读者谅解，并欢迎指正。

目　录

一、文字篇

二、数据篇

1. 农村基本情况

2. 农业产值

3. 种植业

4. 林业及土特产

5. 畜牧业

6. 渔业

7. 农业机械化

8. 农村主要能源及物资消耗

9. 农业技术推广及应用

10. 水利建设

11. 农垦及监狱系统农场

一 文字篇

2022年湖北十大重点农业产业链统计监测报告

2022年，省委省政府进一步加大十大重点农业产业链建设力度，出台了一系列关于加强农业产业化发展的政策措施，强化培育壮大龙头企业“十百千万”工程，全省十大重点农业产业链建设稳步推进。为了全面了解十大重点农业产业链建设进展情况，从2021年起，省统计局会同省农业产业化工作联席会议办公室、省农业农村厅对我省十大农业产业链建设情况进行统计监测。本报告对2022年建设发展情况进行统计监测分析，并提出相关建议。

一、十大重点农业产业链建设成效显著

（一）十大重点农产品产量稳步提高，品牌价值增强。

1.产量规模稳步增长，对全省农业贡献提高。2022年全省农产品产量保持稳定增长，十大重点农产品产量增幅靠前。淡水产品489万吨，比上年增加10万吨，增长2.0%，其中小龙虾产量115万吨，比上年增加5万吨，增长4.6%；优质稻米产量1859万吨，比上年增加19万吨，增长0.9%；优质生猪品种出栏3224万头，比上年增加573万头，增长21.6%；油菜籽274万吨，比上年增加21万吨，增长8.3%；蔬菜（食用菌）4432万吨，比上年增加127万吨，增长3.0%，其中莲藕181万吨，减少5.9%。这些农产品在全国都有举足轻重的地位。

2022年十大重点农产品产值6593亿元，增长10.0%，贡献全部农林牧渔业总产值73.8%，比上年提高1.5个百分点。

2.优质农产品生产显著提速，品牌建设加快。2022年稻米、生猪、淡水产品、茶叶、油菜籽、柑橘优质品率较高，分别为77.0%、74.0%、67.2%、71.4%、87.6%、77.1%，比上年分别提高0.5、2.1、5.7、14.1、9.1、13.0个百分点。

根据监测数据，2022年十大重点农业产业“二品一标”数为2867个，比上年增加113个。中国驰名商标（农产品类）达到94个，增加9个，在省域和全国有影响力的区域公用品牌达到264个，增加56个。

3.龙头企业增长带动作用显现，产业链加固加厚。根据监测数据，2022年十大重点农产品加工产值（规上，下同）4407亿元，比上年增长22%；农产品加工企业（规上，下同）1887个，比上年增加193个，其中稻米加工增加43个，猪肉加工增加14个，水产品加工增加17个，茶叶加工增加23个，菜籽油加工增加12个，柑橘企业增加2个。全省农产品加工主营业务收入超过10亿元的重点农产品加工企业共有50个，比上年增加2个；1至10亿元的企业共709个，增加130个。

龙头企业带动了农业加快发展，如东西湖蔬菜龙头企业带动周边蔬菜种植，京山稻米加工带动水稻种植，沙洋菜籽油加工和休闲旅游带动油菜籽种植。以龙头企业为核心的产业化联合体和现代农业产业园建设成效显著。2022年全省建成省级农业产业化联合体145个，增加9个；省级现代农业产业园98个，增加4个。

4.加工和销售保持增长，产业链延长加强。2022年产业链加工产值增速为22.0%、销售额增速为15.3%，均高于农业产值的增速。在农业生产、农产品加工、销售三环节中，加工、销售环节占比较高的主要有稻米、茶叶、油菜籽、中药材四条产业链，这四条产业链的农业生产、加工、销售结构比（以农业产值为1）分别为1:2.74:1.21，1:1.27:1.30，1:2.27:1.09和1:1.32:1.10。

稻米加工产值和销售与稻米种植产值的比值比上年分别提高0.02和0.3个百分点；茶叶加工产值和销售额与茶叶种植产值的比值比上年分别提高0.31和0.05个百分点；油菜籽加工产值与种植的比值比上年提高0.9个百分点，销售比值降低0.9个百分点；中药材加工产值与种植的比值比上年提高0.1个百分点，销售比值降低0.2个百分点。

（二）市州、县（市）结合各自特色强力推进。

各市州奋力推进重点农产品产业链发展，取得较好成效。根据产业链监测指标综合得分排名，全省13个市州前三位分别是宜昌、荆州、襄阳，得分分别95.6、93.8和92.7。产业链产值增长速度前三位分别是潜江、黄冈、恩施州，增速分别为21.4%、13.3%、12.7%。

县域“一县一品”加快推进。按照功效系数法对全省各县(市区)十大重点农业产业链23个指标综合得分情况进行了排序，各产业链排名前十的县(市区)排位及进位情况如下(见下表)。

十大产业链排名前十及进位的县市区(1)

十大产业链综合			稻米			生猪			特色淡水产品(小龙虾)			蔬菜食用菌莲魔芋		
	位次	进位		位次	进位		位次	进位		位次	进位		位次	进位
监利	1	↑3	监利	1	–	襄州	1	–	潜江	1	–	随县	1	–
潜江	2	↓1	沙洋	2	↑1	宜城	2	↑9	监利	2	–	新洲	2	↑7
天门	3	↑2	京山	3	↓1	应城	3	↑4	洪湖	3	–	南漳	3	↓1
襄州	4	↑7	枣阳	4	–	京山	4	↑14	仙桃	4	–	钟祥	4	↑9
钟祥	5	↑7	襄州	5	↑7	黄陂	5	↑5	石首	5	↑3	房县	5	↓2
夷陵	6	↓3	钟祥	6	↑2	枝江	6	↑9	新洲	6	↓1	黄陂	6	↑4
枝江	7	↑1	仙桃	7	–	当阳	7	↓4	丹江	7	↑6	郧阳	7	↓2
京山	8	↑2	天门	8	↓3	武穴	8	↑1	公安	8	↑6	长阳	8	↓1
枣阳	9	↓3	潜江	9	–	老河口	9	↓4	孝南区	9	↓2	仙桃	9	↑6
南漳	10	↑5	松滋	10	↑6	钟祥	10	↑7	江夏	10	↓1	嘉鱼	10	↓4

十大产业链排名前十及进位的县市区(2)

禽蛋			茶叶			现代种业			菜籽油			柑橘			中药材		
	位次	进位		位次	进位		位次	进位		位次	进位		位次	进位		位次	进位
应城	1	–	恩施	1	↑7	襄州	1	–	沙洋	1	↑2	秭归	1	–	蕲春	1	–
宜城	2	↑4	夷陵	2	↓1	竹山	2	↑7	襄州	2	↑12	枝江	2	–	麻城	2	–
仙桃	3	↑7	赤壁	3	↑3	石首	3	↓1	公安	3	↑6	宜都	3	–	房县	3	↑3
石首	4	↑5	宜都	4	↑1	监利	4	↓1	武穴	4	↓2	当阳	4	↑1	英山	4	↑1
浠水	5	↑3	咸丰	5	↑2	荆州区	5	↓1	仙桃	5	↓1	夷陵	5	↓1	罗田	5	↑2
京山	6	↓3	鹤峰	6	↓2	鄂城	6	↑11	监利	6	–	丹江口	6	–	利川	6	↓3
监利	7	↓3	英山	7	↓4	浠水	7	↓1	枣阳	7	↓6	松滋	7	–	长阳	7	↓3
咸安	8	↓6	竹山	8	↑2	孝南	8	↓3	天门	8	↓3	宣恩	8	↑2	通城	8	↑4
谷城	9	↓2	利川	9	↓6	郧西	9	↑6	麻城	9	↑1	阳新	9	↑2	保康	9	↑10
枣阳	10	↓5	竹溪	10	↓1	江夏	10	↑1	钟祥	10	↓3	南漳	10	↑3	巴东	10	–

从上表可以看出，排名靠前的县(市区)主要具有以下特点：

一是有好品牌或地标产品。如潜江龙虾、宜昌柑橘、蕲春蕲艾、京山桥米等分别在各产业链中拔得头筹。

二是自然资源禀赋较适合发展特色农产品，如粮食大县监利、生猪大县襄州、脐橙大县秭归等。

三是农产品加工业发展突出。如秭归县围绕脐橙加工，夷陵区、恩施市、赤壁市围绕茶叶加工，通过农产品加工产业的发展，带动农业增产、农民增收。县市进位快的也是农产品加工带动，如2022年襄州区十大重点农业产业农产品加工产值比上年翻一番，农产品加工企业主营业务收入过亿元由7个增加到14个，其中稻米加工增加3个，猪肉加工由无增加到4个；2022年钟祥市州级以上农产品加工企业数由21个增加到41个，主营业务收入331亿元，增长69.7%，农产品加工产值增长19.3%；监利农产品加工主营业务收入过亿元由12个增加到18个。

(三)十大产业链建设各具特色、成效明显。

1.优质稻米。品牌建设成效显著。2022年“二品一标”品牌514个，在十大产业链中位列第三，比上年增加23个。优质稻米种植面积达到3297万亩，比上年增长5.7%，其中订单面积增长22.6%。稻米生产、加工、销售协调发展，农产品加工产值占比在十大产业链排名第一。加工企业达到618家，位居十大产业链首位。省级龙头企业

210个，比上年增加43个。主营业务收入过亿元企业达到278家，位居十大产业链第一。稻米销售额达到707亿元，增长37.6%，其中通过网络销售增长124.1%。

2.生猪。生猪出栏4332万头，增长5.3%，其中优质生猪出栏增长21.6%。优质生猪占整个出栏生猪比重达74.4%，比上年提高2.6个百分点。加工占比稳步提高。2022年猪肉加工企业达到117家，比上年增加12家，省级龙头企业51家与上年持平。加工企业主营业务收入578亿元，增长56.7%，主营业务收入过亿元企业达到50家。生猪和猪肉销售额达到1009亿元，增长10.3%，其中通过网络销售增长75.3%，占销售额2.7%。

3.淡水产品（小龙虾）。品牌建设稳步推进。2022年“二品一标”品牌107个，比上年增加10个；中国驰名商标11个，比上年增加4个；区域公用品牌27个，增加1个。小龙虾生产稳定增长。小龙虾养殖面积857万亩，增长5.5%，产量115万吨，增长4.6%。加工、销售快速增长。水产品加工企业94个，增加17个，省级龙头企业64个，增加14个；主营业务收入过亿元企业达到45个，增加10个。淡水产品加工企业主营业务收入500亿元，比上年增长19.7%；淡水产品销售额达到722亿元，增长12.1%，通过网络销售额19.4亿元，增长23.5%。

4.蔬菜（食用菌、莲藕、魔芋）。品牌数量稳居各产业链第一。2022年“二品一标”品牌1021个，占十大产业链总数的36%；中国驰名商标8个，与上年持平；区域公用品牌48个，增加2个。蔬菜生产总体稳定。食用菌产量54万吨，增长10.8%；魔芋产量24.4万吨，增长1.0%；莲藕产量182万吨，略降1.5%。加工销售增长较快。蔬菜（食用菌）加工企业250家，比上年增加25家；省级龙头企业108家，增加9家；主营业务收入过亿元企业达到118家，增加34家；蔬菜（食用菌）加工企业主营业务收入489亿元，比上年增长6.4%。

5.油菜籽。品牌建设提质增效。2022年“二品一标”品牌19个，减少3个，中国驰名商标11个，增加4个，区域公用品牌10个，增加2个。油菜籽生产稳定增长。2022年油菜籽播种面积1728万亩，比上年增长5.2%，优质油菜籽种植面积1514万亩，增长12.5%，油菜籽总产量273万吨，增长8.3%。加工、销售保持稳定。油菜籽加工企业93家，其中主营业务收入过亿元企业30家，比上年增加5家。加工企业主营业务收入311亿元，增长24.0%。菜籽油销售额177亿元，增长8.6%，其中通过网络销售额8.6亿元。

6.家禽及蛋制品。品牌建设加速推进。2022年“二品一标”品牌67个，比上年增加4个，中国驰名商标6个，与上年持平，区域公用品牌19个，增加3个。禽蛋生产稳中微升。2022年家禽出笼62167万只，比上年增长0.2%，禽蛋产量209万吨，增长5.6%。禽蛋加工企业70家，主营业务收入过亿元企业41家，禽蛋加工企业主营业务收入154.90亿元，增长28.2%。

7.茶叶。品牌建设加速发展。2022年“二品一标”品牌897个，比上年增加80个，在十大产业链中位列第二，中国驰名商标24个，比上年增加2个，区域公用品牌54个，增加12个。茶叶生产保持稳定。优质茶叶面积402万亩，增长6.3%，茶叶产量，42万吨，增长5.0%。加工、销售较快增长。茶叶加工企业255家，比上年增加23家，省级以上龙头企业数118家，增加9家，主营业务收入过亿元企业56家，增加17家，茶叶加工企业主营业务收入304亿元，比上年增长33.8%。销售额332亿元，增长13.3%，其中出口5.8亿美元，增长5.4%。

8.柑橘。品牌建设颇有成效。2022年“二品一标”品牌131个，比上年增加12个，中国驰名商标6个，区域公用品牌22个，增加3个。柑橘生产稳定增长。2022年优质产品面积279万亩，增长13.4%，柑橘产量537万吨，与上年持平。加工、销售快速增长。柑橘加工企业26家，省级以上龙头企业数19家，主营业务收入过亿元企业12家。柑橘加工企业主营业务收入74亿元，比上年增长37.0%。销售额243亿元，增长7.0%，其中网络销售增长45.0%，出口2亿美元，增长33.0%。

9.中药材。区域公用品牌建设加强。2022年“二品一标”品牌80个，增加9个，中国驰名商标3个，与上年持平，区域公用品牌32个，增加22个。中药材生产保持增长。中药材播种面积431

万亩,比上年增长4.8%,其中生态药材面积211万亩,增长12.8%。2022年中药材精深加工企业179个,增加30个,省级龙头企业48家,增加15家。

10. 现代种业。2022省级以上龙头企业42个,增加4个,主营业务收入过亿元企业28个。国家级良繁基地37个,增加4个,种子保种场达到29个,增加4个。种业销售额63亿元,其中鱼苗销售额68亿元,增长1.4倍。

二、十大重点农业产业链建设需要关注的几个问题

(一)极具影响的产品品牌占比仍然不高。

根据省农业农村厅统计,2022年我省全部农产品"二品一标"总数为2901个。总体来看,"二品一标"数量较大,但产品质量和规模不大,极具影响的品牌占比仍然不高。2022年我省农产品省域(及以上)影响力品牌占"二品一标"数量的9.2%,中国驰名商标占比仅为3.3%。

(二)农产品加工、销售能力仍显不足。

据初步统计,2022年全省农林牧渔业总产值与农产品加工产值之比为1.4,低于农产品加工大省山东、江苏、广东,也低于河北和安徽,与我省农业总产值在全国第5位的地位不相称。全省十大重点农业产业链农业产值大于十大重点农产品加工产值,这就意味着我省农产品多数还是以初级产品的形态在市场上交易,附加值还不高,产业链建设任重道远。

农产品销售仍以传统模式为主,以网上销售、直播带货等新型农产品销售方式占比不高。2022年我省十大农产品网络销售额394亿元,比上年增长11.3%,虽然农产品网络销售近几年发展较快,但是网络销售额只占全部销售额6.8%。

(三)产业链发展的要素支撑力度不够。

科技要素支撑需提升。据农业部门数据,2021年我省农业科技贡献率为64.7%,低于安徽(2020年为65.5%),农业科技含量还有很大提升空间。制约产业链发展的关键技术、共性技术破解不够。人才要素支撑有不足。据农业部门调查,全省八成以上的龙头企业表示招聘人才难、留住人才更难。资金要素支撑待加强。农业的产业特点决定了农业发展对资金的需求大、周期长、比较效益不高,需要低成本资金支持。尽管各级财政大力支持农业产业链建设,但财政资金对金融、社会资本的杠杆撬动作用还需加强。

三、持续加强十大重点农产品产业链建设的建议

(一)加大品牌创建力度,提升湖北农产品影响力。

广泛宣传推介"中国荆楚味,湖北农产品"应成为产业链发展的重要抓手。2022年全省农产品类中国驰名商标仅占"二品一标"品牌数的3.1%,与湖北农业大省地位不符。积极做好区域公用品牌宣传工作,通过央视、自媒体、电梯传媒、直播等多种方式广泛传播,形成湖北区域公用品牌影响力。坚持以地域产生品牌、以品牌影响地域,挖掘湖北生态、历史和文化价值,提高湖北农产品品牌的知名度和辨识度,扩大湖北农产品影响力。

(二)支持龙头企业发展,推动产业深度融合。

农产品加工龙头企业在农产品产业链建设中具有不可替代的作用。根据测算,一个大型龙头企业平均可以带动农业产值10亿元,农产品加工销售额13亿元,同时可以带动农户增收。但目前,全省大型龙头企业数量还不多。2022年全省十大农业产业链中主营业务收入超过10亿元的农产品加工企业48家,仅占规上农产品加工企业数的3.1%。通过龙头企业带动向产业链两端发展,实现一二三产业深度融合势在必行。在生产端,以龙头企业为核心,农民合作社、家庭农场和农户跟进,社会化服务组织参与,提升农业生产组织化程度,带动农业规模化、集约化经营。在消费端,依托龙头企业的资金、品牌优势,扩大市场,推动消费。

(三)立足县域特色产品,强力打造县域精品。

全省正积极推进县域"一县一品",并取得明显成效,但在质量、规模和影响力上还需加强,打造湖北"茶叶县""魔芋县""莲藕县"等特色"精品县"大有可为。通过发展小龙虾、茶叶、柑橘、香菇、莲、蕲艾等特色县域精品,带动一批农文旅融合发展的休闲农业园或示范点,吸引资金进入,发布招商引资重点项目,招引一批产业链头部企业及上下游配套企业。对于区域特色优势明显、产品在全国叫得响的"精品县",政策上予以支持,财政资金给予引导,鼓励支持设立金融资本、社会资本广泛参与的农业产业化发展资金，促进“精品县”快速做大做强。

(四)加大科技创新力度，推动优质种业发展。

种业是农业发展的核心和关键环节。科技创新是推动农产品全要素生产率提高的重要力量，也是保障种业安全的根本措施。全省种业发展水平还不高，关键核心技术仍有待突破，种源技术“卡脖子”的问题仍然存在，先进技术与农产品生产结合的紧密程度还有待提高。必须加快发展水稻、蔬菜、生猪、家禽、水产、中药材等优质种业，优化种养业品质，落实“科技支撑”“藏粮于技”的粮食安全战略，落实农产品的精品名牌战略，从而推进农产品加工提档升级，实现重点农业产业链向深延伸。

撰稿：李邦志

2022年武汉重点农产品产业链发展报告

近年来，在市委、市政府高度重视下，聚焦现代种业、“菜篮子”、“农业+”和农业科创，以发展都市农业为核心，整合各类资源要素，大力推动农村一二三产业融合发展，着力引进和培育农业龙头企业，不断推进农业产业化向纵深发展。

一、重点农产品产业链总体稳定发展

从总体来看，全市农业产业链呈现出品牌稳定增长，生产保持稳定，农产品加工企业营业收入大幅增长，农产品仓储冷链物流设施快速增长的特点。2022年全市“二品一标”品牌483个，增长5.9%、区域公用品牌13个，增长62.5%；优质农产品种植面积513.64万亩，增长2.0%、农产品产量（十大产业汇总数）987.00万吨，增长2.2%；农产品加工企业数（规上企业）99个，增长1.0%、农产品加工企业营业收入292.07亿元，增长22.2%；冷链（仓储）物流中心51个，增长13.3%，冷链仓储（容积）49310平方米，增长886.2%。全市重点农产品主要在蔬菜、生猪、禽蛋、淡水产品和种业五个品种。

二、“菜篮子”产业链持续稳定发展

（一）品牌数量持续增长，结构亟需优化。

2022年，全市“菜篮子”产业链“二品一标”品牌数量429个，同比增长3.6%。其中：蔬菜品牌395个，增长3.6%。生猪品牌5个，与上年持平。淡水产品品牌数量26个，同比增长下降16.2%。禽蛋品牌3个，增长50.0%。区域公用品牌8个，同比增长14.3%。其中：蔬菜及食用菌6个，增长20.0%，其他品牌与上年持平。

从结构来看，品牌分布严重失衡。蔬菜品牌数量占“菜篮子”品牌的92.07%，生猪品牌数量占1.17%，淡水产品品牌占6.06%，禽蛋品牌占0.70%。

（二）“菜篮子”生产保持稳定。

2022年全市蔬菜播种面积279.93万亩，比同比增长2.2%，蔬菜（食用菌）产品产量838.78万吨，增长2.2%。生猪出栏194.97万头，增长4.4%，家禽出笼3737.47万只，增长1.7%，禽蛋产量11.47万吨，增长5.9%。淡水产品产量45.32万吨，增长3.7%，养殖面积为65.73万亩，增长13.2%。

（三）加工企业数量基本稳定，营业收入快速增长。

2022年，全市规模以上“菜篮子”产业链农产品加工企业37家，比上年减少一家，同比下降2.6%。其中：蔬菜食用菌加工企业23家，增长15.0%；生猪加工企业7家，下降22.2%；淡水产品加工企业4家，下降20.0%；禽蛋加工企业3家，下降25.0%。

2022年，“菜篮子”产业链农产品加工企业主营业务收入140.20亿元，同比增长11.5%。其中：蔬菜食用菌46.78亿元，增长13.0%、生猪38.63亿元，下降7.4%、淡水产品51.58亿元，增长31.0%、禽蛋3.21亿元，下降2.5%。

（四）农产品流通设施持续增长，冷链仓储面积增长较快。

2022年，“菜篮子”产业链冷链（仓储）物流中心49个，同比增长11.4%。其中：蔬菜食用菌和生猪与保持持平，新增2个水产物流中心和2个禽蛋物流中心。

2022年，“菜篮子”产业链冷链仓储面积4.71万平方米，同比增长64.5%。主要增长来源为：新建水产仓储面积1.5万平方米，新建禽蛋仓储面积0.35万平方米。

三、现代种业产业链保持稳定增长

（一）种业基地基本稳定。

2022年，全市现代种业市州级以上龙头企业17家，与上年持平。其中省级以上龙头企业6家与上年持平；主营业务收入过10亿的有2家，较上年减少1家。主营业务收入1-10亿的有5家与上年持平。

（二）种业结构变化显著，畜牧业发展提速。

2022年，种业产品产量2858吨，下降4.0%。其中：水稻2362吨，下降0.3%、油菜216吨，增长80.0%、蔬菜苗280吨，下降3.4%、能繁母猪存栏13.21万头，同比增长9.9%、种禽存栏515.9万只，同比增长3.1%、鱼苗92.79亿尾，下降4.2%。

四、存在的问题

（一）品牌发展多而不强。

全市现有“二品一标”品牌483个，看似数量巨大，实际缺处于多而不强的状况。除少数品牌获得消费者认同，具有一定的商业价值，大多数品牌都处于名不见经传的尴尬境地，仅在我市范围内这些品牌都未能获得本地消费者的认同，如何走出武汉，走向全国，这些品牌的商业价值无从谈起。

(二)产业发展缺乏广度。

目前，菜篮子产业链的发展还是着眼于保障我市基本供应，缺乏冲击全国范围大市场的勇气和规划，如果一个产业发展的目标仅仅是为了保障本地供应，仅仅守住自己的一亩三分地，那么发展的空间已然被自我限制，产业发展的空间必然有限。

(三)科教优势带动产业发展不足。

2021年中国种子协会发布的中国种子行业信用评价结果显示，全国179家信用等级种子企业，武汉有14家入选，但位列第104-118位，排名靠后。而作为我市规模最大的蔬菜产业，上榜的20家中国蔬菜种业信用骨干企业中竟无一家武汉企业上榜。

五、对策建议

(一)强化产学研对接，提质增效。

农业部门要充分领会习近平总书记“藏粮于地，藏粮于技”的指示精神，充分利用我市科教资源，立足我省实际，面向全国大市场，深入挖掘我省高品质农产品，以科技为引领持续推进本地特色的优质农产品的研发和推广，从向规模要效益转变为向品质要效益，加大投入提升农业现代化生产水平。坚持调优结构，扩大优质农产品的生产。以全国市场需求为导向，加强政策引导，推广优质优价农产品生产，做好优势区域布局，提升产业集中度，提升产业效益。

(二)转变发展思路，聚力品牌价值。

一个成功的商业品牌的树立，需要持续不断的推广传播，讲好品牌故事，建立品牌文化才是重中之重，而不是简单地追求品牌的数量。因此，我们建议对相关数量指标的考核机制要转化为对品牌质量的考核，以此来推动各级政府部门凝心聚力，合力推动我市农业高质量发展。

撰稿：高伟

2022年黄石十大重点农业产业链统计监测报告

监测反映黄石十大重点农业产业链和农业产业化龙头企业发展情况，联动相关部门协调配合，收集重点农业产业链和农业产业化龙头企业相关基础数据，现将具体情况和存在的问题分析如下。

一、十大重点农业产业链持续发展

（一）重点农产品生产稳中有升，加工水平提高。

1.农产品生产情况。2022年全市优质稻米覆盖率达到100%，全年种植面积87.24万亩，同比减少0.6%，产量45.51万吨，同比减少1.2%；生猪出栏103.66万头，同比增长5.7%，优质产品出栏98.95万头，同比增长5.4%；淡水产品养殖面积52.97万亩，与去年持平，淡水产品产量24.54万吨，同比增长3.6%；蔬菜种植面积47.11万亩，同比增长3.7%，蔬菜产量92.00万吨，同比增长3.7%；家禽出栏1896.72万只，同比减少6.0%，蛋产品产量5.41万吨，同比增长6.1%；全年茶叶播种面积8.34万亩，同比增长21.1%，茶叶产量1872吨，同比增长33.9%；油菜籽播种面积58.26万亩，同比增长5.7%，油菜籽产量9.31万吨，同比增长10.1%；柑橘播种面积13.07万亩，同比减少9.6%，柑橘产量80.18万吨，同比增长3.5%；中药材播种面积9.31万亩，同比增长10.1%，中药材产量1.33万吨，同比增长27.3%。

2.农产品加工情况。2022年全市十大重点农业产业链规上农产品加工企业33个，较去年增加5个；市州及以上龙头企业数8个，比去年增加2家；省级以上龙头企业11个，与去年一致；省级农业产业化联合体5个，与去年一致；省级现代农业产业园4个，较去年增加2个；农产品加工企业营业收入328981万元，同比增长53.5%；十大重点农业产业链规上农产品加工产值298213万元，同比增长42.5%。

3.农产品流通情况。2022年全市冷链（仓储）物流中心20个，较去年增加4个；农产品销售额59.3亿元，同比增长9.9%；农产品网络销售额14191万元，同比增长8.3%；农产品销售收入47.69亿元，同比增长17.8%。

4.农产品品牌。2022年全市有“两品一标”品牌40个，在去年基础上减少5个；无农产品类中国驰名商标，与去年一致；区域公用品牌3个，较去年增加1个。

（二）十大重点农业产业链建设持续推进

1.持续深入推进“链长制”。黄石出台2022年产业链建设行动方案，健全产业链工作专班和专家团队。各县（市、区）均出台方案，制定实施细则，真金白银抓农业产业链建设。市财政落实2500万元脱贫攻坚与乡村振兴衔接资金用于产业发展。全年新增特色种养殖基地面积4.41万亩，其中新增中药材1.1万亩、蔬菜0.74万亩、茶叶1.35万亩、水果1.65万亩。黄石异育银鲫“中科5号”良种场挂牌，由中科院桂建芳院士亲临黄石揭牌，保安湖获批农业农村部增殖渔业资源利用试点，阳新北富小龙虾产品生产基地被推荐为全省十个全国现代农业全产业链标准化示范基地之一；阳新野菊花被列入省“五大特色药材”；黄石被评为全省茶叶主产区，“殷祖白茶”获第25届武汉茶博会特别金奖。沼山乡村公园启动申报国家4A级旅游景区。

2.强化龙头企业培育发展。2022年农业产业化龙头企业共103家，同比增长20.5%，争取省级龙头企业贷款贴息资金1894万元。劲牌公司入选全国农业产业化头部企业100强，持正堂、联海分别入选省中药材产业链、生猪产业链头部企业，康之堂被认定为省级细分领域隐形冠军企业，博大、鑫东等5家企业入选省上市后备“银种子”企业，紫鑫生物、邦之德等6家企业被评为高新技术企业。

3.开创招商引资新思路。编制《黄石市农业产业链招商地图》和《黄石市农业产业链政策汇编》，招商引资呈现前所未有的良好态势，2022年9月底，创纪录性完成农业招商项目73个，总投资200亿元。9月26日，举办首届金秋招商引智推介会暨重点项目集中签约活动，现场签约重点农业项目53个，总投资138.58亿元，为产业链建设提供项目支撑、智力赋能，把农业招商推向高潮。

二、存在的问题和短板

对标先进地区，我市农业产业链建设还存在三个方面问题。

一是土地、资金、用工等要素保障不足。受耕地非农化、非粮化等因素制约，产业链项目用地得不到保障。融资难、融资贵问题依然存在，季节性用工难、用工贵的问题比较突出，特别是懂技术、善管理的专业人才较为缺乏。

二是大基地、大龙头、大品牌带动力不强。全市专业化、优质化、标准化基地建设不够，难以满足农产品加工的需求。大部分龙头企业基本还处于发展初期，辐射带动能力有限。农产品品牌市场竞争力弱，市场占有率低，缺乏像"潜江龙虾""随州香菇"等在全国立得住、叫得响的知名品牌。

三是各县市区、各产业链建设进展不平衡。有的地方抓得比较紧、效果比较好，有的产业链建设势头向好、逐步浮出水面，比如大冶的茶叶产业链发展比较快。但是，有的地方、有的产业链建设需要加力加速、迎头赶上。

三、相关工作建议

（一）做强龙头企业。坚持引进外来和培育本土两条腿走路，顶天立地大企业和铺天盖地"小巨人"两类型并举，切实做大做强、做精做优龙头企业。每条产业链优选2-5家基础好、潜力大的企业，集中政策、资源、要素进行重点支持，持续做大做强骨干龙头企业。

（二）打造知名品牌。着力打造"黄石福柑、阳新柑橘、金海白茶、殷祖白茶、大王香椿、阳新湖蒿、网湖鳙鱼、阳新野菊花区域公用品牌。进一步加强宣传推介，通过农博会、农交会、华创会等各类展会提升黄石特色农产品品牌的知名度和美誉度。

（三）抓好项目建设。坚持把招商引资、招大引强作为"一号工程"，按照"谋划一批、储备一批、实施一批、投产达效一批"的思路，举办农业招商引资活动，积极引导各类资源资本向园区聚集、向基地延伸，千方百计增强农业产业链发展后劲。

（四）畅通产销衔接。支持有需求有实力的龙头企业配套建设冷库、零售网点冷柜和冷链物流基础设施，扩大配送销售半径。加快发展订单直销、网络直播、连锁配送、电子商务等新型流通业态。

（五）强化要素保障。进一步强化土地、资金、用工等要素保障，持续加强"政银企"对接活动，拓宽融资渠道，简化贷款手续，降低融资成本，解决龙头企业发展血量不足难题。开展产业链项目用地专项服务行动，推行弹性出让、点状供地等模式，保障设施农业用地需求。

撰稿：胡攀峰

2022年十堰十大重点农业产业链发展监测分析

近年来，十堰农业产业链基地建设以“生态立市”为主线，着力改变农业发展方式，突出产业基地建设，发挥比较优势，深化结构调整，突破性发展农产品加工业，着力促进农业一二三产业融合发展，十大重点农业产业发展虽然取得较好成绩，但也存在一些问题。

一、十大重点农业产业链总体发展特点

(一)产业开发势头强劲。

2022年，全市食用菌制棒2.21亿棒，鲜重19.3万吨，同比分别增长10.5%、20.6%，产品产值和规上工业企业产值达到93.70亿元；中药材面积53.11万亩，产量18.06万吨，同比分别增长6.7%、6.4%，产品产值和规上工业企业产值达到59.13亿元；茶叶面积83.36万亩，产量2.22万吨，同比分别增长2.1%、15.4%，产品产值和规上工业企业产值达到47.89亿元；油菜籽播种面积72.88万亩，产量10.39万吨，同比分别增长3.7%、11.7%，产品产值和规上工业企业产值达到13.08亿元；淡水产品养殖面积14.68万亩，产量4.81万吨，同比分别增长38.3%、11.2%，产品产值和规上工业企业产值达到20.58亿元。竹溪县中峰镇入选2022年农业产业强镇，十堰总数达4个。郧阳区青山镇(茶叶)、郧西县香口乡(蔬菜)入选全国“一村一品”示范村镇，十堰总数达11个。茅箭区茅塔乡东沟村入选2022年中国美丽休闲乡村，十堰总数达5个。

(二)产业龙头加快培育。

围绕稳存量、扩增量、提质量，坚持内部培育和外部引进，着力培育壮大市场主体。十大产业链中，全市新增规模以上农产品加工企业9家、省级农业产业化龙头企业6家、市级农业产业化龙头企业27家，总数分别达到96家、51家和136家，同比分别增长10.3%、13.3%、24.8%；新增过亿元农产品加工企业2家、过10亿元1家，总数分别达到43家、1家，全市产业链签约项目169个，合同总投资额529.9亿元。其中落地项目共101个，合同总投资额286.7亿元；开工、建设中项目80个，合同总投资额250.3亿元；投产项目共有21个，合同总投资额36.3亿元。在2022年上半年和前三季度全市农业招商引资工作考核中，位列市直单位第一名。

(三)产业品牌加快整合。

按照一个产业链重点打造一个区域公用品牌的思路，全市已确立“武当山茶”“武当山珍”“武当蜜桔”“房县黄酒”“房县香菇”等重点产业主导品牌。已授权128家茶叶市场主体使用“武当山茶”区域公用品牌，已授权52家市场主体使用“武当山珍”区域公用品牌。全市“两品一标”品牌129个，中国驰名商标(农产品类)8个，同比增长14.3%，区域公用品牌36个，同比增长28.6%。“武当山茶”、“房县香菇”入选全省农业重点品牌建设项目库。成功举办“武当山茶论坛”，中国工程院院士陈宗懋、刘仲华对“武当山茶”给予高度评价，中国农业科学院茶叶研究所授予十堰市“茶业绿色低碳发展示范区”称号。房县黄酒广告相继投放北京西站、汉口火车站、武汉高铁站和武汉地铁站，房县黄酒武当山机场店已顺利开张。

(四)产品开发纵深推进。

突出特色农产品深度系列开发，提升产业价值链。竹山、竹溪两地大力开展优质普通绿茶、茶饮品、茶叶提取物产品开发，实现茶叶由长期以来只生产一季春茶向四季均可生产的历史性转变，竹溪龙王垭“四点灵”工厂普茶加工产值增幅超过30%，竹山星梦茶业有限公司加工的茶醋饮料市场俏销，仅此一项新增产值5000多万元；郧阳区昌欣公司新开发香菇即食食品、香菇菌、香菇醋、灵芝孢子粉等10余种新产品，实现了香菇产业由初级加工向精深加工系列开发转变，极大提升了产业附加值；庐陵王酒业成立酿造用小曲菌种资源库，成功研发房县黄酒酿造专用小曲；鑫榄源油橄榄科技公司在橄榄油产品基础上，新开发出橄榄油护肤品、精油、日用品等系列产品，年产值超过6000万元。十大产业链中，2022年规上农产品加工产值达到137.58亿元，同比增长20.6%，郧阳区农产品加工产值达到69.04亿

元。全市农产品销售额达到 240.97 亿元，同比增长 26.6%。

二、十大重点农业产业链具体发展情况

1.优质稻米订单种植面积小。2022 年优质稻米种植面积 24.97 万亩，其中优质稻米订单面积 6.98 万亩，占优质稻米面积的 28.0%。优质稻米产量 12.69 万吨，占稻谷产量的 68.8%。

2.优质生猪占六成。2022 年生猪出栏 160.58 万头，其中优质生猪出栏 101.98 万头，占 63.5%。十堰市的优质猪主要是农户散养黑土猪。

3.小龙虾养殖面积小产量小。2022 年小龙虾养殖面积 0.31 万亩，占淡水养殖 2.1%；小龙虾养殖产量 856 吨，占淡水产品 1.8%。

4.蔬菜面积产量产值稳定增长。2022 年蔬菜播种面积 140.72 万亩，蔬菜产量 182.02 万吨，蔬菜产值 99.66 亿元，2021 年蔬菜播种面积 136.37 万亩，蔬菜产量 176.21 万吨，蔬菜产值 92.94 亿元，蔬菜面积、产量、产值分别增长 3.2%、3.3%、7.2%。

5.禽蛋产品产值增长较快。2022 年家禽出笼 3876.5 万只，比上年家禽出笼 3785.49 万只增加 91.01 万只，增长 2.4%。2022 年禽蛋产量 7.78 万吨，比上年 7.34 万吨增加 0.44 万吨，增长 5.9%。2022 年禽蛋产品产值 10.18 亿元，比上年 8.62 亿元增加 1.56 亿元，增长 18.1%。

6.茶叶优质产品面积增长较快。优质产品面积由 2021 年的 55.76 万亩增长到 2022 年的 62.51 万亩，增加 6.75 万亩，同比增长 12.1%。

7.现代种业面积小增长缓慢。2022 年种业播种面积 2.47 万亩，比 2021 年的 2.46 万亩增长 125 亩，同比增长 0.5%。十堰市主要农作物种子不能自给，每年要从外地购进种子。

8.优质油菜籽面积增长较快。2021 年优质油菜籽播种面积 49.08 万亩，2022 年优质油菜籽播种面积 54.95 万亩，增加 5.87 万亩，同比增长 12%。

9. 柑橘受旱灾减产较多。2021 年柑橘面积 31.71 万亩、柑橘产量 39.88 万吨，2022 年柑橘面积与上年持平，柑橘产量 34.54 万吨，同比减少 5.34 万吨，降幅 13.4%。

10.生态药材面积增长较快。2021 年生态药材播种面积 33.81 万亩，2022 年生态药材播种面积 38.3 万亩，增加 4.49 万亩，同比增长 13.3%。中药材面积增长原因，一是部分中药材加工企业扩建新基地；二是部分村、农户通过土地流转成立中药材合作社种植中药材。

三、十大重点农业产业链发展存在的问题

（一）农业产业基地质量不高。部分农业产业基地规划面积大，实际种植面积小，产量小；部分产业基地布局随意性较大，没有经过科学论证；部分产业品种结构不合理，优良品种特别是符合市场需求的品种少；部分产业基地水、电、路设施不配套，抵御自然灾害能力弱；重建轻管、重数量轻质量、重速度轻效益的现象仍未从根本上改变。产业基地以山坡地居多，基地质量整体不高，单产低、产量低、效益低，缺乏规模效应。

（二）农产品加工深度开发不够。十堰市农产品初加工多，精深加工少，高附加值的农产品提取物及深度开发产品更是屈指可数，优势未能彰显；农产品结构虽然有较大改观，但总体上仍较单一，农产品质量不高，特色农产品产业链不长、不协调；没有相应技术含量较高的产业配套和链接，农产品加工、运输、储藏、销售中的腐烂、浪费损失严重。

（三）农业产业融合程度低层次浅。农业产业融合关系不紧密，链条短，附加值不高，还有待发掘的潜力；农业多功能开发层次有限，休闲农业、旅游农业多以旅游观光为主，缺乏文化、民俗的历史引入；在农业与二三产业的融合项目中存在同质化的趋势，地方资源竞争严重，缺乏差异化的竞争。

（四）农业产业发展机制不活。在经营主体层面，农户分散经营，企业各自为阵，农户与企业、企业与企业之间未能建立有效的利益同盟和合作机制，市场交易成本较高，农业产业链规模小且松散，组织化程度较低；在市场营销方面，眼光局限在本地，外地市场开拓不够；农户和中小农产品加工企业获取市场信息少，再加上农业的分散性和小规模特点，在生产组织、质量监控、信息传输、价格协商等方面难度大，阻碍农业产业链健康发展。

四、十大重点农业产业链发展建议

（一）做好基地建设，筑牢产业发展基础。在基地建设上，对老基地进行整治，建设标准化、规

模化、机械化、优质化生产基地；在经营方式上，由粗放经营模式向集约经营转变，加速推进土地向新型农业经营主体流转集中，提高基地管理水平，提高企业经营效益；在品种选择和加工上，要加强高产优质品种的选育和推广，提高农产品产量和质量，统筹发展农产品初加工、精深加工和综合利用加工；做好物流体系配套建设，推动农产品生产、加工和销售一条龙产业链发展；在产业发展上，注重第一产业向二、三产业融合发展转变，由数量型向效益型转变。

（二）加强主体引领，打造农业全产业链。依托市级以上农业产业化龙头企业，培育“链主”企业，构建生产基地、仓储设施、科研院所、加工流通、产业协会、种子种苗、服务机构、电商平台、融资机构等经营主体，一体打造农业全产业链。由龙头企业牵头，与种业公司、粮食收储企业、种养大户、合作社、家庭农场、小农户和社会化服务组织组建农业产业化联合体，把小农户引入现代农业轨道；建设区域性农业全产业链综合服务中心，整合农艺、农机、农资、技术、信息、人才等各类生产要素和服务主体，提供全程专业社会化服务。

（三）拓展农业功能，催生新产业新业态。拓展农业生态涵养功能，推动农业绿色发展、低碳发展、循环发展，培育绿色低碳新增长点，生产优质绿色品牌产品，加快形成发展新动能，提高农业质量效益和竞争力；拓展农业休闲体验功能，推动农业与旅游、文化、教育、康养加快融合，发展休闲农业、创意农业、乡村旅游、健康养老等新兴业态，跨行业融合、产业叠加，提高产业链附加值；拓展农业文化传承功能，保护、传承和弘扬农耕文化，推动生产、消费、文化协同发展，融入现代元素，推进产业创新，为产业链铸魂赋能。

（四）创新体制机制，加强产业服务指导。建立完善农业产业开发建设目标考核机制，优化调整考核目标，统一考核标准，严格目标考核。积极探索农业产业建设的企业融资、土地流转、农业保险、政府激励等新机制，用机制创新激活产业发展活力。转变政府指导方式，将重点转移到示范带动、服务指导、检查督导上来，围绕重点农业产业链，创建示范基地。职能部门各司其职，密切配合，为农业产业经营主体提供优质服务，在全市上下营造关心支持、推进农业产业基地建设的良好氛围，促进农业产业又好又快发展。

撰稿：顾林

2022年宜昌十大重点农业产业链统计监测报告

近年来，宜昌市委市政府认真贯彻湖北省委省政府决策部署，主动对接省"十百千万"工程，找准八大赛道（即：柑橘、茶叶、畜牧、蔬菜、优质粮油、道地药材、水产、现代种业），实施农业产业化发展六大行动，持续推进八大重点农业产业链建设成势见效。2022年，八大重点农业产业链综合产值超2000亿元，全市农业农村综合工作连续多年位于全省第一方阵。

一、重点农业产业链发展基本情况

（一）农业产业链总体情况。

1.农产品品牌成效显著。全市"二品一标"农产品总数达到304个，同比增加26个；中国驰名商标23个，同比增加2个；区域公用品牌32个，同比增加5个。全市坚持大整合、大培训，大推介、大合作，挂牌成立宜昌茶业集团有限公司，集团主打"宜昌宜红""宜昌毛尖"区域公共品牌，在茶博会、农交会等重要展会加大宜昌茶叶专场推介。据浙江大学CARD中国农业品牌研究中心评估，2022年"宜昌宜红"品牌价值25.41亿元，居2022年中国茶叶区域公用品牌价值评估第48位。

2.农业产业发展规模持续扩大。从农产品产量看，2022年优质农产品面积达到820.90万亩，农产品产量达到1082.67万吨，产值达到850.02亿元。全市形成了以粮油、柑橘、茶叶、蔬菜、畜牧、水产等为主导产业的发展格局。稳步推进三峡蜜橘、香菇、茶产业集群发展，培育全国"一村一品"示范村镇21个。

3.农产品加工形成多领域发展聚集区。全市统筹推进初加工、精深加工、综合利用加工协同发展，加快培育行业领军企业，着力打造产业特色鲜明、加工门类齐全、加工企业集聚的格局。实施扶优培强龙头行动，市县两级常年投入财政资金5000万元以上，全市涉农企业贷款余额突破200亿元。目前，全市19家"规上"农产品加工企业被认定为全省细分领域隐形冠军企业，市级以上农业产业化重点龙头企业达450家，其中国家级8家、省级120家。先后建成国家级现代农业产业园1个、省级现代农业产业园15个，国家级农产品加工园区2个、省级农产品加工园区2个。初步形成以宜都、秭归为代表的柑橘全产业链加工聚集区，以当阳、枝江为代表的高端粮油、食品饮料加工聚集区，以长阳、远安、兴山为代表的蔬菜加工聚集区，以五峰、夷陵为代表的名优茶加工聚集区，以宜都、枝江、长阳为代表的特色水产加工聚集区。

4.农产品流通持续加快。2022年，冷链（仓储）物流中心220个，同比增加1个；冷链仓储（容积）达到50.16立方米。农产品销售额791.02亿元，同比增长8.3%，其中农产品网络销售额74.62亿元，同比增长37.3%；农产品出口46.79亿元，同比增长14.4%。

（二）重点农业产业链发展情况。

1.柑橘产业链：宜昌是全国知名橘都茶乡，是全国最大的宽皮柑橘生产基地和橘瓣罐头加工基地。2022年，全市柑橘种植面积211.28万亩，产量404.53万吨。柑橘面积在全国地市州居第三位，产量居第二位，全省均位居第一，是全国最大的温州蜜柑产区。产业链招商引资签约总金额120.68亿元、到位资金28.12亿元；拥有市级以上龙头企业51家，其中省级以上13家、国家级2家；"二品一标"品牌48个、中国驰名商标6个、区域公用品牌10个。建成国家现代农业产业园（夷陵）、翠林农业国家现代柑橘产业园（夷陵）、安福寺食品工业园（枝江）等柑橘加工园区。年加工销售1万吨以上企业135家，5000吨以上企业187家，产后处理率80%以上，居全国首位。全市拥有柑橘4.0智能分选线19条，三峡柑橘交易中心建成运营，储藏库容达28.52万立方米，年储藏能力达30万吨以上，水肥一体化技术应用面积近10万亩。

2.茶叶产业链：宜昌是农业农村部规划的"长江上中游特色和出口绿茶重点区域"。2022年，全市茶叶采摘面积86.26万亩，产量11.25万吨。种植面积和产量均居全省第二位。产业链招商引资签约总金额60亿元、到位资金28.93亿元；五峰县创建国家农村产业融合发展示范园。“二品一标”品牌66个、中国驰名商标9个、区域公用品牌9个。全市现有茶叶加工企业1200余家,其中市级以上龙头企业101家、省级以上31家、国家级3家,加工产值过亿元的29家。共有省级现代农业产业园3个,省级农业产业化联合体5个。拥有精制茶出口企业60余家,茶叶年出口量近7万吨,占全国茶叶出口总量的18%左右。畜牧产业链(生猪和家禽蛋):生猪、肉羊产量连续多年稳居全省第二、第一。2022年,全市生猪出栏576.08万头,居全省第二;肉羊出栏141.3万只,居全省第一;家禽出笼3183.22万只、禽蛋产量7.93万吨。产业链招商引资签约总金额65.57亿元、到位资金38.19亿元;拥有市级以上龙头企业63家,其中省级以上17家、国家级1家;“二品一标”品牌7个、区域公用品牌4个。当阳正大百万头生猪全产业链项目泰山种猪场已建成投产,首批引进种猪6000头。三峡畜牧产业园1号畜产品冷冻仓储及加工车间已完成主体工程建设。天域生态百万头生猪全产业链项目落户宜昌,天乾食品公司总部迁址入驻宜昌市伍家岗区。湖北丰联佳沃农业开发有限公司、宜昌福美园食品有限公司入选湖北省首批30家预制菜重点头部企业。

3.蔬菜产业链:宜昌是全国知名高山蔬菜基地。2022年,全市蔬菜播种面积223.68万亩,产量537.18万吨,产值200.96亿元。产业链招商引资签约总金额104.81亿元、到位资金22.83亿元;拥有市级以上龙头企业61家,其中省级以上16家、国家级1家;“二品一标”品牌130个、中国驰名商标3个、区域公用品牌3个。

4. 优质粮油产业链(优质稻米和油菜籽):2022年,全市粮油生产面积632.85万亩,产量174.82万吨,其中粮食面积481.51万亩、产量151.06万吨,油料151.34万亩、产量23.76万吨,产值约22.31亿元。产业链招商引资签约总金额55.54亿元、到位资金18.42亿元;拥有市级以上龙头企业67家,其中省级以上20家、国家级1家;“二品一标”品牌45个、中国驰名商标1个、区域公用品牌5个。

5.道地药材产业链:2022年,全市道地药材在地面积67.43万亩,产量14.87万吨。中药材生产面积和产量均居全省地市州第三位。产业链招商引资签约总金额70.08亿元、到位资金9.32亿元;拥有市级以上龙头企业7家,其中省级以上2家;“二品一标”品牌4个、区域公用品牌1个;市级行业协会1个。拥有中成药、中药饮片生产企业4家,精深加工提取企业1家,规模化仿生种植企业1家(冬虫夏草),年加工销售干品原料5000吨以上企业3家,全市产地初加工能力达到18万吨。建设定制药园11万亩,大宗药材核心生产区10万亩。

6.水产产业链:2022年,全市水产养殖面积19万亩,产量20.3万吨,面积在全省地市州居第十二位,产量居第十一位。产业链招商引资签约总金额39.66亿元、到位资金15.27亿元;拥有市级以上龙头企业16家,其中省级以上8家;“二品一标”品牌4个、中国驰名商标4个。

7.现代种业产业链:全市现有种子种苗企业76家(种植业36家、渔业8家、畜牧业32家),其中市级以上龙头企业18家、省级以上龙头企业7家,农作物新品种选育单位5家。综合产值65.8亿元左右。

二、存在的主要问题

(一)品牌影响力有待加强。

产业链品牌营销和市场拓展有待加强,区域公共品牌还未形成合力,市场占有率不高。如稻米品牌虽然多达数十个,但包括瓦仓大米、枝江玛瑙米在内区域品牌价值不高、影响力不强,难与“国宝桥米”、“五常大米”等省内外知名品牌竞争。畜牧产业中国驰名商标尚未实现零的突破。

(二)流通环节有待拓宽。

产业链不畅,流通环节过多,流通效率低下,从田间到餐桌一般要经过产地收购、产地批发、中间运输、销地批发和终端零售等诸多环节。主动对接现代化的销售市场不够,以量取胜的道路还没得到实质性改变。如绝大多数畜禽主要以活体销往主销区市场。畜产品出口创汇比例很小,拥有出口、港澳专供资质的企业不多。农产品网络销售额仅为74.62亿元,占农产品销售额的9.4%。

三、发展方向

(一)提质改造生产基地。

筛选一批规模效益好、高附加值或有发展潜力的农产品基地,规范管护,提高单产和质量,加大基础设施投入，提质改造为绿色食品的原料生产基地；加强产业结构调整，对产业选择不当的原产业进行优化调整和布局，根据市场因地制宜地发展特色小品种产业。落实大食物观，着力打造“一县一业”，“一村一品”，高标准建设三峡蜜桔、鄂西北香菇、鄂西南茶产业集群，打造世界最干净、最安全柑橘产区，全省生态养殖样板区。

（二）建立健全农业产业链。

筛选一批基础好、实力强、潜力深的农业经营主体，发挥政府投融资公司和领军型农业龙头企业的引领带动作用，支持稻花香、枝江酒业、土老憨、屈姑、萧氏、采花、一致魔芋、民大农牧、翠林农牧等企业倍速增长、做大做强。推广宜昌茶业集团组建的经验，支持行业领军龙头企业以资本、品牌、技术、市场等为纽带，通过兼并重组、增资扩股、上市融资等方式，快速成为大型企业或企业集团。引导一批经营主体和农民以产业分工、利益联结为基础，引领特色产业从种苗、生产、加工、运输、销售、服务等全产业链融合发展，形成股份合作联结机制，改造提质为有优势、有规格、有效益的龙头主体。

（三）推动品牌唱响行动。

筛选一批数量多、质量好、市场广的特色农产品，围绕品牌构建、商标专利、地理标识、原生态性等方面综合打造，通过各级各类农博会和展销会，加大推介宣传，利用市场营销手段强化市场占有，改造提质为有品质、有文化、有市场的特色原生态农产品，形成一批立得起、叫得响、溢价优的市级、省级、国家级品牌农产品，有效提高农产品的市场竞争力和经济效益。鼓励企业申报驰名商标、“二品一标”产品标志，打造“区域公用品牌＋企业品牌＋产品品牌”矩阵。统筹线下线上宣传渠道，全力打造“宜昌蜜桔”、“宜昌宜红”、“宜昌毛尖”三大区域公用品牌。支持企业开发相关文创 IP 产品，“种草”引流，提升“万里挑宜”农产品消费魅力。

（四）细化落实要素保障。

筛选一批主导产业，围绕市场需求、技术研发和推广应用，建立集聚行业管理、农业科研、教育培训、新技术推广及社会化服务为一体的产业配套服务链。加快推进成果转化，提高科技贡献率。用好“1+4”人才新政，加快引进一批农业高层次人才。发挥宜昌农业科创中心牵引作用，与龙头企业对接，列出技术清单，建立需求台账，合作攻克技术难题。加快农业小脑建设，打造农业大数据应用示范基地。

撰稿人：吴华蓉

强力打造重点农业产业链
奋力谱写美丽襄阳新篇章

——2022年襄阳十大重点农业产业链统计监测报告

2022年，襄阳认真贯彻落实省委、省政府决策部署，把推进农业产业化作为实施乡村振兴的重要抓手，建设美丽襄阳的重要支撑，实现绿色崛起的重要途径，以时不我待的紧迫感和舍我其谁的责任感，全力以赴推进农业产业化，加快推动重点农业产业链建设。按《湖北省十大重点农业产业链统计监测方案》要求，现对2022年襄阳市重点产业链建设情况监测分析如下：

一、高起点谋划重点农业产业链

(一)产业链总体情况。

1.扬龙头，实施新型农业经营主体壮大工程。先后出台支持农产品品牌建设、农业企业用地、农业招商引资等政策，支持龙头企业改造技术、提升品质、打造品牌、推进标准化生产，引导龙头企业走出去发展，千方百计培育领军企业，鼓励企业做大做强。截至2022年12月底，全市市级以上农业产业化龙头企业达到419家，其中国家级7家、省级144家，省级以上龙头企业数量居全省首位，农民合作社8520家、家庭农场8384家。襄州区、老河口市、宜城三个农产品加工园区跻身“国家队”，襄州区、老河口市、谷城县、宜城市、枣阳市5个农产品加工园区被认定为省级及以上农业产业化示范园区。2022年全市农业产业链签约项目合计394个，总投资1049.69亿元，实际到位资金258.38亿元；开工项目166个，总投资437.26亿元；投产项目146个，总投资166.47亿元。加工产值过亿元规上农产品加工企业385家，较上年增加66家；其中过100亿元1家（襄大农牧），与上年持平；过10亿元31家，较上年增加7家。襄阳正大集团实施百万头生猪产业化项目，形成“从农村到餐桌”的生猪全产业链发展格局。粮食、生猪、茶叶、油料、食用菌、家禽等产业全产业链态势基本形成。

2.夯基础，实施“一村一品”推进工程。突出规模化、标准化和产业化，为龙头企业发展提供充足原料供应和坚实基地基础。通过政府规划、农民自愿、市场运作等方式，培育一批“产品特而优、业态融而新、布局聚而合”的“一村一品”示范村镇，形成一村带数村、多村连成片的发展格局。截至目前，全市共发展“一村一品”专业村358个、专业乡镇41个，国家级“一村一品”示范村镇14个、农业产业强镇6个，主导产业覆盖面积328.4万亩，主导产业总产值253亿元，从事主导产业农户23.7万户，龙头企业与村镇对接比例达76%，建立农民专业合作社比例83%，获得无公害农产品、绿色食品、地理标志产品比例分别达46%、33%、15%，打造了一批“一村一品”优势农产品产业区和产业带。

3.赋动能，实施科技和金融支撑工程。加强与中国农业科学院、华中农业大学、湖北省农业科学院等院校合作，一条产业链一个专业团队指导。与华中农业大学高标准高质量合作共建华中农业大学襄阳现代农业研究院（校区），深入开展“院士专家企业行”“院士专家服务农业高质量发展”等活动，围绕农产品精深加工、关键技术研发等开展攻关。制定出台《关于开展金融机构农村信息建档促进乡村产业高质量发展的实施意见》，引导金融机构创新农村金融运行机制、支持方式和服务体系，探索推广“整村推进、全面建档、重点授信、综合服务”无抵押贷款模式，开展农户、新型经营主体等信用信息采集和信用评定，全力突破农业“融资难、融资贵”瓶颈，更好满足乡村振兴多样化、多层次的金融需求。全市78个涉农乡镇（办事处）、2463个行政村已实现金融信息建档全覆盖，全年累计新增投放贷款21.77亿元。鼓励金融机构结合农业农村特点，开发适销对路、量体裁衣的金融产品，农发行围绕绿色发展、乡村振兴、产业转型等方面推出八大类信贷产品，年投贷金额81.4亿元；建设银行推出“扶贫易贷”“企业方舱”“强农义贷”等专项信贷产品，建设裕农通服务点2640个，年实现裕农通交易4万笔，发放贷款1.5亿元；农业银行推出龙头企业贷、简式贷、纳税e贷、农社贷等八大系列产品，年涉农贷款增速在20%以上；邮储银行推出基本类、平台类、特色类、农业产业化类四大类12项涉农贷款产品，并设立专营机构、专项额度解决农业企业和农户融资需求，有效激发了乡村产业振兴的内生动力。

(二)产业链具体情况。

1.优质稻米。稻米生产保持稳定。作为全省粮食主产区，襄阳始终坚持扛牢粮食安全责任，2022年，全市优质水稻种植面积299.6万亩，同比下降1.3%；产量达180.3万吨，同比下降2.1%。

稻米加工发展较快。2022年，稻米规模以上加工企业66家，比去年同期增加3家；规模以上企业加工产值实现331.4亿元，同比增长了36.1%。市级以上稻米加工龙头企业99家，比去年同期增加23家，省级以上稻米加工龙头企业44家，比去年同期增加16家。

稻米品牌建设成效显著。2022年，襄阳拥有稻米中国驰名商标4个；稻米区域公用品牌8个，比去年同期增加3个，响品牌带来好效益，创立品牌后，南漳东巩寨子米每斤从5元卖到28元。

2.生猪产业链。生猪产能恢复良好。2022年，全市生猪出栏616.4万头，达到近五年最高峰，比上年增加31.9万头，同比增长5.4%，占全省生猪出栏总量的七分之一，位居全省第一；猪肉产量47.7万吨，比去年同期增加2.14万吨，同比增长4.7%。

生猪加工发展迅速。襄阳立足生猪养殖大市优势，大力延伸生猪产业链。2022年，襄阳拥有规模以上生猪加工企业14个，比去年增加9个，省级以上龙头企业13个，比去年增加1个；市级以上龙头企业46个，比去年增加14个。规模以上生猪加工业产值达239.0亿元。

3.淡水产品产业链。淡水产品生产稳定增长，2022年，淡水产品产量20.9万吨，同比增长3.3%。淡水产品养殖面积49.4万亩，同比增长5.7%。淡水产品规模以上加工企业从无到有，市州级以上龙头企业15个，省级以上龙头企业5个。

4.蔬菜产业链。2022年，全市蔬菜及食用菌种植面积138.3万亩，产量311.0万吨，同比增长3.8%。全市蔬菜(食用菌、山药)产业链有市州级重点龙头企业53家，省级重点龙头企业17家，“两品一标”35个，区域公共品牌3个，中国驰名商标1个，国家级外贸出口转型升级基地(食用菌)1个。2022年蔬菜食用菌出口18.6亿元，同比增长81.8%。

5.家禽及蛋制品产业链。2022年，全市家禽出笼7147.0万只，禽蛋产量40.4万吨，同比增长6.3%。家禽及蛋制品相关国家级龙头企业2家、省级13家、市级27家。区域公用品牌2个，“二品一标”品牌14个，有“宜城松花皮蛋”、“宜城板鸭”、“五官山”等8个地方特色品牌。枣阳贝迪鸽业肉鸽现代农业产业园已开始投产，集养殖、加工于一体，生产的预制菜已走入市场。

6.茶叶产业链。2022年，全市茶叶种植面积34.6万亩，产量1.2万吨，同比增长12.5%。规模以上茶叶加工企业26家，比去年同期增加7家。市州级以上农头企业40家，比去年同期增加14家，省级以上龙头企业16家，比去年同期增加5家。主营业务收入过10亿元企业1家，亿元以上12家。“两品一标”品牌73个，中国驰名商标4个。

7.现代种业产业链。襄阳种业产业规模位居全省市州第二位，拥有国家级良繁基地3个。2022年主营业务收入过亿元4家，其中主营业务收入过10亿元2家，其中正大农业、扶轮农业、腾龙种业、圣光种业等4家企业拥有省级以上农作物种子生产经营许可证。

8.菜籽油产业链。油菜生产增长较快。2022年，襄阳油菜种植面积64.8万亩，比去年同期增长8.1%；产量11.3万吨，比去年同期增长12.8%。规模以上菜籽油加工企业18家，市州级以上农头企业10家，省级以上重点龙头企业6家。“两品一标”品牌9个，中国驰名商标6个，区域公用品牌2个。“鲁花”、“聚香达”、“復泰华”等品牌影响力和知名度不断提高。

9.道地药材产业链。近年来，中药材销售量及价格成倍上升，为全市传统中药业带来不可多得的发展机遇，是农民致富的有效途径，也为中药材种植及加工带来极好的效益。2022年，全市道地药材种植面积12.8万亩，亩均效益在5000元以上。中药材种植成为南漳、保康特色农业支柱产业之一，取得了明显成效。以山茱萸为主导的湖北省道地药材“一县一品”列入全省10个优势品种。

二、发展中存在的问题

(一)产业链融合程度不高。从产业链上看，种植业与二三产业融合程度不紧密，链条短，附加值不高。农民生产的农产品与加工和市场的需要不相匹配，价格波动大，原料供应不稳定，企业原料多通过市场收购。二产业发展不平衡，畜禽、水产加工规模较小、实力较弱，占比不高，缺少深加工、精加工规模企业带动。

(二)农产品加工实力不强。截止2022年，全市规模以上农产品加工企业661家，约占全市规模以上工业企业33.9%；实现工业产值1943.83亿元，占全市工业总产值的23.8%以上。虽高于全省平均水平，但部分企业主要靠规模效益、打价格战与同行竞争，企业综合竞争力较弱，抗风险能力差。一是营业利润不高。规模以上农产品加工企业营收利润率仅为6.7%，远低于石油、化工、汽车、有色金属等行业。二是抵御风险能力不强。受到原料价格波动、人工工资和物流成本增高等因素影响就会限产停产。

(三)影响力大的品牌不多。据十大重点农业产业链统计监测表来看，全市“两品一标”品牌为238个。中国驰名商标(农产品类)仅有17个，占“两品一标”比例7.2%；区域公用品牌24个，占“两品一标”比例10.1%。

三、推进产业链发展的建议

(一)建立“政府引导，各方参与”的发展机制。建议各级政府把推进产业链发展摆上重要议事日程，统筹推进产业链发展。进一步加强政府在顶层设计、组织动员、统筹协调方面的作用，营造良好市场环境，加快培育市场主体，动员最广泛的社会力量参与产业链融合发展。

(二)增加农产品科技含量。大力培育和引进“链长”企业，带动产业链发展。通过定向招商等方式，弥补高附加值食品、专业市场、品牌培育和进出口贸易服务等产业链薄弱环节。支持冷链物流发展，补齐鲜活农产品、低温保鲜食品专用冷链物流短板。引导产业整合，建议采取公共商标、一主多副商标等办法，把加工同业、产地同源、产品同质的企业通过市场化运作整合起来，解决产业规模大、份额小、品牌弱、竞争力差的问题。对于联合重组的企业，建议给予奖励和扶持，进行基金跟投，对品牌宣传和渠道建设给予适当补贴。

(三)实施品牌培育提升工程。围绕“襄十随神”城市群做好区域品牌宣传。深入实施“公用品牌+企业品牌、市级品牌+县级品牌”双品牌战略，聚焦基地建设、龙头培育、标准建设、协会建设、宣传推介，打造“襄”字号农产品品牌。唱响擦亮中国有机谷、襄阳高香茶、襄阳牛肉面、襄阳大米、襄江清水虾五大市级区域公用品牌和枣阳皇桃、南漳香菇、保康核桃、汉水梨桃等若干县级主导品牌，构建“一业一品”发展格局。

撰稿：刘征

2022年鄂州十大重点农业产业链监测报告

大力发展农业重点产业链一直是鄂州市委、市政府“三农”工作的重点，农产品深加工的程度决定着农业增值程度、农民富裕程度和农业现代化程度。近些年来，我市加大了农产品品牌的创建和宣传，全市十大重点农业产业链快速发展，各具特色。初步解决了千家万户小生产与大市场的对接，形成了规模扩大、领域延伸的新格局，显现了竞争力增强、带动力加大的新态势。

一、发展现状

(一)*加工企业门类齐全*。全市共有农产品加工企业60家，十大产业链规模以上农产品加工企业共有15家，其中优质稻米加工企业2家，生猪加工企业1家，淡水产品加工企业3家，蔬菜食用菌加工企业1家，禽蛋加工企业2家，柑橘加工企业1家，中草药加工企业5家。

(二)*龙头企业初具规模*。我市围绕大宗农产品深加工，主导产品精加工，农副产品综合利用，着力培育和发展了一批有基地、有特色、有前景的龙头企业。全市现有十大重点农业产业市级重点龙头企业14家(其中省级7家)，涵盖八大类，其中优质稻米类2家，生猪类1家，淡水产品类3家，蔬菜食用菌类1家，禽蛋加工1家，茶叶1家，现代种业类3家，中药材加工类2家。上述14家龙头企业中主营业务收入1-10亿的有4家，主营业务收入超过10亿的有1家。

(三)*生猪养殖有所突破*。中新开维现代牧业项目，是现代化、智能化、环保化、低碳化生猪全产业链项目，投资20亿元，年出栏生猪120万头，第一期主体已完工，第二期正在施工。中新开维紧紧抓住鄂州加快建成“两区一枢纽”的发展机遇，依托鄂州花湖机场和武鄂同城化发展优势，在建设生猪养殖项目的基础上，又迅速谋划建设绿色食品产业园项目。据了解，该项目主营武昌鱼、特色猪和有机果蔬的深加工，主要产品定位为新鲜健康营养的新型预制菜系列，致力于在5年内成长为世界单厂规模最大的现代绿色营养食品工厂。项目全部建成后，预计实现年产值120亿元，直接安排就业5000人。该项目在推动一二三产业融合发展、带动周边居民就业、发展生态农业等方面具有示范意义。

二、发展瓶颈

(一)*农产品加工业滞后*。目前我市农产品产后保鲜、贮运、加工环节产业链构建不完善，特别是深加工、精加工更薄弱。我国沿海地区农产品加工业产值与农业产值之比为2:1，全国平均为1:1，湖北平均为0.75:1，我市仅为0.61:1，虽然较上年有所增长但仍处于全国较低水平。加工业的滞后包括生产加工、储存运输、宣传销售等环节的相对落后，需要大力发展全产业链才能有所改善。

(二)*农产品流通困难*。全市冷链物流中心只有2个，仓储容积虽然从700立方增长到3700立方，但仍然只能满足很少一部分农产品的流通需求。农产品出口水平较低，出口额仅75万元，大部分农业加工产品都只能本地消耗，以本地市场的规模难以养活更多更大的加工业企业，因此急需开拓市场将产品流向外地。

(三)*精品名牌发展滞后*。目前我市大多数农产品加工企业生产的还是初加工、粗加工产品，科技含量低，增值少，档次不高，缺乏真正叫得响、有市场竞争力的精品名牌。2022年我市“两品一标”品牌仅有64个，中国驰名商标更是一个也没有，区域公共品牌仅有4个。我市有不少农产品及加工制品，产品很好，但牌子不响，难以参与市场竞争，无法创造较高效益。例如新投产的中新开维，生产规模大，但是宣传力度不够，牌子不响，想要打开市场还需要更多努力。

三、对策建议

(一) *加强农业主体引领，打造农业全产业链*。依托市级以上农业产业化龙头企业，培育“链主”企业，构建生产基地、仓储设施、科研院所、加工流通、产业协会、种子种苗、服务机构、电商平台、融资机构等经营主体，一体打造农业全产业链。由龙头企业牵头，与种业公司、粮食收储企业、种养大户、合作社、家庭农场、小农户和社会化服务组织组建农业产业化联合体，把小农户引入现代农业轨道；建设区域性农业全产业链综合服务中心，整合农艺、农机、农资、技术、信息、人才等各类生产要素和服务主体，提供全程专业社会化服务。

（二）大力发展冷链物流，疏通农产品流通渠道。应该充分发挥政府的宏观调控作用，加大资金投入，建立以“企业为主体、政府引导、多方参与”的多元化投入机制。形成政府、行业协会和龙头企业联动体系，制定农产品冷链物流发展规划。根据目前优势农产品区域布局和农产品冷链物流的特点，建立多种组织形式并存的农产品冷链物流体系，以加工企业为核心，产供销一体化的农产品冷链物流体系；以物流配送中心为核心，发展区域内农产品短途冷链物流体系；利用第三方物流，发展跨区域的农产品长途冷链物流体系。实施供应链物流管理模式，推动农产品冷链物流的健康、稳定、快速发展。

（三）提高农产品品牌建立意识。农产品生产经营者的品牌建设意识是品牌建设成效的关键。面对激烈的市场竞争，加强品牌化建设能有效提高农业生产水平，提高产品的市场竞争力。因此，地方农业主管部门及专业合作社需要有计划地通过系列工作来提升农产品生产经营主体的品牌建设意识。一方面，要向农产品的生产经营主体积极宣传品牌建设的理念，系统化培训品牌建设的相关知识，抓住当地典型案例，重点宣传品牌建设对提升涉农收益的示范作用，多维度宣传品牌在市场竞争中的重要性。另一方面，配合“两品一标”和绿色认证等政策措施，积极引导当地生产经营规模较大的生产经营者创立具有地方特色的本土品牌，提高生产经营主体的品牌注册的主观能动性。

撰稿：刘雨涵

2022年荆门市十大重点农业产业链研究报告

荆门地处湖北中部，国土面积1.24万平方公里，是屈家岭文化发源地，世界长寿之乡、中国菜籽油之乡、全国文明典范城市。近年来，全市聚力产业振兴促进乡村发展，以一袋米、一壶油、一头猪、一只虾、一枝花、一棵菜“六个一”工程为重要载体，持续擦亮“中国农谷”金字招牌，奋力答好打造产业转型升级示范区的“农业答卷”。

一、农业十大产业链建设成效

（一）培育壮大农业龙头企业。十大重点农业产业链中，市级龙头企业159家、省级74家，建成省级农业产业化联合体13个，打造省级现代农业产业园9个。全市创建国家农业产业强镇7个，创建争取京山、沙洋国家现代农业产业园项目，成为全省唯一创建2个国家现代农业产业园的市州。不断推进龙头引领，国宝桥米、荆品油脂、牧原、农青园艺、楚玉莱信克等龙头企业稳健运行，在农业产业化和“六个一”工程发展中发挥重要作用。

（二）产业品牌不断扩容提质。全市农业品牌数量众多，在十大重点农业产业链中，“二品一标”品牌128个，中国驰名商标8个、区域公用品牌7个。以“荆品名门”区域公用品牌为统领，搭建了“全品区域公用品牌+单品区域公用品牌+企业品牌+产品品牌”品牌矩阵，授权企业达到70家，授权品类130个，品牌价值达到628.74亿元。

（三）产业集聚发展步伐加快。建成了京山桥米、沙洋洪森、钟祥食用菌、大柴湖花卉等9个省级现代农业产业园，创建小龙虾、香菇、禽蛋、油菜4个国家级优势特色产业集群，2022年全市农林牧渔业总产值532.83亿元、第一产业增加值317.32亿元、农村居民人均可支配收入23952元，各项主要指标均实现了稳步增长。

（四）乡村休闲业态气象更新。依托农村绿水青山、田园风光、乡土文化等资源，打造了一批休闲农业和乡村旅游精品，培育休闲农业主体1413家，认定市级休闲农业和乡村旅游精品点60个，打造精品旅游线路30余条，岳飞城、圣境花谷等一批田园综合体发展势头强劲。举办沙洋油菜花旅游节等活动，集中展示荆门优质农产品。钟祥入选全省第二批全域旅游示范区，京山被评为2022年全国县域旅游发展潜力百佳县。

（五）乡村产业形态不断丰富。主导产业发展快，全市粮食产量连续8年稳定在57亿斤以上，2022年粮食总产达到57.9亿斤；2022年生猪出栏375.1万头，居全省第五位。拥有沙洋、钟祥、京山3个生猪调出大县，建成生猪规模化养殖场1310家，规模化养殖率84%。2022年水产品产量49.43万吨，位居全省第二。特色产业优势显，积极推进特色优势产业区建设，建有香菇、白萝卜、蛋鸡、龟鳖、西瓜、盆花、红豆杉等为主导产业的“一村一品”特色产业示范乡镇33个，全国一村一品示范村10个。

二、十大产业链具体情况

2022年全市十大重点农业产业链建设，立足荆门农业资源特色和发展实际，重点实施一袋米、一壶油、一头猪、一只虾、一枝花、一棵菜“六个一”产业工程，落实高质量发展要求，按照全产业链发展思路，明确每个产业的主攻方向，聚力打造6大百亿级农业产业链。将国宝桥米、荆品油脂、钟祥牧原、楚玉莱信克、农青园艺等公司确定为“荆门市农业产业‘六个一’工程龙头企业”。

1.优质稻米。品牌建设稳步推进。2022年“二品一标”品牌72个，比上年增加2个；中国驰名商标4个，与上年持平；区域公用品牌3个，比上年增加1个。

稻米生产、加工、流通有序推进。优质水稻种植面积384万亩，其中订单生产面积37万亩；优质水稻产品产量223.5万吨。稻米加工企业（规上）97个，比上年新增7个；其中主营业务过10亿的企业4个；市州级以上龙头企业57个，比上年增加9个；省级以上龙头企业25个，比上年增加5个。稻米销售额89亿元，网络销售额4.8亿元。

2.油菜籽。品牌建设保持稳定。2022年“二品一标”品牌1个，区域公用品牌1个，均与上年持平；中国驰名商标新增1个，实现由0到1。

油菜籽生产、加工、流通稳中有升。优质油菜籽面积109.69万亩，增长15.3%；油菜籽产品产量34.23万吨。菜籽油加工企业（规上）10个，比上年新增4个；市州级以上龙头企业10个，比上年增加6个；省级以上龙头企业5个，比上年增加3个；省级农业产业化联合体2个，比上年增加1个。菜籽油销售额7.46亿元，增长32%。

3.生猪。生猪生产有序恢复。优质生猪出栏122.17万头，增长21.1%；优质生猪占整个出栏生猪比重约30%，较上年呈增长态势。

加工环节稳步提升。2022年生猪加工企业（规上）5个，比上年新增1个；市州级以上龙头企业22个，较上年增加10个；省级以上龙头企业6个，较上年新增3个；省级农业产业化联合体新增1个，实现由0到1。生猪和猪肉的销售额稳中有升，为38.9亿元。

4.特色淡水产品。生产、加工环节有所提升。2022年小龙虾养殖面积92.17万亩，产量11.5万吨，均较上年有所增长。淡水产品加工企业（规上）2个，与上年持平；市州级以上龙头企业7个，较上年增加1个；省级以上龙头企业5个，较上年增加2个。

5.蔬菜。品牌建设加速推进。2022年"二品一标"品牌40个，较上年新增9个；区域公用品牌1个，中国驰名商标1个，均与上年持平。

加工、销售较快增长。蔬菜食用菌加工企业（规上）20个，较上年新增2个；市州级以上龙头企业29个，较上年增加11个；省级以上龙头企业14个，较上年增加4个。蔬菜食用菌销售额26.78亿元。

6.强链延链抓推进。聚焦"六个一"产业，强化农业重点产业链建设，牧原200万头生猪屠宰及肉制品加工、国宝15万吨智能化桥米加工、荆品油脂20万吨高油酸菜籽油加工、湖北兴祥2万吨小龙虾废弃物提炼加工等一批延链补链强链项目先后启动建设。发挥"链主"企业引领作用，分产业组建产业联盟，促进全产业链技术合作、上下游资源共享，做大产业能级，形成抱团发展格局。

三、存在的问题

一是重点产业链条不完整。农业产业链是一个完整的生产和销售链条，包括农作物和畜牧品种植、物流、加工和销售等环节。如果这些环节之间协调不足，会导致产品的生产和销售效率低下、信息不透明，产品质量无法保障，影响农业产业链的健康发展。我市农产品加工以粮、油初级加工为主，产业链条偏短，总体处在价值链中低端，没有形成上中下游完整的产业链。生猪、小龙虾产业链与襄阳、潜江相比，差距较大。

二是龙头企业实力不强。2022年市州级以上龙头企业中，主营业务收入过10亿的企业6家，主营业务收入1-10亿的企业108家。全市龙头企业产业分布不平衡，现有的本土龙头企业大多处于种养和初级加工等产业链中低端，整体层次不够高，带动力和竞争力不强，很多细分领域龙头企业还是空白。

三是品牌缺乏有效竞争力。品牌是农业竞争力的核心标志，提高农业质量效益很重要的任务就是打造品牌，重点解决有没有、响不响、强不强的问题。我市品牌数量多，但知名的少，品牌培育力度不够。京山桥米是好，荆品名门是好，但是品牌价值没有开发出来，没有体现出来。要通过打好区域品牌、企业品牌、产品品牌组合拳，让品牌战略覆盖农业的全产业链，实现由卖产品向卖服务、卖品牌、卖体验的转变。

四、相关重点工作建议

一是坚定不移强链条。结合我市"土特产"产品，放大农业的效益，放大乡村的价值。通过农业+服务、农业+电商、农业+旅游等"农业+"模式开发乡村的经济价值、社会价值、生态价值、文化价值等多元价值，推动优质农产品、田园风光与现代的营销、现代的运作方式相结合，培育新的业态，促进一二三产业融合、农文旅融合发展。以项目建设为抓手，深入推进"六个一"工程成势见效，完成畜禽、小龙虾、花卉产业联盟组建，完善京山桥米、蔬菜、食用菌产业联盟运作机制，推动产业抱团发展。重点发展预制菜加工，推进即食、即热、即烹、即配"四即"食品开发，做强蟠龙菜、风干鸡、鱼糕等传统预制菜肴，推广"原料基地+中央厨房+物流配送""中央厨房+餐饮门店"等新模式，加快打造国家级绿色农产品深加工基地。进一步完善农产品流通体系，研究建设全国花卉批发市场。

二是坚定不移强企业。大力培育龙头企业，聚焦稻米、油菜、生猪、小龙虾、花卉苗木五大产业，鼓励和支持国宝桥米、民峰油脂、神地科贸等企业向“高、精、尖”方向纵深发展，明确主攻方向，着力强链补链延链。加强招商引资，在每条产业链上着力引进龙头企业，培育大企业，带动相关产业集群化、规模化发展，构建从田园到餐桌全产业链条。按照“龙头企业 + 产业基地 + 市场品牌”的模式，着力构建优质稻米、高油酸油菜、生猪、特色水产、花卉苗木等全产业链，纵深推进农业产业化，凝聚主导产业链附加值，组建产业联盟，支持龙头企业实施并购重组、强强联合，引领企业抱团发展，力争每个产业都有 2-3 个龙头企业。

三是坚定不移强品牌。以品牌战略来提升农业，打造具有全国影响力的品牌，借助品牌优势，突出农产品差异化特色，开发品牌附加值。加快推动“京山桥米”“荆门高油酸菜籽油”“钟祥蟠龙菜”“漳河清水小龙虾”等优势品牌整合，做到一个品牌统领一个产品。精选荆门优质农产品与东方甄选等直播带货平台对接，推动荆门更多“土特产”叫响湖北、走向全国。

撰稿：张俊武

2022 年孝感十大重点农业产业链统计监测分析

2022 年，孝感坚定不移贯彻习近平总书记关于“三农”系列重要论述精神，准确把握在新发展阶段贯彻新发展理念的新要求，以乡村振兴战略为主线，突出高质量发展目标，聚焦十大重点农业产业链，大力实施一袋米、一头猪、一篮菜、一枚蛋、一杯茶的“五个一”产业链强链工程，通过政策引导、资金奖补、金融扶持等激励措施，坚持抓龙头企业培育、抓标准化生产基地建设、抓产业链拓宽延伸、抓品牌宣传打造，产业不断做大做强。现将十大重点农业产业链统计监测情况分析如下：

一、十大重点农业产业链总体发展现状

（一）农产品品牌建设稳步推进。2022 年十大重点农业产业“二品一标”品牌为 141 个，比上年新增 3 个，其中：优质稻米品牌新增 1 个；特色淡水产品（小龙虾）品牌新增 1 个；蔬菜、食用菌、莲、魔芋类新增 1 个。中国驰名商标（农产品类）6 个，与上年持平。在省域和全国有影响力的区域公用品牌为 23 个，比上年新增 1 个，其中：蔬菜、食用菌、莲、魔芋类新增 2 个，特色淡水产品（小龙虾）整合 1 个。

（二）农产品生产规模逐步扩大。2022 年十大重点农业产业优质农产品种植面积为 706 万亩，同比增长 1.9%，其中：蔬菜播种面积为 179 万亩，同比增长 2.4%；油菜籽播种面积为 128 万亩，同比增长 8.7%，优质水稻产品面积基本持平。农产品产量（十大产业汇总数）为 777 万吨，同比增长 2.5%，其中，蔬菜（食用菌）产品产量为 476 万吨，同比增长 3.2%；茶叶产品产量为 0.97 万吨，同比增长 6.0%；油菜籽产品产量为 22 万吨，同比增长 12.5%；柑橘产品产量为 2 万吨，同比增长 0.5%。农产品产值（十大产业汇总数）达 589.82 亿万元，同比增长 5.5%，其中增长较快的为：淡水产品产值达 131.53 亿元，同比增长 12.7%；油菜籽产品产值达 14.17 亿元，同比增长 14.4%；柑橘产品产值达 1.01 亿元，同比增长 12.1%；茶叶产品产值达 20.91 亿元，同比增长 7.2%；禽蛋产品产值达 89.93 亿元，同比增长 5.5%，另有优质稻米、生猪、蔬菜等均小幅增长。

（三）农产品加工产业稳定发展。2022 年十大重点农产品规上加工企业 93 家，与上年持平，其中：市州级以上龙头企业数达 178 家，比上年增加 6 家；农产品加工企业招商引资农产品加工企业投产数为 3 家，比上年增加 3 家；主营业务收入过 10 亿企业 1 家，与上年持平；省级农业产业化联合体 15 家，与上年持平；省级现代农业产业园 7 家，与上年持平。

（四）农产品流通行业快速增长。冷链行业的发展是确保农产品品质安全、减少农产品资源的浪费、提高农产品附加值的基础，近年来，国家和地方都加大了对冷链物流行业发展的关注和支持，2022 年我市农产品冷链（仓储）物流中心达 64 个，比上年新增 12 个，冷链仓储（容积）18.17 万平方米，同比增长 102.2%。冷链行业建设的快速发展带动农产品销售的快速增长，2022 年十大重点农产品销售额为 297.11 亿元，同比增长 9.1%，其中农产品网络销售额 24.45 亿元，同比增长 16.4%。2022 年十大重点农产品出口额 3.86 亿元，同比增长 321.0%。

二、十大重点农业产业链发展特点

2022 年，全市围绕农业供给侧结构性改革，坚持一二三产业融合发展，有效衔接湖北省十大农业产业链，推进孝感农业重点链和特色链发展，落实“一链一长”制度，依托一袋米、一头猪、一枚蛋、一杯茶、一篮菜的“五个一”产业链强链工程，进一步优化种植和养殖业布局。

（一）一袋米产业不断增产提值。围绕优质稻产业链建设，聚焦孝感香稻、糯稻品种优势，打造优质农产品基地，2022 年“香粳糯”优质稻面积达到 237 万亩，占水稻总面积的 55.2%。依托孝感市香稻产业协会，推动全市 12 家农业产业化龙头企业、100 多个家庭农场，构建“龙头企业 + 合作社（家庭农场）+ 农户 + 社会化服务”的生产经营模式，实现了小农户和大市场的有效对接。全市“香、粳、糯”特色优质稻订单种植面积突破 80 万亩，带动种植户增收 1.76 亿元以上，解决农

民就近就业1万人以上。为推动链条延伸，支持农产品加工企业不断提档升级生产设备，开展麻糖、米酒、功能稻米、特色米制品、淀粉糖及米蛋白等深加工。重点打造孝感香米、应城糯米、孝感麻糖米酒等区域公用品牌，“孝感香米”“孝感米酒”“孝感糯米”等品牌影响力不断增强。加大在农博会、广交会、华创会等大型展销活动上的推介力度，成功打造“德安府”香稻子品牌，该品牌通过“荆楚好粮油”、中国好粮油、有机产品复评认定。推动产品“走出去”，扩大品牌的知名度与市场竞争力。

（二）一篮菜产业全面优化增效。“一篮菜”产业链工作以“绿色兴农，质量兴农，品牌强农，效益优先”为目标，重点推进标准化生产、品种培优、品质提升，品牌打造，产业基础全面优化，产业质效不断提高。2022年蔬菜及食用菌生产规模稳步扩大，播种面积达179万亩，总产量达476万吨；淡水产品养殖面积达99万亩，产量达45万吨，同比增长4.5%；柑橘播种面积0.96万亩，产量达2万吨，同比增长0.5%。为延长产业链条，发挥全国区域性水生蔬菜繁育基地优势，全市年外销莲藕种苗1.2万吨，云梦县红光村蔬菜集约化育苗工厂，年育苗量700万株以上。孝昌县依托515院士专家科技服务团队，引进桃新品种20个，培育新红肉桃品种3个。在淡水养殖方面建成11个国家级水产种质资源保护区，6个省级水产原良种场，5个市级水产苗种场，实现全市年产鱼苗70亿尾以上。积极推进“二品一标”认证，全市拥有“一篮菜”“二品一标”产品45个，打造“区域公用品牌+企业品牌+产品品牌”的母子品牌，支持云梦蔬菜、汉川莲藕、孝昌桃、汉川河蟹等区域公用品牌建设，孝昌血桃入选第三届湖北地理标志大会银奖。

（三）一杯茶产业逐步提档升级。茶产业链作为孝感乡村振兴实力产业的第一产业，是我市农业重点扶持项目，孝感市属大别山优势茶产区，茶叶是我市的支柱产业，全市共有规模不等的茶场（茶园）400多家，2022年监测数据反应茶叶播种面积33万亩，年产茶叶0.97万吨，年产值20.91亿元，位居全省前列。为促使茶产业链进一步提档升级，全市建成有机茶园10万亩，绿色食品、无公害茶园21万亩。从孝南西河到大悟三里城镇23个乡镇建立起了优质茶园产业带。在周巷镇凤凰山、观音湖、河口金墩、三里柏园、阳平柳林等示范建设高标准茶叶基地，尤其是河口金墩抹茶基地建成了全机械化利用、全机械化采摘高标准茶叶基地。近年，通过引进新技术、新设备、新工艺，大力发展“红、绿、抹、白”精深加工。全市茶叶注册商标200多个，“中华孝文化名茶—大别山悟道茶”知名度较高，占有一定市场份额，孝感红茶成功开辟全国首列中欧茶叶出口专列，带动周边市县茶叶出口，出口茶叶1000吨，总货值1000万美元以上。在第25届武汉茶博会举办“茶与世界　携手共赢”孝感红品牌专场推介会，并入选了“湖北健康好茶礼”。

（四）一头猪、一枚蛋产业拉动畜牧业稳中向好。全市畜牧业全产业链体系打造重心由“快”转“质”，产业规模化、集约化、生态化、信息化水平稳步提升，总体态势稳中向好。2022年，生猪生产再攀新高，禽蛋产量不断增长，全年生猪累计出栏为299万头，同比增长4.2%，产值为109.33亿元，同比增长1.61%；家禽出笼为8574万只，同比增长2.3%，蛋产品产量为29万吨，同比增长6.3%，禽蛋产品产值为89.93亿元，同比增长5.5%；生猪冷链（仓储）物流中心保持4家，容积达3.15万平方米，同比增长66.7%；家禽及蛋产品冷链（仓储）物流中心由2家增至3家，容积达0.62万平方米，同比增长129.6%。全产业链产能规模的扩大主要在于强链工程的落实力度，生猪产业近年先后引进了大悟正邦、应城牧原、应城新希望等生猪龙头养殖企业建成投产，设计养殖规模均在50万头以上，大力发展“公司+农户”养殖模式，带动中小企业发展。禽蛋产业以湖北神丹健康食品有限公司为龙头，目前已经形成规模化的蛋鸡产业集群，安陆蛋禽科技小院入选首批国家支持建设行列，安陆市成为全国“一县一业”蛋鸡产业示范样板县，湖北省家禽领域唯一拥有国家认证的“种源”县市，近年将进一步扩能技改，推进蛋谷小镇建设，“一枚蛋”孵出亿元产业。

三、十大重点农业产业链发展存在的问题

（一）稳产高质高效基础不牢。根据国家关于加强农业基础设施建设的要求，近年来，我市加强了农田水利基础设施建设，但只是分区域有重

点的逐步投入，难以满足大面积的需要，并且存在重建不重管的问题，各地长效管护机制不健全，缺乏专业的后期管护队伍，缺乏管护资金保障。加之近几年自然灾害性天气频发，农业抗御自然灾害的能力还有待加强。

（二）农业产业化程度不高。全市食品加工产业企业绝大多数只是对粮食进行初加工，精深加工不够，产业链条延伸不够，产品科技含量和附加值不高，上、中、下游产业的关联度不高，难以形成企业整体市场竞争优势。农产品精深加工不够，产业链条延伸不够，产品科技含量和附加值不高，上、中、下游产业的关联度不高，产品效益低、难以形成企业整体市场竞争优势。

（三）科技赋能融合不足。农业科研和农业技术推广存在“两张皮”现象，农业绿色发展在理念上创新不够，技术上相对滞后。农机适用性方面，适宜本地丘陵山区作业和经济作物全程机械化作业的农机具少，高性能和智能化的现代农机装备应用成本偏高，不利于推广。农业科技推广使用和转化方面，存在投入少、创新慢，引进推广力度小，农民素质不高，操作培训困难，推广转化难度大，科技成果转化率不高等问题。

（四）农业发展资源不够。乡村振兴面临“人才荒”“用地难”“融资贵”等难题。农业高科技人才引进难，待遇低，人才难留住，本地从事农业土专家土人才很少，农业人才培养无人也难留人。以农为基础的产业领域，创造的财政收入、财税收入普遍比较小，地方普遍不愿意提供用地指标。受企业规模、信用条件、农村房产无法抵押等限制，农民工很难得到银行贷款，即使得到贷款，资金成本也比较高。

四、十大重点农业产业链发展建议

（一）进一步加强强链政策的制定和落实。坚持农业农村优先发展，全面推进乡村振兴战略，进一步加强农业基础建设、涉农企业优惠、科技兴农投入、农业人才扶持、农企农民创业用地、融资等方面的支持倾斜力度，加快相关配套政策的制定和实施。抓好农业产业链链长制的责任落实，明确包保领导、责任单位、工作职责和完成时限，对产业链建设中遇到的困难和问题要一包到底。其他相关部门要围绕农业产业链、供应链、物流链抓好服务，一个产业、一个企业、一个项目地抓具体、抓落实，加快推进农业产业化发展。

（二）进一步加大科技兴农的转化和融合。把农业科技产业化和农业产业化结合起来，充分发挥龙头企业在加速农业科技融合方面的作用，推动农业重大科技企业和高新技术企业引进和发展。不断创新体制机制，整合科技创新资源，促进大批科技成果产业化，为我市经济社会发展提供有力支撑。加大智慧农机引进、推进农机宜地化，加大农机购置补贴、农机作业补贴等政策扶持力度，进一步加快高标准农田建设，提高农业机械使用率，让科技发展的成果切实转化为提高农业生产的效能。

（三）进一步提高农业生产管理和服务。在坚持建设高标准农田的同时，进一步做好基础设施的管理和维护，让已建成的标准化农田持续发挥提质增效的作用。在提高农业抗灾方面下力气，扎实开展农情、灾情调度，在关键农时和重要节点，制定防灾减灾、抗灾救灾技术意见，组织技术人员深入基层开展技术服务。加强墒情、雨情、旱情监测，有针对性地开展气象为农服务工作。坚守主要农作物重大病虫不大面积暴发成灾的底线，提升统防统治和绿色防控水平。

（四）进一步提升产业转型升级和培养。根据我市“五个一”优势产业链，做好升级扩能、锦上添花的细功夫。一是发挥龙头效应，例如依托孝感稻米龙头企业和产业联盟，打造万亩标准化、订单化优质稻基地。依托湖北米婆婆生物科技公司，促使米酒、米线、麻糖等特色产品不断升级。二是做好产业延伸，加快产业链由低档向高档转化，由低附加值向高附加值转变，例如莲藕产业除加工酸辣藕带、盐渍藕片外，开发加工休闲食品、藕粉等，小龙虾开发脆虾、虾球、虾干等休闲新产品，桃产业开展桃木工艺品，桃胶、红肉桃片开发等。三是培养拳头品牌，推动“孝感香米•德安府”、“孝感香米•乡香太子米”等母子品牌共同发展，打响“梦之芹”、“开园香”等蔬菜品牌，培育宣传“汉川莲藕”“南乡萝卜”“汉川河蟹”等区域公共品牌。

撰稿：张玮玮

2022年荆州十大重点农业产业链监测报告

在习近平总书记提出“农业强国”战略背景下，荆州农村产业快速发展也迎来更好的机遇。荆州作为湖北农业供给侧结构性改革的主战场，拥有着丰富的农业资源，素来有“鱼米之乡”之称，是闻名全国的农业大市。如何依托农业产业，实现“农业大市”向“农业强市”的转变，是我们一直在研究的课题。2018年，乡村振兴战略的提出，将一二三产业融合发展策略提上了一个新的高度。围绕十大农业产业链，全市重点培育优质稻米、菜籽油、淡水鱼产品和生猪四大产业链，实行四大家市领导担任链长，牵头单位具体抓的工作机制，特色产业链蓬勃发展。

一、荆州市农业产业融合发展亮点

(一)农业总产值突破千亿大关，农业地位不可动摇。

2022年，全市认真贯彻落实党中央、国务院关于稳经济大盘部署要求，紧紧围绕中央一号文件积极发展农业经济，全年农业总产值1034.54亿元，位居全省第三。无论是在发展农业特色产品、培育新型农业经营主体和创建农业产业集群方面都有突破性发展，农业产能进一步优化。

(二)特色农作物品牌打响，产业集群带动农民致富。

全市立足自身资源优势，统筹涉农项目，大力培育乡村特色产业，拓宽农民增收致富渠道，公安葡萄、三湖黄桃、松滋鸡、石首西甜瓜、洪湖莲藕等一批特色产业不断做大做强。洪湖市深耕莲藕产业，研发新品种，提升莲藕品质，发力深加工，莲藕产业成为年产值20亿元的富民产业。2022年，新增松滋市万家乡和公安县闸口镇2家全国“一村一品”示范村镇。共有7个县市区入选菜籽油、禽蛋、小龙虾和柑橘优势产业集群。

(三)农产品加工业取得突破性发展，预制菜产业蓬勃发展。

全市农产品规上企业537家，比去年同期净增45家；规上企业加工产值1096.65亿元，同比增长17.8%。农产品加工规上企业数量超过孝感市，排名全省第三。2022年新增市级龙头企业43家、省级22家。截至目前，全市共有市级及以上农业产业化龙头企业379家，其中省级122家，国家级8家。

此外，荆州市抓住预制菜产业发展的历史机遇，倾力打造以荆州鱼糕、洪湖莲藕、荆沙财鱼、松滋鸡、公安牛肉、笔架鱼肚等知名菜式为主的优质食材产业链条。2022年11月1日，以“荆州味道，荆津有味”为主题的首届华中预制菜之都招商打回在荆州召开。会议集中签约安井食品、锅圈实业集团、麦金地集团、正大集团等预制菜头部企业等项目65个，投资额556.46亿元。23年，荆州市出台金融支持预制菜产业高质量发展“十条措施”，多部门联合发文鼓励金融机构将预制菜产业列为重点信贷投放目标，扩大对预制菜产业的信贷投放。

(四)打通农产品流通环节，延长下游产业链。

2023年1月，国家级荆州淡水产品批发市场正式营业，是农业农村部批准建设的唯一一家国家级淡水产品批发市场，占地面积257亩，建筑面积18万平方米，投资6.7亿元，打造线上市场主导、线下市场支撑、线上线下相互融合的一体化运营模式，构建“线上平台+养殖基地+分拨集配+下游市场”“养殖基地+线下市场+分拨集配+下游市场”两大智能化产销链，为荆州市打造“中国淡水渔都”战略实施迈出了关键一步。

(五)乡村旅游凸显新机遇，休闲农业发展前景好。

全市新增中国美丽休闲乡村(荆州区八岭山镇铜岭村和洪湖市乌林镇乌林村)，总数达到6个。新申报认定市级休闲农业示范点5个，市级以上休闲农业示范点共50个。江陵县结合美好环境与幸福生活共同缔造，已在全县各乡镇建设16个“共享农庄”。其中江陵县资市镇玉古村“‘共享农庄’运行以来，日均营业额达1.5万元。据农业部门反映，2022年，全市休闲农业经营主体1529个，休闲农业营业收入77951万元。

二、重点农业产业链建设情况

（一）稻米产业稳定发展，粮食地位稳固不动摇。

水稻是荆州的优势产业。近年来，荆州市围绕水稻产业的转型升级，发挥产业优势苦下功夫。致力提升稻米品牌效益，打造一批高档优质稻米，巩固粮食功能保护区地位。2022年秋，遭遇罕见高温旱灾，荆州市积极应对，指导引水灌溉全力确保粮食稳产，全年实现粮食产量453.36万吨，共有稻米“二品一标”品牌104个，打造中国驰名商标2个，建成稻米区域公共品牌5个。2022年，全市优质水稻种植面积686.89万亩，优质水稻种植产量380.58万吨。

（二）生猪产能持续提升，生猪产业转型升级。

全年生猪出栏371.69万头，较上年增4.8%，共有规上生猪加工企业15家，较上年新增3家。共实现生猪和猪肉销售额66.50亿元。为进一步指导生猪产业链条的完善，荆州市制定荆州市农产品加工业发展三年行动方案，明确生猪产业发展目标，重点围绕生猪产业链的培育、品牌创建等方面进行部署。

（三）特色水产独占鳌头，小龙虾产业链逐步完善。

2022年，全市小龙虾产量占全国27%以上，占全省50%以上。全国产虾十强县市区中，荆州占4席，分别是：监利、洪湖、公安、石首。全年实现小龙虾加工业产值101.06亿元，小龙虾加工企业龙头企业23个。

（四）“油瓶子”逐步端牢，菜籽油产业链初具规模

2022年，荆州市油菜籽播种面积319.1万亩，是全国油菜籽生产第一大市。产量达54.70万吨，连续26年位居全国第一。2022年，荆州市委1号文件明确提出监利由市领导牵头，部门具体负责的油菜籽产业链链长责任制，全力培育油菜籽产业链，大力开发油菜“饲用”“肥用”“菜用”“花用”等多重加之，举办多场油菜花节，开展以油菜花为主题的农旅结合新型经营模式，推进一二三产业融合发展。松滋市成为国家油菜产业技术体系全国两个“一县一业”科技示范县之一，监利市、松滋市入选国家油菜产业绿色革命科技示范县，江陵县、公安县和松滋市获批建设“江汉平原油菜产业集群”，此外，积极发展油菜籽机耕机收及统防统治技术，引进先进油菜籽烘干技术，确保油菜籽颗粒归仓。“天助”清香压榨菜籽油成功入选“2022湖北菜籽油特色品牌”推介名单，此外还打造了“金草帽”“滋富宝”“天助”等多个7D功能型菜籽油品牌。

三、存在的问题

（一）产业链条有待进一步延长。

在2017-2021年，荆州市的农产品加工产业产值与农业产值之间的比例为：1.8:1，1.4:1，1.2:1，1.0:1，0.96:1，荆州市的农产品加工产业产值与农业产值之间的比例较低，并且这种差距在不断扩大。目前，荆州市只有8家国家重点农业龙头企业，只占全省总量的9.8%。其中，有101家省级龙头企业，占到了23.3%，其数量在全省排名第二，但是，其数量与其所占的比例并不相适应。营业收入10亿元以上企业荆州市仅6家，占全省的12.5%，1-10亿元的企业仅66家，占全省的11.6%。因此也就没有能够形成具有较大影响力的“超级龙头企业”。

（二）土地规模化经营程度不高。

目前，荆州市农地流转与交易的体制还不够完善，限制了农地开发与利用的规模效益。目前，我国农村的农地还存在“流不出去，流不进来”的局面，农地的流转还没有规范，也没有法律保证。根据相关部门的数据，目前，荆州市的农业产业化经营用地只占到了总耕地的14.2%。2021年，全市家庭承包经营耕地面积913.97万亩，家庭承包经营流转面积528.80万亩，流转率仅57.9%，适度规模经营面积110.55万亩。荆州市种植规模户户数7411户。随机调查走访土地流转研究，发现许多农民没有签署正规的承包合同，这将影响到农民对承包土地的长期、稳定的投资。随着我国耕地保护政策的实施，农地利用、建设等方面的审批手续变得繁杂，对农地规模的转变造成不利影响。农业用地的集中度是农业用地整合能力的重要指标。要实现产业融合发展，就必须着力解决土地流转问题。除此之外，一些调研对象认为，在农村水电建设整体水平、仓储物流网络环境建设、快递网点设置等方面，与城市之间仍有较大的差距，这也是阻碍农村产业融合发展的一个原因。

(三)农业科技水平有待提升。

近几年,荆州市农业科技水平总体上有了较大的提高,农业科技水平也有了较大的提高。但是,农业技术进步在支撑乡村产业融合发展中仍存在着发展不足的问题。在设施农业的发展过程中,虽然也有部分的设施机械装备被开发出来,但是总的来说,它们的种类相对较少,而且在技术含量、成套性和适应性等方面还有待提高,特别是对农业部门补贴的设施农业机械,因为缺少了适当的适应能力,很难完全满足当地棚室操作的实际需求。在当前休闲农业的发展过程中,农民是休闲农业发展的主要管理者和经营者,他们的文化水平和科技水平都比较低,与之相关的培育种植的技术含量不高,设备、管理也比较落后,很容易为市场所淘汰,不利于休闲农业的长期发展。在全市农业龙头企业中,科研技改经费平均值仅为 152.27 万元。其中科研技改经费为 0 的有 235 家,占全部龙头企业的 61.2%。

四、下一步发展建议

(一)培育壮大龙头企业。

引导龙头企业加强科技创新和技术改造,推动深加工企业与高等院校、科研机构的产学研用合作,共建各类技术中心,加强技术攻关和成果储备转化。加大实用型技术人才培养培训力度,努力开发高附加值产品,提升核心竞争力。遵循优势互补、以质取胜的原则,鼓励有竞争力的农产品加工企业利用资金、技术、品牌、市场等优势,通过联合、兼并、重组等途径,实现抱团发展,提高企业实力。进一步抓好福娃、洪湖浪等困难企业纾困解难工作,制定一企一策,加强政策帮扶,帮助企业尽快恢复发展。

(二)全力发展预制菜产业。

紧紧把握市场风向,发挥农业产业优势,加快推动预制菜产业成为我市经济新的增长点。加快制定预制菜产业政策,出台预制菜产业发展规划。推进荆州高新区和沙市区两个预制菜产业园建设,以产业园为主要平台,加大预制菜产业招商引资力度,引进一批国内预制菜产业龙头企业到荆州投资兴业。积极申办全国预制菜产业大会,扩大荆州预制菜产业影响力。

(三)加快土地集约化发展进程。

目前,荆州市种植业主要以农户自主经营为主。难以形成有效规模的种植和大型现代化机械化的实施,农业基础设施的建设对于促进生产效率提高种植面积有促进作用。建设水利实施对抗洪涝灾害对作物产量的影响,增加农产品的产量,通过农村路网建设使农产品更好走向市场。在不违背国家相关政策和法规的前提下加大对于土地承包的管制,使土地的转让以及流转都在法律规范的范围内确保转让土地双方合法权益不受损害,以此来确保农村产业融合的土地资源保障。对农村宅基地与闲置房屋进行开发利用,发展旅游业、电商等产业。以国家和地方项目为契机加强道路交通、供水供电等基础设施建设,为农业产业链的形成营造良好的环境。

(四)加强政策支持力度提升科技水平。

强化政策供给和专业指导,用好用活各级促进乡村产业发展的各项政策措施。积极争取中央、省对我市农产品加工企业的金融扶持力度和技术水平支持,支持企业参与农业产业链、优势特色产业集群、现代农业产业园、农业产业强镇等农业产业发展项目建设。推进落实农业产业基金,加大财政投入力度。积极与高校、研究院联系,指导企业加强自身科技水平。

撰稿:梅华丽

2022年黄冈十大重点农业产业链发展分析报告

全市继续围绕培育壮大农业产业化龙头企业"双十双百"工程，围绕"大产业、大龙头、大平台、大科技、大品牌"发展思路，强化龙头企业带动、城乡要素联动、科技进步促动，着力推进重点农业产业链建设。2022年，全市十大重点农业产业链主要监测指标保持较好增长，十大重点农业产业链持续发展壮大。

一、统筹发展，农业产业链发展成效显著

（一）农业产业化发展不断壮大。

一是企业规模不断壮大。2022年，全市422家规模以上农产品加工企业共完成总产值636.8亿元，同比增长15.12%，农产品加工产值占全部规上工业总产值的比重为29.34?%；与同期相比，规上农产品加工企业个数净增35家，产值净增?88.1? 亿元。产值过亿元的农产品加工企业140家，其中产值超10亿元的9家，产值超20亿元的5家，产值排名前15的企业贡献了全市规上农产品加工产值的39.32%。李时珍医药集团、中粮粮油、晨鸣浆纸、康宏粮油等重点龙头企业均保持稳步增长态势。全市现有市级以上农业产业化龙头企业356家，其中，国家级龙头企业4家（康宏粮油、晨科农牧、东坡粮油、燕加隆板材），省级龙头企业108家，市级龙头企业244家。康宏粮油和晨科农牧被农民日报发布为全国农产品加工龙头企业500强。

二是品牌效应显著提升。全市现有国家级特色农产品优势区3个（蕲春蕲艾、麻城福白菊、罗田板栗）、全国百强农产品区域公用品牌2个（蕲春蕲艾、大别山黑山羊）、全省二十强农产品区域公用品牌3个（蕲春蕲艾、英山云雾茶、大别山黑山羊），全市"二品一标"农产品品牌301个，其中，地标产品92个，居全省之首。蕲春蕲艾被省政府确定为全省重点培育的两大农产品核心品牌之一。大别山黑山羊、蕲春蕲艾入选中广台2022年"品牌强国"工程。麻城福白菊、英山云雾茶、黄梅挑花入选中欧地理标志保护名录。初步形成以红安优质茗为主体的绿色食品系列、罗田板栗为主体的绿色果饮品系列、英山云雾牌为主体的绿色、有机茶系列，以团风东坡牌为主的有机食品和大米系列，以武穴、浠水为主的双低油系列，以黄州、麻城为主的无公害蔬菜系列，黄梅青虾为主体的水产制品系列。

三是招商形势持续向好。全市上下积极落实产业链链长制工作要点，深化产业链招商，拓展专业招商，产业链招商取得了新进展。今年1-11月份，全市农产品加工产业链签约项目74个，签约金额176.08亿元，其中大型项目2个，中型项目72个，两个大型项目分别为投资50亿元的红安县食品加工与冷链物流项目和投资10亿元的武穴市东锦生态特色（鳗鲡）深加工项目。黄州区引进多肽蛋白粉生产项目，拓展了生猪副产物综合利用，引进了现代水产产业园、叶路洲智慧农业创业园项目、现代化农业蔬菜产销一体化项目，补齐了种苗繁育、5G智慧农业物联网等环节；英山县引进了大别山茯苓产业园项目，延伸开发了茯苓精深加工、药食同源产品。

四是物流通道日益完善。积极推进农产品物流大通道建设，推动农村物流标准化、信息化、智能化转型升级，实施"快递进村"工程，建设"多站合一""一点多能"的乡村综合服务站点，推进县乡村物流共同配送；推进农产品产地仓储保鲜冷链物流设施建设，红安县、浠水县、罗田县、英山县、武穴市、黄梅县成功申报2022年项目农产品产地冷藏保鲜设施建设项目，共争取项目资金2500万元；加强农产品供应示范基地建设，在全市首批认定50家标准化农产品供应示范基地。目前，全市已建立了各类农产品流通市场60多个，常年从事农产品流通人员35万多人。

五是联农机制更加紧密。全市大力探索推进"龙头企业＋专业合作社＋农户"、"龙头企业＋基地＋农户"等发展模式，创建了18个省级农业产业化联合体，带动30家龙头企业、128家专业合作社、356家家庭农场，2912家种养大户抱团发展，联合体总户数达到15611户、营业收入达到745811万元、户均收入达到3.2万元，辐射带动农户数204855户；2022年继续围绕十大重点

农业产业链，向省农业农村厅推荐10家农业产业化联合体申报省级农业产业化联合体。

(二)十大产业链监测情况。

2022年，全市农业十大产业链"二品一标"品牌203个，较上年增加28个；中国驰名商标(农产品类)4个，较上年增加1个；区域公用品牌27个，较2021年增加11个。优质农产品种植面积959.06万亩，较上年增长5.4%。十大产业链农产品产量781.85万吨，增长3.65%；实现产值757.44亿元，增长13.11%。产业链农产品加工企业134家，实现产值252.91亿元。其中市州级以上龙头企业114家，主营业务收入10亿元以上企业8家。省级以上龙头企业67家。有省级现代农业产业园11个，冷链(仓储)物流中心160个。农产品销售额430.29亿元，出口额69.23亿元。

1.优质稻米。有优质稻米"二品一标"品牌49个，占全产业链"二品一标"品牌的24.1%。优质稻米种植面积414.31万亩，稻米产量244.98万吨，实现产值89.5亿元。优质稻米产业链规模以上工业企业38家，省级以上龙头企业25家，加工产值63.92亿元。

2.生猪。全市生猪出栏456.17万头，实现产值146.24亿元；有规模以上生猪加工企业12家，省级以上龙头企业1家；建设有生猪冷链(仓储)物流中心7个，总容积2.29万立方米；生猪和猪肉销售额105.42亿元，出口额28.52亿元。

3. 特色淡水产品。全市淡水养殖面积88.52万亩，淡水产品产量52.61万吨。实现淡水产品产值153.80亿元，销售额56.49亿元。小龙虾养殖面积89.3万亩（含虾稻连作），产量12.02万吨，占淡水产品产量的比重为22.85%。淡水产品规模以上加工业企业实现主营业务收入29.22亿元。

4. 蔬菜。全市全年蔬菜种植面积192.55万亩，产量373.97万吨，实现产值158.69亿元。"二品一标"品牌52个，较2021年增加9个。蔬菜产业链加工企业6家，省级以上龙头企业数5家。共建设蔬菜冷链(仓储)物流中心59个，总容积19.34万立方米，蔬菜物流供应体系进一步畅通。

5.禽蛋。全市全年家禽出笼6790.3万只；禽蛋产量34.61万吨，实现产值76.69亿元，禽蛋销售额42.73亿元。禽蛋冷链（仓储）物流中心8个。华中(浠水)蛋品交易中心建成投入运营，将进一步推动禽蛋产业链延链、补链、强链。

6.茶叶。全市有茶叶"二品一标"品牌45个，较2021年增加5个。茶叶种植面积47.96万亩，其中优质茶面积29.45万亩，种植面积进一步稳定增长。茶叶产量4.16万吨，产值38.42亿元，茶叶销售额14亿元。有茶产业链规模以上加工企业16家，省级以上龙头企业11家。有冷链(仓储)物流中心19个。

7.现代种业。全市有省级以上龙头企业3家，其中1家主营收入过亿元。国家级良繁基地2个，新增省级以上保种场1个。大宗作物(水稻、油菜、蔬菜、柑橘)繁育播种面积2.69万亩，种苗产量超过3.56万吨；能繁母猪存栏7.92万头，鱼苗45亿尾。种业产业链实现销售额5.32亿元。

8. 菜籽油。全市油菜籽播种面积249.02万亩，产量40.26万吨，实现农业产值22.48亿元。菜籽油产业链有规模以上加工企业12家，实现加工产值39.2亿元；其中省级以上龙头企业5家，主营业务收入破亿元的5家，10亿元以上1家。28个冷链(仓储)物流中心扩容，总容积达1.93万立方米。

9.柑橘。全市柑橘种植面积5.07万亩，其中优质产品面积3.5万亩，柑橘总产量8.09万吨，实现产值3.76亿元，销售收入7897万元。

10.中药材。全市中药材产业链有"二品一标"品牌30个，较上年增加11个；区域公用品牌(十大楚药、五大特色药材)12个，较2021年增加10个。全市中药材种植面积112.36万亩，同比增长14.1%；其中生态药材种植面积71.13万亩，同比增长4.7%。中药材产量23.18万吨，实现产值67.85亿元。全市中药材产业链有规模以上工业企业40家，较同期增加14家，其中有市州级以上龙头企业35家，省级以上龙头企业15家；中药材产业链规模以上工业企业实现产值88.15亿元。中药材产业链招商引资项目投产26个，到位资金17.73亿元。

二、强化举措，全力推进产业链建设

一是做强龙头企业。开展"解难题、稳增长、促发展"企业帮扶活动，实地走访服务企业，送《惠企纾困政策文件汇编》到企业。罗田县大自然食品股份有限公司、湖北晨科农牧集团股份有限公司 2 家龙头企业入围全省农业类上市“金种子”企业。通过兼并重组、股份合作、资产转让，组建了将乡红（湖北）食品集团股份有限公司、湖北龙大肉食品有限公司、湖北小龙虾产业控股集团康宏有限公司。持续加强“政银企”对接，与建设银行黄冈分行于 9 月 15 日签署了金融服务农业产业化战略合作协议，向 20 家新型农业市场经营主体现场授信 6.98 亿元，支持 837 家新型农业市场主体发展生产和扩大经营，2022 年省、市级龙头企业贷款余额 40.15 亿元，比去年增加 203.59 亿元、增幅 80.68%。

二是全力招商引资。坚持把招商引资、招大引强作为“一把手”工程，瞄准重点龙头企业，全面开展产业链招商、以商招商系列活动。树立大抓招商的鲜明导向，在红安县举办了全市农产品加工产业链招商推介暨 5 月份招商引资集中签约活动，会上共签约农产品加工产业链项目 26 个，协议投资额 105.53 亿元。今年，制定《黄冈市农产品加工产业链工作方案》，将 2022 年新签约招商项目 50 个、招商合同投资额 160 亿元的任务分解到各县（市、区）、细化到各产业，建立市县两级产业链招商引资调度机制，落实周调度、月会商、季考核的产业链招商工作制度。

三是打造知名品牌。蕲春蕲艾、大别山黑山羊入选湖北省 2022 年“品牌强国”工程，品牌宣传片在央视多个频道黄金时段播出。成功举办 2022 年中国农民丰收节湖北主会场活动，并举办黄冈特色农产品展和十大重点农业产业链展。6 款英山云雾茶产品荣获第 25 届武汉茶博会金奖，红安苕亮相湖北优质农产品走进粤港澳大湾区产销对接活动，蕲春蕲艾受邀参加第 23 届中国中部（湖南）农博会。蕲艾作为湖北省地标优品在进博会湖北展区惊艳亮相，品牌价值 105.08 亿元荣登全国区域品牌（地理标志）第 30 位。

四是强化科技创新。制定农业科技赋能“一业一表”，组建黄冈农业科技专家咨询委员会，派出 68 名科技特派员和科技副总，成立 6 支专家志愿服务队和 4 支联合服务队，为产业链发展提供全链条全过程科技支撑。整理特色产业发展 11 项，确定特色产业发展“卡脖子”问题技术攻关课题 11 项。先后在湖北东坡粮油、湖北禾溢园家庭农场、湖北长福等省市级重点农业龙头企业挂牌成立“黄冈市农业科技服务站”3 个，为企业技术研发、标准化生产、技术培训、加工和销售等提供“一站式”服务。聚焦种源种业，开展“卡脖子”技术攻关，通过国家、省审定农作物新品种 7 个。

五是促进产业融合。2022 年新创建武穴市国家现代农业产业园（油菜），黄梅县濯港镇产业强镇项目（优质稻），国家现代农业产业园和国家级农业产业强镇分别达到 2 家、7 家。红安县七里坪镇八一村被认定为 2022 年中国美丽休闲乡村，全市中国美丽休闲乡村总数达到 6 家；向省农业农村厅推介了 41 个省级休闲农业重点园区。

六是优化基地建设。围绕优质稻米、菜籽油、特色淡水产品（小龙虾）、茶叶、蔬菜（食用菌、莲）、红安苕、道地药材（蕲艾、福白菊）、板栗、生猪、家禽及蛋制品十大重点农业产业链建设，着力推进标准化、规模化生产。如蕲春县擦亮李时珍药圣故里金字招牌，全县蕲艾百亩以上连片基地 282 个，种植面积 22.19 万亩，蕲艾全产业链产值突破 100 亿元。全市认证“二品一标”农产品品牌总数达到 301 个，其中农产品地理标志产品 21 个，试行承诺达标合格证制度的生产主体达到 586 家，累计开具合格证 76.4 万张，农产品安全水平进一步提升。

三、产业链发展的建议

一是发展壮大产业基地。围绕中药材、菜籽油、红安苕、板栗、茶叶、家禽及蛋制品等特色产业，扩大标准化、规模化基地建设；实施种业振兴行动方案，聚焦十大重点农业产业链开展种质资源保护利用、种业创新能力提升工程建设，切实提升农产品品质；坚持市场导向，推进龙头企业、合作社、家庭农场建立产业化联合体，指导市场主体以销定产，确保产销两旺。

二是培育壮大龙头企业。坚持“两条腿”走路，积极发展壮大现有的，引进培育新生的；引导现有龙头企业不断提升标准化生产水平、质量管理水平，进一步提质增效，不断增强市场竞争力；大力开展招商引资，主动对接央企和大型企业集团，招引一批领军型农产品精深加工企业，力争每个县（市、区）新投产 2 家达到入规条件的招商企业。

三是搭建完善产业平台。提升现代农业产业园创建水平，以蕲春县、武穴市国家级现代农业产业园以及18家省级现代农业产业园为依托，推进“生产+加工+科技”一体化，集聚现代要素和经营主体，突出提升设施化、园区化、融合化、绿色化、数字化水平，发挥乡村产业振兴平台载体和农业现代化“引擎”作用，全面释放农业产业平台产能。

四是全力打造产品品牌。依托独特色资源优势，积极创建特色农产品优势区，夯实品牌创建产业基础。整合资源、集中力量，聚焦十大重点农业产业链，持续做好农产品区域公用品牌、企业品牌、产品品牌培育，构建“区域公用品牌+企业品牌+产品品牌”的农产品品牌体系，力争每条重点产业链打造1-2个有影响力的区域公用品牌、企业品牌和产品品牌。

撰稿：汪小平

强链延链蹄疾步稳　产业融合接二连三

——2022年咸宁十大重点农业产业链统计监测报告

为全面反映农业产业化建设和强链补链进展情况，咸宁全市上下立足实际，坚持以工业化思维扎实推进产业化建设，深入落实省委办、省政府办《关于培育壮大农业产业化龙头企业的意见》(鄂办发〔2021〕10号)和《关于印发培育壮大农业产业龙头化企业工作方案的通知》(鄂政办发〔2021〕31号)有关精神要求，按照省统计局《湖北省十大重点农业产业链统计监测制度》和《关于继续开展十大重点农业产业链统计监测工作的通知》，聚焦优质稻米、生猪、特色淡水产品、蔬菜、禽蛋、茶叶、现代种业、菜籽油、柑橘、中药材等十大重点农业产业延链强链补链情况，围绕相关产业生产、加工、运输、销售环节开展统计监测，现将2022年度监测情况报告如下：

一、十大重点农业产业链发展总体情况

2022年全市农业生产克服高温旱情影响继续稳步推进。全年农林牧渔业增加值达266.67亿元，同比增长4.7%，其中：第一产业增加值249.46亿元，同比增长4.3%。从农作物播面看，全年粮食作物197.70千公顷，同比增长0.2%；经济作物252.55千公顷，同比增长4.0%。从重点农产品稳产保供情况看，全年粮食产量达到118.70万吨，比上年微降0.7%；全市油料产量21.11万吨，同比增长9.2%；蔬菜及食用菌总产量达到257.54万吨，同比增长2.4%；全年肉类产量23.66万吨，比上年增长3.3%；全年水产品产量达24.25万吨，比上年增长3.6%。

在初级农产品扩面增量的同时，农业产业化推进质效明显。截至2022年末，全市市级及以上重点龙头企业265家（含省级71家、国家级3家）。农业产业延链建设成效斐然，2022年新增赤壁茶发集团茶叶、通城县福人中药材、崇阳县长富园竹、通山县柑橘等4个省级产业化联合体。最新数据显示，截至2023年2月，全市省级农业产业化联合体11家、省级现代农业产业园区6个，涉及湖北省十大重点农业产业链的联合体共9家。全市各地积极做好“土特产”文章，依托农业特色资源优势深入挖掘产品价值，打造一批品质优、效益好、市场竞争力强的农产品品牌。咸宁•贺胜鸡汤和嘉鱼蔬菜、赤壁青砖茶、通城香肠、崇阳黄精、通山闯王砂梨等6个地域特色鲜明的农产品品牌自2022年3月起纷纷亮相CCTV财经频道。至2022年底，全市有效使用的“两品一标”169个（含绿色食品129个、有机产品26个、农产品地理标志11个），同比增加23个。全市“两品一标”农产品基地面积70.59千公顷，同比增长1.4%。农业产业化成为助推农业经营主体发展壮大的重要推动力。

1.优质稻米。全市稻谷面积209.09万亩，稻谷总产量100.35万吨。新稻收购价格稳定在1.3元/斤以上，实际种粮补贴和耕地地力保护补贴政策得到有效落实，有力确保了农民种粮积极性。2022年优质稻米产品面积198.45万亩，订单面积占比16.6%，订单生产规模较上年持续扩大。全市优质稻米产品产值41.16亿元，同比增长2.5%。规模以上稻米加工企业11家（其中省级以上龙头加工企业4家），全市稻米加工产值23.86亿元。

2. 生猪。2021年全年生猪出栏量239.05万头，超过非洲猪瘟疫情暴发的2017年同期水平，同比增长4.61%。全市优质品种生猪出栏量72.74万头，同比增长1.5%。全年生猪出栏价格持续波动，1-4月生猪价格连续下跌，7-11月逐步回升至生猪养殖平均成本线。从11月初开始，咸宁生猪价格一路下行逼近上一轮猪周期波谷价格。崇阳县正大集团100万头生猪产业链项目和赤壁市双胞胎集团60万头生猪养殖产业链项目稳步推进。全年生猪产业链产品产值67.64亿元，同比增长10.2%；现有规模以上屠宰加工企业6家，生猪和猪肉销售额达69.03亿元，同比增长20.4%。流通领域冷链物流中心达到5个，冷链仓储库容比上年增加976立方米。

3.特色水产品（小龙虾）。截至 2022 年末，全市池塘养殖面积 43.8 万亩，稻田养殖面积 46.90 万亩。全年水产品总量达 24.26 万吨，同比增长 3.7%；其中，小龙虾产量达到 4.12 万吨，同比大幅增长 16.1%。水产品价格维持高位运行态势，全市淡水产品产值 76.40 亿元，同比增长 27.1%，全市 3 家规上淡水产品加工企业营业收入同比增长 6.2%。水产品加工环节新增市级龙头企业 1 家，2 家规上淡水产品加工企业年产值达 3.74 亿元，同比增长 85.7%。流通环节淡水产品销售额增幅明显。嘉鱼三湖渔业建成目前亚洲最大的叉尾鮰苗种繁育中心，年繁育匙吻鲟、胭脂鱼、长吻鮠等十余种淡水名优苗种 2 亿尾，其中，叉尾鮰苗种年生产量占全国斑点叉尾鮰苗种总量 90% 以上。

4.蔬菜及食用菌。2022 年全市蔬菜播种面积 144.46 万亩，同比增长 2.4%；蔬菜及食用菌总产量 251.55 万吨，同比增长 2.49%。截至 2022 年末，全市建成规模的“两瓜两菜”种植基地 21 万亩，水生蔬菜基地 13 万亩，西甜瓜基地面积 15.5 万亩，设施蔬菜基地 3.75 万亩。其中，千亩以上蔬菜基地 23 个，露地大宗蔬菜、设施精细蔬菜、特色水生蔬菜、食用菌并列发展格局初步形成，全市建有 1.5 万亩城郊蔬菜保供基地，确保“菜篮子”工程稳步运转。“嘉鱼甘蓝”“嘉鱼大白菜”成为国家地理标志产品证明商标，“珍湖莲藕”“富德蔬菜”等一批知名品牌在人民日报、湖北日报持续报道，嘉鱼选育的甘蓝新品种“思特丹”打破国外垄断，成为长江流域越冬甘蓝主栽品种；咸安温氏佳丰预制菜经验被省十大重点农业产业链简报刊登宣传。

5. 家禽及蛋产品。2022 年全市活家禽出笼 3427.20 万只，同比增长 1.2%；禽蛋产品 6.03 万吨，同比增长 6.1%。家禽规模养殖场超过 430 家，规模以上禽蛋加工企业达到 4 家，同比增加 1 家。咸安区温氏集团 5000 万羽肉鸡产业链规模持续扩大，温氏佳丰产业园精深加工技改稳步推进，“贺胜鸡汤”品牌做大做强，在商标离“家”20 余年并最终收到国家知识产权局商标转让证明后，“贺胜鸡汤”正式回归咸宁贺胜桥。全年禽蛋产品产值 17.79 亿元；3 家规上企业加工产值 13.61 亿元，同比增长 62.3%。现有省级家禽联合体（咸安区肉鸡产产业化联合体）1 个，禽蛋产品销售额超过 18.23 亿元，同比增长 1.1%。

6.茶叶。2022 年全市茶园基地面积 52.45 万亩，同比增长 2.4%，全年茶叶产量 8.96 万吨，同比增长 14.6%，其中青砖茶产量达 7.1 万吨，占据全市茶叶产量的 8 成，同比增幅超过 16.4%；茶叶初级农产品产值 24.76 亿元，同比增长 32.3%；年度销售额突破 16.13 亿元，同比增长 51.3%。全产业链综合产值超过 130 亿元。全市规上茶叶加工企业 16 家，省级以上龙头企业 11 家。10 年来，我市主办了万里茶路文化遗产保护研讨会、2015 国际茶业大会、第五届中国茶业大会，六届中国青（米）砖茶交易会、三届“一带一路”赤壁青砖茶产业发展大会等一系列国际国内茶会活动，以茶为媒、以茶交友，加强同国内外城市的交流合作。2022 年，“赤壁青砖茶”入选国家地理标志产品保护示范区筹建名单，品牌价值超过 38.16 亿元，位居全省茶叶类第 1 位、全国第 24 位（黑茶类第 3 位）。

7.现代种业。2022 年末全市市级以上种业龙头企业 2 个，常规农作物（水稻、蔬菜、柑橘、莲藕）种业播种面积 10.76 万亩，同比大幅增长 276.5%；渔业和畜牧业种业规模持续扩大，2022 年末能繁母猪存栏 13.13 万头，超过 2017 年末保有量。全市繁育鱼苗 33.03 亿尾，同比增长 11.1%。2022 年种业销售总额 7039 万元，同比增长 0.5%。全市各地加大种苗选育和集约化育苗行动，着力破解种植业种苗依赖问题。其中，湖北省绿康种苗公司培育育各类辣椒苗、丝瓜苗、苦瓜苗、西瓜苗等 20 多个品种，2023 年全年育苗量预计可达 1 亿株，年产值可达 1400 余万元，稻秧苗和蔬菜苗畅销湖南、江西中部省份。

8. 菜籽油。全市继续实施油菜轮作试点，积极开发冬闲田推动油菜扩面种植，2022 年末，全市油菜籽播种面积 158.32 万亩，同比增长 12.05%。从 2022 年夏收油菜籽生产情况看，全年产量 16.86 万吨，同比增长 4.7%，其中，优质油菜季度面积同比上升 104.5%，达到 122 万亩；菜籽油初级产品产值 11.31 亿元，同比增长 4.3%。菜籽油销售市场向好，干籽收购价格超过 3.2 元 / 斤，全年销售额 9.60 亿元，同比增长 12.5%。

9. 柑橘。截至 2022 年末，全市柑橘园面积

15.19万亩，同比增长8.1%，其中，精品园柑橘面积7.66万亩，同比增长31.4%。全年柑橘产量4.93万吨，同比增长9.1%。柑橘产品实现产值1.78亿元，增长12.2%；全市柑橘销售额1.88亿元，同比增长16.1%，柑橘类"绿色商标"新增1个，通山柑橘品牌热度提升，柑橘产业跃升为省级农业产业化联合体，实现历史突破。

10.中药材。2022年全市中药材基地（含野生抚育）在地种植面积达26.40万亩，同比增长11.7%；当年采收面积12.70万亩，同比增长10.6%；全年中药材产量10.84万吨，同比增长16.0%。黄精（幕阜山区南三县）入选"十大楚药"，金刚藤（通城）入选"五大特色药材"。通城县金刚藤基地（福人药业）和崇阳县黄精基地（领康药业）成功入选"2021年度中国优秀道地中药材种植示范基地"。中药材精深加工企业从2家成长至4家。全市中药材规上加工产值达到14.84亿元，同比大幅度增长195.7%。2022年我市真奥金银花药业作为全省重要医疗物资生产保供企业，旗下的"金银花口服液"单品进入医保目录后在防疫阶段作为中成药列入隔离人群和儿童预防用药、定点医院应急医疗物资储备，销量大增，2022年税收达1.02亿元。

二、2022年十大重点农业产业链发展中的新特征

近年来，咸宁市坚持以工业化思维发展和推进现代农业，基地建设不断推进，加工能力不断增强，品牌建设不断推进，产业融合不断深入，农业产业链在发展中竞相涌现新的特点。

一是龙头企业结构优化，规模持续壮大。我市精心培育农业重点龙头企业，新增曙光生态等13家省级龙头企业，从2022年全市市级及以上农业产业化重点龙头企业265家结构来看，有10家龙头企业从市级梯队成长为省级梯队序列。各地积极组建龙头企业带领农民合作社、家庭农场抱团发展的省级农业产业化联合体7个。赤壁神山兴农正式登陆新加坡交易所主板，实现全省农业企业国外融资"零的突破"。咸安精华纺织入围全省25家上市后备"金种子"农业企业。嘉鱼富德蔬菜专业合作社等3家主体成功进入粤港澳大湾区"菜篮子"平台，这些反映出全市农业龙头企业发展势头整体呈现良好态势。

二是产品加工"吃干榨净"，农旅融合"接二连三"。全市结合自身农业特色和资源禀赋实际情况，在重点农产品精深加工、产值转化、产业融合方面加力做好文章。湖北联创食品有限公司作为莲产业领域的国家级龙头企业近年来加快推动莲藕、莲叶、莲蓬、莲子全行业精细加工，探索对莲产业和莲产品"吃干榨净"。依托咸宁丰富的竹资源，我市积极推动德国负碳材料中国总部及生产基地落地，对竹竿、竹根到竹叶甚至竹屑进行"全竹利用"，有效避免温室气体产生，相关产成品广泛用于食品饮料、新材料及绿色再生能源领域。与此同时，各地发挥资源优势，延伸产业链条，丰富业态融合，宜农则农，宜旅则旅，从百亩药谷，千顷荷塘，到万亩茶园，再到油菜花海，一批批农旅融合项目层出不穷、跟随季节接替出现，产业强链延链蹄疾步稳的同时，产业融合真正走向"接二连三"。

三是产业延链催生适销产品风格多样化。传统农业初级产成品走向产业融合型、产业链延伸型、业态包容型的发展模式。从生产、加工、流通到末端消费，适销产品风格日趋多元化。"虾稻共作"模式加速推广应用，实现"一水两用、一田双收、稳粮增效"；赤壁青砖茶由"青"变"轻"，传统产品"砖型"不断"转型"。青砖茶系列产品不断便捷化、时尚化、功能化，袋泡茶、速溶茶、巧克力茶、茶饮料等30余类160多款赤壁青砖茶产品琳琅满目。茶产业深度融入恩施玉露、潜江小龙虾、鄂州武昌鱼等品牌供应链，"虾茶之恋"、"茶鱼饭后"等7款"茶+"产品上市展销。全市围绕重点农业产业加强与华中农业大学、省农科院等联合攻关，研发560余种特色农产品。

四是拓展功能和品牌建设成为延链着力点位。积极推进特色农产品产区变景区，咸宁农高区依托绿色产业项目建设，发展现代庄园经济，振兴乡村特色产业，把农业风景变为产业美景、把农业颜值变为经济产值。各地坚持聚焦产业发展，筑牢品牌根基；聚焦主体培育，激发发展活力；聚焦"地标"管理，助力体系建设；聚焦媒体宣传，提升品牌关注度；聚焦节庆展会，拓展营销市场，加大咸宁农业品牌建设，嘉鱼蔬菜、赤壁茶叶通城生猪等一大批优势农产品加速进入外销市场，实现从"卖原料"到"卖产品"、"卖资源"到"卖

品牌”的华丽转身。

三、重点农业产业链持续发展中的困难和问题

全市农业底盘稳中有进，咸宁粮食产量连续13年稳居百万吨以上，2022年达到118.70万吨，比2012年增长10.0%。全市成功创建3个国家级、2个省级特色农产品优势区，竹、茶、油茶三大百亿重点产业和中药材种植加工等新兴产业优势逐渐显现。“菜篮子”产品类别更加丰富，“米袋子”保供基础更加夯实，“油瓶子”成色质量更加稳固。在农业加快朝着现代化迈进的新形势下，农业产业链条不完整、精深加工不足、龙头企业集群力度不高、产业综合带动效应不强、传统经营模式仍占主导等现实困难和问题也逐步凸显出来。

一是产业链条不完整制约发展动能。全市大量初级农产品作为原材料运往外地，附加值外流现象明显。通山县柑橘、枇杷等特色水果种植历史悠久、产量可观，但在加工环节尚无1家规模以上企业；油菜籽收割后95%以上直接收购外销，无本地大型油脂精深加工规模企业。

二是人才队伍建设和产品精深加工能力建设不足。咸宁水产资源丰富，全市19个水产养殖乡镇、87个养殖村从事水产养殖相关工作的人员超过8万人，但绝大多数只从事水产品粗加工，对小龙虾等名优产品开展深加工的企业培育明显滞后于市场需求。同时，现阶段我市农业产业科技攻关、技术推广、市场营销等方面人才匮乏，在咸职教院校未设立农业重点产业课程，无法在我市科研院所和学校引进高层次人才。

三是产业龙头企业仍需扶持壮大。从2022年全市十大重点农业产业链统计监测数据看，规上农产品加工企业数量保持在50家，近两年来未有增长；主营业务收入超过1亿元的规上企业17家，但超过10亿元的龙头企业数量为0家；农产品加工企业招商引资投产数和到位金额近两年未见明显增长，产业发展动力不足。

四是农业产业化建设仍需加力。农业产业化是现代农业的必由之路，从2022年当年新增省级产业化联合体和年末省级现代农业产业园数量分布情况看，2022年咸宁新增省级产业化联合体数量4家，占全省当年认定总数（93家）的比重仅为4.3%；全市年末现代农业产业园数量6家，占全省总数（126家）的4.76%。同时，我市重点农业产业存在品牌偏少、影响力不强，除茶产业有6个中国驰名商标外，其他特色产业均没有中国驰名商标，湖北省著名商标也基本空缺，特色产品品牌创建工作仍需持续发力。

四、推动重点农业产业链延伸发展的几点建议

2023年是全面贯彻落实党的二十大精神的开局之年，也是加快建设农业强国的起步之年。创建优势特色产业集群是2023年中央一号文件提出的明确要求，加快推进农业产业链条延伸，推动咸宁重点农业产业形成鲜明优势特色，助推农业高质量发展和产业发展取得新成效，从以下4个方面发力。

一是科技助力提升农业保供能力。进一步增强“保障好初级农产品供给是事关全局战略性问题”的思想认识和政治站位，坚持粮食安全党政同责，坚决遏制耕地“非农化”，有效防止耕地“非粮化”，围绕保供给、固安全，层层压实粮经饲等作物播种面积，通过加大科技投入要素提升农业产能。一是要深入推进高标准基本农田建设，实施优质粮工程，提升耕地地力水平和农业基础设施保障水平，确保重要初级农产品供给稳定充足。二是要加快推进茶叶蔬菜、中药材等特色产业转型升级，以赤壁青砖茶为重点，推动全市茶产业协同发展。大力发展现代种业配套服务业发展，在优质资源供给端加大投入研发。三是鼓励正大、温氏、双胞胎等重大畜禽产业链加强现代养殖技术转化应用，推动肉蛋及水产品供给稳定增长。

二是政策赋能强化重点链条建设。明确围绕全市重点农业主导产业链，支持龙头企业立足主导产业，加快推动品种培优、品质提升、品牌打造，推进农业产业链建设。全市要继续建立重点产业链链长制，对重点农业主导产业实行“一条产业链一名市领导领衔、一个牵头单位负责、一个工作专班推进、一个工作机制贯彻、一个专家团队指导、一名县级干部联络”的制度。探索建立市级联席会议协调制度，统筹市级县级专项奖补资金，全面推进“以工业化思维发展现代农业”典型经验做法，推动重点行业领军企业和加工型龙头企业扶持培育力度。

三是三产融合激发业态发展潜能。要持之以恒推进农业产业化建设，以产业链、供应链、价值链为切入点，围绕"补链、强链、延链"做文章，推动农业价值链迈向中高端，通过产业融合发展提升农产品附加值。各地要优化调整产业布局、服务重大农业产业项目申报建设，积极培育壮大农业龙头企业，确保省级农业产业化联合体全域覆盖。推动农林牧渔业"接二连三"融合发展，推动农旅产业融合发展，做好农业生产与文旅观光产业有机结合，实施咸宁农产品品牌计划，充分利用 CCTV7、学习强国、党报媒体等平台多样化开展咸宁品牌宣介。

四是绿色引领推动特色提质增效。深入践行绿水青山就是金山银山的理念，以更高站位加快建设自然生态公园城市，切实把咸宁生态资源优势转化为发展优势，努力在自然生态公园城市建设上走在全国前列，以鄂南一域之光为全省发展助力添彩。一是优化改进种养殖模式和作物品种。改进传统农业发展模式，大力推广连作、套作、共作等高效种植养殖新模式，做深做细特色品种保护开发，推进生猪生态养殖、水产健康养殖等绿色产业发展。二是下好生态红利资源转化"先手棋"。严守生态保护红线，守好自然生态本底，坚持以优质、安全、绿色为导向，持续开展茶叶加工、畜牧养殖行业标准化示范基地建设，加快推动农业面源污染整治，积极创建农业绿色发展先行区，推进农业产业绿色转型，培育壮大农业＋大健康等特色产业。

撰稿：胡大利

2022年随州十大重点农业产业链统计监测报告

近年来，在市委、市政府高度重视下，全市聚焦优质稻米、生猪、特色淡水产品、蔬菜、禽蛋、茶叶、菜籽油、柑橘、中药材等十大重点农业产业链延链补链强链，有序推进优质农产品生产基地建设。2022年，农产品加工业产值607.29亿元，同比增长10.1%，占全市规上工业总产值的31.8%；农产品出口78.1亿元，同比增长27.8%，连续18年居全省第一。强链延链产业融合，为全市构建城乡融合示范区提供了强有力支撑。

一、重点农业产业链发展总体情况

（一）优质稻米生产势头向好。2022年稻谷面积192.39万亩，稻谷总产量115.12万吨。其中优质稻米产品面积161.13万亩，订单生产率占39.3%。优质稻米产品产值29.07亿元，30家规模以上加工企业稻米加工产值47.78亿元，稻米销售额9.92亿元，同比增长32.4%。随州香稻收购价格3.2-3.46元/公斤，较普通优质稻高出0.4-0.7元/公斤，价格优势明显，大大提升了农民种粮积极性。

（二）生猪养殖产业发展加快。2022年生猪出栏量211.32万头，同比增长4.48%。实现全市常住人口人平一头猪，高于全省人平0.73头水平，出栏量在全省十七个地市州位居第九位。其中优质品种生猪出栏占比达100%。生猪产业链产品产值53.30亿元，同比增长3.5%；现有规模以上屠宰加工企业6家，生猪和猪肉销售额达36.88亿元，同比下降8.9%，流通领域建有冷链物流中心3个。

（三）特色水产品生产保持稳定。2022年，全市池塘养殖面积36.45万亩，其中稻田养殖面积11.26万亩。水产品总量达8.81万吨，同比增长2.89%。淡水产品产值33.75亿元，同比下降2.4%，全市1家规上淡水产品加工企业产值8.59亿元，同比增长22.3%。淡水产品销售额11.66亿元，同比增长31.4%。

（四）蔬菜及食用菌产业链条延伸。2022年全市蔬菜播种面积60.06万亩，同比增长1.8%；蔬菜及食用菌总产量162.09万吨，同比增长1.8%。蔬菜（食用菌）产品产值86.98亿元，同比增长11.2%。全市“二品一标”品牌39个，区域公用品牌1个。蔬菜食用菌销售额36.45亿元，同比增长13.5%。其中食用菌产业发展成为全国四大主产区之一、全国最大的菌种生产基地、全国第二大交易市场、全国重要的加工出口基地。形成集菌种繁育、标准化种植、精深加工、外贸出口、机械制造、技术服务等完整的产业体系，带动30多万香菇人增收致富。特别是在全球经济复杂多变的大环境和全国农产品出口整体下滑的大形势下，实现了逆势上扬。食用菌全产业链产值突破300亿元，2022年种植规模达到3.21亿袋，同比增长1.3%，香菇及其制品出口额达10.1亿美元，同比增长19.7%。

（五）家禽及蛋产品产量稳步提升。2022年全市活家禽出笼7749.81万只，同比增长2.5%；禽蛋产品15.47万吨，同比增长5.9%。规模以上禽蛋加工企业3家，禽蛋产品产值23.60亿元，同比增长58.7%；3家规上企业加工产值4.10亿元，同比增长11.4%。禽蛋产品销售额11.79亿元，同比增长33.9%。其中湖北正大有限公司已成为华中地区最大的肉鸡“一条龙”全产业链企业，也是湖北省农业产业化重点龙头企业，拥有2座饲料加工车间，年可加工饲料42万吨；9个种鸡场，年种鸡饲养能力为55万套；1个鸡苗孵化场，年孵化能力为5400万羽；28座肉鸡自养场，年可出栏5000万羽；1座肉鸡屠宰加工厂，年屠宰分割肉鸡能力为5000万羽；1座年产能3万吨调理品车间；1座年产能10万吨熟食加工车间；6台单冻机，12座速冻库，冷库容量3000吨。

（六）茶叶产业发展质效提升。2022年全市茶叶基地面积8.03万亩，同比下降0.7%，全市茶业重点龙头企业省级2个，市级龙头企业4家；拥有茶叶规上加工企业6家，国家级示范社1家。其中随州中兴食品公司“大洪山”系列茶打开了欧洲、非洲的茶叶市场，实现“买全国、卖全球”，被誉为“大洪山现象”。

（七）菜籽油面积产量双增长。全市继续实施油菜轮作试点，积极开发冬闲田推动油菜扩面种植。2022 年继续实施油菜轮作试点，通过扩种油料作物、开发冬闲田，大力保障油料供给。全年油菜籽面积 39.61 万亩，同比增长 5.1%，油菜籽产量 5.84 万吨，同比增长 8.1%。优质油菜籽面积占比 65.7%；菜籽油产品产值 3.20 亿元，同比下降 8.6%。菜籽油市场向好，网销额同比增长 14.8%。

（八）柑橘产量稳中有增。2022 年全市柑橘播种面积 0.06 万亩，与去年持平。柑橘产量 378 吨，同比增长 6.8%。柑橘产品实现产值 175 万元，增长 17.5%；全市柑橘销售额 155 万元，同比增长 19.2%，其中网络销售额 5 万元。

（九）中药材产业高质高效。2022 年全市中药材播种面积 6.44 万亩，同比下降 4.5%；中药材产量 1.96 万吨，同比下降 14.1%。中草药材销售额 5.22 亿元，同比增长 5.1%。全产业链综合产值达 2.63 亿元。全市拥有省级以上龙头企业 2 家，市级以上龙头企业 4 家。

二、重点农业产业链发展亮点

（一）龙头企业培育壮大。2022 年全市新增省级龙头企业 13 家，累计 53 家，新增市级龙头企业 16 家，累计 162 家；成功培育 3 家中国海关 AEO 高级认证企业（全省 6 家）；3 家全国农业国际贸易高质量发展基地（全省 13 家）；2 家出口过亿美元企业、25 家出口过千万美元企业；2 家全省上市后备“金种子”企业，5 家产值过 10 亿元企业；以及裕国、万和、鸿发等一批行业隐形冠军企业，企业实力不断增强。

（二）精深加工加快推进。从食用菌产业看，华中香菇智慧交易城 1 号楼投入使用，发展 5 万棒以上香菇“三化”基地 444 个、食用菌精深加工企业 33 家，香菇精深加工产品出口比重达 91%。从粮油产业看，发展随州香稻 70 万亩、千亩连片基地 81 个，香稻产品供不应求，副产物综合利用水平不断提高，从“一粒米”到“一滴油、一片药”持续延伸，实现吃干榨尽。从畜禽产业看，中粮、共富、正大、楚丹、兴鹏等龙头加快推进畜禽产业全链条升级，肉蛋类熟食、即食产品不断丰富，畜禽预制菜产业发展迅速。从茶药产业看，以中兴食品为龙头引领全市茶叶出口快速恢复，达到 3821 万美元，同比增长达 382%；中药材出口继续保持全省第一，鸿发、万松堂开发中药材配方产品市场需求旺盛。从果蔬产业，品源现代带动蔬菜辅料基地建设，迅速发展到 26 个村 5000 亩；意亚食品对接本地水果利用，在随县新街镇发展万亩标准化水果基地。

（三）打造精品开拓市场。“随州香菇”连续 4 年在央视展播，入选 2022 年全国农业品牌精品培育计划，在高铁、高速、机场、武汉中心商业区等各类平台推介随州特色农产品。品源现代积极发力国内市场，全年内销同比增长 300%；裕国菇业以深加工扩大外贸，连续 2 年出口超 2 亿美元。55 家企业获授权使用“随州香菇”“随州香稻”区域公用品牌；“随州油茶”“随县葡萄”获批国家地理标志证明商标。随州泡泡青与洪山菜薹组成红绿 CP，登上热搜成为网红。香思里热干面入选东方甄选，迅速卖出 100 万元。

三、十大重点农业产业链建设需要关注的几个问题

（一）农业产业专业技术人才不足。一是人才存量不够。一方面农业专业技术人员万人比远低于全国平均水平。截至 2022 年 8 月底，全市农村人口 85.2 万人，农业专业技术人员仅 939 人，每万名农村人口中农业专业技术人员仅 11 人，与全国每万名农村人口中 40 名农业专业技术人员的平均水平差距很大。二是人才结构不优。具体表现在老龄化严重、整体文化素质偏低。截至 2022 年 8 月底调查数据显示，全市农业农村科技人才中没有 25 岁以下的人员，45 岁以下的占 29.2%，45 岁以上的占 70.8%。现有农业农村科技人才中本科及以上的占 19.6%，专科及以下的占 80.4%，总体受教育年限短、平均文化素质偏低，高级职称的仅 4.5%，中级及以下职称的占 95.5%。

（二）成本上涨致农民增收压力加大。一是肥料、农药价格普遍上涨，尿素上涨达 50%以上，复合肥上涨 50%左右，农药上涨 30%，同时柴油价格也居高不下，这些因素影响了农民尤其是种植大户的生产积极性。二是人工成本进一步攀升。不同地区人工工价不同程度的增长 30-50 元 / 人 / 天。综合成本上涨，导致农民增收压力大，种养殖意愿下降。

（三）农业产业链精深度不高。十大产业中多数产业加工型企业都在个位数，比如生猪产业6家，禽蛋企业3家，茶叶产业6家，中药材产业4家。十大产业中加工企业最多的是蔬菜产业和稻米产业，分别有41家和30家，但面临特色产业农产品面临同质化竞争、特色品牌不响等问题制约产业发展。香菇产业虽然不断推进精深加工，但总体还是以初加工为主。香稻品牌虽然不断做大，但香稻产业还处于初级发展阶段。农企深加工产品的接受度、认同度、知名度还不够，市场份额较低。

四、几点建议

（一）人才助力，提升产业现代化活力。加大人才培养力度，改善农业人才结构。采取合作定向培养等方式，拓宽现有农技推广人员提升学历渠道。增加复合型人才、高技能“乡土专家”型人才和产、加、销复合型农业职业科技经理人。选送优秀基层农技推广人员进行业务轮训，提升业务能力。强化新型职业农民培训

（二）服务助力，提升农产品品质促农增收。通过提升农产品品质，提升附加值以促进农民增收。重视品牌创建，鼓励龙头带动、新型农业经营主体参与。完善社会化服务体系，鼓励因地制宜深度探索发展乡村合作公司，发挥不同服务主体优势，相互协作与融通，构建与农业现代化发展相适应的开放、协同、高效的社会化服务体系，严格品控、建立标准，创建区域特色品牌。带动农民增收，提高生产积极性。

（三）科技助力，加速布局产业创新链。提升随州农业科技自主研发和支撑能力。以市场化为导向整合资源，提升农业综合创新能力和服务水平，围绕产业链，布局创新链，进行协同联合创新。围绕产业融合推进科技服务向农业全产业链延伸，形成较为稳定的农业科技成果快速转化便利通道，实现优秀科技资源的“下移”和优质农产品的“上移”，畅通科技成果和市场之间的连接通道，推动产业创新。

撰稿：李琳

2022年恩施州十大重点农业产业链统计监测报告

2022年，恩施州严格落实省委省政府关于建设农业产业强省决策部署，紧密衔接省十大重点农业产业链，立足自身资源禀赋和优势特色，突出做好“土、硒、茶、凉、绿”五字文章，大力推进农业产业化链条式发展，着力引进和培育农业龙头企业，农业产业链建设呈现稳中有进发展态势。

一、产业链建设基本情况

（一）综合产值稳步增长。

恩施州与省十大产业链相衔接的重点产业共有8个，分别为：茶叶、生猪、中药材、柑橘、蔬菜（魔芋和食用菌）、家禽及蛋制品、优质稻米、菜籽油。特色淡水产品和现代种业在我州发展相对较弱。2022年，全州十大产业链实现优质农产品种植面积554.9万亩，实现农产品产量392万吨，实现农业产值314亿元，同比增长12.7%。其中生猪实现产值111.6亿元，增长7.5%。

（二）农产品品牌同比增加。

一是“二品一标”增加。2022年，全州“二品一标”农产品659个，同比增加77个，其中蔬菜“二品一标”品牌85个，减少11个；茶叶品牌529个，增加80个。二是中国驰名商标增加。2022年，全州农产品类中国驰名商标3个，同比增加1个，其中生猪类1个，茶叶类2个，分别是宣恩火腿、伍家台贡茶、恩施玉露。三是区域公用品牌增加。全州区域公用品牌达33个，同比增加14个，其中稻米达5个，增加4个；茶叶13个，增加4个；药材8个，增加6个。

（三）农产品加工扎实推进。

2022年全州规模以上农产品加工企业160家，同比增加27家，实现规模以上农产品加工产值78.6亿元，同比增长30.6%。其中茶叶、生猪、蔬菜占比较大，分别实现加工产值39.4亿元、10.7亿元、5.8亿元。省级以上龙头企业数达51家，州级以上龙头企业175家，分别增加9家、94家。农产品加工企业招商引资实际到位金额2.64亿元，增长1.7倍，龙头企业年末贷款余额8.08亿元，同比增长48.5%。

（四）农产品流通提质加速。

2022年，全州农产品销售额173.8亿元，其中生猪和猪肉销售额59亿元，茶叶销售额86.3亿元，中草药材销售额9.5亿元，占比较大。农产品出口3.7亿元，同比下降22%，主要是中草药材出口下降，全年出口686万元，同比下降95%。冷链仓储（容积）16.7万平方米，其中蔬菜8.9万平方米、茶叶5.8万平方米。冷链（仓储）物流中心43个，农产品流通基础设施建设不断加强。

二、产业链建设推进情况

（一）大产业和全产业链建设系统谋划。为找准产业发展路径，在年初开展了全面调研，摸清了发展底数和短板问题。根据省《关于培育壮大农业产业化龙头企业的意见》精神，我们立足富硒资源优势和产业基础，按照“打造全产业链，推动产业集群化发展”的思路，对农业主导产业发展现状，特别是农产品加工业情况进行了再调研、再梳理，提出了到2025年建设“全国富硒产业高地”，建成“千亿级现代农业产业集群”的目标定位。结合恩施州实际制定了《恩施州农业主导产业全产业链建设方案》，重点打造茶、烟、蔬、药、果、畜、粮、蜂八大主导产业全产业链，明确了“到2025年，全州培育茶叶、畜禽（含中蜂）、粮食3个综合产值过200亿元，烟叶、蔬菜2个综合产值过150亿元，中药材综合产值过100亿元，水果综合产值过50亿元的全产业链”的目标任务。

（二）产业振兴和农业产业化工作统筹部署。将推进农业主导产业链建设、提升农业产业化水平与实施乡村振兴战略、推进乡村产业振兴有机结合，建立了每条链由一名州领导领衔、一个牵头单位负责、一个专家团队支撑、一个工作专班推进的“四个一”工作机制，细分产业链谋划了推进方案，制定了由州委州政府主要领导为召集人的农业主导产业链建设（农业产业化）联席会议制度；同时，成立了由分管州领导为组长，州直相关单位分管领导为成员的产业振兴工作组，组建了工作专班，制定了运行规则。州委、州政府高度重视，主要领导和分管领导多次专题研究，听取有关情况汇报，提出明确要求。形成了高位部署、统筹推进产业振兴和农业产业化工作的良好格局。

(三)项目建设和龙头企业培育协同开展。通过优化对接服务，强化金融支持、项目倾斜和政策激励等措施，积极培育壮大农业产业化龙头企业。会同金融部门建立了干部和银行“一对一”联系服务龙头企业制度。完善了茶企金融方舱长效机制，出台了扶持措施，帮助企业破解融资瓶颈。探索开展农村土地承包经营权抵押贷款试点，并出台指导意见和管理办法在全州推行，推动解决农业市场主体抵押物不足融资难的问题；利川市、建始县、宣恩县成为全国绿色种养循环农业试点。通过一系列项目支持和激励措施，我州省级农业产业化重点龙头企业达到 51 个，规上农产品加工企业达到 160 个，实现产值 78.6 亿元，达到历史最高水平。

(四)品牌打造和市场营销同步发力。运用多元化的宣传推介营销模式，通过政府积极发动、参加和举办各种高规格宣传活动推动、线上线下拉动、市场主体联动、各平台互动等方式，提升区域公用品牌的知名度和影响力。州政府采取州市共担的方式连续三年投入资金 4000 万元，在中央电视台进行“恩施硒茶(恩施玉露、利川红)”广告宣传；先后成功举办了 2022 年恩施硒茶采购商大会、恩施硒茶(恩施玉露、利川红)城市品茗周活动；利用展会平台举办了恩施硒茶品牌专场推介会，恩施硒茶、恩施土豆等品牌知名度得到进一步提升。在武汉、北京、杭州、上海等大中城市开设销售店或体验馆，目前州外开设的店铺达到 675 家；组织了中央广播电视台、人民日报、环球网等官方媒体平台，淘宝、京东、抖音、快手、腾讯等电商直播平台持续进行媒体宣传，形成了“多渠道、多主体、多平台、多模式”的营销体系。

(五)全域绿色化和农产品质量安全州创建一体推进。绿色和生态是恩施最鲜明的底色、最大的优势。恩施州始终坚持生态优先、绿色发展理念，强力推行全域绿色化生产。严格落实《恩施州农业生产化学投入品管理办法》，持续实施化肥农药减量，全面推行测土配方施肥，增施有机肥，推广应用“薯玉 +X”、标准化茶园生产管理、山区油菜轻简高效栽培、中蜂活框养殖等一批农业绿色防控技术和绿色农业生产模式。大力创建绿色有机食品标准化原料基地，经农业农村部认证的“两品一标”产品数，绿色食品、有机农产品基地数均位居全省第一。作为全省唯一一个以市州为单位整体创建国家农产品质量安全的地区，州委州政府成立了创建工作领导小组，印发了实施方案，明确了 5 个方面共 50 项具体创建任务，并安排了财政支持资金，依托创建工作不断提升我州农产品品质和竞争力。

三、存在的困难和问题

(一)基础设施建设不完善。一是高标准农田建设标准不够高。全州山地丘陵较多，耕地资源分散，高标准农田建设区域多为交通不便、立地条件较差的坡耕地。由于受地方财力限制，县市基本没有配套资金投入高标准农田建设，投入力度难以满足建设要求，建设标准不高。二是设施农业水平低。现有设施农业基地多为简易大棚，高标准温室和智能大棚较少，田间机耕道路、排灌设施设备等配套不完善，缺少低温预冷贮藏设施。

(二)特色产业规模效益不高。以茶叶为例，茶产业是主导产业，种植面积居全国地市州第四，带动了 80 万茶农增收致富。但是茶产业链条短小，产业整体效益不高，主导产业亩均效益与全国、国内发达地区相比较低。2020 年全州投产茶园亩均产量 180 斤，是全国的 104.8%、浙江的 138.2%，但亩均农业产值仅有 3317.7 元，仅占全国的 76.5%、浙江的 67.2%。

(三)现代化科技服务水平较低。一是农业机械化水平低，水稻、玉米、马铃薯等主要农作物耕种收综合机械化率为 39%，与全国全省差距较大。二是加工设施设备落后，目前农产品加工企业以小型作坊式加工厂居多，生产线自动化、智能化水平不高，设备更新换代缓慢。三是社会化水平低，提供劳务、技术、销售等产前、产中、产后服务的社会化组织少，基层农技科技服务能力亟待加强，农业社会化服务有效供给能力较低。

四、相关建议

(一)加大招商引资力度，着力培育一批农业龙头企业强化引领力。以农产品加工产业园区为支撑点，着力打造高质量、高效益的农副产品精深加工聚集区，结合园区定位特点，围绕特色农产品，开展精准招商，着力引进一批经营理念新、技术水平高、资金实力强、销售渠道广的企业入驻发展。完善配套激励机制，整合各类资金，着力培育规模大、效益高、产业链完整、带动能力强的经营主体，发展壮大一批集种植、加工、销售为一体的本土龙头企业，构建“企业＋示范基地＋农户”发展模式，辐射带动更多散户共同发展。

（二）紧扣市场，大力开发特色农产品，推动农旅融合发展。鼓励和扶持入驻加工园区的企业围绕恩施大旅游市场和游客消费需求，大力开发一批满足游客“吃购带”的生态有机农产品，同时，在各旅游景点、酒店、精品民宿、自驾营地、露营基地等有条件的地方，因地制宜，统一设置农特产品精品展示馆，进行产品的集中展示、品尝体验及现场促销，将农品延伸价值留在我州，带动农业产业由原料农业向加工农业、效益农业转变。

（三）强化品牌塑造力度，提升农产品附加值。加大品牌宣传力度。充分抓住“土、硒、茶、凉、绿”五字文章，结合实际，在各大卫视、网络平台投放宣传广告，有效提升农产品的知名度和影响力，多打造如“恩施土豆”这样的恩施农产品品牌。同时，积极争取与抖音、淘宝、京东等各大电商平台达成战略合作，集中对我州农产品进行统一上架展销，带动更广泛的大众消费。

撰稿：汪文霞

2022年仙桃十大重点农业产业链监测报告

一、基本情况

仙桃已建成粮、油、菜、生猪、家禽、水产等特色产业板块，黄鳝和富硒农产品、特色水产品、畜禽蛋制品及现代种业等“1+4”重点农业产业链初具规模，先后获得中国食品产业名城、全国农村一二三融合发展先导区创建单位、全国农产品生产贡献力百强县等多项殊荣，创建全国农业产业强镇3个、省级现代农业产业园4个、省级农业产业化联合体4个，省级休闲农业重点园区4个。2022年，全市一产业产值122.6亿元，同比增幅3.3%；规模以上农产品加工产值349.57亿元，同比增幅7.1%。

二、发展特点

（一）建设“大基地”，优质农产品供给大幅增加。始终牢记“国之大者”的殷殷嘱托，多措并举确保“米袋子”“菜篮子”产品生产稳定、供应充足，为农产品精深加工夯实基础。2022年，全市粮食收获面积176.63万亩，全年粮食总产量70.3万吨。棉花产量0.92万吨，蔬菜产量60.75万吨，油料产量12.93万吨。全年生猪出栏54.21万头，猪肉产量4.12万吨，禽蛋产量1.94万吨。水产养殖面积稳定在53万亩水产品产量30.03万吨。同时，大力实施“二品一标”工程，农产品质量和安全水平进一步提升。全市绿色食品、有机食品认证数量达到19个，“二品”覆盖面积达5万亩；“仙桃黄鳝”区域公共品牌商标注册成功，国家发展改革委价格监测中心编制的中价•仙桃黄鳝价格指数（EPI）正式对外发布。

（二）培育“大龙头”，重点主体规模持续扩大。全市农业主体已实现从数量增加到质量提升、从单纯生产到综合带动、从收益独占到利润共享的转变，展现出较强的经济实力、发展活力和带动能力，进入到成长成型的蓬勃发展期。2022年，全市发展重点新型农业经营主体4573家，同比新增546家。其中：农业产业化龙头企业102家（国家级2家、省级30家、市级70家），合作社2092家（国家级15家、省级18家、市级105家），家庭农场2380家（省级39家、市级54家）。全市实现了每村至少有一家新型农业经营主体，吸纳并带动农户总数超过26万户，带动户均增收千元以上。

（三）打造“大产业”，特色产业链建设稳步推进。黄鳝及富硒农产品、特色水产品、畜禽及蛋制品、现代种业等5大重点产业链建设稳步推进。一是黄鳝产业链初具规模。黄鳝“六＋”（黄鳝苗种繁育＋网箱养鳝景观＋稻鳝农事体验＋黄鳝精深加工＋鳝鱼饮食文化＋黄鳝营销推介）的全产业链条不断延伸、做强，2022年繁育黄鳝苗种2.1亿尾，建成网箱养殖基地11万亩，黄鳝总产7.21万吨，年加工产能达到6000吨。出口285万美元，同比增长8.7%。二是富硒农产品产业链成效明显。恒泰米业、健仙粮油、华美食品等重点加工龙头企业纷纷技改扩规，优质稻年加工产能达到100万吨、莲藕加工产能超过2万吨，带动全市优质稻、菜籽油、蔬菜实现产量和效益双增。三是特色水产品产业链不断壮大。随着永华食品小龙虾加工项目、强农公司预制菜加工项目、嘉康公司虾壳粉（浆）加工项目等一批水产加工项目的投产运营，带动全市小龙虾年加工产能新增1万吨、达到2万吨，小龙虾产业链条不断延伸、做大做强。四是畜禽及蛋制品产业链稳步发展。绿生公司、九珠蛋业、贤哥食品、沙湖蛋业等稳步发展，年屠宰生猪18.76万头、年加工禽类制品5万吨、年加工禽蛋2万吨以上，带动全市畜禽及蛋制品产业链稳步发展。五是现代种业产业链亮点突出。开展种质资源保护利用、农校合作、企业扶优、基地提升、技术转化五大行动，全年繁育各类水产苗种35亿尾，水稻年制种量450万斤，油菜年制种量400万斤。忠善黄鳝苗种繁育合作社和中垦锦绣华农武汉科技有限公司入选国家种业阵型企业。

（四）构建“大保障”，发展要素不断集聚。围绕产业链，布置资金链、资源链、人才链，全方位为农业产业输血赋能。一是落实产业扶持政策。2022年已争取到乡村产业发展专项资金3.07亿元，其中：渔业发展补助资金3185万元，黄鳝产业示范带建设一般债券资金3000万元，产业化项目资金2381万元。二是加强产业金融支持。加强与省农业信贷担保公司、市"三农"金融服务中心、市财源担保公司等金融机构合作，为693家新型农业经营主体担保贷款4.1亿元。三是完善产业技术支撑。鼓励重点农业主体加强与科研院所合作，强化科技支持。目前，全市已建有院士专家工作站6个，培育农业国家高新技术企业6个。成立了省级黄鳝产业研究院，研究院教授团队和洪渊泽、永泰坊、忠鳝合作社、伟鸣合作社等已经开展和正在进行的科研成果转化已达到15项。

三、主要问题

（一）生产基地标准不高。一是规模化程度不够。目前仙桃市土地流转面积仅51.37万亩，占常用耕地面积的30.4%；现有种植大户（耕地面积超过30亩）1565户，耕地面积11.1万亩，仅占6.6%；超过百亩的大户数量，仅占全市种植大户的12.4%。二是集约化程度不够，粮食、油料、蔬菜、生猪、禽蛋、水产是我市农业十六大主导产业，但各个产业的生产基地比较散乱，一村一品、一镇一业的发展格局还未形成。三是标准化不够。全市"二品"上市销售7.2万吨，不到全市可食用农产品总量的5%。仙桃是水产大市，水产标准化健康养殖面积不到5万亩，不到全市养殖面积的10%，绝大多数还是老旧生产经营模式。

（二）加工规模萎缩下滑。2019-2022年，全市规上农产品加工产值依次为391、318、323、349.57亿元，还未恢复到疫情前的水平。成因主要有三个方面：一是招商引资力度不大。地方政府和部门对农业产业招商重视程度不够，近三年都没有重大农产品加工项目签约落地，农业产业发展基本上在存量中找增量。二是保障力度不强。全市规模以上食品企业主要分布在杜湖和干河街道，食品产业链上游没有原辅料市场，下游没有智慧物流园，到全国各大城市的物流线路分别被各小型物流公司垄断，食品企业物流成本居高不下。旺旺、亲亲、华美等大部分企业订单充足，但因成本增加，出现增收不增利的情况。三是产品集聚程度不高。我市农产品加工种类丰富，涵盖米面磨制、畜禽制品、水产加工、休闲食品等品类，但没有像潜江小龙虾、随县食用菌这样的集聚产业，带动力不强、知名度不高。

（三）三产融合层次不深。一是缺大龙头。全市各类新型农业经营主体普遍规模偏小，未能发挥行业规范、市场引导的作用，在龙头企业方面，国家级龙头企业只有2家，没有1家龙头企业入围全省十强。在水产、蔬菜加工方面，加工量还不到生产总值的15%，且多为初加工，精深加工不多，附加值不高。二是缺大品牌。水产、家禽、富硒稻米和果蔬等特色农业资源优势发挥不充分，未转化为产业发展优势、品牌效应优势，在精细化、特色化、功能化上做得不深入。虽然我们形成了张沟黄鳝、毛嘴卤鸡、沙湖咸蛋等一批地标品牌，但与恩施土豆、宜昌蜜桔相比差距较大，在全国叫得响的品牌基本没有。三是缺大联结。旺旺等食品加工企业采购本地原料不多，农民分享龙头企业生产、加工、运输、销售等链上利润不够。"互联网+"现代农业、农业物联网、农业电子商务尚处在初级阶段，体量小、效益差。"农业+旅游"同质化普遍，多以休闲观光、农业采摘为主，对乡土文化、民俗风情挖掘不够，差异化发展不大，特色不特。

（四）政策保障措施不多。农业是一个比较效益低下的行业，需要政策、资金的长期支持。目前市里未设立农业产业发展专项资金，关于"'十四五'期末土地出让收益用于农业农村的比例达到50%以上"的政策也未能落实。每年基本靠省农业农村厅支持的2000万左右产业化发展资金，相对全市6000多个主体来说，杯水车薪。另外，企业在融资，扩规用地、用电、用工等要素瓶颈制约仍没有得到有效缓解。

四、对策建议

（一）明确方向定目标。农业不加工、等于一场空。为恢复性发展农产品加工业，做强食品产业链，擦亮我市"食品产业名城"金字招牌。建议按照特色鲜明，集聚发展的原则，以现代食品制造业、粮油加工业、畜禽水产加工业为重点，建设"一区一园两带"为主的食品产业走廊。即以干河街道、杜湖街道有食品企业为基础，打造产业关联度高的现代食品产业聚集区；以干河街道高起点规划建设占地2500亩食品产业园，打造食品产业核心区、品牌示范区；发挥区域特色农业资源优势，沿318国道西线建设富硒食品、畜禽、果蔬加工产业带，沿仙监线建设水产品、食用油加工产业带。

（二）补齐短板强链条。一是做优“第一车间”。根据农产品加工企业原料需求，推进产业布局区域化、组织生产标准化和土地经营规模化。重点发展稻虾、稻鳝、富硒水稻等订单水稻面积30万亩，打造沿汉江优质小麦示范基地10万亩，建设张沟、西流河、彭场、杨林尾、沙湖百里名优水产品示范圈，318国道和仙监公路沿线富硒蔬菜长廊。二是畅通供应堵点。依托中和大市场，谋划建设华中地区最大的食品产业原辅料市场，有针对性地培育从事大宗原料供应的农业主体，实现食品加工原辅料一站式采购，降低企业生产成本。同时，紧盯上海普天冷链物流等头部物流企业，谋划建设设备齐全、设施完善、信息化水平高、辐射功能强的综合性食品智慧物流园区，提高流通效率、降低物流成本。三是拓宽销售渠道。近年电商渠道所占市场份额不断扩大，必须因势引导以线下商超、批发为主的食品企业及时调整渠道布局，利用排湖未来精选全国电商选品中心、农村电子商务O2O体系，构建“社交+电商”商业模式；借助中国食品网、第一食品网等专业网站，重点推介我市食品产业。同时，推广富迪实业“农产品餐饮化、餐饮零售化”中央厨房模式，打造连锁餐饮品牌，将农产品转变为食品，推动传统产业赋能升级、换道领跑，做大产业蛋糕。

（三）招大引强育龙头。一是招大引强一批领军企业。注重投资额度、链条长度、环保程度、科技高度和建设时间限度，依托行业协会、各地商会和沔商总会，紧盯广州、南京、临沂、晋江等四大食品产业集聚区的行业领军企业开展招商引资，提升产业聚焦度。二是扶大壮强一批骨干企业。用好重点企业贴息贷款、中小企业发展专项资金、中小企业技术改造资金等政策，加大市信贷担保公司、金融机构资金投放力度，尤其是对季节性收购农产品以及原辅料所需流动资金予以优先贷款。多方位支持企业扩规改造、裂变发展，努力培育一批十亿级以上的骨干企业。三是培大育强一批本土企业。加强仙福蛋业、毛嘴卤鸡、健仙粮油等本土食品企业产业指导、技术支持、资金扶持，提升传统生产工艺。支持本土企业与正大集团、中和大市场等国内龙头兼并重组、战略合作，在攀大靠强中做大做强。

（四）聚焦要素建平台。一是搭建研发平台。利用武汉地区两大国家级检测中心，以富迪、允泰坊等重点企业为主体，支持食品企业与大专院校、科研机构实行产、学、研合作，开发中央厨房制成品、黄鳝预制菜半成品等产品。二是搭建市场平台。完善全市各类农副产品加工产业园、农产品专业交易市场、电子商务平台、农产品检验检疫等平台建设，推进食品产业断层缝合、空白填补。三是搭建展示平台。牵线组织食品企业参加食博会、绿博会、糖酒会、“良之隆”电商食材节；举办中小城市连锁超市对接、食品行业发展等高端论坛；利用央视媒体、高铁媒体、线上媒体等主流媒体，营造宣传氛围，推动我市特色食品、品牌食品“远走高飞”。

撰稿：刘俊

2022年天门十大重点产业链统计监测报告

近年来，天门以推进农副产品深加工产业链高质量发展为契机，实施农产品加工业提升行动，大力发展农产品初加工，积极发展精深加工，推进农副产品综合利用，支持天门现代农业产业园平台建设，农产品加工业发展取得一定成效。2022年，天门分别入选国家农业现代化示范区创建名单和国家大豆科技自强示范县创建名单。

一、十大重点农业产业链基本情况

（一）农产品品牌。2022年全市有“二品一标”品牌27个，其中，优质稻米9个，蔬菜10个，家禽蛋产品5个，柑橘2个，中药材1个；中国驰名商标1个，即优质稻米1个；区域公用品牌6个，其中，优质稻米1个，特色淡水产品1个，蔬菜1个，菜籽油1个，柑橘1个，中药材1个。

（二）农产品生产情况。2022年全市十大产业链优质农产品种植面积201.2万亩，农产品产量178.2万吨，实现产值139.5亿元，占全市农林牧渔业总产值的75.7%，十大重点农产品产值贡献全部总产值七成以上。其中，优质水稻种植面积106.43万亩，产量57.53万吨，产值14.6亿元；生猪出栏63.65万头，产值19.1亿元；淡水产品养殖面积43.8万亩，产品产量11.6万吨，产值46.4亿元；蔬菜播种面积23.5万亩，产量95.9万吨，产值43.2亿元；家禽出笼840.2万只，蛋产品产量3.02万吨，产值4亿元；油菜籽面积57.99万亩，产量9.5万吨，产值5.9亿元；中药材播种面积4.1万亩，产量0.3万吨，产值5.6亿元。

（三）农产品加工情况。全市规模以上农产品加工企业数47家，与2021年持平。其中，稻米企业23家，生猪3家，特色水产品2家，蔬菜7家，禽蛋3家，菜籽油5家，中药材4家。市州级以上龙头企业数19个，省级以上龙头企业6个，农产品加工企业营业收入58.8亿元，规上农产品加工产值65.9亿元，与农业总产值比值为0.5。

（四）农产品流通情况。全市冷链（仓储）物流中心120个，比上年增加2个；冷链仓储（容积）399213m³，农产品销售额16.8亿元，农产品出口1.3亿元。

二、农业产业链建设有序推进

（一）产业链条逐步完善。2022年天门着力实施优质稻米、绿色蔬菜、健康畜禽、特色水产四大特色产业链条培育工程，打造“规模化生产—精深加工—品牌营销”相互融合、功能完善的全产业链条，用龙头企业拉动延伸产业链，以特色产品提升价值链，以电商物流串起供应链。一是优质稻米产业链有稻米加工27家，其中国家级龙头1家、省级3家；省级农业产业化联合体2个；有效期内的“二品一标”水稻产品11个。庄品健集团获湖北省优质稻米产业链项目奖补资金400万元。二是绿色蔬菜产业链有加工企业12家，国家级龙头企业2家。有效期内“二品一标”蔬菜产品15个，其中地标产品3个（张港花椰菜、岳口芋环、天门黄花菜）。三是健康畜禽产业链有市级及以上农业产业化重点龙头企业17家，其中生猪生产9家，禽蛋类生产8家。四是特色水产产业链现有市级及以上农业产业化重点龙头企业8家，其中国家级1家、省级3家。鑫天农业获取省级产品初加工和冷藏保鲜项目资金300万元，其中设备购置补助238万元、贷款贴息补助62万元。五是其它产业链23家，其中食用油1家，位于净潭的悦禾食用油；茶叶类1家，位于佛子山的军创文化；道地药材加工共3家，分别是邦盛农业、荆宣食品、云腾菊业；大豆加工3家，主要是集福德、露明公司等；肥料加工4家，主要是京晟生物、军创智慧农业等；饲料加工8家，主要是通威、海大、粤海等；休闲食品加工3家，主要是广沣食品、精畅食品等。

（二）品牌培育稳步推进。2022年，“天门黄豆”新增认证为“国家地理标志集体商标”产，佛子山镇新增为2022年第十二批全国“一村一品”示范村镇名单。截至目前，全市有效期内“二品一标”产品个数32个，其中绿色食品26个、地理标志农产品6个，一村（镇）一品达到5个（张港镇花椰菜、黄潭镇万场村西甜瓜、九真镇明庙村炒米、拖市镇何场村马铃薯、佛子山镇稻米），张港花椰菜和天门黄花菜被省农业农村厅认定为省级区域公共品牌20强。2022年4月份，天门隆重对外发布了农产品区域公用品牌“壹品天门”，以“千年农耕情•壹品天门味”为内涵，具有全市域、全品类、全产业链的特点，将推动天门区域公用品牌走出湖北、走向全国。2022年11月完成了知识产权注册保护登记，12月即围2022中国区域农业形象品牌影响力名单，截至目前，共授权17家市场主体使用“壹品天门”农产品区域公用品牌。

（三）平台基础逐步夯实。天门现代农业产业园正在有序建设之中，第一期综合物流园和冷链物流设施建设已启动，第二期600亩征地拆迁、园区水电气管线迁移等工作正加快推进。福满源食品加工项目已开工，已建成储存池1000个；冷链物流项目全面启动，龙发农业育苗工厂建设项目已投入使用。市政府与望家欢集团签订了战略合作协议，按照建设“三个中心、一个产业研究院”的方案，以建设华中地区蔬菜集散基地为目标，推动天门蔬菜种植水平的标准化转型。

（四）园区建设紧锣密鼓。按照“三园合一”（农产品加工园、现代农业产业园、农业科技园）功能定位，围绕“生产加工、科技创新、物流集散”三大核心功能，以蒋湖农场3052亩核心基地为依托，以天门农业为基础和资源，培育引进龙头企业，全力打造农业品牌，加快建设产业平台建设，拓展延伸产业链条，着力打造产业营销的平台载体和具备智能化加工能力的现代农业产业园。方向定位：以建设华中地区蔬菜集散基地为目标，以智慧农业、数字农业为抓手，以推动天门蔬菜种植水平的标准化转型为手段，让农民深度融入产业链、价值链，全力把蔬菜产业打造成富民产业。具体措施：推进建设基础设施、冷储中心、交易大厅和大数据中心，快速夯实农业产业园平台，形成集加工、冷链、物流、检测、大数据于一体的现代化农业产业体系。

（五）一二三产融合发展。建立“龙头企业+合作社+家庭农场+农户”的利益链接模式，构建一二三产业融合发展体系，全市拥有9个省级休闲产业园和1个“中国美丽休闲乡村”。近年来，累计安排8.25亿元，514个美丽乡村试点村项目建设、5个循环圈农文旅产业融合升级和6条主干线沿线环境整治提升成效明显。整合全市旅游资源，策划推出5条乡村旅游线路，对接武汉城市圈，创建一批“荆楚文旅名村”“荆楚乡村美景”“荆楚乡土美食”等乡村旅游品牌，打造“现代农业+平原康养”的升级版。

三、当前重点农业产业链建设存在的问题和短板

（一）经营出现“两头堵”。今年以来，受新一轮疫情、国际局势变化的超预期影响，经济下行压力进一步加大，我市农产品加工企业带来更大生存压力，成本上升、资金紧张、物流不畅、订单减少，老问题与新困难叠加。通过企业调研走访，大部门企业都反映物流成本太高，司机们担心目的地隔离，又担心回来后隔离，原先单程费，现在都收双程费才肯起运，疫情期间物流成本上涨达到20-40%，疫情以来原材料价格上涨20%，对外销量与往年相比下降了约20%。

（二）产业链上中下游一体发展不够。一是订单农业基地规模不大。产业链前端多为分散经营，缺乏科学的管理以及先进的种养技术，导致生产效率低、产品质量差。二是社会化服务体系不优。全市超过95%的农业专业合作组织仅限于生产领域层面的服务，提供统一购销、加工等市场信息及营销服务的不到20%。三是农产品加工、储存、运输和销售环节发展滞后，加工企业仅限于腌制、脱水等初加工。

（三）加工业产值增长乏力。全市2019年、2020年、2021年农产品加工业产值分别为348.6亿元、312.96亿元、368.9亿元，与农业总产值（149.64亿元、159.78亿元、187.09亿元）之比分别为2.25:1、1.9:1、1.97:1。受部分规上农产品加工企业退库影响，2022年全市农产品加工产值下降非常明显，为210.05亿元，与农业总产值之比为1.14:1。

四、推动重点农业产业链发展的几点建议

（一）大力支持企业转型升级。适度开展规模化经营，推广优质品种，提升原材料品质，为订单企业获得优质原料把好第一关。加大招商引资力度，选择优势项目，重点扶持和培育投入产出率高、发展势头好、带动能力强的企业。积极推进院企合作、科企合作和银企合作，进一步增强龙头企业核心竞争力。

（二）积极培育龙头企业。一是重点培育一批规模化生产、精深加工、冷链物流、电子商务服务

等产业链关键环节的龙头企业，整合力量，引导企业精深加工业集群发展，实现全产业链增值增效。二是以天门市现代农业园为依托，着力引进农产品生产加工型、科技创新型、电商物流型、品牌营销型、创业孵化型企业落户，在食品安全溯源建设、大宗农产品冷链仓储物流建设、农产品大数据信息化建设、农产品精深加工、公用品牌运营维护等方面补齐短板，为推动天门农业向全产业链发展提供支撑。

（三）加快建设国家农业现代化示范区。瞄准“全国优质高效种植示范区、江汉平原农产品物流中心集散区、湖北省智慧农业先行区”的创建定位，进一步加大新模式新技术推广应用，加快推进高标准农田建设，突出节本增效，持续推进农业设施化；加快天门现代农业产业园建设，突出产业集聚，持续推进农业园区化；突出品种培优、品质提升、品牌打造、标准化生产“三品一标”建设，增强产品质量效益和竞争力，持续推进农业绿色化；积极发展“农产品＋互联网”“品牌＋电商”营销模式，持续推进农业数字化。

（四）推进农业产业全链条升级。坚持“明特色、搭平台、育龙头、建品牌、增收入”，围绕“优质稻米、绿色蔬菜、特色水产、健康畜禽”四大农业产业链，积极争取“产业链”“特色优势产业集群”“产业强镇”等项目支持，扶持农产品加工企业扩规上档。完善产业链条利益联结机制，发展农产品初加工和精深加工。进一步扩展“农业＋”功能，开展“一镇一特、一村一品”建设，提升“壹品天门”农产品区域公用品牌知名度、影响力和附加值。

撰稿：曾珍

2022年潜江十大重点农业产业链统计监测报告

潜江认真贯彻落实中央、省委决策部署，坚持把打造虾—稻特色产业作为推动乡村产业振兴的“一号工程”，着力破解制约产业链发展的难题、补齐短板，全力推进潜江龙虾、稻米等产业链做强做优做大，进一步提高“潜江龙虾”“潜江虾稻”等品牌知名度，带动各重点农业产业链持续向好发展。

一、基本情况

(一)农业产业发展成效显著。

潜江是首批国家现代农业产业园、国家农业现代化示范区之一，素有“中国小龙虾之乡”、“中国小龙虾加工出口第一市”美誉，这些荣誉为潜江农业产业插上了腾飞的翅膀，2022年共有市级以上农业产业化重点龙头企业101家，省级29家，国家级4家，培育4个省级现代农业产业园，与上年相比新增4个省级农业产业化联合体，达到8个，新增10家规上农产品加工企业，达到40家，其中主营业务收入过10亿元1家，首次突破0，主营业务收入1—10亿元24家，与上年相比增加6家。

(二)农产品加工生产与投资建设齐飞。

2022年农产品加工企业营业收入271.35亿元，与上年相比增13.1%，规上农产品加工产值108.07亿元，增27.2%，新增规上农产品加工企业招商引资投产数7家，实际到位金额23.61亿元。为贯彻落实省委、省政府聚集重点农业产业链建设和做大做强小龙虾全产业链指示精神，湖北农业发展集团支持旗下湖北省粮油（集团)有限责任公司携手湖北莱克集团、北京信良记公司共同出资组建湖北小龙虾产业控股集团，该集团注册资本3亿元，经营规模70多万平方米，带动就业1万多人，年加工能力45万吨，冷链仓储50万立方米，于2022年3月26日正式揭牌。潜江柳伍水产与世界500强安井合作成立新柳伍集团于2022年4月正式揭牌。

(三)特色农业产业品牌建设加强。

聚焦潜江龙虾、虾稻、半夏、果蔬等重点农业产业链，着力延链强链补链。2022年全市共有“二品一标”品牌18个，比上年增加3个，驰名商标5个，区域公用品牌3个，与上年持平。成功举办第十三届湖北(潜江)龙虾节和第六届虾-稻产业博览会，实现虾-稻产业综合产值660亿元，潜江龙虾区域公用品牌价值达到288.9亿元，连续四年位居行业榜首。“潜江龙虾”入选2022年国家农业品牌精品培育计划。半夏被列为全省“十大楚药”推介品种，周矶管理区红旗社区入选全国“一村一品”示范村镇。

(四)农业生产总体保持平稳。

有效应对历史罕见高温热害，2022年粮食播种面积152.97万亩，总产量59.3万吨，保证农民丰收稳产。冬油菜播种面积25.24万亩，总产量4.28万吨，与上年相比分别增6.8%和13.9%。蔬菜播种面积30.97万亩，总产量93.29万吨。水产品养殖面积98.17万亩，同比增13.4%，其中池塘养殖面积12.87万亩，稻田养殖面积85.3万亩。水产品产量16.16万吨，同比增3.6%。鲜活虾流通交易量19.24万吨，销售额120亿元，同比增约11%。十大产业链中优质水稻、蔬菜、油菜等农产品种植面积116.17万亩，同比增2.4%。

(五)农业产品研发不断创新。

为提升潜江虾稻产品升级发展，拓展新渠道，潜江市委书记与赤壁市委书记联姻，将潜江的特色产品小龙虾、虾稻米、尝香思与赤壁的特色产品青砖茶联姻实行组合包装，打造“虾茶恋”伴手礼。在京东平台开设“潜江虾稻”产品馆，进一步拓展销售渠道。虾乡公司与武汉轻工大学、华中农业大学合作，开展油糠利用技术研究与运用，研究米糠挤压膨化保鲜技术、虾稻油质量安全加工生产技术、米糠蛋白及多肽加工生产技术，制定“特级虾稻油”团体标准，建设虾稻油加工厂，以虾稻油为基油开发黄金比例的食用植物调和油，打造“中国虾稻油之乡”。

二、存在的问题

(一)产业发展不够均衡。虾稻产业经过长期探索与改良，先后推出“虾稻连作”“虾稻共作”模式，“虾稻共作”模式带动每亩增收5000余元。

但反观全市大豆产业，培育了鄂 2066、鄂豆 10 号等优质品种，大豆蛋白质含量高达 49%，是地理标志产品，然而每亩产量仅 300-350 斤、利润 1000 元左右，效益偏低，且缺乏专业加工技术及大豆油料知名企业，产业配套不完善，产业发展后劲不足。

（二）产业链条不够完善。一二三产业融合发展才能保证产业持续稳定发展。全市虾稻产业链条较为完善，一产有高效的种养模式，二产有头部加工企业，三产有品牌响亮的餐饮服务业、小龙虾区域公用品牌。但其他重点农业产业链不够完善，如半夏产业，潜半夏是湖北省“十大楚药”道地药材，品质良好，却主要是产品种植、初加工、售卖种子等，缺乏精深加工，全市现有的 3 家半夏加工企业，2022 年共开展初加工原料药 280 吨，未实质性开展饮片、制剂等精深加工，产品附加值未体现，导致利润流失，制约产业发展。

（三）农业功能性开发不够深入。虾稻产业发展虽初见成效，但未做到“吃干榨净”，现阶段基本集中在原材料加工、生产龙虾风味食品等方面，向自动化、智能化转型不够，对回收利用虾头、虾壳等废弃物生产调味料、保健品、化妆品、医药品等精深加工方面做得还不够。小龙虾文化宣传、小龙虾主题旅游、小龙虾休闲农业、小龙虾研学科普等方面发展也有不足，仅有潜江三园生态农场、爱夏田园综合体等 5 家省级休闲农业示范点，3 条小龙虾主题旅游路线季节性强，标准不高，效益也不明显。

（四）农业品牌不够响亮。普通经营主体不能为自己生产的生态虾稻提供有效证明，无法直观体现“潜江虾稻”的独特品质，“潜江虾稻”品牌尚不响亮，无法为虾稻米带来品牌溢价，导致“生态牌”虾稻米价格与普通水稻平均价格仅相差 0.6-0.8 元，与国内大米中高档市场的富硒米、东北大米销售价格相差较大，虾稻品牌价值未被完全挖掘。

三、几点建议

（一）强化科技支撑。多层面统筹科研力量，建立健全农业科技成果转化供给体系、市场化成果推广体系，让科技成果尽快转化为生产力。同时，推动地方优势产业与大学优势研究团队“联姻”，推进产学研深度合作，打造校地高质量协同创新平台，支持潜江做实小龙虾产业研究院，成立虾稻产业研究院。

（二）强化政策支持。出台专项政策，支持潜江建设国家级潜江小龙虾交易市场。推动制定乡村产业发展用地实施细则，保障农村一二三产业融合发展合理用地需求。探索设立乡村产业发展基金，优先支持休闲农业、乡村旅游和生态康养等新产业、新业态。

（三）强化品牌扶持。深入开展“潜江龙虾走出去”主题推介活动，与更多地区和企业拓展品牌合作，扩大潜江龙虾全国影响力及市场占有率。拓展“一带一路”沿线市场，持续巩固“小龙虾出口第一市”领跑地位。努力将“潜江虾稻”“潜江大豆”纳入“荆楚好粮油”，通过项目资金支持和宣传推介，擦亮粮食品牌；将“潜江半夏”区域公用品牌在“十大楚药”品牌宣传中统筹谋划部署，推进中药强市建设。

（四）强化产业链条。加大招商引资力度，引进农业头部企业和龙头企业，提升农产品精深加工规模，完善产业链条，提高农业整体效益。鼓励企业试点“潜江龙虾”“中央厨房 + 轻餐连锁”经营模式，加强即食产品、预制菜等新品研发。支持龙头企业技改扩规、转型升级，提升数字化、自动化、智能化、绿色化水平，加快虾稻油项目建设，推动虾稻加工向保健、化工、医疗和生物等领域拓展，开发甲壳素等精深加工产品。

撰稿：杨隽

2022年神农架林区农业经济形势分析

2022年，神农架农业在林区党委、政府的正确领导下，着力调整优化农业生产结构，力保农业增产农民增收。但受2022年7、8、9月长期高温干旱影响，农业种植、畜牧养殖产品产量下降，导致农业至第三次农业普查以来产值负增长。

2022年，神农架林区农林牧渔总产值42236.2万元，同比下降14.8%。其中：农业总产值25003万元，同比下降14.3%，林业产值5444.5万元，同比下降26.0%，牧业产值10547.9万元，同比下降8.1%，渔业产值96.5万元，同比下降87.8%，农林牧渔服务产值1144.3万元，同比增长13.1%。

一、农业生产及农民工外出基本情况

（一）农业种植、畜牧养殖生产情况。据农村统计报表显示2022年神农架种植、养殖产品产出呈下降状态，导致农业经济增长乏力。

1. 经济作物生产情况。全区蔬菜种植面积43889亩，同比下降8.4%，蔬菜产量32762.9吨，同比下降7.4%。油菜籽播种面积0.3万亩，同比增长4.5%；产量207吨，同比下降13.2%。中药材在地面积、当年采收面积减少。截至12月底，全区在地中药材面积33814.1亩，同比下降8.6%；中药材采收面积10797亩，同比下降16.4%，药材产量2808.9吨，同比增长10.4%。全区茶叶总面积保持1.6万亩，可采菜面积1.55万亩，茶叶总产量136.9吨，同比增长25.6%。

2.粮食播种面积增长，粮食产量后受高温干旱下降，2022年，全区粮食播种面积80190亩，同比增长0.04%，粮食总产量17473吨，同比下降2.4%.其中：夏粮23945亩，同比下降0.16%，产量5473吨，同比下降0.01%；秋粮面积56245亩同比增长0.21%，产量12000吨，同比下降0.03%。

3.畜牧业生产情况。从全区畜牧调查数据显示，畜牧除生猪出栏36164头，同比增长2.9%外；其他畜牧产品均处下降趋势，如：牛出栏同比下降17.23%，山羊出栏同比下降19.72%，家禽出笼同比下降16.76%，禽蛋产量同比下降长2.63%，牛、羊、家禽肉产量分别同比下降17.12%、9.47%、16.79%。

主要农产品产出情况

名　称	2022年	2021年	增减	增减%	数据来源
谷物（小麦）	194.9	598	–403.1	–68.4	调查队
薯类（吨）	7838.28	7503.43	334.85	4.5	调查队
蔬菜（吨）	32762.9	35372	2609.1	–7.4	统计局
茶叶（吨）	136.9	109	27	25.6	统计局
在地中药材（亩）	33814.1	37009	3194.9	–8.6	统计局
中药材采收面积（亩）	10797	12932	–2126	–16.4	统计局
中药材产量（吨）	2808.9	2545	263.9	10.4	统计局
生猪出栏（头）	36164	35146	2712	2.9	调查队
牛出栏（头）	985	1190	–180	–17.23	调查队
羊出栏（只）	10821	13478	–3056	–19.72	调查队
家禽出笼（只）	317376	381285	–58951	–16.76	调查队
禽蛋产量（吨）	368.32	350.92	9.25	–2.63	调查队
水产品（吨）	6.25	56	–79.75	–88.8.0	畜牧部门

4. 渔业生产情况。据省渔业部门反馈数据，1-12月全区渔业产出为6.25吨，产值96.5万元，比2021年的132万元下降27.0%。

5.蜂蜜生产情况。据调查显示，全区现有中蜂蜂箱43247个，已成群33084个；现有中蜂养殖户2038户，其中规模户51（100群以上）、养殖大户（60 群以上）93 户。2022 年蜂蜜产量 137 吨，同比增长 62.7%。

（二）全年农村劳动力外出务工同比增长 1.0%。2022 年，神农架林区农村劳动力外出务工 10544 人，同比增长 1.0%，其中：自发外出 10131 人，同比增长 2.5%，政府组织外出 66 人同比增长 46.7%，中介组织外出 60 人，同比下降 67.4%，企业招收 287 人，同比下降 12.5%。

二、当前影响农业农村经济增长的突出问题

自第三次全国农业普查以来，6 年时间农业产值首次出现负增长，折射出神农架林区农业的诸多薄弱环节，值得引起关注。

（一）农业基础设施建设依旧薄弱，抗风险能力差。截至 2021 年年底，全区常用耕地 6.8 万亩，与最低保有 6 万亩的红线遥遥可及，6.8 万亩常用耕地中涝保收面积 1.2 万亩，占常用耕地面积的 17.6%，设施农业占地面积 0.03 万亩，占常用耕地面积的 0.4%。新型农业和农业基础设施建设发展滞后，如果维持现状，预计在今后一个时期，排除外界不可抗拒因素，种植业产品产量和种植业产值将会持续出现负增长。

（二）农业经济下滑直接影响年底考核结硬账。乡村振兴中的农业产值、农村常住居民可支配收入、粮食安全等指标不达标，将会影响神农架林区在全省名次排位和乡村振兴工作开展效果。

（三）欠发达山区农村劳动力外出务工依旧是农民增收的重要渠道之一。受疫情、自然灾害影响，农村劳动力外出处于下降、农产品产出不高，是影响农业产值、农村常住居民可支配收入增长的主要原因。

三、推进农业农村经济发展的几点建议

（一）提高认识，正确研判当前农业形势。农业是百业之基，党中央把乡村振兴作为今后一个时期的重点工作，具有一定的战略意义，各级抓乡村振兴的劲头不能松弛，要在巩固拓展脱贫攻坚成果，推进乡村振兴的同时，紧密结合中央、省委、林区一号文件精神，有针对性地制定适合林区农业发展措施并抓好落实。

（二）进一步加强农业基础设施建设投入力度。要借“乡村振兴战略”东风，加大农业基础设施建设资金投入，特别是保产、抗灾方面的投入，要在改善农业生产条件上做文章，鼓励农业经营主体发展设施农业和新型农业，以此提升农产品产量产出，改变农业“望天收”的现象。

（三）加快土地流转，以规模化生产提高农业相对效益。推广多方共赢的土地流转方式，提高土地流转活力。要健全土地承包经营权流转市场，培育土地价格形成机制，提高农户自觉流转土地的积极性。同时，把土地流转与发展农民专业合作、家庭农场经济组织紧密联系起来，推广完善“企业 + 农户”、“企业 + 农民专业合作组织 + 农户”等多种经营模式，逐步提高农民市场化组织程度和适应市场、抵御市场风险能力。

撰稿：金立新

二 数据篇

《湖北农村统计年鉴2023》

1.农村基本情况☑

农村基层组织情况

单位：个

地区	乡镇政府个数	其中：镇个数	办事处个数	村民委员会个数	村民小组个数
湖北省	**922**	**761**	**335**	**21796**	**197685**
武汉市	**4**	**1**	**156**	**1884**	**16554**
武汉市辖区	1		99	121	729
汉南区			4	51	242
蔡甸区	1		11	283	2032
江夏区			15	268	2657
黄陂区	1		15	587	6116
新洲区	1	1	12	574	4778
黄石市	**28**	**27**	**19**	**789**	**7786**
黄石市辖区	1	1	14	15	104
阳新县	16	16		417	3717
大冶市	11	10	5	357	3965
十堰市	**106**	**72**	**13**	**1782**	**10008**
茅箭区	3	1	4	41	211
张湾区	4	2	4	70	424
郧阳区	19	16		340	1753
郧西县	16	9		275	2020
竹山县	17	9		227	1285
竹溪县	15	11		313	1742
房县	20	12		291	1445
丹江口	12	12	5	225	1128
宜昌市	**86**	**67**	**24**	**1322**	**8025**
宜昌市辖区	5	2	18	72	577
夷陵区	11	9	1	177	1105
远安县	7	6		102	494
兴山县	8	6		88	505
秭归县	12	8		167	1095
长阳自治县	11	8		146	908
五峰自治县	8	5		97	714
宜都市	9	8	1	123	826
当阳市	7	7	3	156	940
枝江市	8	8	1	194	861
襄阳市	**78**	**74**	**28**	**2279**	**14524**
高新区	2	2	4	13	108
襄城区	3	2	6	118	656
樊城区	2	2	8	70	673
襄州区	12	12	2	424	2936
南漳县	10	10		269	1242
谷城县	10	9		240	1222
保康县	11	10		257	1224
老河口	8	7	2	217	1577
枣阳市	12	12	3	481	3520
宜城市	8	8	3	190	1366
鄂州市	**21**	**18**	**4**	**312**	**3851**
梁子湖	5	5		87	1013
华容区	6	4		106	1334
鄂城区	10	9	4	119	1504
荆门市	**50**	**48**	**11**	**1322**	**9828**
东宝区	7	6	2	162	1020
掇刀区	2	2	4	78	657
沙洋县	13	13		232	2451
钟祥市	16	15	2	493	3352
京山市	12	12	3	357	2348
孝感市	**95**	**72**	**13**	**1632**	**21544**

续表

单位:个

地区	乡镇政府个数	其中:镇个数	办事处个数	村民委员会个数	村民小组个数
孝感市辖区				9	56
孝南区	11	8	4	200	2951
孝昌县	12	8		219	3474
大悟县	17	14		265	3685
云梦县	12	9		133	1605
应城市	10	10	5	247	3235
安陆市	13	9	2	228	2837
汉川市	20	14	2	331	3701
荆州市	**100**	**88**	**19**	**1478**	**16767**
荆州开发区	1		1	14	84
沙市区	4	4	7	47	376
荆州区	7	7	5	111	877
公安县	16	14		258	3354
江陵县	9	7		107	809
石首市	12	11	2	153	2473
洪湖市	15	14	2	233	2738
松滋市	15	13	2	232	2372
监利市	21	18		323	3684
黄冈市	**115**	**99**	**12**	**3832**	**36703**
龙感湖农场				58	58
黄州区	4	3	5	85	680
团风县	10	8		202	2349
红安县	11	10		403	3791
罗田县	12	10		397	4082
英山县	11	8		301	2575
浠水县	13	12		623	5559
蕲春县	14	13		529	4771
黄梅县	16	12		469	4085
麻城市	16	15	3	453	6210
武穴市	8	8	4	312	2543
咸宁市	**64**	**52**	**6**	**883**	**10077**
咸安区	10	9	3	125	2204
嘉鱼县	8	8		79	583
通城县	11	9		165	2013
崇阳县	12	8		187	1852
通山县	12	8		187	1795
赤壁市	11	10	3	140	1630
随州市	**37**	**37**	**9**	**846**	**8447**
曾都区	5	5	5	149	1504
随县	19	19		347	2943
广水市	13	13	4	350	4000
恩施自治州	**83**	**54**	**7**	**1804**	**19459**
恩施市	13	6	5	165	1348
利川市	12	8	2	262	4444
建始县	10	7		362	3214
巴东县	12	10		294	3448
宣恩县	9	5		140	1865
咸丰县	10	7		192	1989
来凤县	8	6		184	1787
鹤峰县	9	5		205	1364
仙桃市	**15**	**15**	**4**	**707**	**4895**
潜江市	**10**	**10**	**7**	**329**	**2559**
天门市	**22**	**21**	**3**	**528**	**6336**
神农架林区	**8**	**6**		**67**	**322**

耕地情况

单位：公顷

地区	耕地	水田	水浇地	旱地
湖北省	**4697982**	**2527795**	**365432**	**1804756**
武汉市	**230519**	**121994**	**61230**	**47295**
武汉市辖区	16467	5064	9893	1510
汉南区	8600	657	7907	36
蔡甸区	28660	13399	14204	1057
江夏区	49377	30533	492	18352
黄陂区	78377	49348	3832	25197
新洲区	49039	22993	24903	1143
黄石市	**103059**	**57236**	**1165**	**44659**
黄石市辖区	1327	421	287	619
阳新县	55872	29162	695	26015
大冶市	45861	27653	182	18025
十堰市	**180284**	**27821**	**1534**	**150929**
十堰市辖区	2256	51	259	1946
郧阳区	38767	2185	411	36171
郧西县	38277	2575	108	35593
竹山县	26336	6173	218	19945
竹溪县	20407	4784	8	15615
房县	31462	7093	174	24196
丹江口市	22779	4960	356	17463
宜昌市	**288021**	**92901**	**17510**	**177610**
宜昌市辖区	2492	531	189	1772
夷陵区	28359	10230	115	18015
远安县	15594	9484	454	5656
兴山县	15497	1037	10	14451
秭归县	21806	313	44	21449
长阳县	43443	2483	12	40947
五峰县	19031	45	0	18986
宜都市	13816	2329	1	11486
当阳市	80299	45879	16622	17798
枝江市	47684	20571	64	27049
襄阳市	**666141**	**247894**	**9198**	**409049**
襄阳市辖区	49260	23991	1766	23502
襄州区	166402	40586	1201	124615
南漳县	67280	33406	1449	32425
谷城县	30991	17569	830	12592
保康县	27656	3175	3	24477
老河口市	58299	15014	675	42610
枣阳市	161824	66429	1473	93921
宜城市	104430	47723	1800	54907
鄂州市	**43533**	**21409**	**13918**	**8206**
梁子湖区	14150	9008	538	4603
华容区	15000	5909	7999	1092
鄂城区	14383	6492	5380	2511
荆门市	**494969**	**311627**	**3482**	**179861**
荆门市辖区	61770	46696	742	14332
京山市	110947	71287	598	39061
沙洋县	122140	100236	1251	20654
钟祥市	200113	93407	891	105815
孝感市	**385864**	**246492**	**46757**	**92614**

续表

单位：公顷

地区	耕地	水田	水浇地	旱地
孝南区	44990	28653	2543	13794
孝昌县	54310	36644	559	17107
大悟县	58534	28678	146	29710
云梦县	35954	25543	5924	4487
应城市	59855	46350	249	13256
安陆市	60469	48178	103	12188
汉川市	71752	32447	37232	2073
荆州市	**685517**	**516991**	**156533**	**11993**
沙市区	22406	17853	4553	0
荆州区	45373	30103	15225	46
公安县	133186	90650	40759	1777
监利县	185370	163439	21889	42
江陵县	67451	57046	10405	0
石首市	70080	45441	23648	990
洪湖市	75959	59113	16843	4
松滋市	85691	53347	23210	9134
黄冈市	**478950**	**318259**	**15588**	**145103**
黄州区	8929	3687	3553	1688
团风县	24885	18132	2268	4486
红安县	58324	31197	746	26382
罗田县	32683	28535	8	4140
英山县	17508	11287	184	6037
浠水县	66918	48742	1242	16934
蕲春县	59330	44859	495	13976
黄梅县	74333	47109	439	26786
麻城市	89266	52443	2273	34549
武穴市	46774	32269	4380	10125
咸宁市	**170365**	**121255**	**17459**	**31652**
咸安区	24954	19026	714	5213
嘉鱼县	32264	15619	14286	2359
通城县	25994	22680	146	3169
崇阳县	27371	19806	1421	6145
通山县	24592	13684	669	10239
赤壁市	35190	30440	223	4526
随州市	**230349**	**167428**	**4866**	**58056**
曾都区	40583	31447	917	8219
随县	114123	86000	2139	25985
广水市	75643	49981	1809	23853
恩施州	**333422**	**56606**	**205**	**276611**
恩施市	61865	4765	0	57099
利川市	78541	19269	0	59271
建始县	39853	2772	2	37080
巴东县	45540	1251	124	44165
宣恩县	32355	7656	69	24630
咸丰县	35893	10153	0	25740
来凤县	20902	9937	0	10966
鹤峰县	18474	803	11	17660
仙桃市	**114912**	**66193**	**6253**	**42466**
潜江市	**120847**	**75129**	**5201**	**40517**
天门市	**166751**	**78533**	**4486**	**83731**
神农架林区	**4479**	**26**	**48**	**4405**

农村劳动力文化程度和年龄状况

单位：万人

地区	外出从业人员	其中：男性	从业人员文化程度			从业人员年龄状况		
			小学及以下	初中	高中及以上	20 岁以下	21 岁–49 岁	50 岁以上
湖北省	**1185.19**	**713.70**	**112.03**	**623.92**	**449.24**	**130.23**	**852.65**	**202.30**
武汉市	**72.62**	**45.76**	**6.32**	**37.82**	**28.48**	**8.85**	**48.52**	**15.25**
武汉市辖区	3.60	1.95	0.20	1.81	1.59	0.23	2.65	0.73
汉南区	1.59	0.90	0.09	0.64	0.86	0.12	1.14	0.33
蔡甸区	6.30	3.70	0.44	3.08	2.79	0.56	4.25	1.50
江夏区	11.49	6.79	1.66	5.67	4.16	1.66	7.01	2.82
黄陂区	26.79	17.77	3.25	14.75	8.78	3.31	18.26	5.22
新洲区	22.85	14.66	0.68	11.88	10.30	2.98	15.21	4.67
黄石市	**56.48**	**36.55**	**5.92**	**30.45**	**20.10**	**7.19**	**38.44**	**10.85**
黄石市辖区	1.02	0.65	0.10	0.44	0.48	0.09	0.68	0.26
阳新县	36.32	22.71	3.61	20.37	12.34	5.00	24.21	7.11
大冶市	19.14	13.19	2.20	9.64	7.29	2.10	13.56	3.48
十堰市	**76.83**	**48.14**	**10.84**	**41.09**	**24.90**	**7.42**	**54.96**	**14.44**
茅箭区	1.03	0.60	0.07	0.47	0.48	0.02	0.79	0.21
张湾区	1.54	0.99	0.26	0.79	0.49	0.17	1.05	0.31
郧阳区	15.77	9.94	1.81	8.68	5.28	2.01	11.12	2.64
郧西县	14.44	7.97	1.92	8.13	4.40	1.12	10.43	2.89
竹山县	13.23	8.57	2.16	6.71	4.36	1.45	9.22	2.57
竹溪县	8.91	5.64	1.61	4.79	2.51	1.09	6.14	1.68
房县	12.72	8.88	2.27	6.60	3.85	0.98	9.89	1.85
丹江口市	9.18	5.56	0.74	4.92	3.52	0.58	6.30	2.30
宜昌市	**69.43**	**41.18**	**5.53**	**33.62**	**30.28**	**5.51**	**48.83**	**15.09**
宜昌市辖区	4.07	2.23	0.35	2.02	1.70	0.25	2.90	0.92
夷陵区	10.34	6.29	1.01	4.44	4.89	0.93	6.93	2.48
远安县	4.81	2.91	0.33	2.86	1.63	0.48	3.50	0.83
兴山县	2.52	1.73	0.15	1.34	1.03	0.13	1.83	0.57
秭归县	9.00	5.26	0.68	4.51	3.81	0.51	6.82	1.68
长阳土家族自治县	10.36	6.08	1.19	4.95	4.22	0.89	6.65	2.81
五峰土家族自治县	3.85	2.32	0.46	1.91	1.48	0.45	2.64	0.76
宜都市	10.11	5.90	0.62	4.88	4.62	0.73	7.28	2.10
当阳市	7.15	4.34	0.51	3.33	3.32	0.79	5.44	0.93
枝江市	7.19	4.12	0.24	3.37	3.58	0.34	4.86	1.99
襄阳市	**110.27**	**64.98**	**6.61**	**50.71**	**52.95**	**9.11**	**82.49**	**18.66**
高新区	2.15	1.42	0.11	1.02	1.03	0.13	1.75	0.28
襄城区	5.94	3.23	0.36	2.72	2.85	0.43	3.70	1.81
樊城区	6.03	4.26	0.62	2.90	2.51	0.47	3.99	1.57
襄州区	26.69	14.46	1.14	5.42	20.13	0.72	22.94	3.04
南漳县	13.07	7.72	1.32	7.41	4.35	1.67	9.37	2.03
谷城县	11.62	6.86	0.98	7.15	3.48	1.23	8.33	2.05
保康县	6.32	4.09	0.45	2.92	2.95	0.17	4.78	1.37
老河口市	9.26	5.10	0.52	5.31	3.43	1.65	6.29	1.31
枣阳市	18.19	11.87	0.51	10.25	7.43	1.71	13.85	2.63
宜城市	11.01	5.97	0.60	5.61	4.80	0.93	7.50	2.58
鄂州市	**17.61**	**10.34**	**1.52**	**9.45**	**6.63**	**2.34**	**11.69**	**3.58**
梁子湖区	4.48	2.32	0.18	2.62	1.68	0.50	3.37	0.62
华容区	3.92	2.49	0.06	2.17	1.70	0.22	2.77	0.94
鄂城区	9.20	5.54	1.29	4.66	3.25	1.62	5.55	2.02
荆门市	**56.55**	**34.23**	**3.10**	**29.19**	**24.26**	**4.95**	**44.86**	**6.74**
东宝区	4.27	2.46	0.19	1.51	2.57	0.38	3.35	0.55
掇刀区	1.62	1.12	0.03	0.80	0.78	0.07	1.34	0.21
沙洋县	13.36	7.77	1.12	6.74	5.51	1.05	11.06	1.25
钟祥市	22.95	14.24	1.49	12.90	8.56	2.40	18.05	2.51
京山市	14.34	8.65	0.27	7.24	6.83	1.05	11.07	2.22
孝感市	**138.39**	**92.06**	**10.13**	**84.17**	**44.09**	**16.95**	**102.58**	**18.86**

续表 单位：万人

地区	外出从业人员	其中：男性	从业人员文化程度			从业人员年龄状况		
			小学及以下	初中	高中及以上	20 岁以下	21 岁–49 岁	50 岁以上
孝感市辖区	0.44	0.29	0.08	0.21	0.15	0.05	0.33	0.07
孝南区	17.49	11.39	1.58	11.71	4.20	1.22	13.81	2.45
孝昌县	20.30	12.96	1.70	13.35	5.25	2.77	15.67	1.87
大悟县	19.91	12.75	0.98	11.48	7.45	3.27	13.67	2.97
云梦县	19.10	16.30	1.80	12.48	4.83	2.09	14.08	2.94
应城市	19.21	11.80	0.73	11.03	7.45	2.07	14.20	2.94
安陆市	16.74	11.52	0.94	9.37	6.43	1.62	13.61	1.51
汉川市	25.19	15.07	2.32	14.54	8.33	3.86	17.21	4.11
荆州市	**117.29**	**64.56**	**9.96**	**62.25**	**45.08**	**15.37**	**84.91**	**17.01**
荆州开发区	0.47	0.26		0.23	0.23	0.01	0.39	0.07
沙市区	2.84	1.54	0.19	0.91	1.75	0.36	2.25	0.22
荆州区	6.90	3.81	0.38	3.20	3.31	0.53	5.17	1.20
公安县	18.84	10.34	1.12	9.69	8.03	2.33	13.66	2.86
监利市	34.48	18.62	4.62	19.27	10.59	6.49	21.60	6.39
江陵县	6.39	3.55	0.59	3.11	2.68	0.84	5.34	0.20
石首市	13.05	7.42	0.74	6.24	6.06	1.20	10.16	1.69
洪湖市	15.84	8.80	1.41	9.15	5.28	1.88	11.75	2.21
松滋市	18.49	10.23	0.91	10.45	7.14	1.73	14.59	2.17
黄冈市	**174.20**	**105.86**	**22.24**	**88.12**	**63.83**	**17.18**	**123.81**	**33.21**
龙感湖农场	0.42	0.23	0.02	0.26	0.14	0.03	0.32	0.07
黄州区	4.27	2.57	0.58	2.30	1.38	0.38	2.85	1.04
团风县	10.76	6.76	1.58	6.17	3.01	0.99	6.87	2.90
红安县	18.01	11.00	1.78	9.54	6.69	1.89	11.54	4.58
罗田县	16.90	10.81	1.50	9.20	6.20	0.96	13.17	2.77
英山县	10.03	5.20	0.67	1.52	7.83	0.88	7.40	1.75
浠水县	29.12	17.22	3.82	13.22	12.08	2.85	19.85	6.42
蕲春县	26.10	15.44	4.31	14.19	7.60	3.22	17.71	5.16
黄梅县	13.74	7.43	2.40	7.99	3.35	1.50	12.09	0.15
麻城市	25.32	16.23	3.73	13.88	7.71	2.98	18.78	3.56
武穴市	19.54	12.98	1.86	9.84	7.85	1.50	13.24	4.80
咸宁市	**58.11**	**33.93**	**6.56**	**30.36**	**21.19**	**8.46**	**40.58**	**9.07**
咸安区	7.47	4.77	1.17	3.31	3.00	1.22	5.22	1.03
嘉鱼县	6.96	4.24	0.72	3.49	2.75	0.87	4.40	1.69
通城县	11.43	6.29	1.03	6.91	3.49	2.51	8.09	0.83
崇阳县	11.24	6.65	1.13	5.51	4.59	1.35	8.35	1.54
通山县	11.9	6.99	1.89	6.15	3.86	1.61	7.91	2.38
赤壁市	9.11	5.00	0.63	4.99	3.50	0.90	6.61	1.60
随州市	**50.50**	**28.86**	**4.87**	**27.62**	**18.01**	**6.93**	**35.84**	**7.73**
曾都区	9.59	6.21	0.63	5.03	3.93	1.17	7.22	1.20
随县	18.37	10.19	1.88	10.61	5.88	3.17	12.92	2.28
广水市	22.54	12.45	2.35	11.99	8.20	2.59	15.70	4.25
恩施州土家族苗族自治州	**98.03**	**57.88**	**11.29**	**54.24**	**32.49**	**9.55**	**72.31**	**16.17**
恩施市	15.36	9.60	1.80	8.69	4.87	1.32	11.05	2.99
利川市	23.22	13.70	2.21	13.22	7.79	2.57	17.45	3.20
建始县	13.38	7.98	1.31	8.00	4.06	0.99	10.07	2.32
巴东县	10.46	5.77	1.08	5.60	3.78	1.02	7.03	2.41
宣恩县	11.00	6.10	1.42	6.96	2.62	1.08	8.00	1.91
咸丰县	9.00	5.86	0.85	4.80	3.35	0.86	7.05	1.10
来凤县	10.27	5.85	2.18	4.48	3.61	1.45	7.58	1.24
鹤峰县	5.35	3.02	0.44	2.50	2.40	0.25	4.09	1.00
仙桃市	**32.79**	**16.84**	**2.05**	**17.43**	**13.31**	**4.50**	**23.97**	**4.32**
潜江市	**20.00**	**11.44**	**1.71**	**9.80**	**8.49**	**2.16**	**14.51**	**3.32**
天门市	**35.06**	**20.39**	**3.20**	**16.99**	**14.87**	**3.71**	**23.54**	**7.81**
神农架林区	**1.05**	**0.70**	**0.17**	**0.59**	**0.29**	**0.04**	**0.80**	**0.22**

农村劳动力外出渠道和从业时间

单位:万人

地区	外出渠道				外出从业时间		
	政府有关部门组织	中介组织介绍	企业招收	自发及其他	1个月-3个月	3个月-6个月	6个月以上
湖北省	**146.50**	**80.05**	**177.67**	**780.97**	**100.55**	**261.12**	**823.52**
武汉市	**6.77**	**3.96**	**12.51**	**49.38**	**5.94**	**18.36**	**48.32**
武汉市辖区	0.49	0.23	1.18	1.70	0.20	0.94	2.46
汉南区	0.04	0.01	0.76	0.77	0.06	0.21	1.32
蔡甸区	0.28	0.51	1.67	3.85	0.72	1.72	3.86
江夏区	1.21	0.80	2.10	7.38	1.49	3.76	6.25
黄陂区	2.87	0.91	2.77	20.24	2.13	7.43	17.23
新洲区	1.87	1.51	4.03	15.45	1.35	4.30	17.21
黄石市	**4.71**	**4.06**	**12.22**	**35.48**	**5.30**	**13.40**	**37.78**
黄石市辖区	0.20	0.06	0.24	0.52	0.07	0.14	0.80
阳新县	2.82	2.71	8.55	22.24	3.37	8.19	24.76
大冶市	1.70	1.30	3.43	12.72	1.85	5.07	12.22
十堰市	**9.92**	**6.57**	**10.04**	**50.30**	**5.72**	**16.86**	**54.24**
茅箭区	0.06	0.06	0.16	0.75	0.04	0.12	0.86
张湾区	0.13	0.25	0.16	1.00	0.11	0.33	1.10
郧阳区	1.64	1.26	2.08	10.79	1.18	4.01	10.58
郧西县	3.73	1.67	1.94	7.11	0.86	3.10	10.49
竹山县	1.35	1.09	1.65	9.14	1.78	4.11	7.34
竹溪县	1.18	0.31	1.59	5.84	0.43	1.50	6.98
房县	1.25	1.08	1.15	9.25	0.66	1.48	10.58
丹江口市	0.58	0.85	1.32	6.43	0.66	2.21	6.32
宜昌市	**11.64**	**5.85**	**11.91**	**40.03**	**6.61**	**16.55**	**46.27**
宜昌市辖区	0.23	0.28	0.86	2.71	0.49	1.09	2.49
夷陵区	0.94	0.87	1.83	6.71	1.09	2.38	6.88
远安县	0.57	0.45	1.00	2.80	0.38	0.78	3.66
兴山县	0.16	0.10	0.28	1.99	0.19	0.52	1.81
秭归县	1.08	0.69	1.11	6.13	0.74	1.62	6.64
长阳土家族自治县	1.07	0.93	1.88	6.47	1.31	3.54	5.51
五峰土家族自治县	1.04	0.41	0.46	1.95	0.51	1.16	2.19
宜都市	1.08	1.05	2.22	5.76	0.61	2.21	7.30
当阳市	0.89	0.69	1.76	3.81	0.67	1.45	5.04
枝江市	4.59	0.39	0.51	1.70	0.63	1.81	4.76
襄阳市	**9.66**	**7.80**	**20.39**	**72.42**	**8.75**	**21.31**	**80.21**
高新区	0.07	0.35	0.55	1.18	0.51	0.78	0.86
襄城区	0.39	0.46	0.97	4.12	0.59	1.39	3.96
樊城区	0.34	1.17	0.98	3.53	0.65	1.68	3.69
襄州区	1.33	1.59	7.29	16.48	2.13	4.23	20.33
南漳县	0.91	0.74	2.87	8.55	1.28	2.52	9.27
谷城县	2.60	0.40	0.71	7.90	0.67	2.37	8.58
保康县	0.33	0.31	0.59	5.09	0.46	1.40	4.46
老河口市	0.39	0.61	2.12	6.13	0.59	1.47	7.19
枣阳市	2.35	1.15	1.97	12.72	0.70	2.90	14.59
宜城市	0.95	1.00	2.34	6.72	1.18	2.57	7.26
鄂州市	**1.10**	**1.33**	**3.04**	**12.13**	**1.98**	**4.58**	**11.05**
梁子湖区	0.46	0.32	0.49	3.22	0.29	1.39	2.81
华容区	0.17	0.21	0.83	2.71	0.27	0.97	2.68
鄂城区	0.48	0.80	1.73	6.20	1.41	2.22	5.57
荆门市	**7.52**	**4.52**	**8.55**	**35.96**	**4.53**	**10.88**	**41.14**
东宝区	0.76	0.54	0.33	2.65	0.38	0.97	2.93
掇刀区	0.31	0.11	0.31	0.89	0.12	0.38	1.12
沙洋县	1.40	0.85	2.50	8.62	1.50	2.54	9.32
钟祥市	2.24	2.03	3.16	15.54	1.98	4.42	16.56
京山市	2.82	1.00	2.25	8.27	0.56	2.56	11.22
孝感市	**14.02**	**9.55**	**21.45**	**93.38**	**13.27**	**36.12**	**89.00**

续表 单位：万人

地区	外出渠道				外出从业时间		
	政府有关部门组织	中介组织介绍	企业招收	自发及其他	1个月－3个月	3个月－6个月	6个月以上
孝感市辖区	0.03	0.05	0.09	0.28	0.04	0.11	0.30
孝南区	1.60	1.01	2.38	12.50	1.43	4.75	11.31
孝昌县	3.01	1.95	2.49	12.85	2.50	6.66	11.14
大悟县	2.17	1.39	2.76	13.59	1.74	4.07	14.10
云梦县	1.64	1.12	1.40	14.94	1.04	5.30	12.76
应城市	0.70	0.89	3.49	14.14	1.00	3.42	14.79
安陆市	1.73	1.12	3.19	10.70	2.30	5.13	9.31
汉川市	3.15	2.02	5.66	14.37	3.22	6.68	15.29
荆州市	**7.87**	**7.40**	**12.16**	**89.86**	**6.34**	**20.56**	**90.39**
荆州开发区	0.02	0.02	0.06	0.37	0.02	0.07	0.38
沙市区	0.08	0.09	0.81	1.87	0.08	0.46	2.30
荆州区	0.21	0.42	0.92	5.34	0.82	1.54	4.54
公安县	1.51	0.77	1.49	15.06	0.85	2.64	15.35
监利市	2.34	2.48	2.75	26.92	1.30	6.45	26.74
江陵县	0.49	0.23	0.26	5.41	0.43	0.94	5.01
石首市	1.52	1.24	2.77	7.51	0.72	2.94	9.38
洪湖市	0.33	0.45	1.18	13.87	1.03	2.11	12.70
松滋市	1.36	1.70	1.92	13.51	1.09	3.42	13.98
黄冈市	**21.90**	**12.66**	**25.66**	**113.98**	**19.37**	**44.85**	**109.98**
龙感湖农场		0.01	0.03	0.37	0.01	0.02	0.39
黄州区	0.32	0.40	0.78	2.76	0.32	0.88	3.07
团风县	1.18	0.84	1.72	7.02	1.54	3.26	5.96
红安县	2.70	1.40	2.85	11.06	2.55	6.41	9.05
罗田县	1.62	1.46	2.92	10.90	1.32	5.30	10.27
英山县	1.73	1.02	1.47	5.80	1.56	3.23	5.24
浠水县	2.21	2.15	4.82	19.93	2.80	5.22	21.10
蕲春县	3.74	1.86	5.52	14.98	2.72	6.06	17.32
黄梅县	0.78	0.06	0.10	12.81	0.43	3.33	9.98
麻城市	2.00	2.06	3.21	18.05	4.00	6.22	15.09
武穴市	5.62	1.40	2.22	10.30	2.12	4.91	12.51
咸宁市	**5.73**	**3.99**	**9.47**	**38.92**	**5.29**	**12.38**	**40.44**
咸安区	1.10	0.46	1.52	4.38	0.71	2.05	4.72
嘉鱼县	0.46	0.87	1.09	4.55	0.53	1.43	5.00
通城县	0.80	0.73	1.81	8.09	0.90	2.26	8.26
崇阳县	1.51	0.94	2.02	6.76	1.07	2.49	7.68
通山县	1.08	0.43	1.93	8.45	1.28	2.27	8.35
赤壁市	0.77	0.56	1.10	6.69	0.81	1.87	6.43
随州市	**3.99**	**4.44**	**8.84**	**33.23**	**4.85**	**11.96**	**33.69**
曾都区	0.65	0.75	2.14	6.05	0.55	2.02	7.02
随县	1.74	1.92	2.06	12.65	1.05	4.65	12.66
广水市	1.60	1.77	4.64	14.53	3.25	5.28	14.01
恩施州土家族苗族自治州	**33.58**	**4.51**	**8.00**	**51.94**	**7.60**	**16.62**	**73.80**
恩施市	5.21	0.81	1.28	8.06	1.45	2.81	11.10
利川市	13.79	0.62	1.02	7.79	1.71	3.11	18.39
建始县	3.39	0.56	1.17	8.26	1.09	2.25	10.04
巴东县	1.52	0.90	1.58	6.46	0.67	1.75	8.04
宣恩县	1.16	0.30	0.89	8.64	0.58	1.52	8.90
咸丰县	2.97	0.26	0.80	4.96	1.10	2.33	5.57
来凤县	1.99	0.77	0.60	6.91	0.66	1.75	7.86
鹤峰县	3.55	0.29	0.64	0.85	0.35	1.10	3.90
仙桃市	**2.00**	**0.36**	**4.31**	**26.12**	**1.59**	**4.86**	**26.33**
潜江市	**1.24**	**1.02**	**3.94**	**13.80**	**1.30**	**5.43**	**13.27**
天门市	**3.83**	**2.03**	**5.18**	**24.02**	**2.04**	**6.27**	**26.76**
神农架林区	**1.01**	**0.01**	**0.01**	**0.03**	**0.05**	**0.14**	**0.86**

农村劳动力转移地点

单位：万人

地区	外出地点				
	县内乡外	省内县外	省外（不含港澳台及境外）	港、澳、台	境外
湖北省	**201.64**	**328.39**	**653.17**	**0.92**	**1.08**
武汉市	**18.48**	**36.56**	**17.52**	**0.03**	**0.02**
武汉市辖区	2.04	1.23	0.32	0.01	
汉南区	0.93	0.52	0.14		
蔡甸区	1.84	3.32	1.14		
江夏区	4.13	4.43	2.92		
黄陂区	6.21	17.03	3.52	0.02	0.01
新洲区	3.32	10.03	9.49	0.01	0.01
黄石市	**10.72**	**15.09**	**30.41**	**0.14**	**0.11**
黄石市辖区	0.39	0.38	0.25		
阳新县	4.85	9.07	22.23	0.12	0.05
大冶市	5.48	5.64	7.94	0.01	0.06
十堰市	**13.91**	**20.23**	**42.41**	**0.10**	**0.18**
茅箭区	0.54	0.29	0.19		
张湾区	0.88	0.34	0.32		
郧阳区	3.05	6.62	6.04		0.06
郧西县	1.59	3.76	9.07		0.01
竹山县	2.45	2.75	7.98	0.02	0.03
竹溪县	1.35	1.47	6.07		0.01
房县	1.55	2.27	8.80	0.06	0.05
丹江口市	2.49	2.73	3.95		0.01
宜昌市	**17.46**	**21.97**	**29.91**	**0.03**	**0.05**
宜昌市辖区	1.24	1.60	1.23		
夷陵区	3.24	3.55	3.53	0.01	0.01
远安县	1.11	1.40	2.30		
兴山县	0.43	0.76	1.33		
秭归县	2.13	2.71	4.15		0.01
长阳土家族自治县	1.77	3.82	4.76	0.01	0.01
五峰土家族自治县	0.64	1.62	1.59		
宜都市	2.49	2.91	4.71		
当阳市	2.26	1.50	3.39		
枝江市	2.17	2.10	2.92		0.01
襄阳市	**14.38**	**23.80**	**72.02**	**0.03**	**0.04**
高新区	0.62	0.58	0.96		
襄城区	1.48	1.26	3.19		
樊城区	1.62	1.64	2.75		0.01
襄州区	3.64	6.09	16.96		
南漳县	1.52	2.16	9.39		
谷城县	0.62	2.83	8.15	0.01	0.01
保康县	0.65	1.52	4.14		
老河口市	0.69	1.38	7.19		
枣阳市	1.91	4.04	12.23		
宜城市	1.63	2.30	7.07		
鄂州市	**5.27**	**6.36**	**5.92**	**0.01**	**0.05**
梁子湖区	1.15	1.94	1.39		
华容区	1.37	1.60	0.91		0.04
鄂城区	2.74	2.81	3.62	0.01	0.01
荆门市	**8.98**	**15.86**	**31.61**	**0.09**	**0.01**
东宝区	0.86	1.28	2.14		
掇刀区	0.46	0.57	0.58		
沙洋县	2.29	4.62	6.45		
钟祥市	3.79	6.51	12.58	0.07	
京山市	1.57	2.88	9.87	0.02	0.01
孝感市	**21.15**	**41.55**	**75.37**	**0.10**	**0.22**

续表

单位：万人

地区	外出地点				
	县内乡外	省内县外	省外（不含港澳台及境外）	港、澳、台	境外
孝感市辖区	0.07	0.13	0.23		
孝南区	2.41	4.36	10.71		
孝昌县	3.01	5.20	12.08	0.02	
大悟县	3.92	6.66	9.26	0.02	0.04
云梦县	1.89	4.79	12.40	0.02	
应城市	2.49	6.27	10.42	0.01	0.04
安陆市	2.16	4.62	9.81	0.03	0.13
汉川市	5.21	9.52	10.46		
荆州市	**16.09**	**26.40**	**74.78**	**0.02**	**0.01**
荆州开发区	0.20	0.16	0.10		
沙市区	0.93	0.54	1.37		
荆州区	1.44	2.21	3.24		
公安县	2.35	4.64	11.85		
监利市	4.13	6.11	24.24		
江陵县	0.52	1.54	4.31		
石首市	2.01	2.90	8.13		
洪湖市	1.41	4.80	9.63		
松滋市	3.08	3.50	11.90	0.01	
黄冈市	**25.18**	**52.74**	**95.86**	**0.19**	**0.22**
龙感湖农场	0.08	0.09	0.25		
黄州区	1.36	1.21	1.68	0.01	0.01
团风县	2.29	4.37	4.03	0.01	0.06
红安县	3.02	7.23	7.72	0.02	0.02
罗田县	1.55	3.98	11.35	0.01	0.01
英山县	1.65	4.17	4.19	0.02	
浠水县	2.24	8.42	18.32	0.04	0.10
蕲春县	4.36	6.75	14.94	0.04	0.01
黄梅县	2.42	5.42	5.90	0.01	
麻城市	4.23	6.82	14.22	0.05	
武穴市	2.00	4.27	13.27		0.01
咸宁市	**9.43**	**14.73**	**33.82**	**0.06**	**0.08**
咸安区	1.16	1.80	4.51	0.01	
嘉鱼县	1.17	2.13	3.63	0.02	0.01
通城县	1.57	2.41	7.45		
崇阳县	1.61	3.41	6.21		0.01
通山县	2.22	3.18	6.46	0.01	0.03
赤壁市	1.70	1.81	5.57	0.02	0.01
随州市	**8.69**	**13.05**	**28.69**	**0.04**	**0.03**
曾都区	2.44	2.68	4.45	0.01	0.01
随县	2.48	4.19	11.68	0.01	0.01
广水市	3.77	6.18	12.56	0.02	0.01
恩施州土家族苗族自治州	**18.17**	**17.73**	**62.06**	**0.03**	**0.04**
恩施市	5.66	2.86	6.83	0.01	
利川市	2.95	3.61	16.63	0.01	0.01
建始县	2.26	3.26	7.84		0.01
巴东县	1.36	2.55	6.54		0.01
宣恩县	1.89	1.43	7.67		
咸丰县	1.61	1.67	5.71		
来凤县	1.14	1.16	7.98		
鹤峰县	1.31	1.18	2.85		
仙桃市	**5.40**	**9.84**	**17.52**	**0.03**	
潜江市	**4.26**	**3.69**	**12.04**		
天门市	**3.80**	**8.50**	**22.74**	**0.02**	**0.01**
神农架林区	**0.26**	**0.30**	**0.49**		

农村劳动力外出地域及从事行业

单位：万人

地区	外出地域				外出从业人员从事行业		
	东部	中部	西部	东北地区	第一产业	第二产业	第三产业
湖北省	**520.59**	**560.14**	**68.90**	**33.55**	**64.09**	**642.75**	**478.35**
武汉市	**13.83**	**56.02**	**2.16**	**0.56**	**2.46**	**39.39**	**30.77**
武汉市辖区	0.24	3.31	0.03	0.01	0.06	1.74	1.80
汉南区	0.09	1.47	0.02	0.01	0.04	0.91	0.64
蔡甸区	0.91	5.20	0.13	0.06	0.19	3.47	2.64
江夏区	2.13	8.75	0.55	0.06	0.76	6.13	4.60
黄陂区	2.40	23.92	0.27	0.17	1.15	12.95	12.69
新洲区	8.07	13.36	1.16	0.25	0.28	14.18	8.40
黄石市	**25.95**	**27.52**	**1.63**	**1.13**	**3.07**	**33.37**	**20.04**
黄石市辖区	0.16	0.79	0.05	0.02	0.09	0.62	0.31
阳新县	19.24	14.85	1.16	0.90	2.31	21.85	12.16
大冶市	6.55	11.87	0.41	0.22	0.67	10.89	7.57
十堰市	**30.70**	**35.12**	**6.94**	**3.79**	**5.22**	**42.37**	**29.24**
茅箭区	0.13	0.85	0.02	0.02	0.05	0.47	0.51
张湾区	0.16	1.31	0.05	0.02	0.03	0.86	0.65
郧阳区	3.22	9.92	1.21	1.36	1.71	7.51	6.56
郧西县	5.51	5.70	2.27	0.96	1.21	8.27	4.96
竹山县	5.52	5.07	1.67	0.92	1.14	7.99	4.10
竹溪县	5.20	3.21	0.36	0.12	0.47	4.84	3.60
房县	7.63	3.82	0.94	0.22	0.22	6.87	5.64
丹江口市	3.33	5.25	0.41	0.17	0.40	5.56	3.22
宜昌市	**21.47**	**42.24**	**3.77**	**1.86**	**4.76**	**34.92**	**29.75**
宜昌市辖区	0.88	2.84	0.25	0.09	0.48	1.98	1.61
夷陵区	2.43	7.25	0.47	0.17	0.54	5.07	4.73
远安县	1.93	2.58	0.21	0.10	0.48	2.61	1.72
兴山县	1.03	1.27	0.17	0.05	0.15	1.41	0.97
秭归县	3.65	4.85	0.40	0.09	0.68	4.39	3.93
长阳土家族自治县	2.77	6.30	0.70	0.57	1.33	4.65	4.38
五峰土家族自治县	1.18	2.35	0.25	0.07	0.19	1.87	1.79
宜都市	3.27	5.87	0.53	0.44	0.27	4.94	4.91
当阳市	2.17	4.36	0.44	0.18	0.43	3.60	3.12
枝江市	2.17	4.56	0.35	0.10	0.20	4.41	2.58
襄阳市	**57.28**	**42.35**	**8.16**	**2.41**	**9.08**	**58.98**	**42.21**
高新区	0.72	1.24	0.10	0.09	0.32	1.22	0.61
襄城区	2.36	3.05	0.38	0.14	0.42	3.15	2.37
樊城区	1.82	3.42	0.72	0.06	0.52	3.16	2.36
襄州区	13.32	10.75	1.94	0.68	4.76	11.60	10.33
南漳县	6.54	3.99	1.53	1.01	1.14	5.40	6.53
谷城县	6.36	4.12	1.06	0.06	0.65	7.41	3.56
保康县	3.16	2.79	0.29	0.08	0.41	4.04	1.87
老河口市	6.48	2.26	0.45	0.07	0.17	6.08	3.01
枣阳市	10.39	6.47	1.22	0.11	0.22	11.49	6.48
宜城市	6.13	4.27	0.49	0.12	0.48	5.43	5.09
鄂州市	**5.16**	**11.62**	**0.49**	**0.27**	**1.06**	**9.70**	**6.85**
梁子湖区	1.45	3.00	0.03		0.11	2.75	1.63
华容区	0.70	3.10	0.07	0.02	0.10	2.14	1.69
鄂城区	3.02	5.51	0.40	0.25	0.85	4.81	3.54
荆门市	**22.68**	**29.31**	**3.57**	**0.88**	**2.55**	**31.41**	**22.59**
东宝区	1.05	2.49	0.68	0.05	0.25	2.37	1.65
掇刀区	0.45	1.09	0.05	0.02	0.07	1.04	0.51
沙洋县	5.15	7.58	0.49	0.15	0.45	7.08	5.83
钟祥市	8.08	12.74	1.61	0.47	1.18	12.83	8.94
京山市	7.95	5.42	0.75	0.19	0.59	8.09	5.66
孝感市	**50.60**	**65.57**	**10.85**	**11.04**	**5.63**	**76.57**	**56.18**

续表

单位：万人

地区	外出地域				外出从业人员从事行业		
	东部	中部	西部	东北地区	第一产业	第二产业	第三产业
孝感市辖区	0.19	0.20	0.02	0.03	0.06	0.31	0.07
孝南区	8.53	6.88	0.68	1.40	0.85	10.21	6.43
孝昌县	7.98	8.52	2.12	1.66	0.91	10.12	9.28
大悟县	5.05	10.81	2.72	1.26	1.10	12.63	6.17
云梦县	6.17	8.47	1.24	3.21	0.41	11.98	6.70
应城市	8.56	8.76	1.00	0.85	0.63	10.23	8.36
安陆市	5.76	6.97	1.87	1.98	0.78	8.83	7.13
汉川市	8.35	14.96	1.22	0.66	0.88	12.26	12.04
荆州市	**61.56**	**48.45**	**5.92**	**1.33**	**2.84**	**65.44**	**49.01**
荆州开发区	0.10	0.37				0.28	0.18
沙市区	1.10	1.71	0.03		0.03	2.15	0.66
荆州区	2.86	3.80	0.19	0.04	0.18	3.67	3.05
公安县	10.07	8.10	0.59	0.08	0.61	11.14	7.09
监利市	20.43	11.89	1.59	0.57	1.02	16.33	17.14
江陵县	3.98	2.13	0.26	0.02	0.08	4.09	2.22
石首市	6.18	5.56	1.26	0.04	0.24	7.73	5.07
洪湖市	7.19	7.29	1.05	0.31	0.39	8.83	6.62
松滋市	9.66	7.59	0.96	0.26	0.29	11.21	6.99
黄冈市	**85.83**	**76.95**	**8.50**	**2.50**	**13.13**	**87.60**	**73.47**
龙感湖农场	0.27	0.13	0.02		0.12	0.23	0.07
黄州区	1.36	2.36	0.37	0.16	0.40	2.64	1.24
团风县	3.51	6.66	0.14	0.39	1.16	6.03	3.57
红安县	6.15	11.14	0.43	0.25	1.52	9.38	7.11
罗田县	10.82	5.59	0.41	0.05	0.36	10.35	6.18
英山县	5.52	3.56	0.90	0.03	1.13	5.10	3.79
浠水县	16.21	11.46	0.75	0.57	1.80	12.87	14.45
蕲春县	14.24	10.28	1.15	0.38	3.04	12.69	10.36
黄梅县	5.55	8.04	0.13	0.01	0.12	8.04	5.59
麻城市	12.12	10.51	2.55	0.09	2.35	8.10	14.87
武穴市	10.09	7.22	1.65	0.58	1.13	12.17	6.24
咸宁市	**29.62**	**25.60**	**1.82**	**0.93**	**4.52**	**29.72**	**23.87**
咸安区	3.90	3.32	0.21	0.04	0.25	3.47	3.76
嘉鱼县	2.64	4.11	0.14	0.04	0.51	3.44	3.01
通城县	6.90	4.06	0.23	0.23	0.63	6.25	4.55
崇阳县	5.44	5.15	0.44	0.19	1.32	5.26	4.66
通山县	5.95	5.44	0.33	0.13	0.99	5.81	5.10
赤壁市	4.80	3.51	0.48	0.29	0.82	5.49	2.80
随州市	**23.86**	**23.16**	**1.89**	**1.52**	**2.56**	**26.04**	**21.90**
曾都区	3.85	5.34	0.19	0.19	0.64	4.25	4.70
随县	9.62	7.35	0.72	0.66	1.01	9.14	8.22
广水市	10.39	10.47	0.98	0.68	0.91	12.65	8.98
恩施州土家族苗族自治州	**49.20**	**39.41**	**7.04**	**2.32**	**4.21**	**60.57**	**33.25**
恩施市	4.99	9.39	0.85	0.12	0.72	9.46	5.19
利川市	12.49	7.19	2.37	1.15	1.44	13.38	8.41
建始县	6.38	5.66	1.01	0.31	0.57	9.06	3.75
巴东县	4.83	4.51	0.93	0.18	0.27	6.21	3.97
宣恩县	6.77	3.84	0.35	0.03	0.38	7.75	2.87
咸丰县	4.71	3.70	0.42	0.15	0.12	5.48	3.40
来凤县	6.53	2.80	0.66	0.29	0.33	6.19	3.75
鹤峰县	2.49	2.33	0.44	0.08	0.39	3.05	1.90
仙桃市	**14.54**	**15.11**	**2.48**	**0.63**	**1.12**	**16.30**	**15.37**
潜江市	**10.55**	**8.23**	**0.90**	**0.32**	**1.14**	**13.08**	**5.78**
天门市	**17.42**	**13.08**	**2.72**	**1.82**	**0.71**	**16.75**	**17.60**
神农架林区	**0.34**	**0.40**	**0.06**	**0.25**	**0.04**	**0.55**	**0.46**

农村劳动力外出从业形式及培训情况

单位：万人

地区	外出从业形式			外出从业人员职业技能培训情况		
	务工	自营	其他	参加过职业技能培训	其中：参加过政府举办的技能培训	持有职业技术资格证书
湖北省	**896.26**	**185.16**	**103.77**	**360.25**	**161.23**	**170.80**
武汉市	**55.72**	**11.46**	**5.44**	**23.57**	**9.75**	**10.85**
武汉市辖区	2.97	0.40	0.22	1.36	0.45	0.99
汉南区	1.36	0.12	0.10	0.19	0.10	1.23
蔡甸区	4.57	1.12	0.62	1.29	0.56	0.63
江夏区	8.56	1.78	1.15	2.45	1.15	1.67
黄陂区	20.03	5.23	1.52	9.27	3.13	3.09
新洲区	18.23	2.80	1.83	9.02	4.36	3.25
黄石市	**42.01**	**8.39**	**6.08**	**7.61**	**4.64**	**7.77**
黄石市辖区	0.86	0.09	0.07	0.21	0.07	0.08
阳新县	27.67	4.91	3.74	4.88	2.97	4.44
大冶市	13.48	3.39	2.26	2.53	1.60	3.25
十堰市	**61.43**	**7.42**	**7.98**	**28.55**	**14.90**	**12.54**
茅箭区	0.77	0.06	0.19	0.35	0.17	0.19
张湾区	1.28	0.10	0.16	0.49	0.24	0.26
郧阳区	12.17	1.61	1.99	5.17	2.40	2.80
郧西县	11.30	1.92	1.22	5.50	2.95	2.21
竹山县	10.44	1.42	1.37	4.31	2.21	2.04
竹溪县	7.09	0.50	1.32	1.70	0.92	0.70
房县	10.66	1.11	0.95	6.52	3.85	1.92
丹江口市	7.71	0.69	0.78	4.50	2.16	2.42
宜昌市	**54.31**	**8.39**	**6.72**	**25.28**	**11.52**	**12.26**
宜昌市辖区	3.02	0.66	0.40	1.22	0.36	0.57
夷陵区	8.08	1.31	0.96	4.44	1.89	2.83
远安县	4.01	0.44	0.36	1.72	0.51	0.55
兴山县	2.26	0.18	0.08	1.08	0.50	0.42
秭归县	7.26	0.67	1.06	1.65	0.89	0.63
长阳土家族自治县	7.64	1.22	1.50	3.27	1.25	1.25
五峰土家族自治县	3.29	0.49	0.08	1.66	0.95	0.67
宜都市	7.71	1.27	1.14	3.01	1.29	1.60
当阳市	5.20	1.40	0.55	4.43	2.52	2.17
枝江市	5.84	0.76	0.59	2.80	1.38	1.57
襄阳市	**89.84**	**12.90**	**7.54**	**40.39**	**15.84**	**21.05**
高新区	1.94	0.16	0.05	0.45	0.07	0.47
襄城区	4.62	0.65	0.67	2.16	0.60	0.91
樊城区	5.17	0.38	0.48	0.83	0.39	0.44
襄州区	21.34	3.71	1.65	9.55	3.18	6.26
南漳县	10.63	0.83	1.61	2.75	1.31	1.20
谷城县	9.72	1.19	0.71	4.04	1.44	1.52
保康县	5.45	0.58	0.29	1.48	0.92	0.59
老河口市	7.58	1.13	0.54	3.04	0.76	1.50
枣阳市	15.04	3.15		13.48	6.08	7.02
宜城市	8.35	1.12	1.54	2.59	1.09	1.16
鄂州市	**13.77**	**2.62**	**1.21**	**5.41**	**2.41**	**3.08**
梁子湖区	3.90	0.48	0.10	1.30	0.25	1.01
华容区	3.34	0.51	0.07	0.96	0.19	0.80
鄂城区	6.54	1.63	1.04	3.15	1.96	1.26
荆门市	**40.33**	**11.50**	**4.72**	**18.60**	**10.43**	**7.24**
东宝区	3.13	0.53	0.62	2.49	1.80	1.47
掇刀区	1.45	0.16	0.01	0.37	0.22	0.29
沙洋县	10.03	2.22	1.11	3.71	2.72	1.77
钟祥市	15.72	5.44	1.79	5.91	3.19	1.83
京山市	10.00	3.15	1.19	6.10	2.50	1.88
孝感市	**96.97**	**32.52**	**8.89**	**49.85**	**20.99**	**28.60**

续表 单位：万人

地区	外出从业形式			外出从业人员职业技能培训情况		
	务工	自营	其他	参加过职业技能培训	其中：参加过政府举办的技能培训	持有职业技术资格证书
孝感市辖区	0.30	0.08	0.07	0.05	0.03	0.20
孝南区	13.73	3.14	0.62	3.19	1.47	1.83
孝昌县	14.59	4.75	0.97	8.46	4.88	11.85
大悟县	12.52	5.66	1.73	6.47	3.83	2.74
云梦县	14.90	3.50	0.70	8.39	1.70	3.26
应城市	13.29	3.90	2.02	5.42	3.46	3.09
安陆市	12.64	3.53	0.58	9.66	2.09	2.38
汉川市	15.01	7.98	2.20	8.21	3.53	3.26
荆州市	**86.32**	**22.03**	**8.94**	**27.81**	**11.59**	**13.65**
荆州开发区	0.41	0.02	0.04	0.02		0.01
沙市区	2.42	0.21	0.21	0.49	0.14	0.43
荆州区	5.31	1.06	0.53	1.96	0.72	0.80
公安县	15.13	2.57	1.14	6.04	1.79	2.45
监利市	21.18	10.03	3.27	4.80	1.90	3.24
江陵县	5.09	1.17	0.13	0.91	0.58	0.68
石首市	9.31	1.98	1.76	3.35	1.54	1.45
洪湖市	11.71	2.74	1.39	2.06	1.44	1.34
松滋市	15.76	2.25	0.48	8.19	3.48	3.27
黄冈市	**133.35**	**22.46**	**18.39**	**45.57**	**22.50**	**17.74**
龙感湖农场	0.34	0.06	0.02	0.10		0.05
黄州区	3.30	0.43	0.55	0.94	0.22	0.53
团风县	7.79	0.88	2.09	2.07	1.03	1.14
红安县	12.47	3.15	2.39	6.81	3.01	3.61
罗田县	13.58	1.73	1.58	3.99	1.21	1.45
英山县	7.95	0.89	1.19	2.14	0.86	0.78
浠水县	21.69	3.57	3.87	7.33	4.52	
蕲春县	19.52	3.53	3.05	4.16	2.08	3.01
黄梅县	10.71	2.46	0.58	5.01	4.03	2.06
麻城市	21.52	2.22	1.58	6.01	2.51	
武穴市	14.50	3.54	1.50	7.02	3.01	5.10
咸宁市	**41.9**	**8.90**	**7.31**	**20.45**	**8.79**	**8.10**
咸安区	5.50	1.04	0.94	2.81	1.39	0.39
嘉鱼县	5.42	0.79	0.75	3.12	1.17	1.33
通城县	7.65	1.91	1.87	3.87	1.69	1.47
崇阳县	8.46	1.44	1.33	6.32	2.73	2.36
通山县	8.16	2.10	1.65	2.11	0.92	1.54
赤壁市	6.72	1.62	0.77	2.22	0.89	1.00
随州市	**35.55**	**9.40**	**5.55**	**18.54**	**7.04**	**8.72**
曾都区	7.40	1.24	0.95	3.73	1.11	2.18
随县	12.31	3.48	2.58	6.39	2.17	3.81
广水市	15.84	4.68	2.02	8.42	3.75	2.73
恩施州土家族苗族自治州	**82.62**	**8.68**	**6.72**	**24.28**	**12.51**	**7.94**
恩施市	13.16	1.33	0.88	5.22	3.67	1.65
利川市	18.80	1.85	2.56	3.92	1.85	1.55
建始县	11.48	1.05	0.84	3.45	1.60	1.06
巴东县	8.87	1.13	0.46	3.16	1.77	1.04
宣恩县	9.24	1.27	0.49	0.85	0.52	0.35
咸丰县	7.66	0.82	0.51	2.57	1.35	0.73
来凤县	9.02	0.63	0.62	3.66	1.00	0.76
鹤峰县	4.38	0.61	0.36	1.45	0.75	0.81
仙桃市	**21.33**	**7.45**	**4.01**	**9.69**	**2.56**	**4.17**
潜江市	**16.30**	**2.06**	**1.63**	**5.93**	**2.60**	**3.15**
天门市	**23.87**	**8.92**	**2.27**	**8.16**	**3.03**	**3.46**
神农架林区	**0.63**	**0.06**	**0.37**	**0.58**	**0.15**	**0.48**

农村劳动力外出劳务收入情况

单位：万元、万人

地区	劳务经济总收入(年)	按月收入分的外出务工人数				
		其中：月收入1000元以下	1000元—2000元	2001元—3000元	3001元—4000元	4000元以上
湖北省	**44519192**	**13.06**	**111.76**	**338.66**	**394.38**	**327.33**
武汉市	**3016139**	**0.41**	**4.76**	**24.82**	**24.45**	**18.18**
武汉市辖区	212411		0.15	0.67	1.96	0.82
汉南区	76430		0.04	0.59	0.53	0.41
蔡甸区	219913	0.03	0.38	2.09	2.16	1.65
江夏区	362911	0.11	1.07	4.76	3.67	1.88
黄陂区	1153980	0.04	0.25	8.23	8.48	9.79
新洲区	990494	0.24	2.87	8.47	7.65	3.62
黄石市	**2339422**	**0.16**	**3.45**	**12.17**	**17.85**	**22.83**
黄石市辖区	47012		0.03	0.18	0.53	0.27
阳新县	1632928	0.16	1.59	7.57	13.37	13.63
大冶市	659482		1.84	4.42	3.95	8.93
十堰市	**2745299**	**0.19**	**8.01**	**17.61**	**27.90**	**23.12**
茅箭区	44357		0.04	0.37	0.51	0.11
张湾区	51092		0.26	0.68	0.48	0.12
郧阳区	490411	0.16	3.19	4.28	4.63	3.51
郧西县	540843	0.03	1.47	3.70	5.85	3.40
竹山县	443181		1.10	3.06	4.89	4.20
竹溪县	397988		0.72	1.59	3.26	3.34
房县	478057		0.91	2.52	5.60	3.70
丹江口市	299370		0.32	1.42	2.70	4.75
宜昌市	**2362908**	**0.29**	**7.23**	**19.95**	**23.32**	**18.64**
宜昌市辖区	84863	0.03	0.22	1.03	1.40	1.38
夷陵区	449589	0.02	0.69	2.48	3.62	3.54
远安县	132398	0.01	0.80	1.57	1.70	0.73
兴山县	92185		0.16	0.74	0.96	0.66
秭归县	186960	0.08	0.94	2.82	3.31	1.84
长阳土家族自治县	439166	0.08	1.11	2.83	3.25	3.09
五峰土家族自治县	69878		0.51	1.34	1.29	0.71
宜都市	323526	0.01	1.14	3.11	2.60	3.25
当阳市	257915	0.06	1.33	2.67	2.51	0.59
枝江市	326428		0.33	1.35	2.67	2.85
襄阳市	**4173115**	**0.76**	**8.08**	**25.47**	**37.81**	**38.15**
高新区	72162	0.02	0.12	0.75	0.52	0.75
襄城区	233121	0.03	0.32	1.80	1.84	1.93
樊城区	251064	0.02	0.34	1.28	2.25	2.15
襄州区	901739	0.48	2.42	5.56	7.54	10.69
南漳县	532598	0.20	1.04	2.53	4.39	4.91
谷城县	437101		1.14	2.93	4.96	2.57
保康县	182889		0.15	0.98	2.37	2.82
老河口市	346261	0.01	0.62	1.73	3.81	3.08
枣阳市	773227		1.67	6.02	5.78	4.71
宜城市	442952		0.26	1.88	4.34	4.53
鄂州市	**459206**	**0.42**	**3.25**	**5.13**	**5.03**	**3.78**
梁子湖区	149003	0.10	1.56	1.75	0.71	0.36
华容区	129963	0.02	0.49	1.56	1.43	0.42
鄂城区	180240	0.30	1.19	1.82	2.89	3.00
荆门市	**2245773**	**0.09**	**7.47**	**17.86**	**20.41**	**10.72**
东宝区	174145	0.01	0.21	0.91	2.03	1.11
掇刀区	62283		0.06	0.42	0.76	0.37
沙洋县	589964	0.05	0.75	3.60	5.17	3.79
钟祥市	854166	0.03	5.64	7.48	6.93	2.87
京山市	565215		0.80	5.45	5.52	2.57
孝感市	**5903664**	**2.93**	**15.61**	**41.16**	**40.44**	**38.24**

续表 单位：万元、万人

地区	劳务经济总收入(年)	按月收入分的外出务工人数				
		其中：月收入1000元以下	1000元—2000元	2001元—3000元	3001元—4000元	4000元以上
孝感市辖区	15100		0.01	0.05	0.09	0.29
孝南区	755595	0.05	0.14	2.09	6.22	8.99
孝昌县	831390	0.44	3.55	8.54	4.47	3.31
大悟县	835007	0.65	4.19	4.85	4.48	5.73
云梦县	833510	0.02	0.92	6.08	8.51	3.58
应城市	1009551		0.84	3.49	7.18	7.70
安陆市	731042	0.02	0.67	5.86	5.18	5.01
汉川市	892469	1.76	5.28	10.20	4.32	3.63
荆州市	**4352600**	**0.97**	**11.76**	**44.32**	**39.16**	**21.08**
荆州开发区	18622		0.03	0.14	0.21	0.09
沙市区	125261		0.11	0.62	1.46	0.65
荆州区	269632		0.37	2.04	3.06	1.44
公安县	547230	0.10	1.27	10.51	4.95	2.00
监利市	1201605	0.55	6.31	11.76	10.68	5.18
江陵县	272378		0.36	4.09	1.40	0.54
石首市	490695	0.04	0.49	5.98	4.48	2.05
洪湖市	576934	0.22	1.75	5.52	5.74	2.61
松滋市	850243	0.06	1.07	3.65	7.19	6.53
黄冈市	**6179643**	**2.11**	**13.19**	**42.77**	**62.78**	**53.35**
龙感湖农场	23734		0.01	0.05	0.17	0.19
黄州区	139039	0.02	0.20	0.94	1.63	1.48
团风县	295122	0.15	1.20	2.45	2.94	4.01
红安县	556990	0.34	1.46	4.17	4.98	7.06
罗田县	697456	0.11	0.93	2.51	5.57	7.78
英山县	420000		0.05	1.41	6.93	1.64
浠水县	924553	0.11	0.24	5.40	9.97	13.41
蕲春县	1020090	0.23	2.04	5.72	9.93	8.17
黄梅县	535523	0.01	0.92	6.59	6.02	0.21
麻城市	745582	1.02	5.12	8.59	8.15	2.44
武穴市	821554	0.12	1.01	4.96	6.48	6.97
咸宁市	**1947750**	**2.62**	**6.94**	**17.71**	**18.01**	**12.84**
咸安区	235397	0.06	0.68	2.50	2.38	1.85
嘉鱼县	327114		0.68	2.49	2.17	1.62
通城县	370042	1.75	3.45	4.50	1.31	0.41
崇阳县	480799		0.24	3.27	4.60	3.14
通山县	245597	0.54	1.10	2.77	3.96	3.53
赤壁市	288801	0.27	0.78	2.17	3.59	2.30
随州市	**1657296**	**1.09**	**9.07**	**16.15**	**15.14**	**9.05**
曾都区	402486	0.20	1.80	3.88	2.89	0.82
随县	391794	0.50	3.92	5.40	5.16	3.39
广水市	863017	0.39	3.35	6.87	7.09	4.84
恩施州土家族苗族自治州	**3617934**	**0.50**	**6.14**	**31.60**	**31.12**	**28.66**
恩施市	595597	0.08	0.78	5.87	4.59	4.04
利川市	959650	0.06	0.43	7.90	5.90	8.92
建始县	504713	0.07	0.80	3.55	4.83	4.13
巴东县	386028	0.15	1.53	3.06	3.41	2.31
宣恩县	261655	0.03	1.12	5.04	3.63	1.17
咸丰县	275669	0.05	0.22	2.87	3.08	2.78
来凤县	414628	0.06	1.09	2.58	3.69	2.86
鹤峰县	219994		0.18	0.72	1.99	2.45
仙桃市	**1193836**	**0.32**	**4.21**	**11.25**	**11.48**	**5.53**
潜江市	**815666**	**0.03**	**0.65**	**4.12**	**7.74**	**7.45**
天门市	**1477467**	**0.18**	**1.91**	**6.38**	**11.37**	**15.22**
神农架林区	**31474**	**0.01**	**0.05**	**0.18**	**0.36**	**0.46**

农村劳动力外出从业环境及社会保障

单位：万人

地区	从业环境				社会保障					
	雇主拖欠工资人数	从事高危、有害工作人数	致伤致残人数	享受劳保补贴人数	与雇主签订劳动合同	参与养老保险人数	参与医疗保险人数	参与失业保险人数	参与生育保险人数	参与工伤保险人数
湖北省	**5.94**	**35.11**	**1.14**	**163.04**	**608.55**	**669.54**	**809.09**	**202.16**	**152.97**	**350.61**
武汉市	**0.46**	**0.89**	**0.03**	**14.54**	**38.17**	**35.68**	**44.40**	**14.79**	**14.28**	**22.94**
武汉市辖区		0.02		0.70	2.40	1.99	1.79	1.36	1.36	2.12
汉南区				0.87	1.54	1.54	1.54	1.54	1.54	1.54
蔡甸区	0.01	0.05		0.79	4.33	4.31	4.28	3.86	3.30	3.64
江夏区		0.06		2.10	5.75	5.12	7.08	3.24	2.39	2.97
黄陂区	0.24	0.41	0.01	5.85	11.95	12.22	19.00	2.31	2.09	6.46
新洲区	0.20	0.34	0.02	4.22	12.19	10.50	10.71	2.48	3.61	6.20
黄石市	**0.38**	**2.91**	**0.15**	**9.22**	**29.81**	**28.39**	**33.15**	**13.96**	**12.05**	**21.49**
黄石市辖区	0.01	0.02		0.04	0.68	0.68	0.72	0.48	0.43	0.55
阳新县	0.12	1.39	0.12	4.44	21.74	19.93	22.02	11.46	9.96	15.33
大冶市	0.25	1.51	0.03	4.74	7.39	7.78	10.41	2.02	1.66	5.60
十堰市	**0.41**	**4.44**	**0.18**	**10.07**	**35.27**	**46.86**	**56.14**	**8.54**	**4.80**	**18.90**
茅箭区		0.02		0.12	0.65	0.82	0.87	0.31	0.25	0.36
张湾区		0.02		0.23	1.09	0.95	0.99	0.29	0.16	0.47
郧阳区	0.22	0.75	0.03	2.62	6.52	8.79	12.19	1.69	0.78	3.82
郧西县	0.09	0.87	0.03	1.23	5.92	7.10	8.34	1.63	1.06	2.79
竹山县	0.02	0.85	0.04	1.02	4.52	10.51	12.80	0.57	0.75	2.52
竹溪县		0.56	0.01	0.92	3.03	5.48	7.74	0.75	0.34	1.14
房县	0.04	1.02	0.04	1.24	7.05	6.34	6.33	1.35	0.33	4.80
丹江口市	0.05	0.34	0.02	2.69	6.49	6.86	6.88	1.94	1.13	2.99
宜昌市	**0.05**	**2.02**	**0.06**	**10.86**	**42.47**	**43.74**	**47.91**	**17.92**	**17.94**	**28.96**
宜昌市辖区	0.01	0.10	0.01	0.27	2.96	3.13	3.13	2.70	2.68	2.72
夷陵区		0.29		1.59	6.77	6.97	7.02	2.94	2.34	4.07
远安县		0.17		0.39	2.59	2.43	2.50	0.87	0.79	1.31
兴山县		0.03		0.52	1.86	2.52	2.51	0.56	0.45	0.75
秭归县		0.18		0.92	4.43	4.12	5.08	2.69	2.26	3.13
长阳土家族自治县	0.03	0.29	0.01	0.93	6.27	6.76	7.80	2.35	3.87	3.83
五峰土家族自治县		0.34		1.31	2.31	2.71	3.74	0.28	0.24	1.60
宜都市		0.23	0.01	1.69	5.70	5.33	6.28	2.19	1.80	4.95
当阳市		0.27		1.77	4.71	4.77	5.04	0.95	1.04	3.23
枝江市		0.13	0.03	1.46	4.88	5.01	4.81	2.38	2.48	3.38
襄阳市	**0.38**	**2.02**	**0.05**	**25.94**	**62.58**	**62.05**	**67.10**	**26.10**	**15.53**	**35.54**
高新区				0.12	1.28	1.23	1.22	0.53	0.37	0.75
襄城区	0.01	0.09		1.06	2.05	3.51	4.07	2.01	1.29	1.94
樊城区	0.30	0.35	0.01	0.45	2.16	2.75	3.22	0.49	0.41	0.85
襄州区	0.01	0.24	0.01	4.14	14.19	11.69	11.25	10.04	3.68	8.53
南漳县		0.05		1.19	6.69	9.42	12.65	1.41	1.22	2.21
谷城县	0.01	0.47	0.01	0.98	5.82	6.03	6.51	2.75	2.14	3.81
保康县		0.19		0.41	3.90	3.77	3.86	1.59	1.39	1.86
老河口市		0.27		1.46	4.72	4.05	5.15	0.62	0.21	2.89
枣阳市		0.12		15.19	17.25	14.83	12.57	5.90	4.33	11.09
宜城市	0.05	0.26		0.93	4.51	4.77	6.61	0.76	0.49	1.62
鄂州市	**0.04**	**0.33**		**1.52**	**6.05**	**8.22**	**20.43**	**2.62**	**2.44**	**4.15**
梁子湖区		0.04		0.25	1.34	1.07	13.08	0.35	0.53	1.37
华容区	0.01	0.05		0.58	1.36	1.17	1.09	1.00	0.74	1.13
鄂城区	0.03	0.24		0.69	3.35	5.98	6.27	1.27	1.17	1.65
荆门市		**0.71**	**0.01**	**7.75**	**29.98**	**33.31**	**44.87**	**7.76**	**4.32**	**16.71**
东宝区		0.12		1.60	3.58	3.41	3.52	1.44	0.75	2.84
掇刀区		0.02		0.34	1.42	1.37	1.57	0.50	0.32	0.74
沙洋县		0.07		1.62	5.46	5.59	7.85	2.81	1.91	4.63
钟祥市		0.39	0.01	2.05	9.85	12.00	17.52	1.24	0.76	4.17
京山市		0.11		2.14	9.67	10.95	14.42	1.77	0.59	4.33
孝感市	**1.27**	**7.56**	**0.14**	**11.96**	**67.77**	**88.22**	**101.81**	**14.98**	**6.65**	**28.78**

续表

单位：万人

地区	从业环境				社会保障					
	雇主拖欠工资人数	从事高危、有害工作人数	致伤致残人数	享受劳保补贴人数	与雇主签订劳动合同	参与养老保险人数	参与医疗保险人数	参与失业保险人数	参与生育保险人数	参与工伤保险人数
孝感市辖区				0.08	0.22	0.09	0.09	0.09	0.08	0.22
孝南区	0.11	0.61		0.84	4.51	14.82	15.39	1.52	1.00	1.89
孝昌县	0.04	1.98	0.04	1.98	8.62	8.31	15.31	1.70	0.36	2.92
大悟县	0.11	0.62	0.01	2.93	12.36	19.49	19.25	1.26	1.16	5.10
云梦县	0.23	2.65	0.02	1.03	9.36	7.31	4.40	1.61	0.07	5.09
应城市		0.08		2.42	11.80	16.86	18.66	4.13	1.65	4.55
安陆市	0.12	1.17	0.04	0.09	9.66	6.44	11.07	1.12	0.23	2.46
汉川市	0.65	0.44	0.01	2.60	11.24	14.90	17.64	3.56	2.10	6.56
荆州市	**0.25**	**1.08**	**0.05**	**9.89**	**51.15**	**55.61**	**73.96**	**7.95**	**4.85**	**26.20**
荆州开发区					0.18	0.25	0.25	0.10	0.01	0.05
沙市区				0.04	0.72	1.99	2.00	0.08	0.06	0.59
荆州区		0.02	0.02	0.01	3.81	3.79	4.23	0.25	0.22	2.24
公安县	0.01	0.24	0.02	1.32	10.11	11.18	12.06	1.08	0.68	4.48
监利市	0.11	0.21	0.01	1.09	4.35	14.21	24.22	2.12	1.19	3.60
江陵县	0.06	0.12		0.53	4.79	1.23	3.83	0.31	0.11	1.62
石首市		0.23		1.90	6.24	7.34	7.97	2.85	2.21	4.22
洪湖市	0.05	0.09		1.45	6.83	7.00	10.74	0.12	0.10	1.19
松滋市	0.02	0.18		3.55	14.12	8.63	8.66	1.04	0.27	8.20
黄冈市	**1.15**	**6.27**	**0.29**	**32.14**	**94.97**	**111.22**	**118.94**	**42.27**	**36.56**	**61.21**
龙感湖农场				0.02		0.23	0.50			
黄州区	0.02	0.15		0.45	2.71	3.08	3.07	1.64	1.54	2.02
团风县	0.01	0.48	0.02	1.31	4.04	5.19	5.80	1.11	0.82	2.40
红安县	0.31	0.49	0.05	5.78	13.51	13.95	15.44	8.48	8.12	9.74
罗田县	0.08	0.63	0.03	2.16	10.74	10.77	10.66	6.13	5.31	7.78
英山县	0.02	0.51	0.01	0.89	7.86	9.03	9.91	8.70	8.53	9.60
浠水县	0.26	1.22	0.08	4.82	13.65	21.57	25.45	5.00	3.87	8.81
蕲春县	0.18	0.55	0.08	3.26	10.72	11.62	13.38	4.32	3.16	6.04
黄梅县	0.13	0.09	0.01	1.72	6.14	8.62	8.56	1.18	0.81	0.58
麻城市	0.10	1.56	0.01	6.88	13.67	11.75	11.75	1.39	1.29	7.13
武穴市	0.05	0.59	0.02	4.85	11.94	15.41	14.43	4.31	3.11	7.12
咸宁市	**0.48**	**1.55**	**0.05**	**7.92**	**35.27**	**38.04**	**43.94**	**13.92**	**9.52**	**21.51**
咸安区	0.01	0.04	0.02	1.41	5.17	4.30	4.34	2.90	2.64	3.82
嘉鱼县		0.07		1.30	6.19	6.59	6.61	1.79	0.75	3.89
通城县	0.02	0.35		1.24	5.99	5.66	6.38	1.36	0.60	3.10
崇阳县	0.02	0.06		1.36	6.45	8.95	10.16	2.14	1.14	2.10
通山县	0.23	0.72	0.02	2.19	5.77	6.53	7.68	3.51	2.93	4.45
赤壁市	0.20	0.32		0.43	5.70	6.01	8.76	2.22	1.46	4.16
随州市	**0.39**	**0.76**	**0.03**	**6.20**	**24.80**	**27.57**	**34.22**	**6.45**	**5.49**	**13.86**
曾都区	0.01	0.21		2.37	3.79	7.74	7.60	1.03	0.96	2.70
随县	0.05	0.21	0.01	1.83	8.94	6.91	9.46	0.65	0.62	2.99
广水市	0.33	0.34	0.01	1.99	12.07	12.92	17.17	4.77	3.91	8.18
恩施州土家族苗族自治州	**0.09**	**2.82**	**0.05**	**7.94**	**44.99**	**47.71**	**59.58**	**12.91**	**9.96**	**25.05**
恩施市		0.50		1.84	7.77	6.02	7.51	2.87	0.88	5.34
利川市	0.04	0.64	0.03	1.33	10.75	13.07	17.29	2.50	2.87	5.54
建始县	0.01	0.34		0.90	6.04	7.79	11.07	1.86	1.50	4.49
巴东县	0.01	0.09		0.27	4.53	5.05	5.06	1.99	1.78	2.41
宣恩县		0.11	0.01	0.26	3.24	2.12	2.26	1.00	0.74	1.20
咸丰县	0.02	0.36	0.01	1.09	4.63	4.42	4.87	1.13	0.87	3.82
来凤县		0.56		1.16	4.98	6.03	7.80	0.53	0.30	1.04
鹤峰县		0.21		1.10	3.05	3.20	3.72	1.02	1.02	1.21
仙桃市	**0.30**	**0.83**	**0.03**	**1.96**	**16.84**	**14.60**	**26.69**	**1.26**	**0.87**	**9.68**
潜江市	**0.13**	**0.28**		**3.35**	**12.76**	**10.76**	**14.46**	**4.10**	**3.12**	**5.17**
天门市	**0.14**	**0.57**		**1.46**	**14.97**	**16.72**	**20.44**	**6.56**	**4.47**	**10.31**
神农架林区	**0.02**	**0.04**	**0.01**	**0.33**	**0.68**	**0.85**	**1.05**	**0.06**	**0.11**	**0.17**

《湖北农村统计年鉴2023》

全省农林牧渔业总产值

（按当年价格计算）　　单位：亿元

年份	农林牧渔业总产值	农业	林业	牧业	渔业	农林牧渔专业及辅助性活动
1978	84.46					
1980	94.95	64.70	7.28	17.29	1.46	
1985	192.32	129.61	8.15	39.08	8.18	
1990	402.23	252.92	14.15	98.04	23.88	
1991	405.04	247.01	16.81	102.19	25.06	
1992	435.42	265.53	17.36	110.37	27.59	
1993	501.17	301.99	22.39	134.02	42.77	
1994	786.84	481.82	26.47	219.53	59.01	
1995	988.53	612.12	28.33	268.09	79.98	
1996	1140.76	670.27	33.62	337.02	99.86	
1997	1243.68	711.91	37.33	381.40	113.04	
1998	1222.58	688.06	41.29	371.37	121.86	
1999	1126.10	645.98	40.86	311.43	127.83	
2000	1125.64	615.74	40.24	338.77	130.89	
2001	1172.82	658.26	27.11	352.63	134.82	
2002	1203.30	671.20	28.33	354.84	148.93	
2003	1342.09	733.36	34.78	383.71	170.43	
2004	1695.44	921.59	31.78	514.52	205.68	21.87
2005	1775.58	932.15	37.30	545.40	236.49	24.24
2006	1842.20	995.46	40.50	487.09	221.42	97.73
2007	2281.21	1147.31	41.86	678.27	310.83	102.94
2008	2900.59	1385.21	49.69	985.51	372.98	107.20
2009	2924.66	1490.91	57.67	851.62	413.14	111.33
2010	3407.64	1883.22	65.37	883.09	458.58	117.38
2011	4110.16	2244.55	86.10	1137.84	508.80	132.87
2012	4542.16	2416.35	100.10	1244.29	626.20	155.22
2013	4920.13	2585.15	122.00	1286.55	748.40	178.03
2014	5162.94	2651.16	157.00	1301.06	844.20	209.53
2015	5387.13	2674.07	180.60	1354.28	922.77	255.42
2016	5863.98	2794.79	203.43	1527.29	1030.01	308.46
2017	6129.72	2962.49	213.26	1478.10	1089.08	386.79
2018	6207.83	3033.76	235.23	1386.53	1105.95	446.36
2019	6681.85	3257.85	258.47	1521.49	1152.68	491.36
2020	7303.64	3492.54	245.37	1864.78	1156.78	544.16
2021	8296.44	3912.47	302.70	1990.16	1458.88	632.23
2022	8939.33	4193.14	311.22	2128.19	1584.34	722.43

注：农林牧渔业总产值 2007–2017 年数据依据第三次全国农业普查结果进行了修订。

农、林、牧、渔业总产值指数(上年=100)

单位:%

年份	合计	农业	林业	牧业	渔业	农林牧渔专业及辅助性活动
1978	104.00	103.10	104.90	107.60	94.20	
1980	88.80	83.70	102.80	108.10	111.30	
1985	106.30	101.70	103.00	127.80	133.30	
1986	103.40	100.60	98.50	107.30	129.80	
1987	102.70	101.20	104.50	101.00	120.10	
1988	97.20	93.90	90.60	105.40	105.60	
1989	105.00	104.50	101.60	105.20	108.30	
1990	107.10	108.40	106.00	104.90	106.70	
1991	100.70	97.66	118.80	104.23	104.94	
1992	107.50	107.50	103.27	108.00	110.10	
1993	115.10	113.73	128.97	121.43	155.02	
1994	157.00	159.55	118.27	163.80	137.93	
1995	125.63	127.04	106.99	122.12	135.54	
1996	115.40	109.50	118.67	125.71	124.87	
1997	109.02	106.21	111.04	113.17	113.20	
1998	98.30	96.65	110.61	97.37	107.80	
1999	92.11	93.88	98.95	83.86	104.90	
2000	99.96	95.32	98.48	108.78	102.39	
2001	104.19	106.91	67.37	104.09	103.00	
2002	102.60	101.97	104.50	100.63	110.47	
2003	111.53	109.26	122.77	108.14	114.44	
2004	126.33	125.67	91.37	134.09	120.68	
2005	104.73	101.15	117.37	106.00	114.98	110.84
2006	105.37	109.29	108.58	96.04	109.87	116.05
2007	103.90	104.15	99.50	102.90	105.10	105.40
2008	106.20	102.80	105.00	110.00	112.00	102.00
2009	105.40	104.05	107.60	106.90	107.20	101.80
2010	104.50	103.40	117.50	105.30	105.80	101.50
2011	104.40	106.11	109.90	101.20	102.10	106.90
2012	105.60	103.65	108.10	107.70	108.80	106.60
2013	105.60	104.70	110.70	104.50	108.70	112.60
2014	105.60	103.22	123.30	105.90	107.20	119.20
2015	105.40	104.69	121.50	101.65	106.07	122.87
2016	104.90	104.90	112.00	99.00	108.34	118.70
2017	105.00	104.60	110.10	102.60	102.70	123.50
2018	103.40	103.80	109.10	102.50	99.80	111.20
2019	103.47	103.92	109.73	97.13	106.65	108.37
2020	100.74	103.94	97.08	92.52	101.16	105.95
2021	114.27	104.15	120.28	136.91	107.32	113.72
2022	104.40	102.73	107.71	103.98	105.56	111.89

注:农林牧渔业总产值 2007–2017 年数据依据第三次全国农业普查结果进行了修订。

全省农林牧渔业增加值

（按当年价格计算）　　单位：亿元

年份	农林牧渔业增加值	农业	林业	牧业	渔业	农林牧渔专业及辅助性活动
1995	639.31	414.41	19.42	148.28	57.19	
1996	716.34	444.17	22.53	179.79	69.85	
1997	767.92	459.20	25.57	207.86	75.28	
1998	748.22	439.51	28.49	197.85	82.37	
1999	694.80	408.26	28.03	175.29	83.21	
2000	684.13	380.24	26.12	194.79	82.98	
2001	711.18	408.53	16.65	200.38	85.62	
2002	734.26	417.11	17.25	201.42	98.48	
2003	808.63	451.46	20.47	217.40	109.02	10.29
2004	1031.06	563.99	18.42	305.57	131.86	11.22
2005	1081.23	571.87	20.54	324.19	152.31	12.32
2006	1140.41	624.96	23.3	311.39	165.87	14.89
2007	1368.49	718.98	25.21	395.24	192.01	37.05
2008	1755.53	877.34	30.22	574.56	233.91	39.49
2009	1758.99	932.07	35.08	490.83	259.35	41.67
2010	2088.38	1207.57	40.06	507.28	288.30	45.18
2011	2518.67	1474.59	46.51	632.22	315.87	49.48
2012	2732.88	1565.46	53.54	672.96	382.84	58.06
2013	2951.62	1666.87	62.02	687.49	467.35	67.89
2014	3080.59	1715.93	76.50	691.13	518.04	79.00
2015	3210.92	1727.91	100.68	720.92	553.92	107.48
2016	3527.93	1865.06	112.33	810.63	618.44	121.47
2017	3690.3	1962.12	117.57	785.29	663.97	161.34
2018	3733.62	2008.90	128.63	736.19	673.80	186.11
2019	4014.00	2157.30	141.33	808.22	702.24	204.91
2020	4358.69					228.24
2021	4923.06					261.40
2022	5321.87					335.14

分地区农林牧渔业总产值

单位:万元

地区	农林牧渔业总产值	农业	林业	牧业	渔业	农林牧渔专业及辅助性活动
湖北省	**89393252**	**41931413**	**3112247**	**21281928**	**15843376**	**7224288**
武汉市	**8367201**	**4777049**	**109879**	**1131658**	**1607688**	**740926**
武汉市辖区	541523	355326	1489	15099	143617	25991
汉南	305830	164406	643	26555	92636	21590
蔡甸	995783	602595	2129	93382	227275	70402
江夏	2147058	1170699	14209	446690	353175	162285
黄陂	2610485	1563088	50045	362845	389529	244978
新洲	1766522	920935	41364	187087	401456	215680
黄石市	**2454608**	**1027901**	**118243**	**459400**	**711242**	**137823**
黄石市辖区	26508	8108	21	82	12559	5738
阳新	1400048	636452	66206	200542	426041	70806
大冶	1028052	383341	52015	258775	272641	61279
十堰市	**3975767**	**2178574**	**483811**	**1047949**	**159783**	**105650**
茅箭区	40902	16660	5944	16532	101	1665
张湾区	71022	49539	6776	10505	2756	1446
郧阳区	689566	383141	57964	229909	6325	12227
郧西县	511682	328514	50109	116949	4344	11766
竹山县	661895	371107	120696	126857	24056	19179
竹溪县	530776	359714	35998	116197	3864	15003
房县	745268	387128	129378	194431	12745	21586
丹江口市	724656	282771	76946	236569	105592	22778
宜昌市	**10437371**	**5991181**	**406462**	**2463312**	**742478**	**833939**
宜昌市辖区	189545	137127	6424	34286	689	11020
夷陵区	1679285	1066520	68713	378504	28827	136721
远安县	508802	305334	31991	120600	9907	40970
兴山县	351829	181328	26525	117150	94	26732
秭归县	712445	407385	45730	167571	764	90995
长阳县	1034530	609222	31770	280195	32178	81166
五峰县	559698	348036	58291	114058	97	39216
宜都市	1214950	735698	54556	311734	32829	80133
枝江市	2094236	1083240	48807	462894	331695	167600
当阳市	2092051	1117292	33655	476320	305398	159386
襄阳市	**10866764**	**5235929**	**238343**	**3831011**	**713078**	**848403**
高新区	64831	38493	182	12098	7476	6582
襄城区	515776	291326	15798	130946	46529	31177
樊城区	336634	215895	9356	71267	19108	21008
襄州区	2243886	1053146	14303	769363	154023	253051
南漳县	1239082	570459	58948	530693	34987	43996
谷城县	1006982	430576	53410	431197	46784	45016
保康县	510590	255946	32213	194090	5685	22655
老河口市	1305883	640792	8673	436936	117374	102107
枣阳市	2287208	1068067	21073	817903	168156	212008
宜城市	1355892	671229	24385	436519	112955	110803
鄂州市	**2142552**	**505520**	**31055**	**415658**	**1074693**	**115626**
梁子湖区	668669	127386	11858	134472	357640	37313
华容区	657650	155707	8767	134623	326060	32493
鄂城区	816233	222427	10430	146563	390993	45820
荆门市	**5328277**	**2231423**	**107839**	**1228190**	**1249588**	**511237**
东宝区	458675	200489	10214	132450	88420	27102
掇刀区	285380	161294	5988	38550	54309	25239
沙洋县	1463102	570509	12422	302806	455862	121503
钟祥市	1713689	745118	36767	423271	336019	172513
京山市	1407431	554013	42448	331113	314977	164880

续表 单位:万元

地区	农林牧渔业总产值	农业	林业	牧业	渔业	农林牧渔专业及辅助性活动
孝感市	**7223129**	**3009641**	**255207**	**1974802**	**1341535**	**641944**
孝感市辖区	14527	7521	104	3057	2577	1268
孝南区	843932	330669	9356	208365	188826	106716
孝昌县	837558	409702	31278	229222	94581	72775
大悟县	903098	430603	130636	196854	100297	44708
云梦县	874144	434551	11679	250241	129509	48164
应城市	1184959	439779	7159	318002	339026	80993
安陆市	887370	342687	33135	337385	89854	84309
汉川市	1677541	614129	31860	431676	396865	203011
荆州市	**10345350**	**4068994**	**140265**	**1518017**	**3603716**	**1014358**
开发区	17630	14191	40	725		2674
沙市区	433447	219838	2183	25427	120208	65791
荆州区	1045520	536688	8455	145211	254940	100226
公安县	1642486	812579	17245	244675	395778	172209
江陵县	603799	320889	7997	106538	86534	81841
石首市	1005919	401366	27436	178487	300203	98427
洪湖市	2114259	477392	13509	114022	1353477	155859
松滋市	1073051	477266	19445	383215	103896	89229
监利市	2409239	808785	43955	319717	988680	248102
黄冈市	**9807345**	**4261302**	**590404**	**2603861**	**1550661**	**801117**
黄州区	342784	184440	10646	24014	95508	28176
团风县	428724	157222	26778	111202	105309	28213
红安县	621655	252587	71454	202896	34787	59931
罗田县	713364	375805	74271	179337	18910	65041
英山县	782261	514431	113406	79915	11571	62939
浠水县	1493291	625476	45360	454155	276760	91540
蕲春县	1346765	511679	60830	400523	279822	93910
黄梅县(含龙感湖)	1365996	512448	50348	300688	403835	98677
麻城市	1436238	657284	102979	425614	102203	148158
武穴市	1276267	469931	34331	425515	221957	124533
咸宁市	**4481364**	**2239582**	**137341**	**986342**	**764029**	**354070**
咸安区	757594	287215	10898	241377	150740	67363
嘉鱼县	912922	569142	7468	36986	217220	82106
通城县	632913	280787	50417	205692	43688	52328
崇阳县	577981	266252	12403	211666	42657	45002
通山县	497594	217566	41250	169483	41593	27703
赤壁市	1102360	618619	14905	121137	268131	79567
随州市	**3512879**	**1586686**	**119609**	**1238010**	**213250**	**355324**
曾都区	759999	230109	29139	395385	33977	71390
随县	1529264	775153	40201	463823	98737	151351
广水市	1223615	581425	50269	378802	80536	132583
恩施自治州	**4653327**	**2649974**	**292422**	**1412423**	**17097**	**281412**
恩施市	844653	415992	60004	316418	3446	48793
利川市	978392	600283	48217	260839	6678	62375
建始县	585453	308730	21057	222118	1854	31694
巴东县	597246	308978	32046	221182	398	34642
宣恩县	475141	288368	27526	131376	689	27182
咸丰县	464180	263796	35438	134107	655	30185
来凤县	351568	228777	24927	69995	3154	24715
鹤峰县	356694	235049	43208	56386	223	21827
仙桃市	**2126946**	**672701**	**22426**	**419418**	**873832**	**138570**
潜江市	**1784570**	**599289**	**21429**	**255406**	**756751**	**151695**
天门市	**1843563**	**870663**	**32067**	**285897**	**463886**	**191050**
神农架林区	**42236**	**25003**	**5444**	**10575**	**69**	**1144**

分地区农林牧渔业增加值

单位：万元

地区	农林牧渔业增加值	农林牧渔专业及辅助性活动
湖北省	**53218684**	**3351445**
武汉市	**5091806**	**333910**
武汉市辖区	329529	11694
汉南	186105	9757
蔡甸	605939	31717
江夏	1306578	73118
黄陂	1588634	110444
新洲	1075022	97181
黄石市	**1474243**	**66087**
黄石市辖区	16197	2587
阳新	843403	33764
大冶	614643	29736
十堰市	**2300505**	**50386**
茅箭区	22734	754
张湾区	42042	691
郧阳区	394339	5821
郧西县	297968	5611
竹山县	387943	9155
竹溪县	310964	7158
房县	431391	10329
丹江口市	413124	10867
宜昌市	**6272546**	**394118**
宜昌市辖区	125870	5633
夷陵区	1033003	65529
远安县	298970	18963
兴山县	210304	13193
秭归县	432634	42880
长阳县	560282	35120
五峰县	309619	17333
宜都市	747473	38635
枝江市	1280150	80264
当阳市	1274240	76567
襄阳市	**6440905**	**384854**
高新区	37652	2989
襄城区	288241	14155
樊城区	197764	9541
襄州区	1373184	114721
南漳县	696827	19941
谷城县	596234	20430
保康县	292554	10344
老河口市	731587	46299
枣阳市	1415344	96179
宜城市	811519	50256
鄂州市	**1283515**	**52118**
梁子湖区	422876	16924
华容区	360784	14565
鄂城区	499855	20628
荆门市	**3173171**	**233526**
东宝区	277111	12332
掇刀区	174825	11571
沙洋县	871906	55451
钟祥市	1018509	78775
京山市	830820	75397

续表 单位:万元

地区	农林牧渔业增加值	
		农林牧渔专业及辅助性活动
孝感市	**4286657**	**306694**
孝感市辖区	8922	591
孝南区	502460	49926
孝昌县	496539	30109
大悟县	535752	12006
云梦县	528804	23087
应城市	710017	28261
安陆市	511254	37974
汉川市	992909	124740
荆州市	**6177044**	**457612**
开发区		
沙市区	277880	30791
荆州区	625343	45298
公安县	1008240	77702
江陵县	359374	36903
石首市	594051	44485
洪湖市	1220765	70154
松滋市	638150	40115
监利市	1453242	112164
黄冈市	**5829793**	**373763**
黄州区	206394	12978
团风县	250163	13482
红安县	380883	29883
罗田县	420435	31117
英山县	492782	30547
浠水县	876380	43182
蕲春县	772972	38397
黄梅县(含龙感湖)	819077	46128
麻城市	851636	69835
武穴市	759072	58216
咸宁市	**2666670**	**172032**
咸安区	438667	27199
嘉鱼县	541158	35763
通城县	379225	31681
崇阳县	350266	28475
通山县	237370	10898
赤壁市	719985	38015
随州市	**2061913**	**171466**
曾都区	429685	30551
随县	909883	76282
广水市	722345	64634
恩施自治州	**2665742**	**134635**
恩施市	489713	23237
利川市	569091	29892
建始县	334783	14973
巴东县	337308	16798
宣恩县	269589	12816
咸丰县	260609	14422
来凤县	201087	11751
鹤峰县	203562	10746
仙桃市	**1289811**	**63798**
潜江市	**1069388**	**68576**
天门市	**1110286**	**87321**
神农架林区	**24688**	**550**

2022年各市州农、林、牧、渔业总产值指数(上年=100)

（按可比价计算）

年份	合计	农业	林业	畜牧业	渔业	农林牧渔专业及辅助性活动
全省	104.4	102.7	107.7	104.0	105.6	111.9
武汉	103.9	102.7	106.2	103.6	104.8	111.6
黄石	104.7	104.5	108.9	103.7	104.4	114.5
十堰	103.2	101.2	109.6	104.0	134.6	107.8
宜昌	104.4	101.9	108.4	106.4	110.0	112.4
襄阳	105.0	104.0	107.7	104.6	106.5	112.6
鄂州	104.4	101.7	106.0	104.8	106.7	110.3
荆门	104.9	102.8	108.3	104.4	106.7	111.1
孝感	104.3	102.1	110.7	103.0	107.0	112.2
荆州	105.3	104.0	107.7	102.6	106.3	112.0
黄冈	105.0	103.6	108.1	104.9	104.9	113.1
咸宁	104.8	104.5	98.5	104.5	107.1	109.6
随州	104.4	102.1	106.7	104.7	105.7	110.7
恩施	103.2	100.5	109.4	104.1	112.9	113.7
仙桃	103.9	101.9	103.9	101.5	105.0	113.3
潜江	103.5	100.2	101.9	100.3	107.3	111.3
天门	102.5	102.2	108.2	97.4	102.1	112.0
神农架	93.8	97.5	98.6	86.6	39.3	101.3

各市州农、林、牧、渔业增加值指数(上年=100)

(按可比价计算)

年份	农林牧渔业		第一产业		农林牧渔专业及辅助性活动	
	2022 年	2021 年	2022 年	2021 年	2022 年	2021 年
全省	104.3	111.3	103.8	111.1	113.1	113.7
武汉	103.8	109.5	103.2	108.3	112.7	131.8
黄石	104.6	109.1	104.1	108.1	115.6	136.7
十堰	103.1	110.9	103.0	110.9	108.8	111.1
宜昌	104.2	114.8	103.7	114.4	113.5	123.8
襄阳	104.9	111.5	104.4	111.3	113.7	116.7
鄂州	104.2	111.2	103.9	111.4	111.4	106.6
荆门	104.7	111.5	104.2	111.5	112.2	111.3
孝感	104.1	109.3	103.5	108.4	113.4	124.3
荆州	105.1	111.5	104.6	111.3	113.2	114.8
黄冈	104.8	111.6	104.2	111.0	114.2	124.0
咸宁	104.7	108.9	104.3	109.1	110.7	105.2
随州	104.2	111.4	103.7	110.7	111.8	121.5
恩施	103.1	112.0	102.6	112.1	114.8	110.7
仙桃	103.7	114.1	103.3	113.4	114.5	130.4
潜江	103.4	109.4	102.8	109.2	112.4	114.0
天门	102.4	110.9	101.6	110.5	113.1	117.2
神农架	94.2	101.8	94.0	101.9	102.3	97.2

注:2021 年份市州增加值指数经湖北省统计局重新核实后,有小幅调整。

分地区农、林、牧、渔业增加值指数(上年=100)

(按可比价计算)

地区	农林牧渔业		第一产业		农林牧渔专业及辅助性活动	
	2022年	2021年	2022年	2021年	2022年	2021年
湖北省	**104.3**	**111.3**	**103.8**	**111.1**	**113.1**	**113.7**
武汉市	**103.8**	**109.5**	**103.2**	**108.7**	**112.7**	**125.3**
青山区	86.9	110.3	86.7	109.3	105.3	801.3
洪山区	157.9	105.4	159.2	105.3	129.4	106.8
蔡甸区	104.7	109.0	104.4	107.9	112.3	146.9
江夏区	104.4	109.1	104.0	108.4	113.1	126.5
黄陂区	104.4	109.1	103.8	108.9	114.0	112.2
新洲区	104.3	109.1	103.5	109.0	111.7	110.0
武开区	102.5	109.0	101.9	104.9	114.4	705.3
东开区	68.6	151.7	67.3	150.0	99.8	209.4
临空港	106.7	109.1	106.3	102.3	111.4	964.5
黄石市	**104.6**	**109.1**	**104.1**	**108.4**	**115.6**	**130.0**
大冶市	103.2	109.2	102.9	108.5	111.1	130.7
阳新县	105.8	109.4	105.3	108.7	120.4	132.3
黄石港区	100.0	90.9	96.7	88.2	120.0	103.9
西塞山区	98.3	90.9	93.9	89.1	122.2	103.9
下陆区	97.7	90.9	94.4	87.8	114.3	103.9
铁山区	100.0	90.9	100.0	83.3	100.0	103.9
十堰市	**103.1**	**110.9**	**103.0**	**111.0**	**108.8**	**105.6**
茅箭区	103.0	113.6	102.8	113.7	109.4	108.8
张湾区	103.0	113.7	102.8	113.8	110.7	109.0
郧阳区	103.1	111.7	103.0	111.8	109.8	106.6
郧西县	103.0	109.3	102.9	109.4	107.9	103.6
竹山县	103.1	110.8	102.9	111.0	109.8	105.5
竹溪县	103.1	110.8	103.0	110.9	108.6	105.4
房县	103.1	100.0	103.0	110.2	107.3	104.5
丹江口市	103.1	112.0	103.0	112.1	109.4	106.9
宜昌市	**104.2**	**114.8**	**103.7**	**114.7**	**113.5**	**117.6**
宜都市	104.2	115.3	103.9	115.9	111.8	103.9
枝江市	104.4	115.2	103.9	115.1	111.9	118.6
当阳	104.2	115.2	103.8	115.4	111.8	112.2
远安	104.2	115.2	103.2	115.2	121.8	115.7
兴山	104.3	115.2	103.9	115.0	111.9	121.1
秭归	104.3	115.9	102.7	112.6	122.0	176.5
长阳	104.3	115.3	103.9	115.3	112.1	116.2
五峰	104.2	115.2	103.8	115.5	111.4	109.3
夷陵区	104.4	116.0	103.9	115.9	113.3	116.5
西陵区	100.1	90.2	100.2	91.3	99.3	67.9
伍家岗	100.2	97.0	100.3	95.8	99.3	114.1
点军区	101.9	108.6	101.9	108.7	102.3	106.9
猇亭区	100.8	97.2	100.6	97.9	103.6	86.2
襄阳市	**104.9**	**111.5**	**104.4**	**111.6**	**113.7**	**111.0**
枣阳市	104.8	112.1	104.3	112.2	113.6	111.3
宜城市	104.8	111.4	104.3	111.5	113.5	110.3
南漳县	105.1	112.4	104.9	112.4	113.7	112.4
谷城县	105.2	111.6	104.9	111.6	114.0	112.0
保康县	104.7	103.6	104.5	103.7	113.6	99.3
老河口市	104.5	111.5	104.0	111.5	113.4	111.3
襄州区	104.9	112.3	104.3	112.3	113.9	112.0
襄城区	105.0	111.9	104.6	112.0	113.8	109.2
樊城区	104.6	111.6	104.3	111.7	113.3	109.2
高新区	104.5	111.6	103.8	111.7	113.2	109.2
鄂州市	**104.2**	**111.2**	**103.9**	**111.6**	**111.4**	**101.3**
鄂城区	104.0	110.9	103.7	111.3	111.6	101.4
华容区	104.4	111.5	104.1	112.0	112.2	100.9
梁子湖区	104.3	111.2	104.1	111.6	110.4	101.5
荆门市	**104.7**	**111.5**	**104.2**	**111.9**	**112.2**	**105.8**
沙洋县	104.7	111.5	104.2	111.9	112.5	106.1

续表

地区	农林牧渔业		第一产业		农林牧渔专业及辅助性活动	
	2022 年	2021 年	2022 年	2021 年	2022 年	2021 年
钟祥市	105.0	111.6	104.5	112.0	112.2	105.8
京山市	104.8	111.5	104.1	112.0	112.0	105.7
东宝区	104.2	111.4	104.0	111.6	112.2	105.9
掇刀区	103.3	111.0	102.4	111.4	112.3	105.8
孝感市	**104.1**	**109.3**	**103.5**	**108.7**	**113.4**	**118.1**
孝南区	104.2	109.5	103.4	108.8	112.7	118.1
孝昌县	103.9	109.2	103.4	108.7	112.7	117.6
大悟县	104.1	109.1	103.9	108.9	112.8	117.3
云梦县	104.0	109.3	103.6	109.0	114.1	117.8
应城市	104.4	109.4	104.0	109.1	114.4	117.9
安陆市	104.0	108.9	103.3	108.3	113.7	117.1
汉川市	104.3	109.4	103.1	108.4	113.4	118.9
市直	101.5	101.3	101.4	101.2	103.0	102.7
荆州市	**105.1**	**111.5**	**104.6**	**111.7**	**113.2**	**109.1**
荆州区	104.9	108.5	104.3	108.3	113.9	110.5
沙市区	105.2	108.5	104.4	108.3	111.8	110.4
江陵县	105.0	111.7	104.1	111.7	114.9	111.2
松滋市	104.4	116.0	103.6	116.4	117.1	109.8
公安县	105.1	113.7	104.4	114.0	114.8	108.7
石首市	105.3	111.9	104.8	112.1	112.9	109.1
监利县	105.2	112.1	104.7	112.5	112.4	106.3
洪湖市	105.6	108.8	105.3	108.7	109.9	111.3
黄冈市	**104.8**	**111.6**	**104.2**	**111.3**	**114.2**	**117.9**
黄州区	104.8	107.5	104.1	106.7	116.9	122.8
团风县	104.2	111.0	103.6	110.7	114.3	117.1
红安县	104.8	110.9	104.1	110.8	113.0	113.0
罗田县	105.0	110.8	104.4	110.7	114.1	112.4
英山县	104.4	109.3	103.9	108.7	113.4	123.1
浠水县	104.6	111.4	104.3	111.1	114.0	121.5
蕲春县	104.9	112.5	104.5	112.2	113.9	118.3
黄梅县	105.1	112.9	104.7	112.6	113.4	118.5
麻城市	104.7	111.2	104.0	110.8	115.5	117.4
武穴市	104.9	113.7	104.3	113.5	114.4	117.2
咸宁市	**104.7**	**108.9**	**104.3**	**109.4**	**110.7**	**100.0**
咸安区	105.5	111.3	105.1	112.0	111.3	99.9
嘉鱼县	102.2	105.2	101.7	105.5	111.2	100.0
赤壁市	106.7	110.8	106.5	111.4	110.8	99.8
通城县	103.5	111.4	103.0	112.4	110.2	99.8
崇阳县	106.5	107.3	106.2	107.9	110.3	100.3
通山县	102.4	107.1	102.1	107.4	110.3	100.7
随州市	**104.2**	**111.4**	**103.7**	**111.1**	**111.8**	**115.4**
曾都区	104.2	111.4	103.8	111.5	109.9	108.8
随县	104.2	111.4	103.7	111.6	111.4	108.2
广水市	104.2	111.4	103.5	110.3	113.2	129.1
恩施州	**103.1**	**112.0**	**102.6**	**112.4**	**114.8**	**105.2**
恩施市	103.1	112.0	102.9	112.0	106.3	112.0
利川市	103.2	112.3	102.1	112.6	123.4	105.3
建始县	103.2	112.5	102.4	113.1	121.1	100.3
巴东县	102.9	112.2	102.2	112.7	117.6	101.4
宣恩县	103.2	111.9	103.0	112.4	107.4	100.6
咸丰县	103.2	112.0	102.9	112.4	109.8	104.2
来凤县	103.3	110.9	102.8	110.9	113.9	110.6
鹤峰县	103.3	111.7	102.7	112.0	115.1	105.0
仙桃市	**103.7**	**114.1**	**103.3**	**113.7**	**114.5**	**123.9**
潜江市	**103.4**	**109.4**	**102.8**	**109.5**	**112.4**	**108.4**
天门市	**102.4**	**110.9**	**101.6**	**110.9**	**113.1**	**111.4**
神农架林区	**94.2**	**101.8**	**94.0**	**101.9**	**102.3**	**97.2**

《湖北农村统计年鉴2023》

粮食作物播种面积

单位：千公顷

年份	粮食作物	小麦	稻谷	薯类	玉米	大豆
1978	5544.78	1122.28	2894.63	427.23	403.14	173.43
1980	5352.04	1292.29	2708.22	387.46	406.91	138.94
1985	5108.25	1331.42	2538.57	354.01	374.17	134.64
1990	5200.01	1352.10	2636.47	391.90	386.11	164.65
1991	5194.50	1347.53	2622.79	402.38	395.19	150.61
1992	4955.35	1287.91	2537.49	392.59	376.18	140.23
1993	4812.05	1271.23	2377.82	384.33	365.96	181.69
1994	4797.95	1225.60	2373.26	203.39	373.02	201.52
1995	4776.65	1179.93	2408.66	397.65	393.77	188.01
1996	4880.28	1230.14	2448.58	419.53	405.07	174.71
1997	4944.66	1276.52	2467.51	415.74	400.30	182.51
1998	4737.15	1212.08	2244.74	431.02	442.84	201.32
1999	4673.11	1074.43	2284.98	448.72	460.82	207.01
2000	4156.20	845.10	1995.29	467.61	424.10	224.75
2001	4015.73	735.85	1953.77	237.75	401.11	218.01
2002	3816.08	679.02	1888.75	430.61	384.04	217.82
2003	3572.74	603.43	1808.75	208.56	349.81	196.47
2004	3817.89	605.08	2084.02	403.79	357.49	186.05
2005	4068.05	730.61	2162.39	397.75	428.79	179.79
2006	3902.27	1016.93	1975.07	218.67	431.93	118.40
2007	4032.18	1099.41	2027.17	217.51	444.55	117.20
2008	3891.72	1006.35	1956.92	212.20	488.24	115.60
2009	4072.96	1001.98	2093.62	230.05	536.46	111.36
2010	4135.78	1011.70	2087.84	260.83	572.53	109.94
2011	4191.52	1028.32	2081.07	283.93	603.37	108.12
2012	4294.51	1084.08	2086.42	275.94	663.58	105.67
2013	4416.60	1117.11	2202.55	272.53	653.43	103.27
2014	4522.12	1099.38	2201.79	274.15	745.72	136.79
2015	4784.38	1122.15	2383.35	276.80	813.53	144.40
2016	4816.14	1140.67	2358.67	276.35	797.33	202.25
2017	4852.99	1153.21	2368.07	282.72	794.78	212.34
2018	4847.01	1104.96	2390.99	308.13	781.20	219.77
2019	4608.61	1017.75	2286.75	322.48	727.53	211.72
2020	4645.28	1031.38	2280.73	319.23	752.00	219.71
2021	4685.98	1052.05	2272.59	328.82	762.71	223.77
2022	4688.96	1031.26	2263.96	333.83	775.82	229.87

注：2007年-2017年数据依据第三次全国农业普查结果进行了修订。

经济作物播种面积

单位：千公顷

年份	经济作物								
		棉花	油菜籽	花生	芝麻	黄红麻	甘蔗	甜菜	烤烟
1978	2386.27	593.19	165.27	34.14	102.71	8.39	2.31	0.13	24.75
1980	2125.02	591.67	175.75	40.76	113.51	12.17	1.49	0.12	9.69
1985	2223.46	464.97	361.42	65.94	173.31	94.17	7.85	0.08	37.67
1990	2161.13	455.92	744.31	63.75	126.85	27.33	8.07	0.01	46.35
1995	2655.06	502.03	838.82	91.91	110.04	10.83	15.97	0.03	41.16
1996	2698.73	474.38	855.26	90.82	107.72	8.59	16.59		51.92
1997	2794.55	480.56	829.80	95.20	107.35	10.10	18.00		70.99
1998	2958.83	431.58	887.01	121.48	113.62	7.94	19.97		48.47
1999	3115.55	310.70	1003.64	143.87	127.14	4.30	23.34		48.32
2000	3427.87	318.07	1158.94	193.42	143.82	3.14	22.17		48.10
2001	3473.26	346.65	1118.06	210.06	129.93	2.65	18.88		40.43
2002	3465.53	286.37	1155.25	206.04	138.88	5.13	19.18		42.90
2003	3580.50	355.02	1174.63	201.11	124.00	2.97	17.24		39.45
2004	3407.24	408.30	1186.10	173.03	111.20	1.36	10.01		39.94
2005	3323.25	360.95	1178.65	171.71	102.52	0.98	9.95		43.68
2006	3198.32	496.40	1001.20	140.10	97.24	0.69	3.70		32.13
2007	2961.51	514.22	912.69	139.45	88.14	0.53	3.48		32.42
2008	3241.14	543.00	1056.00	180.24	87.79	0.41	6.19		45.97
2009	3257.20	460.08	1112.36	190.41	91.45	0.26	9.36		54.42
2010	3244.47	480.05	1089.43	198.50	82.46	0.07	7.04		39.36
2011	3266.40	488.66	1055.39	203.96	77.28	0.06	6.60		45.61
2012	3393.32	472.87	1062.61	257.57	74.28	0.05	6.37		49.40
2013	3318.17	415.59	1098.94	217.77	69.06	0.04	5.95		46.69
2014	3272.64	344.80	1101.62	218.37	71.50	0.02	5.83		36.53
2015	3201.92	264.74	1070.11	221.65	66.75	0.02	6.30		39.60
2016	3092.36	204.96	983.62	232.14	64.31	0.04	6.42	0.02	40.89
2017	3103.14	204.80	971.17	230.53	62.69	0.03	6.57	0.02	36.62
2018	3105.89	159.26	932.97	232.60	67.87	0.01	6.45	0.02	33.63
2019	3207.29	162.83	938.31	243.62	77.22	0.01	6.48		30.38
2020	3329.12	129.73	1034.36	248.72	80.10	0.01	6.63		31.58
2021	3423.26	120.71	1094.02	244.67	77.34		6.35		34.11
2022	3502.96	115.80	1152.44	242.93	65.81		6.27		35.37

注：2007 年–2017 年数据依据第三次全国农业普查结果进行了修订。

主要农产品产量

单位：万吨

年份	粮食	夏粮	秋粮	棉花	油料	花生	油菜籽
1949	578.13	101.85	476.28	5.74	13.37	3.17	4.12
1952	747.54	148.81	598.73	12.17	22.34	4.56	7.09
1957	986.08	180.87	805.21	21.02	25.26	11.23	4.86
1962	960.41	246.34	714.07	14.22	18.30	3.81	4.29
1965	1241.34	255.01	986.33	38.29	22.32	5.15	6.76
1970	1268.67	187.06	1081.62	29.64	14.93	4.82	3.94
1975	1561.51	230.10	1331.41	40.61	21.44	5.12	10.65
1978	1725.60	315.04	1410.56	36.67	23.71	4.90	10.72
1980	1536.43	341.32	1195.11	31.63	20.58	5.85	11.59
1985	2216.13	429.58	1786.56	49.22	72.98	13.52	41.14
1990	2475.03	474.96	2000.07	51.73	95.75	12.79	70.90
1991	2244.10	476.20	1767.90	49.11	106.29	11.44	83.75
1992	2426.60	450.90	1975.70	60.99	99.74	15.72	70.86
1993	2325.70	471.87	1853.85	42.50	111.74	20.68	78.35
1994	2422.10	472.70	1949.40	45.00	137.77	24.81	98.07
1995	2463.84	447.20	2016.64	58.60	189.44	27.28	146.24
1996	2484.40	465.24	2019.16	43.01	181.82	30.77	134.88
1997	2634.40	542.60	2091.80	58.09	195.47	31.24	147.53
1998	2475.79	501.69	1974.10	32.50	216.69	42.87	154.76
1999	2451.88	392.71	2059.17	28.15	228.27	48.15	159.97
2000	2218.49	322.39	1896.10	30.43	269.98	53.46	192.40
2001	2138.49	319.14	1819.35	37.35	279.45	63.99	194.79
2002	2074.00	232.27	1841.73	32.26	245.29	72.25	151.40
2003	1921.02	255.65	1665.37	32.50	272.72	68.37	187.10
2004	2100.12	271.24	1828.96	39.54	314.38	63.19	235.12
2005	2177.38	302.49	1874.89	37.50	293.90	60.19	219.15
2006	2099.10	369.08	1730.02	55.20	254.45	48.40	191.83
2007	2139.07	409.86	1729.21	55.73	252.78	49.01	190.71
2008	2145.47	382.28	1763.19	49.86	279.20	50.24	209.17
2009	2291.05	392.08	1898.97	48.05	306.83	64.21	227.13
2010	2304.26	411.90	1892.36	47.18	302.28	66.64	220.35
2011	2407.45	415.67	1991.78	52.58	293.13	71.67	206.02
2012	2485.14	437.75	2047.39	53.15	305.13	78.16	212.15
2013	2586.21	490.08	2096.13	45.97	315.57	72.21	227.90
2014	2658.26	493.82	2164.44	35.95	321.18	73.83	230.86
2015	2914.75	493.09	2421.66	29.76	316.71	73.21	226.02
2016	2796.35	497.59	2298.76	19.00	305.15	77.98	211.14
2017	2846.12	488.25	2357.87	18.36	307.69	78.37	213.17
2018	2839.47	467.60	2371.87	14.93	302.48	80.67	205.31
2019	2724.99	457.00	2267.99	14.36	313.95	85.71	211.35
2020	2727.44	471.96	2255.48	10.79	344.45	87.10	241.06
2021	2764.33	473.44	2290.89	10.89	354.14	86.27	251.78
2022	2741.15	482.16	2258.99	10.33	374.19	85.42	274.19

粮食作物生产情况(2021–2022)

单位:千公顷、万吨

指标名称	播种面积		产　量	
	2021年	2022年	2021年	2022年
全年粮食	4685.98	4688.96	2764.33	2741.15
一、夏收粮食	1305.84	1293.15	473.44	482.16
(一)谷物	1061.18	1042.91	402.21	409.38
1.小麦	1052.05	1031.26	399.34	405.57
2.其他小谷物	9.12	11.65	2.88	3.81
# 大麦	7.83	10.34	2.55	3.48
燕麦	0.08	0.07	0.02	0.02
荞麦	0.47	0.56	0.08	0.10
其他小杂粮	0.75	0.68	0.23	0.21
(二)豆类	18.07	20.32	2.89	3.14
# 其他小豆类	18.07	20.32	2.89	3.14
(三)薯类	226.59	229.93	68.34	69.63
# 马铃薯	226.59	229.93	68.34	69.63
二、秋收粮食	3380.15	3395.81	2290.89	2258.99
(一)谷物	3041.94	3050.05	2209.66	2182.11
1.稻谷	2272.59	2263.96	1883.62	1865.78
# 早稻	120.22	126.32	71.38	75.69
中稻	2019.15	1995.73	1719.52	1692.50
晚稻	133.21	141.90	92.72	97.59
2.玉米	762.71	775.82	323.54	312.32
3.其他小谷物	6.64	10.27	2.50	4.01
(二)豆类	235.99	241.85	39.00	37.09
1.大豆	223.77	229.87	37.21	35.38
2.绿豆	7.69	7.64	1.06	1.04
3.红小豆	2.94	2.99	0.37	0.38
4.其他小豆类	1.59	1.35	0.36	0.30
(三)薯类	102.22	103.9	42.23	39.79
1.马铃薯	21.92	21.75	10.29	10.13
2.甘薯	80.30	82.15	31.93	29.66

分地区粮食作物播种面积

单位：千公顷

地区	粮食作物面积	夏收粮食			
			小麦	豆类	马铃薯
湖北省	**4688.96**	**1293.15**	**1031.26**	**20.32**	**229.93**
武汉市	**145.42**	**11.85**	**10.67**	**0.28**	**0.84**
武汉市辖区	8.37	0.79	0.79	0.01	
蔡甸区	21.25	2.11	1.80	0.13	0.17
江夏区	32.01	0.63	0.59		0.04
黄陂区	46.18	2.93	2.48	0.03	0.38
新洲区	37.61	5.38	5.02	0.11	0.25
黄石市	**85.72**	**10.29**	**7.35**	**0.23**	**2.66**
黄石市辖区	0.11	0.07	0.05		0.01
大冶市	38.34	4.44	3.28	0.03	1.10
阳新县	47.27	5.79	4.02	0.20	1.54
十堰市	**212.36**	**77.93**	**52.77**	**5.65**	**19.11**
茅箭区	0.36	0.11	0.07	0.01	0.03
张湾区	0.49	0.16	0.10		0.06
郧阳区	50.13	23.93	21.43	1.04	1.46
竹山县	39.52	11.67	5.71	1.51	4.46
竹溪县	38.36	12.17	3.28	1.80	6.81
郧西县	36.53	15.76	11.34	0.75	3.67
房县	24.47	4.44	2.12	0.14	2.05
丹江口市	22.50	9.69	8.73	0.40	0.57
宜昌市	**321.00**	**88.95**	**38.45**	**2.20**	**45.67**
宜昌市辖区	2.75	0.27		0.12	0.15
夷陵区	41.95	9.03	0.03	0.34	8.63
当阳市	84.32	21.31	17.80	0.16	1.66
枝江市	61.97	20.39	17.50	0.54	1.86
宜都市	21.34	4.87	0.30	0.15	4.41
远安县	14.24	2.52	0.74	0.18	1.23
兴山县	14.11	4.77	0.07	0.31	4.38
秭归县	22.74	5.61	1.14	0.08	4.39
长阳县	29.48	8.56	0.72	0.14	7.69
五峰县	28.10	11.63	0.14	0.17	11.27
襄阳市	**792.27**	**375.04**	**354.47**	**1.21**	**17.89**
襄阳市辖区	53.65	23.05	22.63	0.07	0.35
襄州区	208.33	104.15	100.21	0.26	2.82
南漳县	78.80	36.42	33.86	0.10	2.40
谷城县	46.07	18.55	16.47	0.26	1.82
老河口市	69.83	34.24	33.81	0.14	0.30
枣阳市	201.86	99.97	97.20	0.05	2.24
宜城市	102.61	47.25	45.08	0.14	1.99
保康县	31.11	11.40	5.22	0.18	5.97
鄂州市	**39.39**	**6.16**	**5.39**	**0.07**	**0.48**
荆门市	**467.54**	**121.83**	**118.64**	**1.15**	**1.93**
荆门市直	45.11	5.07	4.68	0.16	0.23
京山市	119.50	33.55	32.55	0.19	0.81
沙洋县	127.62	26.29	25.90	0.22	0.16
钟祥市	175.31	56.93	55.51	0.58	0.74
孝感市	**353.53**	**83.81**	**79.99**	**0.40**	**3.31**
孝南区	32.52	3.65	3.48	0.04	0.12

续表 1　　　　单位：千公顷

地区	粮食作物面积	夏收粮食	小麦	豆类	马铃薯
孝昌县	39.41	8.48	7.99	0.02	0.47
大悟县	43.44	11.48	10.48	0.09	0.79
云梦县	39.07	8.31	7.03	0.12	1.16
应城市	52.00	7.61	7.53	0.01	0.07
安陆市	64.20	18.26	17.89	0.01	0.35
汉川市	82.91	26.02	25.57	0.12	0.34
荆州市	**708.66**	**167.79**	**159.11**	**3.20**	**0.97**
荆州市直	66.04	15.28	14.21	0.34	0.28
公安县	143.89	42.83	39.19	0.56	0.18
监利市	171.60	18.33	16.54	1.66	0.13
江陵县	88.42	34.93	34.86	0.01	0.05
石首市	54.17	11.60	11.28	0.21	0.09
洪湖市	96.17	19.51	19.08	0.37	0.06
松滋市	88.37	25.30	23.94	0.05	0.19
黄冈市	**395.41**	**45.98**	**34.68**	**0.51**	**10.45**
黄州区	6.41	3.04	2.63	0.22	0.09
团风县	17.52	1.96	1.64	0.02	0.30
红安县	31.06	2.18	1.60		0.58
罗田县	41.59	7.87	7.15	0.14	0.52
英山县	18.48	4.42	2.54		1.88
浠水县	55.08	3.13	1.13		1.99
蕲春县	64.82	3.80	0.64	0.07	2.90
黄梅县	64.44	8.20	7.59	0.05	0.55
麻城市	49.84	6.33	5.22		1.11
武穴市	46.17	5.06	4.54		0.52
咸宁市	**197.70**	**13.47**	**5.84**	**1.42**	**6.21**
咸安区	35.38	1.88	0.24	0.59	1.04
嘉鱼县	28.74	3.59	3.23	0.13	0.22
通城县	29.89	1.52	0.27	0.13	1.11
崇阳县	39.21	2.57	1.17	0.21	1.19
赤壁市	41.82	2.43	0.55	0.11	1.77
通山县	22.65	1.49	0.38	0.23	0.87
随州市	**209.86**	**60.00**	**52.39**	**0.40**	**6.94**
曾都区	39.32	12.64	11.24	0.09	1.27
随县	118.67	39.16	33.99	0.17	4.84
广水市	51.87	8.20	7.15	0.14	0.84
恩施自治州	**374.92**	**112.07**	**0.68**	**3.06**	**107.94**
恩施市	60.54	20.73	0.02	0.78	19.91
利川市	77.92	22.96	0.11	0.72	22.13
建始县	50.16	17.57	0.01	0.35	16.87
巴东县	61.53	20.15	0.54	0.94	18.63
咸丰县	46.11	12.73		0.05	12.68
宣恩县	31.30	6.86		0.04	6.82
来凤县	29.16	4.99		0.17	4.82
鹤峰县	18.21	6.10		0.01	6.09
仙桃市	**117.76**	**28.01**	**26.01**	**0.25**	**0.73**
潜江市	**101.98**	**28.81**	**27.62**	**0.09**	**1.08**
天门市	**160.08**	**59.56**	**57.10**	**0.10**	**2.34**
神农架林区	**5.35**	**1.60**	**0.09**	**0.07**	**1.38**

续表 2

单位：千公顷

地区	秋收粮食面积	稻谷			
			早稻	中稻和一季晚稻	双季晚稻
湖北省	**3395.81**	**2263.96**	**126.32**	**1995.73**	**141.90**
武汉市	**133.57**	**103.59**	**14.69**	**73.08**	**15.83**
武汉市辖区	7.58	2.31		2.31	
蔡甸区	19.13	9.52	0.09	9.37	0.06
江夏区	31.37	22.73	3.30	15.44	3.98
黄陂区	43.25	39.64	5.16	29.75	4.73
新洲区	32.23	29.40	6.13	16.21	7.05
黄石市	**75.43**	**58.16**	**2.31**	**51.82**	**4.03**
黄石市辖区	0.05				
大冶市	33.90	27.32	1.28	24.40	1.63
阳新县	41.48	30.84	1.03	27.42	2.40
十堰市	**134.42**	**21.89**		**21.89**	
茅箭区	0.25				
张湾区	0.33				
郧阳区	26.20	2.04		2.04	
竹山县	27.84	4.90		4.90	
竹溪县	26.19	4.95		4.95	
郧西县	20.77	1.81		1.81	
房县	20.03	4.61		4.61	
丹江口市	12.81	3.58		3.58	
宜昌市	**232.05**	**76.21**	**1.05**	**74.01**	**1.15**
宜昌市辖区	2.48	0.01		0.01	
夷陵区	32.93	9.05		9.05	
当阳市	63.01	32.46		32.46	
枝江市	41.59	21.54	1.05	19.34	1.15
宜都市	16.47	4.22		4.22	
远安县	11.72	6.20		6.20	
兴山县	9.34	0.68		0.68	
秭归县	17.13	0.99		0.99	
长阳县	20.92	0.98		0.98	
五峰县	16.47	0.08		0.08	
襄阳市	**417.23**	**199.71**		**199.71**	
襄阳市辖区	30.60	19.68		19.68	
襄州区	104.18	41.29		41.29	
南漳县	42.38	25.49		25.49	
谷城县	27.51	15.90		15.90	
老河口市	35.58	10.06		10.06	
枣阳市	101.90	48.79		48.79	
宜城市	55.36	36.35		36.35	
保康县	19.70	2.14		2.14	
鄂州市	**33.22**	**26.72**	**0.97**	**23.46**	**2.29**
荆门市	**345.71**	**255.21**	**2.97**	**247.46**	**4.79**
荆门市直	40.04	34.58		34.58	
京山市	85.95	63.71	2.67	56.67	4.37
沙洋县	101.34	88.84	0.29	88.13	0.42
钟祥市	118.38	68.08		68.08	
孝感市	**269.73**	**246.68**	**2.39**	**240.27**	**4.01**
孝南区	28.87	27.78	0.26	27.10	0.42

续表 3

单位：千公顷

地区	秋收粮食面积	稻谷			
			早稻	中稻和一季晚稻	双季晚稻
孝昌县	30.93	28.29	0.80	25.87	1.63
大悟县	31.96	30.33	0.02	30.25	0.06
云梦县	30.75	27.29	0.56	25.89	0.84
应城市	44.38	41.94	0.38	41.22	0.34
安陆市	45.95	42.95		42.95	
汉川市	56.89	48.10	0.38	47.00	0.72
荆州市	**540.88**	**457.92**	**30.91**	**394.62**	**32.40**
荆州市直	50.76	40.35	0.09	40.15	0.11
公安县	101.06	83.64	6.35	70.38	6.91
监利市	153.27	144.19	16.23	111.44	16.52
江陵县	53.49	49.75	0.27	49.13	0.35
石首市	42.57	30.88	0.94	28.94	1.01
洪湖市	76.66	67.64	5.60	56.36	5.68
松滋市	63.07	41.48	1.43	38.22	1.82
黄冈市	**349.43**	**309.49**	**40.15**	**224.20**	**45.14**
黄州区	3.37	2.22	0.01	2.20	0.01
团风县	15.56	14.81	1.07	12.58	1.16
红安县	28.88	23.99	3.27	17.15	3.57
罗田县	33.72	26.79	0.42	26.08	0.30
英山县	14.07	10.96	0.43	10.05	0.48
浠水县	51.95	49.22	9.66	28.77	10.79
蕲春县	61.02	57.26	16.81	22.09	18.35
黄梅县	56.25	48.19	2.32	42.06	3.82
麻城市	43.51	38.86	3.72	31.45	3.70
武穴市	41.11	37.18	2.44	31.77	2.97
咸宁市	**184.23**	**139.39**	**25.44**	**87.49**	**26.47**
咸安区	33.51	26.86	2.32	22.19	2.35
嘉鱼县	25.16	18.48	1.76	14.95	1.77
通城县	28.37	22.69	8.00	6.69	8.01
崇阳县	36.64	24.89	6.04	11.92	6.94
赤壁市	39.39	36.31	6.98	22.28	7.05
通山县	21.16	10.15	0.34	9.46	0.35
随州市	**149.87**	**128.26**		**128.26**	
曾都区	26.68	22.66		22.66	
随县	79.51	70.17		70.17	
广水市	43.67	35.43		35.43	
恩施自治州	**262.85**	**46.49**		**46.49**	
恩施市	39.81	3.00		3.00	
利川市	54.96	17.06		17.06	
建始县	32.59	3.05		3.05	
巴东县	41.39	1.82		1.82	
咸丰县	33.38	7.19		7.19	
宣恩县	24.44	5.52		5.52	
来凤县	24.17	8.11		8.11	
鹤峰县	12.11	0.73		0.73	
仙桃市	**89.75**	**64.08**	**0.53**	**63.09**	**0.47**
潜江市	**73.17**	**59.17**		**59.17**	
天门市	**100.52**	**70.96**	**4.92**	**60.70**	**5.33**
神农架林区	**3.75**	**0.04**		**0.04**	

续表 4 单位：千公顷

地区	秋收粮食面积				
		玉米	高粱	大豆	秋薯
湖北省	**3395.81**	**775.82**	**9.65**	**229.87**	**103.90**
武汉市	**133.57**	**17.56**		**9.81**	**2.09**
武汉市辖区	7.58	2.30		2.91	0.06
蔡甸区	19.13	7.13		2.21	0.21
江夏区	31.37	6.64		1.34	0.46
黄陂区	43.25	1.16		1.56	0.80
新洲区	32.23	0.34		1.79	0.55
黄石市	**75.43**	**10.40**	**0.22**	**2.67**	**3.89**
黄石市辖区	0.05	0.02		0.01	0.01
大冶市	33.90	3.80	0.11	0.96	1.66
阳新县	41.48	6.58	0.12	1.69	2.21
十堰市	**134.42**	**77.25**	**0.75**	**15.21**	**15.07**
茅箭区	0.25	0.20		0.04	
张湾区	0.33	0.28		0.04	0.01
郧阳区	26.20	18.84		1.53	3.02
竹山县	27.84	14.85	0.14	4.38	2.60
竹溪县	26.19	12.26	0.27	4.09	3.46
郧西县	20.77	12.43	0.16	2.71	2.85
房县	20.03	12.26	0.14	1.64	1.08
丹江口市	12.81	6.13	0.03	0.77	2.05
宜昌市	**232.05**	**131.58**	**0.13**	**10.45**	**13.01**
宜昌市辖区	2.48	1.24		0.07	1.16
夷陵区	32.93	19.74		1.61	2.51
当阳市	63.01	26.17		1.65	2.52
枝江市	41.59	16.52	0.13	2.56	0.82
宜都市	16.47	9.10		0.40	2.55
远安县	11.72	4.75		0.21	0.55
兴山县	9.34	7.97		0.60	0.07
秭归县	17.13	15.22		0.75	0.18
长阳县	20.92	17.71		1.38	0.67
五峰县	16.47	13.16		1.22	1.98
襄阳市	**417.23**	**204.01**	**2.92**	**5.96**	**4.15**
襄阳市辖区	30.60	10.29	0.38	0.21	0.04
襄州区	104.18	59.81	1.43	0.83	0.82
南漳县	42.38	16.01	0.34	0.27	0.25
谷城县	27.51	10.24	0.01	0.89	0.29
老河口市	35.58	24.59	0.16	0.66	0.04
枣阳市	101.90	51.55	0.12	0.57	0.80
宜城市	55.36	16.84	0.36	0.78	1.03
保康县	19.70	14.68	0.14	1.76	0.87
鄂州市	**33.22**	**1.10**	**1.40**	**2.38**	**1.14**
荆门市	**345.71**	**54.91**		**33.59**	**1.81**
荆门市直	40.04	5.05		0.33	0.09
京山市	85.95	15.23		6.13	0.74
沙洋县	101.34	5.48		6.84	0.14
钟祥市	118.38	29.15		20.28	0.85
孝感市	**269.73**	**15.13**	**0.18**	**5.95**	**1.12**
孝南区	28.87	0.79		0.28	0.01

续表 5 单位：千公顷

地区	秋收粮食面积	玉米	高粱	大豆	秋薯
孝昌县	30.93	1.16		0.93	0.25
大悟县	31.96	0.24	0.18	0.73	0.45
云梦县	30.75	2.63		0.66	0.10
应城市	44.38	1.07		1.25	0.11
安陆市	45.95	2.20		0.68	0.07
汉川市	56.89	7.05		1.42	0.14
荆州市	**540.88**	**34.22**	**2.21**	**45.00**	**1.22**
荆州市直	50.76	6.47	0.72	2.91	0.25
公安县	101.06	3.42	1.28	12.42	0.20
监利市	153.27	0.44	0.01	8.48	0.16
江陵县	53.49	0.37		3.34	0.03
石首市	42.57	1.48		10.14	0.06
洪湖市	76.66	2.46		6.50	0.04
松滋市	63.07	19.58	0.21	1.22	0.49
黄冈市	**349.43**	**10.72**	**0.17**	**17.52**	**10.20**
黄州区	3.37	0.40		0.49	0.26
团风县	15.56	0.11		0.26	0.31
红安县	28.88	0.58		1.18	3.14
罗田县	33.72	1.87	0.06	3.58	1.29
英山县	14.07	1.35		0.89	0.87
浠水县	51.95	1.00		1.24	0.31
蕲春县	61.02	0.41	0.11	1.60	1.19
黄梅县	56.25	2.23		4.62	0.95
麻城市	43.51	1.78		1.60	1.06
武穴市	41.11	1.00		2.07	0.83
咸宁市	**184.23**	**22.71**		**8.76**	**12.30**
咸安区	33.51	3.38		1.41	1.50
嘉鱼县	25.16	5.26		1.00	0.24
通城县	28.37	1.38		1.88	2.26
崇阳县	36.64	5.57		1.99	4.08
赤壁市	39.39	1.20		1.39	0.43
通山县	21.16	5.91		1.09	3.78
随州市	**149.87**	**18.24**		**1.45**	**1.65**
曾都区	26.68	3.52		0.16	0.29
随县	79.51	8.69		0.52	0.09
广水市	43.67	6.03		0.78	1.27
恩施自治州	**262.85**	**155.72**	**0.69**	**23.42**	**34.58**
恩施市	39.81	26.19	0.57	5.40	4.09
利川市	54.96	29.84		4.53	3.23
建始县	32.59	23.53		2.68	3.17
巴东县	41.39	29.92	0.11	3.62	5.46
咸丰县	33.38	15.41		2.87	7.72
宣恩县	24.44	12.60		2.08	4.15
来凤县	24.17	9.15		1.67	5.05
鹤峰县	12.11	9.08		0.57	1.71
仙桃市	**89.75**	**14.25**	**0.67**	**10.07**	**0.56**
潜江市	**73.17**	**2.54**	**0.04**	**11.19**	**0.23**
天门市	**100.52**	**3.48**		**25.97**	**0.11**
神农架林区	**3.75**	**2.02**	**0.27**	**0.48**	**0.78**

分地区粮食总产量

单位:吨

地区	粮食总产量	夏粮总产量	小麦	豆类	马铃薯
湖北省	**27411463**	**4821570**	**4055728**	**31433**	**696340**
武汉市	**898796**	**33819**	**30571**	**423**	**2647**
武汉市辖区	32247	2422	2406	15	
蔡甸区	114956	6603	5777	197	562
江夏区	202758	1669	1543		126
黄陂区	320616	7359	6024	45	1179
新洲区	228220	15766	14821	166	779
黄石市	**537850**	**29696**	**22048**	**328**	**7200**
黄石市辖区	309	187	154	4	28
大冶市	249722	13028	9631	45	3276
阳新县	287819	16480	12263	279	3896
十堰市	**825570**	**248737**	**172484**	**7994**	**67339**
茅箭区	1175	353	233	15	104
张湾区	1562	518	290	5	223
郧阳区	201926	84170	77390	1486	5294
竹山县	147331	34427	17584	2090	14753
竹溪县	146820	37098	10328	2513	23681
郧西县	127203	49365	34556	1084	13726
房县	107152	13940	5900	207	7489
丹江口市	92401	28866	26203	594	2069
宜昌市	**1510597**	**289744**	**137928**	**3406**	**138936**
宜昌市辖区	10502	653	2	169	482
夷陵区	202668	31968	92	626	31199
当阳市	469785	78087	66579	229	4890
枝江市	318379	71409	61655	902	6775
宜都市	96900	14661	848	235	13578
远安县	79509	7223	2600	296	3462
兴山县	51601	12781	263	397	12121
秭归县	82576	16218	3404	127	12687
长阳县	105292	23796	2064	229	21503
五峰县	93386	32948	422	196	32239
襄阳市	**4693294**	**1975480**	**1898704**	**2030**	**67527**
襄阳市辖区	330688	118720	116422	123	2175
襄州区	1254388	607615	590388	482	12424
南漳县	438100	144198	134965	166	8776
谷城县	267720	85535	78773	437	6325
老河口市	353156	171056	169759	213	1084
枣阳市	1270124	567037	556791	81	7814
宜城市	646473	238753	231394	220	6975
保康县	132645	42568	20212	309	21955
鄂州市	**251675**	**18923**	**16535**	**113**	**1675**
荆门市	**2895126**	**401711**	**392942**	**1823**	**6713**
荆门市直	324677	16103	14999	282	822
京山市	710532	110873	108054	317	2502
沙洋县	904185	87860	86869	362	628
钟祥市	955732	186875	183020	862	2760
孝感市	**2347970**	**261566**	**250539**	**684**	**9986**
孝南区	239525	11863	11406	78	378

续表 1　　单位:吨

地区	粮食总产量	夏粮总产量	小麦	豆类	马铃薯
孝昌县	252385	27175	25913	22	1239
大悟县	296941	33489	30778	158	2196
云梦县	246404	26398	22382	209	3807
应城市	350574	23000	22789	13	198
安陆市	439084	58800	57658	16	1126
汉川市	523057	80843	79612	189	1041
荆州市	**4533589**	**501690**	**479619**	**5522**	**3588**
荆州市直	408982	45500	42486	523	1071
公安县	880955	131097	122117	934	830
监利市	1274992	51436	47952	3019	446
江陵县	510017	106549	106353	14	134
石首市	300364	33166	32479	346	257
洪湖市	645068	55354	54529	604	222
松滋市	513211	78588	73703	82	627
黄冈市	**2716976**	**145016**	**109846**	**778**	**33470**
黄州区	31090	8737	7851	337	271
团风县	112132	5478	4502	42	934
红安县	183428	6628	4867		1761
罗田县	258892	27795	25814	237	1605
英山县	105271	13249	7314		5934
浠水县	416109	9905	3687		6217
蕲春县	459618	13052	2917	98	9532
黄梅县	460408	24924	23036	64	1823
麻城市	361328	20343	16817		3526
武穴市	328700	14906	13040		1867
咸宁市	**1187018**	**38940**	**17692**	**2168**	**19081**
咸安区	224421	4718	706	880	3131
嘉鱼县	177720	10854	9887	240	727
通城县	169633	4720	800	222	3698
崇阳县	218858	7433	3534	339	3560
赤壁市	279591	7102	1801	201	5099
通山县	116794	4114	963	285	2865
随州市	**1458215**	**223310**	**197127**	**641**	**24645**
曾都区	265384	46420	41669	145	4488
随县	813653	149704	131418	273	17452
广水市	379178	27187	24040	223	2705
恩施自治州	**1437734**	**303330**	**2093**	**4643**	**295469**
恩施市	206243	58234	85	1181	56934
利川市	313731	54848	321	1047	53480
建始县	203883	51772	26	463	50247
巴东县	199639	53665	1661	1498	50452
咸丰县	196577	34017		86	33931
宣恩县	116824	19260		76	19184
来凤县	130296	12826		279	12547
鹤峰县	70541	18709		13	18695
仙桃市	**703295**	**80237**	**74866**	**419**	**2090**
潜江市	**592966**	**88855**	**85103**	**157**	**3500**
天门市	**803315**	**175062**	**167457**	**157**	**7397**
神农架林区	**17474**	**5473**	**195**	**146**	**5074**

续表 2

单位：吨

地区	秋粮总产量	稻谷			
			早稻	中稻和一季晚稻	双季晚稻
湖北省	**22589893**	**18657795**	**756910**	**16924982**	**975902**
武汉市	**864977**	**765632**	**85617**	**581331**	**98684**
武汉市辖区	29825	15293		15293	
蔡甸区	108352	73561	512	72643	407
江夏区	201088	167570	19258	123239	25073
黄陂区	313257	303115	30252	241962	30901
新洲区	212454	206092	35595	128195	42303
黄石市	**508155**	**455086**	**13497**	**415557**	**26033**
黄石市辖区	122	13		13	
大冶市	236694	216891	7414	198913	10565
阳新县	271339	238182	6084	216631	15468
十堰市	**576833**	**184447**		**184447**	
茅箭区	822	37		37	
张湾区	1044	6		6	
郧阳区	117757	16701		16701	
竹山县	112904	40985		40985	
竹溪县	109722	42905		42905	
郧西县	77838	14882		14882	
房县	93212	39136		39136	
丹江口市	63535	29794		29794	
宜昌市	**1220853**	**639119**	**6421**	**624426**	**8272**
宜昌市辖区	9849	107		107	
夷陵区	170700	78308		78308	
当阳市	391697	273988		273988	
枝江市	246970	176448	6421	161755	8272
宜都市	82239	36317		36317	
远安县	72286	52515		52515	
兴山县	38820	5319		5319	
秭归县	66358	7788		7788	
长阳县	81496	7741		7741	
五峰县	60438	588		588	
襄阳市	**2717814**	**1803458**		**1803458**	
襄阳市辖区	211967	167702		167702	
襄州区	646773	379665		379665	
南漳县	293902	221594		221594	
谷城县	182185	140651		140651	
老河口市	182101	86411		86411	
枣阳市	703087	455904		455904	
宜城市	407720	333049		333049	
保康县	90077	18483		18483	
鄂州市	**232752**	**211823**	**5631**	**190189**	**16003**
荆门市	**2493415**	**2208001**	**19158**	**2156174**	**32669**
荆门市直	308574	287158		287158	
京山市	599659	525307	17163	478405	29739
沙洋县	816325	782844	1994	777920	2930
钟祥市	768857	612691		612691	
孝感市	**2086404**	**2013431**	**15098**	**1971496**	**26836**
孝南区	227662	223963	1568	219807	2587

续表 3　　　　单位:吨

地区	秋粮总产量	稻谷	早稻	中稻和一季晚稻	双季晚稻
孝昌县	225211	218388	5166	201914	11308
大悟县	263451	259261	115	258686	460
云梦县	220006	208982	3429	200225	5328
应城市	327574	320412	2376	315843	2193
安陆市	380285	370777		370777	
汉川市	442214	411647	2444	404245	4958
荆州市	**4031899**	**3805753**	**197170**	**3373111**	**235472**
荆州市直	363482	329337	572	328052	713
公安县	749858	710246	39560	620586	50100
监利市	1223556	1207353	104527	981587	121238
江陵县	403468	396398	1621	392305	2472
石首市	267198	245035	5721	232560	6755
洪湖市	589714	568630	36290	491507	40833
松滋市	434624	348753	8878	326514	13361
黄冈市	**2571959**	**2449981**	**238482**	**1897720**	**313779**
黄州区	22353	18868	85	18745	38
团风县	106654	104197	6146	90646	7405
红安县	176800	160463	18410	120931	21122
罗田县	231097	209431	2438	205011	1982
英山县	92022	81905	2438	76293	3175
浠水县	406204	397895	57105	262639	78151
蕲春县	446566	434656	100645	203378	130633
黄梅县	435484	412861	14514	374181	24166
麻城市	340985	325344	22141	276963	26241
武穴市	313794	304360	14561	268933	20866
咸宁市	**1148078**	**1003538**	**142421**	**684076**	**177041**
咸安区	219703	199116	12748	170735	15633
嘉鱼县	166866	143927	9977	121872	12078
通城县	164913	148904	45357	50298	53249
崇阳县	211425	172921	33674	93538	45709
赤壁市	272490	264773	38887	177722	48164
通山县	112680	73897	1778	69912	2207
随州市	**1234905**	**1151240**		**1151240**	
曾都区	218964	203368		203368	
随县	663949	629904		629904	
广水市	351992	317968		317968	
恩施自治州	**1134404**	**372608**		**372608**	
恩施市	148009	23814		23814	
利川市	258884	133533		133533	
建始县	152111	26340		26340	
巴东县	145974	13576		13576	
咸丰县	162560	60837		60837	
宣恩县	97564	43991		43991	
来凤县	117470	64703		64703	
鹤峰县	51832	5814		5814	
仙桃市	**623058**	**542664**	**3456**	**535908**	**3300**
潜江市	**504110**	**475483**		**475483**	
天门市	**628253**	**575287**	**29958**	**507522**	**37807**
神农架林区	**12000**	**232**		**232**	

续表 4 单位:吨

地区	秋粮总产量	玉米	高粱	大豆	秋薯
湖北省	**22589893**	**3123158**	**37674**	**353754**	**397886**
武汉市	**864977**	**74773**		**14954**	**8784**
武汉市辖区	29825	9660		4663	209
蔡甸区	108352	30259		3480	916
江夏区	201088	29127		2075	1924
黄陂区	313257	4376		2237	3402
新洲区	212454	1350		2499	2334
黄石市	**508155**	**33874**	**775**	**4262**	**14029**
黄石市辖区	122	52		20	36
大冶市	236694	12013	390	1480	5855
阳新县	271339	21809	384	2762	8139
十堰市	**576833**	**299061**	**2612**	**25132**	**60363**
茅箭区	822	706		80	
张湾区	1044	935		66	35
郧阳区	117757	85219		2484	12432
竹山县	112904	53286	503	6841	10047
竹溪县	109722	44257	877	6802	13481
郧西县	77838	45928	558	4566	10956
房县	93212	45558	552	2984	4598
丹江口市	63535	23172	121	1309	8814
宜昌市	**1220853**	**512996**	**732**	**17149**	**49981**
宜昌市辖区	9849	4720		126	4896
夷陵区	170700	79245		2600	10520
当阳市	391697	104253		3125	10072
枝江市	246970	61590	732	4375	3795
宜都市	82239	35985		656	8990
远安县	72286	17641		322	1795
兴山县	38820	32333		923	227
秭归县	66358	56822		1098	650
长阳县	81496	69021		2073	2441
五峰县	60438	51386		1851	6595
襄阳市	**2717814**	**873233**	**11202**	**9357**	**19890**
襄阳市辖区	211967	42189	1474	399	187
襄州区	646773	255985	5489	1477	4138
南漳县	293902	69065	1246	655	1299
谷城县	182185	38508	33	1317	1437
老河口市	182101	93778	581	1062	163
枣阳市	703087	241557	500	1062	3956
宜城市	407720	66885	1363	997	5427
保康县	90077	65267	516	2389	3284
鄂州市	**232752**	**4839**	**4914**	**4205**	**5423**
荆门市	**2493415**	**230604**		**46646**	**7888**
荆门市直	308574	20599		440	377
京山市	599659	63084		7879	3194
沙洋县	816325	23479		9347	609
钟祥市	768857	123443		28980	3708
孝感市	**2086404**	**59566**	**661**	**8176**	**3654**
孝南区	227662	3256		405	23

续表 5

单位:吨

地区	秋粮总产量	玉米	高粱	大豆	秋薯
孝昌县	225211	4316		1146	973
大悟县	263451	990	661	1120	1367
云梦县	220006	9649		875	380
应城市	327574	4951		1719	465
安陆市	380285	8597		678	156
汉川市	442214	27807		2232	290
荆州市	**4031899**	**138289**	**9541**	**72776**	**5092**
荆州市直	363482	25177	3104	4619	1134
公安县	749858	12868	5509	20092	977
监利市	1223556	1937	37	13625	605
江陵县	403468	1522		5446	102
石首市	267198	5324		16574	256
洪湖市	589714	10453		10477	133
松滋市	434624	81008	891	1944	1885
黄冈市	**2571959**	**47197**	**718**	**27957**	**43190**
黄州区	22353	1987		741	757
团风县	106654	436		564	1220
红安县	176800	2191		1921	12225
罗田县	231097	8905	247	6258	6033
英山县	92022	5822		1247	3048
浠水县	406204	4667		1705	1572
蕲春县	446566	1753	472	2772	6139
黄梅县	435484	10315		7546	3834
麻城市	340985	7860		2192	5240
武穴市	313794	3262		3011	3123
咸宁市	**1148078**	**79548**		**14108**	**49286**
咸安区	219703	11997		2167	5904
嘉鱼县	166866	19977		1711	998
通城县	164913	4373		3115	8281
崇阳县	211425	18237		3149	16957
赤壁市	272490	3960		2130	1542
通山县	112680	21003		1837	15605
随州市	**1234905**	**73069**		**2536**	**7522**
曾都区	218964	13995		256	1208
随县	663949	32630		1001	352
广水市	351992	26444		1279	5961
恩施自治州	**1134404**	**603121**	**3080**	**36348**	**116154**
恩施市	148009	98608	2573	8152	14047
利川市	258884	107355		7529	9889
建始县	152111	110125		4017	11255
巴东县	145974	109328	490	4640	17415
咸丰县	162560	71895		5516	23985
宣恩县	97564	37875		3129	12459
来凤县	117470	28468	17	2504	21438
鹤峰县	51832	39466		862	5665
仙桃市	**623058**	**59548**	**2827**	**15351**	**2406**
潜江市	**504110**	**11178**	**169**	**16312**	**960**
天门市	**628253**	**14506**		**37920**	**508**
神农架林区	**12000**	**7755**	**441**	**560**	**2764**

经济作物生产情况(2021-2022)

单位:千公顷、万吨

指标名称	播种面积		产　量	
	2021 年	2022 年	2021 年	2022 年
经济作物	3423.26	3502.96	-	-
一、油料作物	1429.48	1473.98	354.14	374.19
其中:花　生	244.67	242.93	86.27	85.42
油菜籽	1094.02	1152.44	251.78	274.19
芝　麻	77.34	65.81	13.07	11.79
胡麻籽				
葵花籽	2.28	2.14	0.45	0.40
二、棉花	120.71	115.80	10.89	10.33
三、麻类合计	3.54	3.44	0.86	0.87
其中:生黄红麻				
生苎麻	3.53	3.43	0.86	0.86
生大麻				
生亚麻				
四、糖料	6.35	6.27	27.17	26.57
(一)甘蔗	6.35	6.27	27.17	26.57
(二)甜菜				
五、烟叶(未加工烟草)	39.05	40.82	6.93	8.10
其中:烤烟(未去梗)	34.11	35.37	5.93	6.46
六、中草药材	293.12	299.10	-	-
其中:人　参				
甘　草	0.07		0.07	
枸　杞	0.26		0.05	
七、蔬菜及食用菌	1309.95	1343.68	4299.80	4407.93
(一)叶菜类	176.74	181.52	516.20	526.49
其中:芹　菜	38.22	38.92	108.68	111.00
油　菜	40.07	42.13	105.57	109.29
菠　菜	36.82	37.79	90.75	91.99
(二)白菜类	240.95	248.53	797.76	826.46
其中:大白菜	189.02	196.02	640.80	666.06
(三)甘蓝类	73.67	76.81	263.14	274.53
其中:卷心菜	61.86	64.28	209.57	221.20
(四)根茎类	213.12	218.51	736.25	753.57
其中:白萝卜	136.70	139.57	508.34	517.10
胡萝卜	27.63	28.25	92.23	93.46
生　姜	8.21	7.63	17.33	17.02
榨菜头	4.44	4.59	11.65	11.97

续表

单位：千公顷、万吨

指标名称	播种面积		产　量	
	2021 年	2022 年	2021 年	2022 年
（五）瓜菜类	128.90	132.71	494.73	511.68
其中：黄　瓜	61.25	62.77	214.80	220.51
南　瓜	29.64	31.31	117.86	124.56
冬　瓜	18.28	18.81	76.08	79.07
（六）豆类	102.37	104.70	300.77	305.23
其中：豇　豆	55.54	56.94	159.93	163.75
四季豆	36.24	36.73	96.70	98.28
（七）茄果菜类	173.92	175.82	483.66	487.65
其中：茄　子	46.89	47.31	134.92	135.38
辣　椒	84.90	85.13	198.12	199.32
西红柿	34.10	34.29	121.33	122.63
（八）葱蒜类	65.13	66.21	183.51	186.62
其中：大　葱	23.81	23.69	64.75	64.23
蒜　头	28.20	28.62	67.53	67.08
（九）水生菜类	83.58	86.73	320.91	328.86
其中：莲　藕	74.53	78.23	288.77	299.05
（十）其它蔬菜	51.58	52.13	151.01	151.99
（十一）食用菌	–	–	51.87	54.86
1.干品	–	–	17.82	19.40
其中：香　菇	–	–	14.02	15.26
黑木耳	–	–	2.49	2.48
2.鲜品	–	–	34.06	35.46
其中：蘑　菇	–	–	23.77	24.48
八、瓜果类	100.50	103.52	361.41	370.24
其中：西　瓜	78.29	80.21	297.55	303.26
香　瓜（甜瓜）	15.49	15.74	49.48	50.63
草　莓	5.30	5.88	9.65	11.31
九、其他农作物	120.57	116.34	–	–
其中：青饲料	66.39	63.58	–	–
十、特种作物	–	–	–	–
花卉	29.84	31.15	–	–
鲜切花（万枝）	–	–	16519.78	16716.96
盆栽观赏植物（万盆）	–	–	4583.43	4696.00
香料	–	–	0.31	0.29
其中：花　椒	–	–	0.24	0.22
八　角	–	–	0.06	0.06

分地区经济作物播种面积

单位：千公顷

地区	经济作物播种面积	油料作物面积	花生	油菜籽	芝麻	棉花面积
湖北省	**3502.96**	**1473.98**	**242.93**	**1152.44**	**65.81**	**115.80**
武汉市	**279.91**	**60.91**	**13.49**	**41.48**	**5.90**	**6.91**
武汉市辖区	26.50	1.10	0.30	0.57	0.22	0.01
汉南区	10.52	0.68	0.02	0.58	0.05	
蔡甸区	39.56	4.10	0.39	3.20	0.51	0.42
江夏区	55.83	13.43	2.00	9.13	2.30	0.04
黄陂区	92.37	24.88	8.70	14.78	1.41	0.92
新洲区	55.13	16.71	2.08	13.22	1.41	5.52
黄石市	**96.03**	**49.30**	**5.23**	**38.84**	**5.04**	**3.10**
黄石市辖区	0.80	0.14	0.04	0.06	0.01	
阳新县	54.68	26.28	2.40	20.45	3.33	1.63
大冶市	40.54	22.88	2.78	18.33	1.70	1.47
十堰市	**221.92**	**79.89**	**18.28**	**48.58**	**12.23**	
茅箭区	1.14	0.09	0.02	0.02	0.05	
张湾区	2.72	0.26	0.11	0.11	0.04	
郧阳区	39.83	14.93	2.79	9.47	2.66	
郧西县	40.22	11.16	2.51	6.04	2.55	
竹山县	41.31	20.95	7.86	11.22	1.87	
竹溪县	41.44	15.84	2.10	10.41	2.63	
房县	37.46	9.71	1.54	7.03	1.14	
丹江口市	17.81	6.94	1.35	4.29	1.30	
宜昌市	**320.81**	**100.89**	**11.13**	**87.81**	**1.95**	**2.98**
宜昌市辖区	6.35	1.29	0.14	1.08	0.06	
夷陵区	42.47	12.60	1.66	10.59	0.35	
远安县	11.47	7.37	0.20	7.16	0.01	
兴山县	19.47	4.63	0.26	4.32	0.04	
秭归县	26.35	8.00	1.80	6.12	0.08	
长阳土家族自治县	47.20	8.80	1.55	7.25		
五峰土家族自治县	43.73	2.57	0.18	2.39		
宜都市	15.90	8.93	0.88	8.01	0.04	
当阳市	57.61	29.39	3.27	25.11	1.01	0.42
枝江市	50.25	17.31	1.19	15.78	0.34	2.56
襄阳市	**251.63**	**114.99**	**60.10**	**43.19**	**10.23**	**8.67**
高新区	3.24	1.49	1.12	0.37		0.04
襄城区	12.03	3.50	2.14	1.36		
樊城区	12.30	3.46	1.28	1.50	0.68	
襄州区	44.98	31.96	23.41	3.18	5.37	1.32
南漳县	25.98	7.62	0.47	6.64	0.50	0.02
谷城县	18.68	7.26	2.03	3.61	0.17	
保康县	24.58	8.40	2.84	5.35	0.20	
老河口市	25.57	6.16	3.10	1.13	1.94	0.18
枣阳市	33.56	20.94	15.61	4.69	0.65	1.04
宜城市	50.72	24.19	8.10	15.37	0.72	6.07
鄂州市	**47.26**	**17.34**	**1.99**	**12.41**	**0.31**	**3.63**
梁子湖区	12.62	5.70	0.90	4.12	0.09	0.39
华容区	17.34	7.19	0.69	4.63	0.14	1.80
鄂城区	17.30	4.44	0.40	3.66	0.08	1.44
荆门市	**232.76**	**157.16**	**15.93**	**136.72**	**4.48**	**3.15**
东宝区	23.92	16.19	0.90	14.93	0.36	0.05
掇刀区	22.27	16.63	1.24	15.33	0.06	
沙洋县	70.26	54.58	4.36	48.97	1.25	0.50
钟祥市	70.27	45.11	6.74	37.46	0.91	1.98
京山市	46.04	24.66	2.69	20.03	1.90	0.63
孝感市	**262.05**	**118.10**	**29.38**	**85.48**	**3.22**	**8.52**

续表 1　　单位:千公顷

地区	经济作物播种面积	油料作物面积	花生	油菜籽	芝麻	棉花面积
孝感市辖区	0.12	0.08	0.03	0.05	0.01	0.01
孝南区	35.49	17.76	1.67	15.68	0.41	1.67
孝昌县	34.97	21.37	4.79	15.82	0.76	0.86
大悟县	44.01	25.89	19.40	6.27	0.22	0.35
云梦县	33.18	10.81	0.28	10.41	0.12	1.36
应城市	35.84	14.94	0.90	13.75	0.29	0.68
安陆市	27.41	12.43	1.97	9.23	1.21	1.38
汉川市	51.04	14.83	0.33	14.28	0.21	2.21
荆州市	**394.83**	**219.85**	**1.61**	**212.72**	**5.52**	**31.29**
荆州开发区	0.74	0.10		0.10		
沙市区	11.12	2.64		2.62	0.01	0.21
荆州区	30.69	11.15	0.18	10.32	0.64	0.50
公安县	67.77	37.50	0.24	36.92	0.34	10.53
江陵县	29.33	21.10	0.44	20.03	0.63	0.96
石首市	38.77	18.50	0.06	18.19	0.25	4.74
洪湖市	52.71	29.35	0.10	26.95	2.30	2.22
松滋市	47.72	21.02	0.37	20.22	0.42	5.86
监利市	115.98	78.49	0.20	77.37	0.91	6.28
黄冈市	**463.51**	**222.60**	**46.64**	**166.02**	**8.67**	**24.05**
龙感湖农场	1.61	0.40		0.40		
黄州区	14.81	2.57	0.18	2.33	0.06	1.06
团风县	16.08	8.10	1.24	5.79	1.07	1.66
红安县	43.21	28.29	18.56	9.61	0.12	1.11
罗田县	42.01	15.06	2.23	11.80	1.03	0.24
英山县	29.74	8.76	0.89	7.26	0.31	0.22
浠水县	71.77	31.93	4.37	25.90	1.67	5.00
蕲春县	74.06	26.22	1.98	23.50	0.75	3.67
黄梅县	47.73	33.95	1.15	31.61	1.19	4.30
麻城市	79.91	37.40	15.09	20.67	1.60	4.09
武穴市	42.58	29.92	0.96	27.15	0.88	2.71
咸宁市	**252.55**	**106.96**	**8.70**	**94.20**	**3.26**	**3.02**
咸安区	49.74	30.12	1.61	27.81	0.63	0.15
嘉鱼县	43.83	10.36	0.49	9.10	0.77	0.14
通城县	35.83	14.86	1.47	13.34	0.05	
崇阳县	38.27	15.21	1.68	13.44	0.10	0.37
通山县	26.84	9.86	1.83	7.86	0.18	
赤壁市	58.04	26.55	1.62	22.65	1.55	2.36
随州市	**98.16**	**43.82**	**11.30**	**26.41**	**1.24**	**3.87**
曾都区	15.75	6.17	0.45	4.42	0.07	0.58
随县	38.00	16.80	3.71	10.02	0.74	0.80
广水市	44.41	20.85	7.14	11.97	0.42	2.49
恩施自治州	**346.05**	**57.90**	**8.61**	**48.39**	**0.28**	
恩施市	63.99	9.09	1.24	7.74		
利川市	72.61	6.50	0.62	5.38		
建始县	34.49	7.81	1.07	6.74		
巴东县	48.78	15.45	2.15	13.01	0.28	
宣恩县	32.49	3.77	1.39	2.38		
咸丰县	46.35	7.18	1.55	5.63		
来凤县	15.96	5.51	0.47	5.04		
鹤峰县	31.38	2.59	0.12	2.48		
仙桃市	**107.51**	**57.83**	**1.24**	**54.50**	**2.10**	**8.92**
潜江市	**42.72**	**18.49**	**1.10**	**16.83**	**0.56**	**1.40**
天门市	**81.06**	**47.68**	**8.18**	**38.66**	**0.84**	**6.27**
神农架林区	**4.18**	**0.27**	**0.02**	**0.21**		

续表 2　　单位：千公顷

地区	麻类面积	糖料面积	烟叶（未加工烟草）面积	烤烟（未去梗）	中草药材面积	蔬菜及食用菌面积
湖北省	**3.44**	**6.27**	**40.82**	**35.37**	**299.10**	**1343.68**
武汉市		**0.41**			**0.47**	**186.62**
武汉市辖区		0.03				22.81
汉南区					0.03	8.59
蔡甸区						28.93
江夏区						35.36
黄陂区		0.17				61.50
新洲区		0.21			0.44	29.43
黄石市	**1.29**	**0.12**			**6.24**	**31.40**
黄石市辖区						0.64
阳新县	1.22				5.56	17.40
大冶市	0.08	0.12			0.68	13.37
十堰市		**0.58**	**7.00**	**6.89**	**35.40**	**93.82**
茅箭区					0.21	0.82
张湾区					0.04	2.38
郧阳区					3.98	20.05
郧西县		0.54	0.49	0.49	8.41	18.42
竹山县			1.68	1.68	3.55	15.03
竹溪县		0.04	1.55	1.55	8.13	15.80
房县			3.13	3.13	7.88	14.17
丹江口市			0.15	0.04	3.20	7.14
宜昌市		**0.01**	**4.64**	**3.67**	**44.95**	**149.12**
宜昌市辖区					0.06	4.97
夷陵区			0.01	0.01	1.76	26.68
远安县					0.54	2.68
兴山县			1.76	1.76	3.11	9.85
秭归县			1.63	1.63	2.97	13.53
长阳土家族自治县			0.38	0.01	13.03	24.92
五峰土家族自治县			0.84	0.25	23.27	12.02
宜都市			0.02		0.07	6.44
当阳市					0.11	25.10
枝江市		0.01			0.03	22.93
襄阳市		**0.13**	**4.16**	**4.16**	**8.56**	**92.21**
高新区						1.39
襄城区					0.70	6.87
樊城区					0.06	8.47
襄州区			0.02	0.02	0.25	10.21
南漳县			0.83	0.83	0.79	14.43
谷城县					0.86	9.39
保康县			2.69	2.69	3.51	9.92
老河口市					0.48	15.96
枣阳市		0.10	0.63	0.63	1.33	5.48
宜城市		0.01			0.57	10.07
鄂州市		**0.09**			**0.09**	**22.78**
梁子湖区		0.02			0.08	4.81
华容区		0.04			0.01	6.92
鄂城区		0.02				11.05
荆门市		**0.19**			**4.17**	**55.24**
东宝区					0.53	5.54
掇刀区					0.03	4.18
沙洋县		0.11				13.70
钟祥市					1.76	19.05
京山市		0.07			1.84	12.76
孝感市	**0.01**	**0.22**			**3.03**	**119.29**

续表 3 单位：千公顷

地区	麻类面积	糖料面积	烟叶（未加工烟草）面积	烤烟（未去梗）	中草药材面积	蔬菜及食用菌面积
孝感市辖区						0.03
孝南区		0.03			0.01	14.38
孝昌县		0.09			0.35	11.26
大悟县	0.01	0.01			2.27	13.24
云梦县						20.45
应城市						18.92
安陆市		0.04			0.40	11.24
汉川市		0.05				29.77
荆州市	**0.08**	**1.04**			**2.64**	**102.31**
荆州开发区					0.02	0.60
沙市区						7.44
荆州区		0.04			0.18	16.14
公安县	0.07	0.16			0.40	12.75
江陵县	0.01	0.13			1.13	4.33
石首市		0.11			0.44	10.92
洪湖市		0.11			0.04	12.60
松滋市		0.08			0.40	15.15
监利市		0.42			0.05	22.38
黄冈市	**1.11**	**0.96**			**68.62**	**128.36**
龙感湖农场						1.10
黄州区		0.01				10.04
团风县		0.05			0.81	4.55
红安县		0.01			1.85	11.76
罗田县	0.01	0.14			14.75	10.52
英山县		0.05			12.70	7.23
浠水县		0.16			1.39	30.28
蕲春县	1.07	0.38			22.61	14.79
黄梅县		0.02			0.91	7.73
麻城市		0.04			12.91	23.52
武穴市	0.03	0.10			0.70	6.85
咸宁市	**0.96**	**1.34**			**17.60**	**96.32**
咸安区	0.33				0.55	15.03
嘉鱼县	0.34	0.57				29.86
通城县					8.12	7.99
崇阳县	0.08	0.22			5.30	13.20
通山县	0.15				3.16	8.90
赤壁市	0.07	0.55			0.47	21.33
随州市		**0.05**			**4.29**	**40.04**
曾都区					0.38	7.79
随县		0.01			2.69	14.58
广水市		0.04			1.22	17.66
恩施自治州			**25.02**	**20.65**	**98.62**	**146.61**
恩施市			3.71	2.77	18.37	32.34
利川市			4.29	4.13	16.75	37.41
建始县			2.74	1.73	6.15	14.04
巴东县			4.00	3.28	12.58	16.52
宣恩县			3.43	3.35	9.70	11.38
咸丰县			3.50	2.67	16.36	19.18
来凤县			0.50	0.17	2.07	6.51
鹤峰县			2.87	2.53	16.64	9.21
仙桃市		**1.01**			**0.40**	**34.34**
潜江市		**0.01**			**0.58**	**20.65**
天门市		**0.13**			**2.70**	**21.64**
神农架林区					**0.72**	**2.93**

续表 4

单位：千公顷

地区	瓜果类面积				其他农作物面积	
		西瓜	香瓜（甜瓜）	草莓		青饲料
湖北省	**103.52**	**80.21**	**15.74**	**5.88**	**116.34**	**63.58**
武汉市	**16.92**	**13.07**	**2.26**	**1.40**	**7.67**	**4.68**
武汉市辖区	1.35	0.86	0.15	0.33	1.19	1.19
汉南区	0.88	0.72	0.09	0.07	0.34	0.21
蔡甸区	4.87	3.89	0.92	0.06	1.24	0.45
江夏区	4.49	3.74	0.66	0.10	2.50	1.24
黄陂区	3.15	2.30	0.19	0.52	1.76	1.13
新洲区	2.18	1.57	0.26	0.32	0.63	0.47
黄石市	**2.91**	**2.49**	**0.16**	**0.25**	**1.65**	**1.22**
黄石市辖区	0.02	0.01	0.01			
阳新县	1.90	1.67	0.10	0.12	0.70	0.28
大冶市	1.00	0.80	0.06	0.13	0.95	0.93
十堰市	**1.66**	**1.07**	**0.16**	**0.43**	**3.57**	**1.51**
茅箭区	0.02			0.02		
张湾区	0.04	0.01		0.03		
郧阳区	0.77	0.53	0.08	0.16	0.10	0.10
郧西县	0.12	0.08	0.01	0.04	1.07	0.28
竹山县	0.08	0.07		0.01		
竹溪县	0.07	0.05		0.02		
房县	0.18	0.06	0.04	0.08	2.40	1.12
丹江口市	0.37	0.28	0.02	0.07		
宜昌市	**6.30**	**3.59**	**2.27**	**0.38**	**11.91**	**9.41**
宜昌市辖区	0.04	0.01	0.01	0.02		
夷陵区	0.68	0.38	0.12	0.18	0.73	0.63
远安县	0.05	0.04		0.01	0.83	0.57
兴山县	0.07	0.07			0.05	0.05
秭归县	0.08	0.06		0.03	0.14	0.14
长阳土家族自治县	0.04	0.02		0.02	0.04	0.03
五峰土家族自治县	0.03	0.03			5.01	5.01
宜都市	0.16	0.07	0.03	0.05	0.27	0.27
当阳市	1.08	0.56	0.43	0.02	1.52	1.05
枝江市	4.08	2.36	1.67	0.05	3.33	1.66
襄阳市	**14.51**	**13.11**	**0.84**	**0.56**	**8.41**	**5.88**
高新区	0.31	0.26	0.04	0.01		
襄城区	0.37	0.29	0.05	0.03	0.58	0.01
樊城区	0.21	0.11	0.04	0.07	0.09	0.01
襄州区	1.22	1.03	0.10	0.08		
南漳县	0.20	0.18	0.01	0.01	2.09	0.81
谷城县	0.22	0.17	0.04	0.01	0.94	0.46
保康县	0.03	0.01		0.01	0.03	0.03
老河口市	1.55	1.33	0.21	0.01	1.23	1.22
枣阳市	1.46	1.11	0.27	0.08	2.58	2.57
宜城市	8.95	8.62	0.08	0.25	0.86	0.76
鄂州市	**1.71**	**0.93**	**0.43**	**0.17**	**1.62**	**0.50**
梁子湖区	0.62	0.36	0.10	0.03	1.00	0.26
华容区	0.75	0.47	0.20	0.05	0.62	0.24
鄂城区	0.34	0.11	0.13	0.09		
荆门市	**7.67**	**5.35**	**1.12**	**0.40**	**5.19**	**3.03**
东宝区	1.48	0.91	0.39	0.07	0.13	0.09
掇刀区	1.37	1.01	0.11	0.14	0.07	0.05
沙洋县	0.68	0.54	0.13	0.02	0.69	0.28
钟祥市	2.28	1.65	0.31	0.10	0.08	0.08
京山市	1.86	1.23	0.18	0.08	4.22	2.52
孝感市	**8.26**	**6.08**	**1.73**	**0.44**	**4.61**	**1.93**

续表 5

单位：千公顷

地区	瓜果类面积	西瓜	香瓜（甜瓜）	草莓	其他农作物面积	青饲料
孝感市辖区						
孝南区	1.47	1.18	0.25	0.05	0.17	0.07
孝昌县	0.91	0.64	0.21	0.07	0.12	0.03
大悟县	1.21	0.82	0.34	0.04	1.05	1.05
云梦县	0.55	0.44	0.09	0.01		
应城市	1.30	0.95	0.22	0.13		
安陆市	1.45	1.07	0.32	0.05	0.48	0.24
汉川市	1.38	0.98	0.30	0.09	2.79	0.54
荆州市	**15.16**	**12.31**	**2.52**	**0.34**	**22.46**	**10.44**
荆州开发区	0.02	0.01	0.01			
沙市区	0.47	0.21	0.10	0.15	0.36	0.08
荆州区	2.25	1.44	0.79	0.02	0.44	0.06
公安县	2.16	1.63	0.43	0.09	4.22	1.71
江陵县	1.44	1.25	0.19	0.01	0.22	0.03
石首市	1.77	1.41	0.34	0.02	2.29	0.12
洪湖市	1.43	1.28	0.14	0.01	6.95	5.21
松滋市	3.75	3.59	0.13	0.02	1.48	0.37
监利市	1.88	1.49	0.38	0.01	6.49	2.86
黄冈市	**5.55**	**4.05**	**0.95**	**0.42**	**12.27**	**4.98**
龙感湖农场	0.10	0.10				
黄州区	0.57	0.36	0.15	0.06	0.56	0.33
团风县	0.42	0.35	0.04	0.03	0.50	0.23
红安县	0.19	0.15		0.03	0.02	0.02
罗田县	0.42	0.30	0.04	0.07	0.87	0.73
英山县	0.02			0.02	0.76	0.34
浠水县	0.57	0.38	0.07	0.01	2.44	0.76
蕲春县	0.89	0.68	0.16	0.03	4.44	2.00
黄梅县	0.83	0.62	0.20	0.01		
麻城市	0.39	0.32	0.06	0.01	1.55	0.32
武穴市	1.15	0.78	0.22	0.14	1.13	0.26
咸宁市	**10.45**	**8.58**	**1.14**	**0.47**	**15.90**	**7.27**
咸安区	2.86	2.54	0.17	0.09	0.69	0.11
嘉鱼县	1.57	1.10	0.36	0.10	1.00	0.72
通城县	0.38	0.33	0.01	0.03	4.47	1.80
崇阳县	1.79	1.49	0.20	0.10	2.10	
通山县	0.53	0.37	0.06	0.10	4.25	3.03
赤壁市	3.33	2.76	0.35	0.04	3.39	1.62
随州市	**3.74**	**2.83**	**0.71**	**0.20**	**2.36**	**1.07**
曾都区	0.54	0.42	0.11	0.01	0.29	0.13
随县	1.38	1.10	0.21	0.06	1.75	0.88
广水市	1.82	1.31	0.39	0.12	0.32	0.06
恩施自治州	**1.45**	**1.14**	**0.07**	**0.24**	**16.46**	**9.45**
恩施市	0.14	0.07	0.02	0.05	0.35	0.13
利川市	0.31	0.17	0.03	0.10	7.36	2.34
建始县	0.10	0.08		0.02	3.65	3.08
巴东县	0.23	0.21		0.01		
宣恩县	0.23	0.22			3.98	3.68
咸丰县	0.14	0.13		0.01		
来凤县	0.25	0.22	0.02	0.01	1.11	0.22
鹤峰县	0.06	0.03		0.03		
仙桃市	**3.47**	**2.69**	**0.74**	**0.04**	**1.52**	**1.52**
潜江市	**1.54**	**1.19**	**0.27**	**0.05**	**0.06**	**0.06**
天门市	**2.20**	**1.73**	**0.37**	**0.10**	**0.44**	**0.36**
神农架林区					**0.25**	**0.25**

分地区经济作物产量

单位:吨

地区	油料产量				棉花产量	麻类产量
		花生	油菜籽	芝麻		
湖北省	3741928	854181	2741916	117883	103339	8652
武汉市	150856	45299	95076	10382	5817	
武汉市辖区	3144	1378	1266	501	8	
汉南区	1676	73	1424	79		
蔡甸区	12454	1523	10089	842	440	
江夏区	31690	6012	20896	4782	36	
黄陂区	60309	29170	29419	1720	708	
新洲区	41583	7143	31982	2458	4624	
黄石市	127471	18195	93096	15577	2829	3642
黄石市辖区	521	150	154	16	4	2
阳新县	65221	9145	48101	7697	1384	3438
大冶市	61729	8900	44841	7864	1441	202
十堰市	179572	57336	103923	17101		
茅箭区	199	19	106	74		
张湾区	530	120	351	59		
郧阳区	29105	5465	19858	3758		
郧西县	21849	7725	9766	4244		
竹山县	56903	26780	26574	3549		
竹溪县	32013	5342	22574	3023		
房县	25496	8846	15109	1541		
丹江口市	13477	3039	9585	853		
宜昌市	237336	32994	200963	3362	2863	
宜昌市辖区	2712	293	2330	89		
夷陵区	29349	5306	23516	527		
远安县	16583	487	16068	28		
兴山县	9613	495	8989	117		
秭归县	17903	5035	12815	53		
长阳土家族自治县	15989	3766	12221	2		
五峰土家族自治县	4606	420	4181			
宜都市	22221	2037	20051	133		
当阳市	68620	10583	56420	1617	421	
枝江市	49740	4572	44372	796	2442	
襄阳市	363505	227270	112798	20292	7515	
高新区	9498	8163	1335		140	
襄城区	13364	8499	4865		1	
樊城区	11174	5739	4525	909		
襄州区	110407	92342	9263	8802	1195	
南漳县	20930	1629	17840	1461	22	
谷城县	19344	7715	8200	309		
保康县	15868	5132	10516	195		
老河口市	16312	11025	2991	2296	161	
枣阳市	79009	60439	13726	4844	966	
宜城市	67599	26586	39537	1476	5030	
鄂州市	42851	6856	30093	550	3128	
梁子湖区	14910	2971	10385	204	399	
华容区	17024	2146	11371	241	1625	
鄂城区	10917	1739	8337	105	1104	
荆门市	411748	59850	345036	6823	3091	
东宝区	40934	3394	36969	571	40	
掇刀区	40188	3827	36292	69		
沙洋县	146217	17401	126849	1967	448	
钟祥市	119669	25201	93115	1353	1956	
京山市	64740	10027	51811	2863	647	
孝感市	309693	85107	220131	4380	7828	40

续表 1

单位：吨

地区	油料产量				棉花产量	麻类产量
		花生	油菜籽	芝麻		
孝感市辖区	192	41	148	3	7	
孝南区	45897	7343	38068	486	1614	
孝昌县	56630	13952	41576	1102	881	
大悟县	65722	52962	12361	399	257	40
云梦县	30441	1331	28851	259	1273	
应城市	40692	3012	37339	341	548	
安陆市	29602	5009	23130	1388	960	
汉川市	40517	1457	38658	402	2288	
荆州市	**564654**	**6333**	**547010**	**11311**	**26176**	**484**
荆州开发区	283		283			
沙市区	7617		7576	41	158	
荆州区	36063	895	33572	1596	410	
公安县	116064	1152	114035	877	8414	430
江陵县	68344	2096	64290	1958	707	46
石首市	48942	273	48218	451	4009	
洪湖市	86443	424	82522	3497	1879	8
松滋市	48913	955	47145	813	5446	
监利市	151985	538	149369	2078	5153	
黄冈市	**593400**	**176314**	**402619**	**11127**	**21781**	**2775**
龙感湖农场	960		960			
黄州区	6136	501	5586	50	1091	
团风县	18811	3736	14134	940	1373	
红安县	89603	66652	22893	58	918	
罗田县	38428	8079	29048	1300	203	5
英山县	21191	3777	16516	302	183	
浠水县	84060	18650	63210	2200	4793	
蕲春县	61008	6081	53825	1102	2934	2716
黄梅县	82623	4905	75623	2095	3574	
麻城市	114538	60520	51088	1530	3663	
武穴市	76042	3412	69736	1550	3049	53
咸宁市	**211092**	**33314**	**168626**	**6438**	**2556**	**1712**
咸安区	59797	11165	46615	1945	127	793
嘉鱼县	19612	2187	15994	1431	154	625
通城县	28534	2742	25727	65		
崇阳县	34471	9728	24466	277	415	7
通山县	19228	2924	16081	223		102
赤壁市	49450	4568	39743	2497	1860	185
随州市	**109433**	**38933**	**58427**	**2058**	**2934**	
曾都区	14820	1598	10472	80	458	
随县	36940	13062	19258	1105	629	
广水市	57673	24273	28697	873	1847	
恩施土家族苗族自治州	**117450**	**18993**	**96919**	**221**		
恩施市	19967	2706	16993			
利川市	13909	1580	11279			
建始县	16390	1625	14765			
巴东县	26312	3957	22134	221		
宣恩县	6949	3027	3922			
咸丰县	19016	4396	14620			
来凤县	10078	1288	8790			
鹤峰县	4829	413	4416			
仙桃市	**139150**	**4289**	**129300**	**5561**	**9395**	
潜江市	**48664**	**4540**	**42833**	**1291**	**1334**	
天门市	**134787**	**38518**	**94859**	**1410**	**6093**	
神农架林区	**266**	**42**	**207**			

续表 2 单位:吨

地区	糖料产量	烟叶产量	烤烟	蔬菜及食用菌产量	食用菌	瓜果类产量
湖北省	**265738**	**81025**	**64555**	**44079336**	**548615**	**3702393**
武汉市	**18784**			**8387834**	**122183**	**603179**
武汉市辖区	3038			800688	39004	42657
汉南区				301867	937	34846
蔡甸区				1062901	507	195056
江夏区				1735336	6413	151716
黄陂区	6770			2791235	8761	124475
新洲区	8976			1695807	66561	54429
黄石市	**4862**			**920002**	**21658**	**113511**
黄石市辖区				15000		416
阳新县	143			527651	8333	69675
大冶市	4719			377351	13325	43420
十堰市	**19631**	**15622**	**15335**	**1820170**	**88031**	**43309**
茅箭区				27159	353	49
张湾区				105493	175	404
郧阳区				420404	13728	21324
郧西县	18399	720	720	315395	16483	2909
竹山县		3476	3476	263468	6856	1533
竹溪县	1232	2869	2869	245772	13859	863
房县		8152	8152	257111	35689	1647
丹江口市		405	118	185368	888	14580
宜昌市	**247**	**9038**	**6828**	**5371819**	**66891**	**264334**
宜昌市辖区				168040	140	1184
夷陵区		35	35	902639	630	21251
远安县				167960	58982	1369
兴山县		2985	2985	289445	567	3178
秭归县		2970	2970	441112	577	2165
长阳土家族自治县		857	30	889258	133	1087
五峰土家族自治县		2141	808	310322		601
宜都市		50		277340	612	4043
当阳市				1047866	2676	47837
枝江市	247			877837	2574	181619
襄阳市	**13213**	**7786**	**7786**	**3110290**	**36634**	**573628**
高新区				55022		22021
襄城区	113			262308		17600
樊城区				259597	758	7566
襄州区	66	30	30	372103	410	43429
南漳县	120	1978	1978	424147	14021	7444
谷城县	290			340659	1366	7149
保康县		4650	4650	231021	5623	560
老河口市				585432	233	62221
枣阳市	11357	1128	1128	264017	12310	50756
宜城市	1267			315984	1913	354883
鄂州市	**4485**			**1065584**	**1526**	**43938**
梁子湖区	1167			230832	1310	10639
华容区	2484			343301	60	23876
鄂城区	834			491451	156	9423
荆门市	**9508**			**1958936**	**39731**	**248199**
东宝区	191			187889	8891	47942
掇刀区				143106	1716	45441
沙洋县	6035			478361	10309	20430
钟祥市	107			693847	12108	75839
京山市	3175			455733	6707	58547
孝感市	**12683**			**4716641**	**21160**	**352524**

续表 3 单位:吨

地区	糖料产量	烟叶产量	烤烟	蔬菜及食用菌产量	食用菌	瓜果类产量
孝感市辖区	6			436	1	27
孝南区	2394			747295	1000	76694
孝昌县	5398			504119	1141	60763
大悟县	108			335387	314	17025
云梦县	2			946957	4608	21487
应城市				683060	4487	61250
安陆市	851			338200	5120	62874
汉川市	3924			1161187	4489	52404
荆州市	**36865**			**3408661**	**10464**	**616954**
荆州开发区				27549		730
沙市区				336557		21737
荆州区	1689			770868		101598
公安县	5446			490658	663	103040
江陵县	5759			180534	85	81700
石首市	4325			429636	3843	59307
洪湖市	2946			357097	2145	42527
松滋市	2450			292223	966	145001
监利市	14250			523539	2762	61314
黄冈市	**33235**			**3697672**	**18698**	**170276**
龙感湖农场				24427		5052
黄州区	245			290307	731	18673
团风县	2195			124788	907	12782
红安县	110			323886	332	5482
罗田县	4037			310550	3167	12875
英山县	1031			204157	1278	10
浠水县	3400			862315	10115	18001
蕲春县	14841			396506	336	28608
黄梅县	1090			249582	825	24655
麻城市	1700			680843	97	12061
武穴市	4586			230312	911	32078
咸宁市	**71693**			**2575394**	**11537**	**214643**
咸安区				325053	599	43422
嘉鱼县	40017			1236657	930	59065
通城县				155378	493	3950
崇阳县	10282			213319	1287	23719
通山县				186164	4205	5906
赤壁市	21394			458823	4023	78581
随州市	**1879**			**1620850**	**103769**	**155596**
曾都区				274248	5320	6689
随县	431			497601	73084	52739
广水市	1448			849001	25365	96169
恩施土家族苗族自治州		**48571**	**34598**	**2893391**	**4330**	**30431**
恩施市		7786	4915	684640	386	2674
利川市		7200	6950	847508	1230	5689
建始县		6023	3152	251816	2011	2348
巴东县		8077	5968	330517	153	5976
宣恩县		5928	5798	158050	61	2987
咸丰县		7098	3022	274241	125	2189
来凤县		951	303	112506	178	7475
鹤峰县		5508	4490	234113	186	1093
仙桃市	**32150**			**607474**	**1455**	**81839**
潜江市	**1077**			**932895**	**195**	**68571**
天门市	**5426**			**958959**	**102**	**121423**
神农架林区		**8**	**8**	**32763**	**252**	**36**

《湖北农村统计年鉴2023》

1.农村基本情况

2.农业产值

3.种植业

4.林业及土特产☑

5.畜牧业

6.渔业

7.农业机械化

8.农村主要能源及物资消耗

9.农业技术推广及应用

10.水利建设

11.农垦及监狱系统农场

全省林业生产情况

指标名称	计量单位	全省合计
一、造林面积	公顷	176917
1.人工造林	公顷	49165
2.人工更新	公顷	1408
3.封山育林	公顷	64242
4.退化林修复	公顷	62102
二、森林抚育面积	公顷	263208
三、经济林产品总产量	吨	10602786
其中:主要林产品产量		
1.板栗	吨	196251
2.油茶籽	吨	265076
3.核桃	吨	62896
4.竹笋干	吨	73315
四、竹木采伐		
1.木材	万立方米	360.52
2.竹材	万根	4235.30
五、林草产业总产值	亿元	4998.34
第一产业	亿元	1840.88
第二产业	亿元	1577.43
第三产业	亿元	1580.03
六、林业投资完成总额	亿元	121.03

茶叶产量

单位：吨

地区	茶叶产量	绿茶	青茶	红茶	黑茶
湖北省	**419870**	**289914**	**992**	**41955**	**77679**
武汉市	**2949**	**2807**		**54**	**1**
武汉市辖区	26	23		2	1
汉南区					
蔡甸区					
江夏区	304	298			
黄陂区	1612	1590		22	
新洲区	1007	896		30	
黄石市	**1872**	**1102**		**83**	
黄石市辖区	1				
阳新县	1123	954		83	
大冶市	748	148			
十堰市	**22166**	**19234**	**179**	**2386**	**122**
茅箭区	295	77		2	
张湾区	116	96		20	
郧阳区	1394	1184		210	
郧西县	499	371		105	
竹山县	7723	6498		1223	
竹溪县	9927	9030	179	596	122
房县	1422	1333		85	
丹江口市	790	645		145	
宜昌市	**112491**	**97629**	**10**	**13340**	**312**
宜昌市辖区	1848	1691		157	
夷陵区	35776	35426	10	173	167
远安县	4872	3017		1385	
兴山县	2655	2312			
秭归县	8180	8086		47	
长阳县	7851	7793		18	13
五峰县	27486	19436		7918	132
宜都市	23012	19057		3642	
当阳市	806	806			
枝江市	5	5			
襄阳市	**12298**	**11687**		**238**	**124**
高新区					
襄城区	2	2			
樊城区					
襄州区					
南漳县	1018	948		70	
谷城县	4605	4129		102	124
保康县	6117	6051		66	
老河口市					
枣阳市	546	546			
宜城市	11	11			
鄂州市	**200**	**200**			
梁子湖区	192	192			
华容区					
鄂城区	8	8			
荆门市	**256**	**239**		**11**	
东宝区	82	70		11	
掇刀区					
沙洋县	2	2			
钟祥市	154	152			
京山市	18	15			
孝感市	**9707**	**8697**		**1009**	

续表 单位：吨

地区	茶叶产量	绿茶	青茶	红茶	黑茶
孝感市辖区	10	10			
孝南区	47	46		1	
孝昌县	1564	1563			
大悟县	7613	6605		1008	
云梦县					
应城市	412	412			
安陆市	61	61			
汉川市					
荆州市	**65**	**65**			
荆州开发区					
沙市区					
荆州区					
公安县	7	7			
江陵县					
石首市	48	48			
洪湖市					
松滋市	10	10			
监利市					
黄冈市	**41533**	**39484**		**792**	**1151**
龙感湖农场					
黄州区	4	4			
团风县	318	299			
红安县	3473	3473			
罗田县	1301	1301			
英山县	28631	26707		773	1151
浠水县	1520	1520			
蕲春县	2159	2144		2	
黄梅县	698	663			
麻城市	3360	3340		15	
武穴市	69	33		2	
咸宁市	**89562**	**12740**	**332**	**3107**	**71111**
咸安区	5063	2192	328	73	2400
嘉鱼县	1749	1749			
通城县	3913	2009		530	1374
崇阳县	6080	2644		8	2077
通山县	2618	1716	4	568	
赤壁市	70139	2430		1928	65260
随州市	**3653**	**3611**		**31**	
曾都区	113	82		31	
随县	2796	2790			
广水市	744	739			
恩施州	**122980**	**92340**	**471**	**20895**	**4858**
恩施市	25343	22169		2943	
利川市	21578	10393		11182	
建始县	945	881		37	1
巴东县	3533	3368		133	
宣恩县	18682	16041		1202	1427
咸丰县	11710	7369	471	2839	677
来凤县	3744	1075			
鹤峰县	37444	31045		2560	2753
仙桃市					
潜江市					
天门市	**2**	**1**		**1**	
神农架林区	**136**	**79**		**8**	

园林水果产量

单位:吨

地区	园林水果	梨	柑橘类				
				柑	橘	橙	柚
湖北省	**7729858**	**424215**	**5378218**	**1751042**	**2230319**	**1219918**	**166619**
武汉市	**158980**	**10308**	**44593**	**8937**	**31848**	**1326**	**316**
武汉市辖区	23095	1412	2208	271	1444	491	3
汉南区	6497	366	1167	274	845	48	
蔡甸区	28717	1420	12381	3605	8320	344	111
江夏区	35603	428	23380	4272	18803	170	135
黄陂区	20436	946	3395		1229		
新洲区	44632	5736	2062	515	1207	273	67
黄石市	**118952**	**2980**	**80056**	**13665**	**59860**	**5663**	**868**
黄石市辖区	511	17	393	28	363		2
阳新县	98067	1902	72421	12057	54427	5168	769
大冶市	20374	1061	7242	1580	5070	495	97
十堰市	**437321**	**739**	**345373**	**4992**	**334470**	**5911**	
茅箭区	493	6	75		75		
张湾区	3230	45	229		229		
郧阳区	61163	17	25194	4332	20194	668	
郧西县	13323	201	759	194	565		
竹山县	6691	74	203	156	47		
竹溪县	4506	43	80		80		
房县	6497	39	29		22	7	
丹江口市	341418	314	318804	310	313258	5236	
宜昌市	**4180995**	**32875**	**4045287**	**1448009**	**1426934**	**1148758**	**21586**
宜昌市辖区	157948		156075	69255	75239	5941	5640
夷陵区	838122	622	814461	25196	772961	14896	1408
远安县	87922	176	80242		80115		127
兴山县	113625	3095	108027	2466	7953	97596	12
秭归县	773002	307	760944	10119		749564	1261
长阳县	160039	578	145168	97400	25027	22158	583
五峰县	13992	2621	9568	3238	5090	531	709
宜都市	652658	22	649588	446979	166893	32177	3539
当阳市	532741	421	515005	215467	276038	22300	1200
枝江市	850946	25033	806209	577889	17618	203595	7107
襄阳市	**815365**	**58772**	**33226**	**2954**	**30233**	**39**	
高新区	340						
襄城区	17234	1924	210		210		
樊城区	4775	701	3		3		
襄州区	60150	28274	257		257		
南漳县	39296	97	29108	2325	26766	17	
谷城县	6146	431	1752		1752		
保康县	5476	118	341	41	278	22	
老河口市	47136	18363	640		640		
枣阳市	521186	5470	591	588	3		
宜城市	113626	3394	324		324		
鄂州市	**45700**	**8847**	**26904**	**1536**	**16687**	**1047**	**7612**
梁子湖区	10780	1540	8003	578	4600	100	2725
华容区	16935	2046	9377	173	7604	29	1571
鄂城区	17985	5261	9524	785	4483	918	3316
荆门市	**408886**	**180509**	**129767**	**16192**	**102396**	**9372**	**1671**
东宝区	88235	7647	78807	182	70264	7691	576
掇刀区	18573	79	8384	80	7838	427	133
沙洋县	19734	4974	7441	1009	5955	80	261
钟祥市	164845	108297	22128	9702	10551	1174	701
京山市	117499	59512	13007	5219	7788		
孝感市	**165959**	**10561**	**20439**	**6949**	**12025**	**733**	**606**

地区	园林水果						
		梨	柑橘类				
				柑	橘	橙	柚
孝感市辖区	12	2	4		4		0
孝南区	15775	441	1467	156	1176	135	
孝昌县	83251	1783	13177	5009	7112	450	606
大悟县	14990	1765	126				
云梦县	9096	961	2350	1716	534	100	
应城市	14434	2797	879	68	811		
安陆市	15496	534	1239		1191	48	
汉川市	12905	2278	1197		1197		
荆州市	**519615**	**14057**	**331063**	**156715**	**111360**	**20544**	**42444**
荆州开发区							
沙市区	1541	359	266	132	134		
荆州区	27997	5274	9513	2654	2628	2990	1241
公安县	229928	5679	103756	9290	76047	9094	9325
江陵县	16622	102	1448	148	983	47	270
石首市	27578	243	16772	3428	10364	1510	1470
洪湖市	2124		1170		1170		
松滋市	204301	605	195226	140666	17519	6903	30138
监利市	9524	1795	2912	397	2515		
黄冈市	**151558**	**5233**	**48135**	**7168**	**38433**	**1350**	**1183**
龙感湖农场	1373	427	736		736		
黄州区	1896	97	893	4	547	312	31
团风县	642	120	168	41	119	1	7
红安县	6330	1295	4		4		
罗田县	11510	501	1027		1027		
英山县	218	42	38	24	14		
浠水县	5757	223	3107	512	1940	503	152
蕲春县	76541	1035	10191	2096	7987	101	6
黄梅县	6587	239	1460	129	1331		
麻城市	6838	1015	1065	368	697		
武穴市	33865	238	29446	3994	24032	433	987
咸宁市	**102864**	**9800**	**51309**	**11029**	**33931**	**5433**	**917**
咸安区	5607	223	2354	502	1434	383	35
嘉鱼县	7594	57	4267	531	1672	2064	
通城县	11346	97	7811	7065			746
崇阳县	17262	5423	1252	98	1074	36	44
通山县	20807	2310	12956	75	11770	1063	48
赤壁市	40249	1690	22669	2758	17980	1887	44
随州市	**184494**	**7789**	**3116**	**8**	**3108**		
曾都区	4055	50	378		378		
随县	95398	2647	1161		1161		
广水市	85042	5092	1577	8	1569		
恩施州	**333324**	**64336**	**205097**	**70309**	**18943**	**19487**	**89358**
恩施市	33511	2994	12143	2085	778	184	2097
利川市	51752	36856	6948	3513	987	73	2375
建始县	20566	1552	7228	2978	2141	99	2010
巴东县	74353	1307	58314	32712	1927	18074	5601
宣恩县	97724	4400	92668	18578	1441		72649
咸丰县	21039	12467	3101	63	894	41	2104
来凤县	21568	1687	16842	2904	10501	948	2489
鹤峰县	12811	3073	7853	7477	274	69	34
仙桃市	**23684**	**2894**	**7373**	**1823**	**5434**	**116**	
潜江市	**59529**	**4884**	**2014**	**295**	**1521**	**140**	**58**
天门市	**22364**	**9624**	**4466**	**461**	**3137**		
神农架林区	**267**	**7**					

茶园、果园面积

单位：公顷

地区	年末实有茶园面积	本年采摘面积	年末果园面积	梨园	柑橘园	桃园	葡萄园
湖北省	**376057**	**302541**	**411731**	**23659**	**242865**	**71152**	**16539**
武汉市	**7721**	**6489**	**9126**	**667**	**2550**	**2431**	**1396**
武汉市辖区	59	59	1022	52	137	290	478
汉南区			447	125	29	76	55
蔡甸区			1277	179	351	220	176
江夏区	670	558	2928	49	1693	284	161
黄陂区	4587	3558	1024	60	225	259	318
新洲区	2405	2314	2428	203	114	1301	206
黄石市	**5559**	**4275**	**12534**	**363**	**8705**	**1872**	**299**
黄石市辖区	7	7	88	2	55	10	3
阳新县	4159	3241	10640	276	8061	1395	158
大冶市	1394	1028	1806	85	589	467	138
十堰市	**55574**	**37704**	**29163**	**112**	**21137**	**3401**	**400**
茅箭区	272	204	114	1	8	10	6
张湾区	310	88	432	15	9	83	9
郧阳区	4267	2163	3921	5	1618	1681	46
郧西县	2460	1689	1118	41	74	334	227
竹山县	18635	14580	1017	10	13	75	44
竹溪县	20918	13367	562	6	39	207	14
房县	5505	3562	1074	5	16	375	17
丹江口市	3208	2052	20926	29	19359	636	36
宜昌市	**66301**	**57506**	**152582**	**1557**	**140853**	**3288**	**452**
宜昌市辖区	1480	1440	6328		6071	105	15
夷陵区	15497	14441	23123	80	21254	335	152
远安县	3531	2935	4473	12	3263	487	58
兴山县	3383	2353	6966	91	6754	30	15
秭归县	7724	5999	29110	67	26458	218	36
长阳县	10565	8998	9530	28	7896	122	37
五峰县	14806	13058	584	167	335	12	
宜都市	8681	7728	21838	9	21442	276	13
当阳市	618	539	24479	37	23396	758	76
枝江市	15	15	26151	1065	23985	945	50
襄阳市	**23048**	**16541**	**34683**	**1905**	**2695**	**26092**	**778**
高新区			39			39	
襄城区	34	21	502	67	7	241	93
樊城区			272	26	0	142	22
襄州区			2511	599	45	1537	142
南漳县	2737	1494	3575	25	2201	383	118
谷城县	8551	7465	512	24	102	150	45
保康县	10391	6464	775	31	35	196	41
老河口市			2608	703	65	1572	36
枣阳市	1316	1078	19294	240	33	18411	231
宜城市	20	20	4596	188	206	3420	51
鄂州市	**433**	**301**	**2868**	**392**	**984**	**242**	**205**
梁子湖区	400	268	1529	103	493	70	50
华容区			636	59	239	108	100
鄂城区	33	33	703	229	252	64	54
荆门市	**935**	**900**	**18520**	**4701**	**7144**	**4145**	**1275**
东宝区	389	358	5088	296	4000	236	225
掇刀区			607	7	424	87	32
沙洋县	38	35	1107	182	438	183	172
钟祥市	369	369	6702	2667	1711	1614	357
京山市	139	139	5016	1550	571	2025	489
孝感市	**22275**	**16973**	**6750**	**379**	**617**	**4137**	**422**

 单位：公顷

地区	年末实有茶园面积	本年采摘面积	年末果园面积	梨园	柑橘园	桃园	葡萄园
孝感市辖区	89	60	8	1	3	3	2
孝南区	460	394	750	36	93	573	26
孝昌县	6582	4103	3262	55	302	1970	90
大悟县	14646	11987	1000	49	3	834	
云梦县			224	29	59	49	53
应城市	255	253	280	71	37	79	84
安陆市	242	176	708	57	85	409	84
汉川市			517	81	35	219	84
荆州市	**694**	**694**	**24126**	**662**	**17510**	**1495**	**4091**
荆州开发区							
沙市区			79	15	32	6	16
荆州区			1027	300	318	58	319
公安县	30	30	7110	226	3333	409	3073
江陵县			947	12	138	426	338
石首市	444	444	1281	14	767	286	165
洪湖市			115		65	24	15
松滋市	219	219	13217	25	12761	153	127
监利市			349	70	97	134	36
黄冈市	**31863**	**28137**	**12272**	**552**	**3511**	**5001**	**922**
龙感湖农场			49	12	25	7	3
黄州区	3	3	164	7	87	40	16
团风县	600	444	122	22	38	2	44
红安县	3594	3566	691	67	38	246	328
罗田县	1557	1177	860	72	51	105	48
英山县	17734	15718	55	3	3	16	10
浠水县	1135	1123	1099	41	274	141	84
蕲春县	2155	1997	5707	116	1121	4016	59
黄梅县	764	410	816	38	156	67	47
麻城市	4130	3521	757	159	70	240	185
武穴市	191	177	1951	15	1647	122	98
咸宁市	**34907**	**27780**	**28239**	**3913**	**10171**	**3463**	**1059**
咸安区	6695	4899	1464	31	266	496	57
嘉鱼县	1443	1289	944	13	622	133	21
通城县	5200	4825	3584	49	2450	421	61
崇阳县	6347	3867	7547	2527	749	1539	472
通山县	4215	2567	10172	1045	4991	557	250
赤壁市	11007	10333	4529	248	1093	317	198
随州市	**5354**	**4414**	**15865**	**329**	**82**	**11130**	**1121**
曾都区	388	280	972	38	39	571	28
随县	3176	2579	11588	116	38	8606	808
广水市	1789	1555	3305	175	5	1953	285
恩施州	**120200**	**99697**	**61117**	**7729**	**26498**	**3448**	**2489**
恩施市	26764	22876	5796	565	1497	619	599
利川市	16823	13092	4249	1812	465	375	165
建始县	2793	2458	4274	489	647	270	808
巴东县	10441	5623	12156	382	8611	991	239
宣恩县	15317	15317	14864	700	11959	611	9
咸丰县	18899	14730	15643	3325	1564	362	543
来凤县	3344	3226	3032	159	1418	121	116
鹤峰县	25818	22375	1105	297	337	98	10
仙桃市			**637**	**43**	**167**	**189**	**187**
潜江市			**2314**	**165**	**109**	**658**	**1323**
天门市	**117**	**93**	**501**	**141**	**132**	**83**	**106**
神农架林区	**1076**	**1036**	**433**	**51**		**78**	**15**

全省营造林情况

单位：公顷

统计单位	造林面积合计	人工造林	人工更新	封山育林	退化林修复	森林抚育面积
全省合计	**176917**	**49165**	**1408**	**64242**	**62102**	**263208**
武汉市	**2097**	**1402**		**334**	**361**	**6157**
洪山区						4
东西湖区						45
汉南区						160
蔡甸区	67	67				267
江夏区	200	133		67		2000
黄陂区	1067	1067				3333
新洲区	763	136		267	361	348
黄石市	**2776**	**1375**			**1401**	**11915**
阳新县	1803	668			1135	9315
大冶市	973	707			267	2600
十堰市	**18271**	**2302**		**11079**	**4890**	**75789**
茅箭区	1067			1000	67	1149
张湾区	336			336		6301
郧阳区	4390	834		2002	1554	11593
郧西县	2267	600		1000	667	1867
竹山县	3008	201		2004	802	1800
竹溪县	1202	533		669		5339
房县	4134			3000	1134	8700
丹江口市	1800	133		1000	667	39000
武当山特区	67			67		34
十堰市直						6
宜昌市	**11788**	**247**		**7821**	**3720**	**36202**
西陵区						
伍家岗区						
点军区						
猇亭区						38
夷陵区	1574	40		1333	200	10226
远安县	867			867		800
兴山县	333			333		5347
秭归县	4100	200		1333	2567	1120
长阳土家族自治县	3454			2533	920	4686
五峰土家族自治县	1427	7		1420		7284
宜都市	33				33	4369
当阳市						205
枝江市						2127
襄阳市	**17609**	**3756**		**11338**	**2515**	**19361**
襄城区	20	20				320
樊城区	67	67				133

续表 1　　　　　　　　　　　　　　　　　　　　　　　　　　　　　　　　　单位：公顷

统计单位	造林面积合计	人工造林	人工更新	封山育林	退化林修复	森林抚育面积
襄州区	547	547				1333
南漳县	4792	255		4002	534	5666
谷城县	4249	400		3001	847	7000
保康县	4401			4334	67	2293
老河口市	600	400			200	270
枣阳市	1201	667			534	533
宜城市	1733	1400			333	1667
襄阳市直						146
鄂州市	**27**	**27**				**2505**
梁子湖区	7	7				226
华容区						312
鄂城区	20	20				1227
葛店开发区						18
鄂州市直						722
荆门市	**6759**	**3559**			**3200**	**5085**
东宝区	792	126			667	533
掇刀区	33	33				95
沙洋县	2807	1073			1733	2000
钟祥市	733	600			133	587
京山市	2067	1667			400	1800
漳河新区	133				133	10
屈家岭管理区	7	7				
荆门市直	186	53			133	60
孝感市	**14773**	**4914**	**258**	**3400**	**6201**	**8852**
孝南区	400	400				400
孝昌县	2268	935		67	1267	1333
大悟县	10736	2468		3333	4934	1450
云梦县	633	633				950
应城市	335	77	258			2000
安陆市	333	333				134
汉川市	67	67				2485
孝感市直						100
荆州市	**7412**	**6034**	**146**		**1232**	**5377**
沙市区	33		33			133
荆州区	200	200				50
公安县	533	533				1000
监利市	1333	1333				2000
江陵县	67		67			
石首市	1667	1667				407
洪湖市	800	754	46			1333
松滋市	2445	1213			1232	454

续表 2

单位：公顷

统计单位	造林面积合计	人工造林	人工更新	封山育林	退化林修复	森林抚育面积
荆州市直	333	333				
黄冈市	**34413**	**9560**	**360**	**4607**	**19885**	**41490**
黄州区	67	39	28			500
团风县	2434	967		667	800	2200
红安县	4830	335		668	3826	10000
罗田县	3535	934			2600	2000
英山县	7208	1567		2738	2904	667
浠水县	2338	805	332		1201	
蕲春县	1933	999			933	13749
黄梅县	1480	1147			333	3403
麻城市	9656	2167		535	6954	3141
武穴市	800	467			333	2000
龙感湖管理区	133	133				3830
咸宁市	**21458**	**5598**	**601**	**4334**	**10926**	**33902**
咸安区	1811	667			1145	532
嘉鱼县	1336	267	601		468	667
通城县	6334	800		2000	3533	400
崇阳县	2135	133		333	1668	10341
通山县	8777	2803		2001	3974	21933
赤壁市	899	795			104	
咸宁市直	167	133			33	29
随州市	**3307**	**1940**			**1367**	**759**
曾都区	780	280			500	400
随县	1367	833			533	200
广水市	1027	693			333	
随州高新区						159
随州市直	134	134				
恩施土家族苗族自治州	**27780**	**6352**		**17661**	**3766**	**5313**
恩施市	3094	700		1860	533	333
利川市	1934	934		734	267	333
建始县	4450	650		3333	467	404
巴东县	3668	1000		2001	667	1000
宣恩县	2853	253		2400	200	476
咸丰县	5948	1415		4533		734
来凤县	267	67		200		200
鹤峰县	5565	1333		2600	1632	1833
仙桃市	**669**	**669**				**5333**
潜江市	**697**	**520**	**43**		**133**	**49**
天门市	**733**	**733**				**2000**
神农架林区	**5667**			**3667**	**2000**	**1600**
省局直属单位	**682**	**177**			**506**	**1519**

主要林产品产量

单位:吨

地　区	油茶籽	核桃	板栗	竹笋干
全省合计	**265076**	**62896**	**196251**	**73312**
武汉市	**8362**		**1077**	**1100**
蔡甸区				
江夏区	15		27	
黄陂区	7466			1100
新洲区	1950		1050	
黄石市	**34600**	**165**	**1000**	**1680**
阳新县	24800	165	800	1600
大冶市	9800		200	80
十堰市	**3906**	**18391**	**10516**	**12166**
茅箭区			155	42
张湾区	80	24	804	48
郧阳区	400	1056	620	160
郧西县	952	7995	2974	120
竹山县	580	4230	1307	3300
竹溪县	520	450	366	2530
房县	430	2300	3655	5642
丹江口市	624	2336	635	324
武当山特区	320			
宜昌市	**506**	**20175**	**4229**	**7616**
西陵区				
伍家岗区				
点军区			2	
猇亭区				
夷陵区		1558	815	986
远安县	7		210	5800
兴山县	20	11442	421	50
秭归县		6500	1050	4
长阳自治县	300		920	118
五峰自治县	100	500	400	
宜都市	56	164	378	66
当阳市	23	11	33	592
枝江市				
襄阳市	**51840**	**16176**	**9031**	**1487**
襄城区			230	
樊城区		4		
襄州区	530		2	
南漳县	4200	7342	1107	1000
谷城县	22060	420	2022	68
保康县	963	7130	964	419
老河口市		500		
枣阳市	24000	780	1300	
宜城市	87		3406	
鄂州市	**566**		**1045**	**1208**
梁子湖	501		192	
华容区			403	
鄂城区	60		450	1208
鄂州市直	5			
荆门市	**2137**	**56**	**9549**	**345**
东宝区	822		70	220
掇刀区			10	10
沙洋县			77	
钟祥市	700		1488	
京山市	315	56	7900	115
漳河新区	300		3	

续表

单位:吨

地区	油茶籽	核桃	板栗	竹笋干
屈家岭管理区			1	
孝感市	**20069**		**24500**	**15**
孝南区	9900			
孝昌县	215		1380	
大悟县	7700		23000	15
云梦县				
应城市	95			
安陆市	2159		120	
汉川市				
荆州市	**1551**		**120**	**790**
沙市区				
荆州区				
公安县				
监利市				
江陵县				750
石首市			120	40
洪湖市				
松滋市	1551			
黄冈市	**39617**	**23**	**110088**	**1134**
黄州区				
团风县	582		4368	13
红安县	7920		3450	
罗田县	2167	23	42000	182
英山县	1005		5108	
浠水县	2840		52814	
蕲春县	4513		2180	153
黄梅县	356		76	32
麻城市	19600			10
武穴市	634		92	744
龙感湖管理区				
咸宁市	**85709**	**12**	**2679**	**24679**
咸安区	2640			
嘉鱼县	2200			
通城县	51460		1253	172
崇阳县	2160		311	22240
通山县	25960	12	1115	440
赤壁市	1289			1827
随州市	**7834**	**2452**	**11845**	**37**
曾都区	500		1100	
随县	4000	550	5703	
广水市	3254	1902	5042	37
大洪山管理区	10			
随州高新区	70			
恩施自治州	**8379**	**5299**	**10241**	**21056**
恩施市	1314	240	3805	180
利川市	129	1100	1077	19670
建始县	59	488	128	
巴东县	9	3010	2700	66
宣恩县	1028	425	427	198
咸丰县	245	22	35	500
来凤县	5500	14	1069	432
鹤峰县	95		1000	10
仙桃市				
潜江市				
天门市				
神农架林区		**147**	**330**	

主要林产品年末实有面积

单位：公顷

地　区	油茶	核桃	板栗	笋用竹
全省合计	**303051**	**128283**	**294839**	**166703**
武汉市	**10058**		**305**	**42**
蔡甸区				
江夏区	15			
黄陂区	6693			42
新洲区	3350		305	
黄石市	**26175**	**158**	**645**	**2361**
阳新县	21467	158	445	2335
大冶市	4708		200	26
十堰市	**8077**	**35752**	**52708**	**111545**
茅箭区			8	77
张湾区	200	39	915	467
郧阳区	1144	3260	200	
郧西县	340	8800	2058	1000
竹山县	1700	3866	2000	31667
竹溪县	2800	2000	627	13334
房县	548	16667	45567	64600
丹江口市	1173	1120	1333	400
武当山特区	172			
宜昌市	**2187**	**44973**	**6206**	**3334**
西陵区				
伍家岗区				
点军区				
猇亭区				
夷陵区		5746	2133	2629
远安县	35		650	387
兴山县	133	22884	450	24
秭归县		14666	1400	
长阳自治县	1000		100	8
五峰自治县	933	1667	1333	
宜都市	20		130	
当阳市	66	10	10	286
枝江市				
襄阳市	**34011**	**27269**	**3069**	**1700**
襄城区			450	
樊城区		10		
襄州区	316		4	
南漳县	2619	3333	300	1333
谷城县	13133	28	583	45
保康县	8472	23333	372	322
老河口市		345		
枣阳市	9366	220	330	
宜城市	105		1030	
鄂州市	**616**		**114**	**62**
梁子湖	527		19	
华容区			30	
鄂城区	82		65	62
鄂州市直	7			
荆门市	**8371**	**1245**	**9942**	**194**
东宝区	460		16	140
掇刀区			7	33
沙洋县			20	
钟祥市	1200		50	
京山市	6511	1245	9846	21
漳河新区	200		2	

单位：公顷

地　区	油茶	核桃	板栗	笋用竹
屈家岭管理区			1	
孝感市	**18581**		**6722**	
孝南区	165			
孝昌县	1799			
大悟县	15000		6722	
云梦县				
应城市	60			
安陆市	1557			
汉川市				
荆州市	**3333**		**40**	**510**
沙市区				
荆州区				
公安县				
监利市				
江陵县				500
石首市			40	10
洪湖市				
松滋市	3333			
黄冈市	**84896**	**216**	**192609**	**4995**
黄州区				
团风县	4166		2267	107
红安县	18000		1840	
罗田县	7300	216	67667	1200
英山县	7000			
浠水县	4680		63890	
蕲春县	9942		2933	2300
黄梅县	2933		456	117
麻城市	28955		53533	771
武穴市	1920		23	500
龙感湖管理区				
咸宁市	**53377**	**6**	**200**	**35523**
咸安区	1013			
嘉鱼县	733			
通城县	25011			
崇阳县	8533		28	7467
通山县	17733	6	172	20253
赤壁市	354			7803
随州市	**33831**	**3258**	**5205**	
曾都区	1400		1300	
随县	18889	2935	3435	
广水市	12452	323	470	
大洪山管理区	90			
随州高新区	1000			
恩施自治州	**19538**	**11487**	**8215**	**6323**
恩施市	2296	1221	1038	168
利川市	399	340	80	2733
建始县	159	3945	170	
巴东县	30	3000	1667	
宣恩县	2987	2250	2020	1100
咸丰县	6033	671	1240	1900
来凤县	6667	60	1000	400
鹤峰县	967		1000	23
仙桃市				
潜江市				
天门市				
神农架林区		**673**	**836**	

《湖北农村统计年鉴2023》

1.农村基本情况
2.农业产值
3.种植业
4.林业及土特产
5.畜牧业☑
6.渔业
7.农业机械化
8.农村主要能源及物资消耗
9.农业技术推广及应用
10.水利建设
11.农垦及监狱系统农场

全省畜牧生产情况

指标名称	计量单位	湖北省
一、畜禽期末存栏(笼)数		
(一)猪存栏	万头	2550.92
其中:能繁殖母猪	万头	251.38
(二)牛存栏	万头	235.82
其中:肉牛	万头	212.17
奶牛	万头	1.53
(三)羊存栏	万只	531.67
1.山羊	万只	531.67
2.绵羊	万只	
(四)活家禽存笼	万只	41195.30
二、畜禽当年出栏(笼)数		
(一)猪出栏	万头	4286.15
(二)牛出栏	万头	107.64
(三)羊出栏	万只	631.59
1.山羊	万只	631.59
2.绵羊	万只	
(四)活家禽出笼	万只	61648.98
三、畜产品产量		
(一)猪肉产量	万吨	331.69
(二)牛肉	万吨	16.26
(三)羊肉	万吨	10.53
(四)禽肉	万吨	82.11
(五)禽蛋产量	万吨	207.96
(六)生牛奶	万吨	9.18

其它畜牧业生产情况

指标名称	计量单位	湖北省
一、存栏		
1.活牲畜存栏(除猪牛羊外)	万头	0.25
(1)马	万头	0.14
(2)驴	万头	0.09
(3)骡	万头	0.02
(4)骆驼	万头	
2.家兔	万只	60.17
二、出栏		
1.活牲畜出栏(除猪牛羊外)	万头	0.08
(1)马	万头	0.01
(2)驴	万头	0.07
(3)骡	万头	
(4)骆驼	万头	
2.家兔	万只	166.20
三、肉、产品产量		
1.活牲畜出栏(除猪牛羊外)	吨	86.61
(1)马	吨	16.74
(2)驴	吨	68.97
(3)骡	吨	0.70
(4)骆驼	吨	0.20
2.家兔	吨	3179.27
3.其他肉产量	吨	2423.22
4.其他奶产量	吨	
5.山羊毛产量	吨	14.64
其中:山羊粗毛	吨	14.64
6.天然蜂蜜	吨	19534.22
7.其它禽蛋产量	吨	3277.73
8.蚕茧产量	吨	847.60
其中:桑蚕茧	吨	748.87
柞蚕茧	吨	98.73

分地区畜禽出栏(笼)

地区	猪出栏（万头）	牛出栏（头）	羊出栏（只）	山羊出栏（只）	家禽出笼（万只）
湖北省	**4286.15**	**1076394**	**6315934**		**61648.98**
武汉市	**194.97**	**20480**	**28000**		**3737.47**
武汉市辖区	3.88	175			14.54
汉南区	6.60				6.68
蔡甸区	16.42	955	1534		164.93
江夏区	87.39	1560	1911		1577.41
黄陂区	59.51	12535	12408		875.74
新洲区	21.17	5255	12147		1098.17
黄石市	**103.66**	**11723**	**32399**		**1896.72**
黄石市辖区	0.01	2			0.43
阳新县	52.38	8864	24911		593.29
大冶市	51.27	2857	7488		1303.00
十堰市	**160.58**	**64014**	**923554**		**3876.50**
十堰市辖区	2.87	340	17334		148.22
郧阳区	57.04	12165	93893		341.58
郧西县	17.52	8208	206877		156.35
竹山县	17.34	7878	65868		315.06
竹溪县	20.32	12277	61885		173.48
房县	23.97	5532	415942		349.81
丹江口市	21.51	17614	61755		2392.00
宜昌市	**576.08**	**44780**	**1412983**		**3183.22**
宜昌市辖区	7.08	282	4812		46.41
夷陵区	93.71	3994	76727		627.36
远安县	26.88	1083	27909		54.25
兴山县	28.07	1142	157108		45.62
秭归县	55.48	972	74247		85.87
长阳县	62.83	1738	545931		80.24
五峰县	32.33	1993	110551		49.31
宜都市	74.00	12006	320718		586.17
当阳市	96.49	7026	81776		1090.23
枝江市	99.20	14544	13204		517.77
襄阳市	**616.40**	**314966**	**1301583**		**7146.95**
襄阳市辖区	46.12	9860	50272		410.73
襄州区	89.16	100921	232877		1403.25
南漳县	94.38	46616	252881		663.22
谷城县	68.72	26190	125275		744.93
保康县	41.38	6049	98024		210.85
老河口市	88.90	26845	90958		598.70
枣阳市	104.24	71615	390447		2199.01
宜城市	83.50	26870	60849		916.25
鄂州市	**76.32**	**5970**	**20607**		**1086.38**
荆门市	**375.11**	**76960**	**395153**		**4417.10**
荆门市辖区	46.08	7279	219163		642.90
京山市	96.88	14960	64335		1428.11
沙洋县	87.21	23515	26076		1388.93
钟祥市	144.94	31206	85579		957.16
孝感市	**299.45**	**82874**	**213944**		**8573.60**
孝感市辖区	0.47				1.11

续表

地区	猪出栏（万头）	牛出栏（头）	羊出栏（只）	山羊出栏（只）	家禽出笼（万只）
孝南区	24.61	5556	5144		854.87
孝昌县	38.42	33979	51243		655.55
大悟县	30.51	16139	52357		453.11
云梦县	27.38	4700	3648		775.37
应城市	42.29	6393	14991		1575.58
安陆市	75.53	14755	80853		1273.04
汉川市	60.23	1352	5708		2984.96
荆州市	**371.69**	**30665**	**115509**		**6053.08**
荆州市辖区	28.33	1687	8331		1606.34
公安县	66.90	2896	13498		573.75
监利县	71.06	5626	2287		1716.94
江陵县	22.22	5258	7377		529.15
石首市	42.40	7257	5101		681.04
洪湖市	28.28	2636	1136		343.32
松滋市	112.49	5305	77779		602.55
黄冈市	**456.16**	**239856**	**636318**		**6790.25**
黄冈市辖区（龙感湖农场）	0.10				24.80
黄州区	4.87	531	2127		60.53
团风县	7.87	6150	14331		395.48
红安县	45.41	26030	55424		202.43
罗田县	14.76	24816	185300		1286.35
英山县	13.77	4580	80938		170.54
浠水县	73.25	35841	45750		1680.95
蕲春县	69.48	71313	95385		903.40
黄梅县	52.06	17814	20429		840.86
麻城市	69.48	46381	120500		624.81
武穴市	105.12	6400	16134		600.11
咸宁市	**239.05**	**15886**	**204583**		**3427.27**
咸安区	47.55	1538	8207		2270.16
嘉鱼县	12.11	814	2553		156.56
通城具	56.01	1641	9549		87.00
崇阳县	63.50	3896	42416		305.25
通山县	32.48	4102	123866		183.20
赤壁市	27.40	3895	17992		425.09
随州市	**211.32**	**68550**	**465006**		**7749.81**
曾都区	64.01	15615	50714		2503.82
随县	75.15	29257	220236		3357.14
广水市	72.16	23678	194056		1888.85
恩施州	**424.91**	**66451**	**527743**		**1232.53**
恩施市	98.84	16588	57845		281.35
利川市	77.11	14578	48845		268.40
建始县	67.60	4102	132918		183.63
巴东县	70.24	3762	158664		103.87
宣恩县	37.10	10354	39280		117.45
咸丰县	39.41	10503	19502		119.30
来凤县	18.50	4385	18611		116.60
鹤峰县	16.11	2179	52078		41.93
仙桃市	**54.21**	**5237**	**3040**		**583.00**
潜江市	**59.00**	**14597**	**16200**		**1023.20**
天门市	**63.65**	**12400**	**8491**		**840.17**
神农架	**3.62**	**985**	**10821**		**31.74**

分地区主要畜禽产品产量

地区	猪肉（吨）	牛肉（吨）	羊肉（吨）	禽肉（吨）	禽蛋（吨）
湖北省	**3316860**	**162609**	**105265**	**821142**	**2079560**
武汉市	**150946**	**3094**	**467**	**49782**	**114738**
武汉市辖区	3005	26		215	
汉南区	5408			85	
蔡甸区	13033	156	34	3331	
江夏区	66729	257	36	21110	
黄陂区	45440	1780	231	14850	
新洲区	17332	875	166	10191	
黄石市	**80216**	**1771**	**540**	**25264**	**54058**
黄石市辖区	9			7	
阳新县	41057	1343	402	8389	
大冶市	39150	428	138	16867	
十堰市	**124264**	**9670**	**15392**	**51634**	**77762**
十堰市辖区	2222	51	289	1974	
郧阳区	44141	1838	1565	4550	
郧西县	13559	1240	3448	2083	
竹山县	13419	1190	1098	4196	
竹溪县	15723	1855	1031	2311	
房县	18551	836	6932	4659	
丹江口市	16649	2661	1029	31861	
宜昌市	**446802**	**6765**	**23549**	**42399**	**79291**
宜昌市辖区	5834	46	76	620	
夷陵区	71498	663	1379	8348	
远安县	21420	166	465	810	
兴山县	23049	171	2660	570	
秭归县	44532	147	1201	1108	
长阳县	48741	256	8850	1019	
五峰县	25847	293	1844	685	
宜都市	56510	1846	5405	7796	
当阳市	73626	1024	1441	14505	
枝江市	75746	2154	229	6938	
襄阳市	**477007**	**47581**	**21693**	**95195**	**404313**
襄阳市辖区	36341	1580	833	5412	
襄州区	68083	15346	4127	19163	
南漳县	72071	7002	3916	8621	
谷城县	55045	3997	2298	9858	
保康县	34226	1014	1684	2754	
老河口市	67883	4005	1416	7463	
枣阳市	79599	10679	6304	30238	
宜城市	63759	3959	1114	11686	
鄂州市	**58276**	**902**	**343**	**14470**	**39431**
荆门市	**290277**	**11626**	**6586**	**58834**	**137785**
荆门市辖区	39465	1099	3651	8551	
京山市	73914	2260	1073	19080	
沙洋县	66223	3553	435	18473	
钟祥市	110675	4714	1427	12730	
孝感市	**231728**	**12520**	**3566**	**114197**	**289684**
孝感市辖区	369			15	

续表

地区	猪肉（吨）	牛肉（吨）	羊肉（吨）	禽肉（吨）	禽蛋（吨）
孝南区	19233	869	87	11399	
孝昌县	29772	5103	852	8700	
大悟县	23822	2408	877	6095	
云梦县	21184	740	63	10398	
应城市	32884	946	254	20956	
安陆市	57634	2249	1339	16906	
汉川市	46829	204	95	39729	
荆州市	**287633**	**4633**	**1925**	**80625**	**197050**
荆州市辖区	22367	256	148	20279	
公安县	51088	448	223	8677	
监利县	54260	837	35	22253	
江陵县	17915	791	127	6989	
石首市	33782	1089	84	8008	
洪湖市	22397	409	21	5338	
松滋市	85824	802	1287	9081	
黄冈市	**353999**	**36235**	**10605**	**90444**	**346032**
黄冈市辖区（龙感湖农场）	83			502	
黄州区	4055	91	41	1034	
团风县	6079	1513	281	5100	
红安县	35960	5327	947	3097	
罗田县	11891	4468	2913	17561	
英山县	10902	702	1293	3063	
浠水县	55976	4727	899	17742	
蕲春县	51144	9007	1670	10564	
黄梅县	44538	3410	298	13837	
麻城市	53103	5871	2010	9585	
武穴市	80269	1119	254	8359	
咸宁市	**184989**	**2400**	**3410**	**45650**	**60280**
咸安区	36797	236	141	30187	
嘉鱼县	9409	141	43	2031	
通城县	42767	246	163	1143	
崇阳县	48684	585	682	3806	
通山县	26290	581	2089	2349	
赤壁市	21042	611	292	6134	
随州市	**163533**	**10356**	**7750**	**103225**	**154717**
曾都区	51089	2359	845	33350	
随县	57386	4420	3671	44716	
广水市	55058	3577	3234	25159	
恩施州	**329750**	**10039**	**8796**	**16417**	**48587**
恩施市	75307	2512	973	3671	
利川市	58663	2206	797	3621	
建始县	51616	617	2186	2402	
巴东县	53551	563	2676	1376	
宣恩县	30272	1571	649	1539	
咸丰县	31832	1589	318	1565	
来凤县	15534	652	313	1659	
鹤峰县	12974	329	884	584	
仙桃市	**41178**	**791**	**51**	**7765**	**19364**
潜江市	**44958**	**2205**	**270**	**13629**	**25853**
天门市	**48505**	**1873**	**142**	**11191**	**30247**
神农架	**2799**	**149**	**180**	**423**	**368**

乡镇畜牧兽医站基本情况

地区	一、基层畜牧兽医站数（个）	二、职工总数		三、离退休人员（人）
		职工总数（人）	其中：在编人数（人）	
湖北省	**903**	**8619**	**3379**	**4202**
武汉市	**45**	**532**	**76**	**413**
东西湖区	5	10	6	24
汉南区	4	10	5	
蔡甸区	11	74	1	117
江夏区	12	162	44	136
黄陂区				
新洲区	13	276	20	136
黄石市	**37**	**275**	**83**	**274**
黄石市辖区	3	20	3	
黄石港区				
西塞山区				
下陆区				
铁山区				
阳新县	18	140	50	228
大冶市	15	112	29	42
黄石新港（物流）工业园区	1	3	1	4
十堰市	**115**	**651**	**172**	**483**
武当山特区				
茅箭区	7	17	7	6
张湾区				
郧阳区	20	175	23	111
郧西县	18	118	47	51
竹山县	17	27	27	31
竹溪县	15	148	28	82
房县	20	97	40	57
丹江口市	18	69		145
白浪经济技术开发区				
宜昌市	**71**	**956**	**322**	**515**
宜昌市辖区				
西陵区				
伍家岗区				
点军区				
猇亭区				
夷陵区	13	146	28	26
远安县				
兴山县	8	50	50	20
秭归县	12	138	3	57
长阳土家族自治县	11	437	220	262
五峰土家族自治县	8	103		
宜都市	10	11	11	
当阳市	1	10	10	5
枝江市	8	61		145
襄阳市	**83**	**1583**	**922**	**1240**
襄阳市辖区	2	8	2	7
襄城区				
樊城区				
襄州区	11	345		192
南漳县	11	448	256	341
谷城县	10	164	136	142
保康县	11	77	19	68
老河口市	10	20	20	
枣阳市	17	322	322	219
宜城市	10	185	167	271
东津开发区	1	14		
鄂州市	**20**	**37**	**31**	**1**
梁子湖区				
华容区				
鄂城区	20	37	31	1
荆门市	**13**	**141**	**25**	**1**
东宝区				
掇刀区				

续表 1

地区	一、基层畜牧兽医站数（个）	二、职工总数		三、离退休人员（人）
		职工总数（人）	其中:在编人数（人）	
京山市				
沙洋县	13	141	25	1
钟祥市				
漳河新区				
屈家岭管理区				
孝感市	**99**	**621**	**335**	**153**
孝感市辖区	1	1	1	
孝南区	12	17	17	34
孝昌县				
大悟县	17	77	20	21
云梦县	12	25	25	1
应城市	17	204	201	6
安陆市	16	153	64	8
汉川市	24	144	7	83
荆州市	**73**	**403**	**168**	**2**
市辖区	1	3	3	
沙市区	2	8	8	
荆州区	10	44	12	
公安县				
监利县	23	59	59	2
江陵县				
石首市				
洪湖市	20	159	46	
松滋市	17	130	40	
黄冈市	**128**	**1305**	**656**	**269**
黄州区	10	43	43	
团风县	10	40	17	1
红安县	12	151	27	68
罗田县	11	128	1	4
英山县	11	81	22	3
浠水县	13	118	90	12
蕲春县	15	152	35	8
黄梅县	16	85	48	3
麻城市	18	332	332	163
武穴市	12	175	41	7
龙感湖管理区				
咸宁市	**45**	**263**	**149**	**293**
咸安区	14	70		49
嘉鱼县	8	44		99
通城县	11	87	87	142
崇阳县	12	62	62	3
通山县				
赤壁市				
随州市	**45**	**357**	**68**	**138**
随州市辖区	1	33	5	30
曾都区	8	97		103
随县	18	197	33	1
广水市	17	28	28	4
大洪山风景区	1	2	2	
恩施土家族苗族自治州	**81**	**1317**	**259**	**93**
恩施市	19	384	8	23
利川市	12	55	55	22
建始县	10	193	24	8
巴东县	12	356	31	2
宣恩县	9	31	31	25
咸丰县	11	118	99	11
来凤县	8	180	11	2
鹤峰县				
仙桃市	**18**	**51**	**20**	**51**
潜江市	**22**	**119**	**85**	**276**
天门市				
神农架林区	**8**	**8**	**8**	

续表 2

地区	四、技术职称状况			
	高级技术职称（人）	中级技术职称（人）	初级技术职称（人）	技术员（人）
湖北省	**43**	**777**	**1266**	**758**
武汉市	**2**	**21**	**35**	**13**
东西湖区		4	1	1
汉南区		1	4	
蔡甸区		1		
江夏区		3	24	12
黄陂区				
新洲区	2	12	6	
黄石市		**37**	**43**	
黄石市辖区				
黄石港区				
西塞山区				
下陆区				
铁山区				
阳新县		26	24	
大冶市		11	18	
黄石新港（物流）工业园区			1	
十堰市	**1**	**73**	**58**	**33**
武当山特区				
茅箭区				
张湾区				
郧阳区		9	9	5
郧西县	1	9	11	26
竹山县		15	12	
竹溪县		20	8	
房县		20	18	2
丹江口市				
白浪经济技术开发区				
宜昌市	**2**	**65**	**174**	**68**
宜昌市辖区				
西陵区				
伍家岗区				
点军区				
猇亭区				
夷陵区	1	20	5	2
远安县				
兴山县		5	30	15
秭归县		2	1	
长阳土家族自治县		33	124	50
五峰土家族自治县				
宜都市		2	9	
当阳市	1	3	5	1
枝江市				
襄阳市	**3**	**93**	**402**	**327**
襄阳市辖区			1	1
襄城区				
樊城区				
襄州区				
南漳县		21	156	79
谷城县	3	16	32	63
保康县		7	8	4
老河口市		6	14	
枣阳市		33	170	119
宜城市		10	21	61
东津开发区				
鄂州市	**9**	**18**	**4**	
梁子湖区				
华容区				
鄂城区	9	18	4	
荆门市		**23**	**2**	
东宝区				
掇刀区				

续表 3

地区	四、技术职称状况			
	高级技术职称（人）	中级技术职称（人）	初级技术职称（人）	技术员（人）
京山市				
沙洋县		23	2	
钟祥市				
漳河新区				
屈家岭管理区				
孝感市	**3**	**52**	**41**	**82**
孝感市辖区				1
孝南区		5	6	6
孝昌县				
大悟县		15	5	
云梦县		3	9	7
应城市	3	24	17	6
安陆市		2		62
汉川市		3	4	
荆州市	**3**	**30**	**88**	**18**
市辖区				
沙市区		2	6	
荆州区			3	
公安县				
监利县	1	7	31	4
江陵县				
石首市				
洪湖市	1	11	19	14
松滋市	1	10	29	
黄冈市	**3**	**202**	**194**	**50**
黄州区		5	25	13
团风县		9	6	2
红安县		5	10	8
罗田县		1		
英山县	2	11	6	3
浠水县		25	59	1
蕲春县		14	12	
黄梅县		19	23	6
麻城市	1	86	52	17
武穴市		27	1	
龙感湖管理区				
咸宁市			**10**	**132**
咸安区				
嘉鱼县				
通城县			10	70
崇阳县				62
通山县				
赤壁市				
随州市		**52**	**16**	
随州市辖区		3	2	
曾都区				
随县		32	1	
广水市		15	13	
大洪山风景区		2		
恩施土家族苗族自治州	**6**	**69**	**176**	**6**
恩施市		4	4	
利川市		21	34	
建始县	3	9	12	
巴东县	2	16	10	3
宣恩县		11	15	3
咸丰县			99	
来凤县	1	8	2	
鹤峰县				
仙桃市		**7**	**8**	**5**
潜江市	**11**	**35**	**15**	**24**
天门市				
神农架林区				

续表 4

地区	五、经营情况			
	盈余站数（个）	盈余金额（万元）	亏损站数（个）	亏损金额（万元）
湖北省	**188**	**227.63**	**111**	**543.09**
武汉市	**15**	**43.15**	**10**	**123.42**
东西湖区				
汉南区				
蔡甸区				
江夏区	2	43.12	10	123.42
黄陂区				
新洲区	13	0.03		
黄石市			**13**	
黄石市辖区				
黄石港区				
西塞山区				
下陆区				
铁山区				
阳新县				
大冶市			13	
黄石新港（物流）工业园区				
十堰市	**35**	**14.18**	**18**	**31.10**
武当山特区				
茅箭区				
张湾区				
郧阳区				
郧西县			18	31.10
竹山县				
竹溪县	15	2.28		
房县	20	11.90		
丹江口市				
白浪经济技术开发区				
宜昌市	**11**	**15.65**		
宜昌市辖区				
西陵区				
伍家岗区				
点军区				
猇亭区				
夷陵区				
远安县				
兴山县				
秭归县				
长阳土家族自治县	11	15.65		
五峰土家族自治县				
宜都市				
当阳市				
枝江市				
襄阳市	**27**	**63.25**	**17**	**32.89**
襄阳市辖区	2	1.30		
襄城区				
樊城区				
襄州区				
南漳县	11	49.00		
谷城县	3	1.85	7	18.64
保康县	7	2.00	4	3.00
老河口市				
枣阳市	4	9.10	6	11.25
宜城市				
东津开发区				
鄂州市				
梁子湖区				
华容区				
鄂城区				
荆门市	**8**	**9.26**	**5**	**4.56**
东宝区				
掇刀区				

续表 5

地区	五、经营情况			
	盈余站数（个）	盈余金额（万元）	亏损站数（个）	亏损金额（万元）
京山市				
沙洋县	8	9.26	5	4.56
钟祥市				
漳河新区				
屈家岭管理区				
孝感市	**41**	**38.06**	**15**	**121.00**
孝感市辖区				
孝南区				
孝昌县				
大悟县				
云梦县				
应城市	17	2.64		
安陆市			15	121.00
汉川市	24	35.42		
荆州市			**2**	**59.50**
市辖区				
沙市区			2	59.50
荆州区				
公安县				
监利县				
江陵县				
石首市				
洪湖市				
松滋市				
黄冈市	**24**	**27.05**	**10**	**19.87**
黄州区				
团风县				
红安县				
罗田县	11	15.59		
英山县				
浠水县				
蕲春县				
黄梅县	5	5.37		
麻城市	8	6.08	10	19.87
武穴市				
龙感湖管理区				
咸宁市				
咸安区				
嘉鱼县				
通城县				
崇阳县				
通山县				
赤壁市				
随州市	**25**	**15.34**	**12**	**50.00**
随州市辖区	1	1.16		
曾都区				
随县	6	6.00	12	50.00
广水市	17	7.83		
大洪山风景区	1	0.35		
恩施土家族苗族自治州				
恩施市				
利川市				
建始县				
巴东县				
宣恩县				
咸丰县				
来凤县				
鹤峰县				
仙桃市				
潜江市	**2**	**1.70**	**9**	**100.75**
天门市				
神农架林区				

县级畜牧三站一所机构和人员

单位：个、人

地区	畜牧站		草原工作站		家畜繁育改良站		饲料监察所	
	机构数	职工人数	机构数	职工人数	机构数	职工人数	机构数	职工人数
湖北省	**79**	**1339**	**8**	**38**	**13**	**84**	**20**	**291**
武汉市	**4**	**80**			**1**	**6**	**2**	**35**
东西湖区								
汉南区	1	22						
蔡甸区	1	12					1	5
江夏区	1	29						
黄陂区	1	17			1	6		
新洲区							1	30
黄石市	**3**	**59**						
黄石市辖区								
黄石港区	1	2						
西塞山区								
下陆区								
铁山区								
阳新县	1	5						
大冶市	1	52						
黄石新港（物流）工业园区								
十堰市	**8**	**132**	**3**	**4**	**3**	**15**	**3**	**12**
武当山特区								
茅箭区	1	1	1	1			1	1
张湾区	1	3						
郧阳区	1	7						
郧西县	1	10						
竹山县	1	21						
竹溪县	1	20	1	2	1	6	1	8
房县	1	44	1	1	1	5	1	3
丹江口市	1	26			1	4		
白浪经济技术开发区								
宜昌市	**10**	**148**	**2**	**16**	**2**	**15**	**2**	**78**
宜昌市辖区								
西陵区	1	1						
伍家岗区								
点军区	1	10						
猇亭区	1	1						
夷陵区	1	9	1	9	1	9	1	43
远安县	1	1						
兴山县								
秭归县								
长阳土家族自治县	1	8	1	7	1	6	1	35
五峰土家族自治县	1	16						
宜都市	1	14						
当阳市	1	23						
枝江市	1	65						
襄阳市	**6**	**38**			**2**	**14**	**1**	**3**
襄阳市辖区	1	1						
襄城区	1	9						
樊城区	1	3						
襄州区								
南漳县	1	14			1	13	1	3
谷城县								
保康县								
老河口市	1	5						
枣阳市	1	6			1	1		
宜城市								
东津开发区								
鄂州市								
梁子湖区								
华容区								
鄂城区								
荆门市	**5**	**53**					**1**	**5**
东宝区	1	7						
掇刀区	1	12						

续表

地区	畜牧站		草原工作站		家畜繁育改良站		饲料监察所	
	机构数	职工人数	机构数	职工人数	机构数	职工人数	机构数	职工人数
京山市	1	7						
沙洋县	1	15						
钟祥市	1	12					1	5
漳河新区								
屈家岭管理区								
孝感市	**6**	**197**	**1**	**3**	**1**	**5**	**1**	**7**
孝感市辖区	1	1						
孝南区								
孝昌县	1	60						
大悟县								
云梦县	1	22						
应城市	1	13	1	3	1	5	1	7
安陆市	1	65						
汉川市	1	36						
荆州市	**7**	**115**						
市辖区	1	3						
沙市区	1	3						
荆州区	1	44						
公安县								
监利县	1	40						
江陵县	1	14						
石首市								
洪湖市	1	4						
松滋市	1	7						
黄冈市	**10**	**171**	**1**	**13**	**2**	**19**	**8**	**98**
黄州区							1	2
团风县	1	24					1	7
红安县	1	33			1	7	1	4
罗田县	1	3						
英山县	1	5						
浠水县	1	37						
蕲春县	1	2					1	4
黄梅县	1	16					1	3
麻城市	1	9	1	13	1	12	1	76
武穴市	1	41					1	1
龙感湖管理区	1	1					1	1
咸宁市	**5**	**115**					**1**	**25**
咸安区	1	5					1	25
嘉鱼县								
通城县	1	87						
崇阳县	1	5						
通山县	1	8						
赤壁市	1	10						
随州市	**5**	**115**	**1**	**2**				
随州市辖区	1	33						
曾都区	1	14						
随县	1	17						
广水市	1	49	1	2				
大洪山风景区	1	2						
恩施土家族苗族自治州	**7**	**63**			**1**	**8**	**1**	**28**
恩施市	1	5						
利川市								
建始县	1	16						
巴东县	1	4						
宣恩县	1	13						
咸丰县	1	5						
来凤县	1	4			1	8	1	28
鹤峰县	1	16						
仙桃市	**1**	**14**			**1**	**2**		
潜江市	**1**	**32**						
天门市	**1**	**7**						
神农架林区								

畜禽规模养殖情况

地区	1.年出栏500头以上生猪（个、户）	(1)出栏500-999头（个、户）	(2)出栏1000-2999头（个、户）	(3)出栏3000-4999头（个、户）	(4)出栏5000-9999头（个、户）	(5)出栏10000-49999头（个、户）	(6)出栏5万头以上（个、户）
湖北省	**9202**	**4075**	**3262**	**762**	**659**	**378**	**66**
武汉市	**144**	**36**	**22**	**9**	**16**	**48**	**13**
武汉市辖区	1			1			
汉南区	6	1		1	2	1	1
蔡甸区	2				1	1	
江夏区	39	3	1		5	23	7
黄陂区	45	9	10	4	5	13	4
新洲区	51	23	11	3	3	10	1
黄石市	**271**	**67**	**148**	**27**	**21**	**5**	**3**
黄石市辖区	2	1		1			
阳新县	53	23	14	7	3	4	2
大冶市	216	43	134	19	18	1	1
十堰市	**301**	**197**	**68**	**18**	**11**	**7**	
十堰市辖区							
郧阳区	148	112	21	10	2	3	
郧西县	18	10	5	3			
竹山县	17	10	6	1			
竹溪县	30	15	8	2	4	1	
房县	63	33	23	1	5	1	
丹江口市	25	17	5	1		2	
宜昌市	**843**	**368**	**263**	**80**	**108**	**23**	**1**
宜昌市辖区	7	1	3	3			
夷陵区	132	76	37	7	8	4	
远安县	58	27	27	3	1		
兴山县	51	41	4	3	1	2	
秭归县	46	36	9	1			
长阳县	81	22	27	20	9	3	
五峰县	19	13	4	1	1		
宜都市	102	46	44	8	3		1
当阳市	204	61	52	18	67	6	
枝江市	143	45	56	16	18	8	
襄阳市	**1389**	**513**	**519**	**141**	**121**	**85**	**10**
襄阳市辖区	2			1		1	
襄城区	19	4	10	1	3	1	
樊城区	11				4	7	
襄州区	171	19	82	18	26	26	
南漳县	304	124	133	27	17	3	
谷城县	214	103	67	28	10	6	
保康县	4	4					
老河口市	58	7	20	11	5	7	8
枣阳市	363	125	138	39	37	24	
宜城市	243	127	69	16	19	10	2
鄂州市	**114**	**35**	**51**	**14**	**6**	**7**	**1**
荆门市	**908**	**485**	**266**	**64**	**40**	**46**	**7**
荆门市辖区	32	14	6	3	1	8	
京山市	314	142	106	29	23	14	
沙洋县	324	225	58	13	11	15	2
钟祥市	238	104	96	19	5	9	5
孝感市	**1415**	**736**	**530**	**60**	**53**	**33**	**3**
孝南区	99	22	57	6	8	6	
孝昌县	248	99	134	7	6	2	

续表 1

地区	1.年出栏 500 头以上生猪（个、户）	(1)出栏 500-999 头（个、户）	(2)出栏 1000-2999 头（个、户）	(3)出栏 3000-4999 头（个、户）	(4)出栏 5000-9999 头（个、户）	(5)出栏 10000-49999 头（个、户）	(6)出栏 5 万头以上（个、户）
大悟县	101	41	38	15	2	5	
云梦县	197	144	26	17	7	3	
应城市	144	107	17	1	11	7	1
安陆市	116	47	43	11	7	6	2
汉川市	510	276	215	3	12	4	
荆州市	**601**	**226**	**244**	**65**	**29**	**21**	**16**
荆州开发区							
沙市区	6		2	1	1	2	
荆州区	16	3	8	2	2	1	
公安县	84	29	27	19	3	2	4
监利县	323	136	142	24	12	7	2
江陵县	29	1	13	9	3	3	
石首市	23	9	4	1		3	6
洪湖市	23	7	7	3	3	2	1
松滋市	97	41	41	6	5	1	3
黄冈市	**1090**	**399**	**426**	**147**	**91**	**23**	**4**
龙感湖管理区							
黄州区	18	6	5	4	2	1	
团风县	38	9	16	11	2		
红安县	193	80	82	19	10	2	
罗田县	83	57	23	2	1		
英山县	13	2	7	2	2		
浠水县	175	64	58	29	18	5	1
蕲春县	150	44	61	26	18	1	
黄梅县	44	22	9	6	3	3	1
麻城市	107	41	33	20	8	4	1
武穴市	269	74	132	28	27	7	1
咸宁市	**633**	**149**	**344**	**47**	**72**	**16**	**5**
咸安区	142	56	72	5	2	3	4
嘉鱼县	23	8	9	4		2	
通城县	124	34	54	17	14	5	
崇阳县	114	2	52	7	48	5	
通山县	141	33	101	7			
赤壁市	89	16	56	7	8	1	1
随州市	**648**	**404**	**139**	**44**	**40**	**18**	**3**
随州市辖区	127	96	18	6	2	5	
曾都区	244	161	40	15	20	8	
随县	157	103	37	5	7	4	1
广水市	120	44	44	18	11	1	2
恩施州	**293**	**180**	**80**	**19**	**8**	**6**	
恩施市	91	40	31	12	5	3	
利川市	24	14	9			1	
建始县	37	18	14	4	1		
巴东县	43	36	6		1		
宣恩县	57	42	15				
咸丰县	35	27	4	2	1	1	
来凤县	3	2		1			
鹤峰县	3	1	1			1	
仙桃市	**125**	**35**	**58**	**10**	**12**	**10**	
潜江市	**240**	**116**	**85**	**12**	**13**	**14**	
天门市	**180**	**125**	**16**	**5**	**18**	**16**	
神农架林区	**7**	**4**	**3**				

续表 2

地区	2.年存笼 2000 只以上蛋鸡（个、户）	(1)存笼 2000-9999 只（个、户）	(2)存笼 1 万-4.99 万只（个、户）	(3)存笼 5 万-9.99 万只（个、户）	(4)存笼 10 万-49.99 万只（个、户）	(5)存笼 50 万只以上（个、户）
湖北省	**8970**	**3689**	**4667**	**431**	**169**	**14**
武汉市	**438**	**107**	**238**	**60**	**31**	**2**
武汉市辖区	1		1			
汉南区						
蔡甸区	1			1		
江夏区	35	7	22	5	1	
黄陂区	57	31	19	3	2	2
新洲区	344	69	196	51	28	
黄石市	**183**	**68**	**99**	**12**	**4**	
黄石市辖区	7	3	4			
阳新县	129	46	70	9	4	
大冶市	47	19	25	3		
十堰市	**291**	**146**	**131**	**8**	**6**	
十堰市辖区	4	2	2			
郧阳区	176	74	97	2	3	
郧西县	18	13	5			
竹山县	7		7			
竹溪县	12	10	2			
房县	53	37	11	2	3	
丹江口市	21	10	7	4		
宜昌市	**102**	**26**	**55**	**9**	**10**	**2**
宜昌市辖区	2	1	1			
夷陵区	28	7	17	3	1	
远安县	1				1	
兴山县	3		2		1	
秭归县	2		2			
长阳县	5		4	1		
五峰县	1				1	
宜都市	6	1	4		1	
当阳市	33	13	14	2	2	2
枝江市	21	4	11	3	3	
襄阳市	**997**	**279**	**630**	**64**	**21**	**3**
襄阳市辖区	1	1				
襄城区	12	5	5	1	1	
樊城区	6		3	3		
襄州区	80	33	36	9	2	
南漳县	138	76	59		3	
谷城县	166		116	44	5	1
保康县	11	9	2			
老河口市	203	39	160	1	2	1
枣阳市	353	107	237	4	5	
宜城市	27	9	12	2	3	1
鄂州市	**84**	**41**	**40**	**2**	**1**	
荆门市	**1665**	**1015**	**614**	**28**	**7**	**1**
荆门市辖区	37	16	18	3		
京山市	906	599	303	1	3	
沙洋县	480	303	154	19	3	1
钟祥市	242	97	139	5	1	
孝感市	**950**	**571**	**322**	**35**	**22**	
孝南区	58	33	19	4	2	
孝昌县	43	26	16	1		

续表 3

地区	2.年存笼 2000 只以上蛋鸡（个、户）	(1)存笼 2000-9999 只（个、户）	(2)存笼 1 万-4.99 万只（个、户）	(3)存笼 5 万-9.99 万只（个、户）	(4)存笼 10 万-49.99 万只（个、户）	(5)存笼 50 万只以上（个、户）
大悟县	74	64	8	2		
云梦县	287	200	80	5	2	
应城市	159	99	50	6	4	
安陆市	155	32	98	13	12	
汉川市	174	117	51	4	2	
荆州市	**876**	**455**	**383**	**26**	**10**	**2**
荆州开发区	26	18	6	2		
沙市区	31	19	11		1	
荆州区	40	21	15	1	2	1
公安县	293	190	94	6	2	1
监利县	101	49	46	5	1	
江陵县	71	48	22		1	
石首市	152	69	77	4	2	
洪湖市	88	14	66	7	1	
松滋市	74	27	46	1		
黄冈市	**2257**	**575**	**1515**	**128**	**37**	**2**
龙感湖管理区						
黄州区	41	3	37	1		
团风县	319	52	244	17	6	
红安县	149	109	35	4		1
罗田县	135	46	86	2	1	
英山县	116	14	97	3	2	
浠水县	631	187	394	39	10	1
蕲春县	276		239	31	6	
黄梅县	154	25	107	15	7	
麻城市	388	121	253	11	3	
武穴市	48	18	23	5	2	
咸宁市	**94**	**48**	**37**	**5**	**4**	
咸安区	7		4	2	1	
嘉鱼县	20	1	14	2	3	
通城县	3		2	1		
崇阳县	11	7	4			
通山县	10	6	4			
赤壁市	43	34	9			
随州市	**236**	**46**	**153**	**27**	**10**	
随州市辖区	24	10	10	4		
曾都区	45	11	23	8	3	
随县	31	3	19	5	4	
广水市	136	22	101	10	3	
恩施州	**60**	**28**	**23**	**6**	**2**	**1**
恩施市	11	3	6	2		
利川市	7		4	2	1	
建始县	16	12	3			1
巴东县	6	5	1			
宣恩县	11	6	5			
咸丰县	4	1	2	1		
来凤县	3		2	1		
鹤峰县	2	1			1	
仙桃市	**530**	**172**	**351**	**6**	**1**	
潜江市	**85**	**45**	**34**	**4**	**2**	
天门市	**119**	**64**	**42**	**11**	**1**	**1**
神农架林区	**3**	**3**				

续表 4

地区	3.年存笼2000只以上蛋鸭(个、户)	(1)存笼2000-9999只(个、户)	(2)存笼10000-19999只(个、户)	(3)存笼20000-29999只(个、户)	(4)存笼30000-39999只(个、户)	(5)存笼40000-49999只(个、户)	(6)存笼50000只以上(个、户)
湖北省	**2314**	**2038**	**190**	**35**	**23**	**8**	**20**
武汉市	**9**	**8**	**1**				
武汉市辖区							
汉南区							
蔡甸区							
江夏区							
黄陂区	5	4	1				
新洲区	4	4					
黄石市	**75**	**69**	**4**	**1**		**1**	
黄石市辖区							
阳新县	73	67	4	1		1	
大冶市	2	2					
十堰市							
十堰市辖区							
郧阳区							
郧西县							
竹山县							
竹溪县							
房县							
丹江口市							
宜昌市	**18**	**16**	**1**		**1**		
宜昌市辖区							
夷陵区	1	1					
远安县							
兴山县							
秭归县							
长阳县							
五峰县							
宜都市	3	1	1		1		
当阳市	13	13					
枝江市	1	1					
襄阳市	**272**	**231**	**32**	**3**	**3**		**3**
襄阳市辖区							
襄城区	7	6		1			
樊城区							
襄州区	5	5					
南漳县							
谷城县							
保康县	1		1				
老河口市	4	1	3				
枣阳市	10	9			1		
宜城市	245	210	28	2	2		3
鄂州市	**57**	**40**	**15**		**1**		**1**
荆门市	**570**	**483**	**57**	**14**	**8**	**4**	**4**
荆门市辖区	4	2	1			1	
京山市	432	405	20	2	3		2
沙洋县	42	4	23	8	4	1	2
钟祥市	92	72	13	4	1	2	
孝感市	**265**	**249**	**11**		**1**		**4**
孝南区	2	2					
孝昌县	9	9					

续表 5

地区	3.年存笼2000只以上蛋鸭(个、户)	(1)存笼2000–9999只(个、户)	(2)存笼10000–19999只(个、户)	(3)存笼20000–29999只(个、户)	(4)存笼30000–39999只(个、户)	(5)存笼40000–49999只(个、户)	(6)存笼50000只以上(个、户)
大悟县	71	71					
云梦县							
应城市	102	98	4				
安陆市	45	37	3		1		4
汉川市	36	32	4				
荆州市	**566**	**516**	**38**	**7**	**5**		
荆州开发区	29	19	9	1			
沙市区	1			1			
荆州区	52	51	1				
公安县	115	106	6	2	1		
监利县	118	111	4	2	1		
江陵县	153	144	8		1		
石首市	46	38	8				
洪湖市	52	47	2	1	2		
松滋市							
黄冈市	**106**	**94**	**9**	**2**			**1**
龙感湖管理区							
黄州区	2	2					
团风县	14	13	1				
红安县	19	19					
罗田县							
英山县	2	2					
浠水县	32	31		1			
蕲春县							
黄梅县	21	12	7	1			1
麻城市	1	1					
武穴市	15	14	1				
咸宁市	**5**	**5**					
咸安区							
嘉鱼县							
通城县	2	2					
崇阳县							
通山县	3	3					
赤壁市							
随州市	**168**	**152**	**9**	**3**	**3**		**1**
随州市辖区	18	16	2				
曾都区	26	21	3	1	1		
随县	3	1	1	1			
广水市	121	114	3	1	2		1
恩施州							
恩施市							
利川市							
建始县							
巴东县							
宣恩县							
咸丰县							
来凤县							
鹤峰县							
仙桃市	**89**	**77**	**7**	**2**	**1**		**2**
潜江市	**73**	**62**	**2**	**2**		**3**	**4**
天门市	**41**	**36**	**4**	**1**			
神农架林区							

续表 6

地区	4.年出笼1万只以上肉鸡（个、户）	(1)出笼1万–2.99万只（个、户）	(2)出笼3万–4.99万只（个、户）	(3)出笼5万–9.99万只（个、户）	(4)出笼10万–49.99万只（个、户）	(5)出笼50万–99.99万只（个、户）	(6)出笼100万只以上（个、户）
湖北省	**2727**	**1207**	**673**	**557**	**233**	**19**	**38**
武汉市	**340**	**157**	**90**	**85**	**8**		
武汉市辖区							
汉南区							
蔡甸区							
江夏区	333	152	90	83	8		
黄陂区	7	5		2			
新洲区							
黄石市	**31**	**11**	**11**	**6**	**3**		
黄石市辖区	2	2					
阳新县	6	5			1		
大冶市	23	4	11	6	2		
十堰市	**120**	**83**	**15**	**12**	**10**		
十堰市辖区	12		4	4	4		
郧阳区	9	5	3	1			
郧西县							
竹山县	47	42	3	2			
竹溪县	14	14					
房县	26	20	4	2			
丹江口市	12	2	1	3	6		
宜昌市	**139**	**60**	**15**	**43**	**21**		
宜昌市辖区	7	2	2	3			
夷陵区	57	35	5	13	4		
远安县	1				1		
兴山县							
秭归县							
长阳县	7	7					
五峰县							
宜都市	7	6			1		
当阳市	22	9	2	2	9		
枝江市	38	1	6	25	6		
襄阳市	**374**	**113**	**114**	**93**	**38**	**10**	**6**
襄阳市辖区							
襄城区							
樊城区	1				1		
襄州区	15	1	5	8	1		
南漳县	97	11	51	35			
谷城县	35	9	14	8	4		
保康县	3	3					
老河口市							
枣阳市	74	3	13	23	22	9	4
宜城市	149	86	31	19	10	1	2
鄂州市	**36**	**2**	**15**	**12**	**6**	**1**	
荆门市	**97**	**48**	**20**	**10**	**19**		
荆门市辖区	13	8	2	1	2		
京山市	7	5	1		1		
沙洋县	25	8	2	2	13		
钟祥市	52	27	15	7	3		
孝感市	**661**	**515**	**114**	**30**	**2**		
孝南区	1	1					
孝昌县	4	3	1				

续表 7

地区	4.年出笼1万只以上肉鸡（个、户）	(1)出笼1万-2.99万只（个、户）	(2)出笼3万-4.99万只（个、户）	(3)出笼5万-9.99万只（个、户）	(4)出笼10万-49.99万只（个、户）	(5)出笼50万-99.99万只（个、户）	(6)出笼100万只以上（个、户）
大悟县							
云梦县							
应城市	1			1			
安陆市	10	3	1	4	2		
汉川市	645	508	112	25			
荆州市	**392**	**105**	**150**	**129**	**8**		
荆州开发区							
沙市区							
荆州区	21	8	7	5	1		
公安县	7	3	2		2		
监利县	319	73	125	118	3		
江陵县	7	6			1		
石首市	9	1	3	5			
洪湖市							
松滋市	29	14	13	1	1		
黄冈市	**138**	**21**	**5**	**8**	**95**	**6**	**3**
龙感湖管理区							
黄州区							
团风县							
红安县	3	2		1			
罗田县	59				51	5	3
英山县	12				11	1	
浠水县	2		1	1			
蕲春县	7		1	2	4		
黄梅县	22	17	1	2	2		
麻城市							
武穴市	33	2	2	2	27		
咸宁市	**297**	**50**	**113**	**116**	**14**		**4**
咸安区	225	17	94	98	12		4
嘉鱼县							
通城县							
崇阳县	23	20	3				
通山县	39	9	13	15	2		
赤壁市	10	4	3	3			
随州市	**72**	**26**	**6**	**8**	**7**	**1**	**24**
随州市辖区	4	1					3
曾都区	17	1	3		1		12
随县	12		1	1	4		6
广水市	39	24	2	7	2	1	3
恩施州	**18**	**7**	**4**	**4**	**2**	**1**	
恩施市	10	3	3	2	1	1	
利川市	2			1	1		
建始县	3	3					
巴东县	2	1		1			
宣恩县							
咸丰县	1		1				
来凤县							
鹤峰县							
仙桃市							
潜江市	**10**	**7**	**1**	**1**			**1**
天门市							
神农架林区	**2**	**2**					

续表 8

地区	5.年出笼5000只肉鸭以上的总户数(个、户)	(1)出笼5000-9999只(个、户)	(2)出笼10000-29999只(个、户)	(3)出笼30000-99999只(个、户)	(4)出笼10万只以上(个、户)	6.年出栏50头以上肉牛(个、户)	(1)出栏50-99头(个、户)
湖北省	**793**	**434**	**230**	**93**	**36**	**2969**	**1638**
武汉市	**6**	**2**		**2**	**2**	**23**	**11**
武汉市辖区							
汉南区							
蔡甸区							
江夏区						4	1
黄陂区	5	2		2	1	16	8
新洲区	1				1	3	2
黄石市	**9**	**7**	**2**			**40**	**22**
黄石市辖区						1	1
阳新县	9	7	2			25	15
大冶市						14	6
十堰市						**210**	**131**
十堰市辖区							
郧阳区						79	55
郧西县						7	6
竹山县						37	32
竹溪县						30	12
房县						32	12
丹江口市						25	14
宜昌市	**7**	**4**	**1**	**1**	**1**	**148**	**99**
宜昌市辖区						1	1
夷陵区	2			1	1	17	11
远安县						2	
兴山县						5	5
秭归县						1	1
长阳县						26	21
五峰县						7	6
宜都市						30	25
当阳市	4	4				19	7
枝江市	1		1			40	22
襄阳市	**12**	**11**			**1**	**1090**	**591**
襄阳市辖区						2	
襄城区						9	7
樊城区							
襄州区						69	32
南漳县						222	159
谷城县						235	135
保康县	1				1	5	3
老河口市	11	11				53	27
枣阳市						237	36
宜城市						258	192
鄂州市						**16**	**6**
荆门市	**98**	**61**	**34**	**1**	**2**	**236**	**92**
荆门市辖区	1				1	12	6
京山市	10	2	7		1	34	23
沙洋县	46	21	25			79	11
钟祥市	41	38	2	1		111	52
孝感市	**447**	**273**	**116**	**33**	**25**	**200**	**146**
孝南区	1			1		13	8
孝昌县	50	47	3			29	22

续表 9

地区	5.年出笼 5000 只肉鸭以上的总户数(个、户)	(1)出笼 5000–9999 只(个、户)	(2)出笼 10000–29999 只(个、户)	(3)出笼 30000–99999 只(个、户)	(4)出笼 10 万只以上(个、户)	6.年出栏 50 头以上肉牛(个、户)	(1)出栏 50–99 头(个、户)
大悟县						47	36
云梦县	62	39			23	17	14
应城市	54	22	16	16		30	28
安陆市	7		2	4	1	56	38
汉川市	273	165	95	12	1	8	
荆州市	**47**	**3**	**17**	**27**		**135**	**93**
荆州开发区							
沙市区	3	3				7	6
荆州区	3		2	1		7	5
公安县						23	17
监利县	38		12	26		42	35
江陵县	3		3			6	2
石首市						17	6
洪湖市						5	5
松滋市						28	17
黄冈市	**114**	**50**	**43**	**20**	**1**	**353**	**218**
龙感湖管理区							
黄州区						1	
团风县	21		18	2	1	10	8
红安县	4		4			100	46
罗田县	2	1	1			67	46
英山县						15	12
浠水县	4	4				47	36
蕲春县	12	12				63	42
黄梅县	36	9	9	18		25	10
麻城市	5	5				14	12
武穴市	30	19	11			11	6
咸宁市	**8**	**3**	**1**	**3**	**1**	**36**	**24**
咸安区						6	2
嘉鱼县						5	
通城县						10	9
崇阳县	5		1	3	1	9	7
通山县						6	6
赤壁市	3	3					
随州市	**37**	**12**	**16**	**6**	**3**	**373**	**151**
随州市辖区	1	1				114	44
曾都区						137	58
随县	12	4	8			61	5
广水市	24	7	8	6	3	61	44
恩施州	**8**	**8**				**35**	**19**
恩施市						8	3
利川市	8	8				5	2
建始县						5	3
巴东县						11	6
宣恩县						1	1
咸丰县						2	2
来凤县						2	2
鹤峰县						1	
仙桃市						**15**	**13**
潜江市						**13**	**6**
天门市						**43**	**13**
神农架林区						**3**	**3**

续表 10

地区	(2)出栏100–499头(个、户)	(3)出栏500–999头(个、户)	(4)出栏1000头以上(个、户)	7.年出栏100只以上肉羊(个、户)	(1)出栏100–199只(个、户)	(2)出栏200–499只(个、户)	(3)出栏500–999只(个、户)
湖北省	**1131**	**118**	**82**	**4740**	**2758**	**1545**	**230**
武汉市	**11**	**1**		**25**	**13**	**9**	**1**
武汉市辖区							
汉南区							
蔡甸区				1	1		
江夏区	2	1		2		1	
黄陂区	8			14	8	4	1
新洲区	1			8	4	4	
黄石市	**16**	**1**	**1**	**37**	**19**	**16**	**1**
黄石市辖区							
阳新县	9		1	28	14	13	1
大冶市	7	1		9	5	3	
十堰市	**72**	**7**		**700**	**507**	**160**	**25**
十堰市辖区				12	9	3	
郧阳区	21	3		64	38	19	6
郧西县	1			23	13	7	1
竹山县	5			107	73	30	2
竹溪县	17	1		72	19	39	11
房县	18	2		396	340	52	4
丹江口市	10	1		26	15	10	1
宜昌市	**44**	**2**	**3**	**691**	**325**	**333**	**25**
宜昌市辖区				4	4		
夷陵区	5	1		54	39	11	2
远安县	2			2	1		1
兴山县				27	22	5	
秭归县				3	2	1	
长阳县	5			498	183	291	20
五峰县	1			5	3	2	
宜都市	5			42	37	3	1
当阳市	11		1	42	27	13	1
枝江市	15	1	2	14	7	7	
襄阳市	**361**	**77**	**61**	**1072**	**418**	**390**	**103**
襄阳市辖区	2			6	1	5	
襄城区	2			15	6	6	3
樊城区							
襄州区	34	1	2	41	19	13	6
南漳县	63			253	60	149	32
谷城县	98	2		220	86	104	25
保康县	2			24	20	4	
老河口市	21	3	2	48	35	11	1
枣阳市	83	67	51	295	94	37	24
宜城市	56	4	6	170	97	61	12
鄂州市	**10**			**22**	**1**	**17**	**3**
荆门市	**112**	**20**	**12**	**500**	**229**	**229**	**29**
荆门市辖区	4	1	1	15	4	7	1
京山市	11			158	95	56	3
沙洋县	45	13	10	112	52	57	3
钟祥市	52	6	1	215	78	109	22
孝感市	**52**	**2**		**234**	**133**	**88**	**12**
孝南区	4	1		4	1	2	
孝昌县	7			21	19	2	

续表 11

地区	(2)出栏100-499头(个、户)	(3)出栏500-999头(个、户)	(4)出栏1000头以上(个、户)	7.年出栏100只以上肉羊(个、户)	(1)出栏100-199只(个、户)	(2)出栏200-499只(个、户)	(3)出栏500-999只(个、户)
大悟县	11			55	45	10	
云梦县	2	1					
应城市	2			53	24	28	1
安陆市	18			90	44	42	4
汉川市	8			11		4	7
荆州市	**41**		**1**	**97**	**75**	**20**	**1**
荆州开发区				4	3	1	
沙市区	1						
荆州区	2			3	2	1	
公安县	5		1	29	17	11	1
监利县	7			27	25	2	
江陵县	4			3	2	1	
石首市	11			19	19		
洪湖市							
松滋市	11			12	7	4	
黄冈市	**133**	**1**	**1**	**566**	**472**	**82**	**6**
龙感湖管理区							
黄州区	1			4	1	3	
团风县	2			5	2	2	1
红安县	54			176	150	25	
罗田县	20	1		227	210	15	1
英山县	3			32	27	5	
浠水县	11			25	13	11	
蕲春县	21			38	34	3	1
黄梅县	14		1	22	13	8	1
麻城市	2			17	12	4	
武穴市	5			20	10	6	2
咸宁市	**11**	**1**		**141**	**121**	**17**	**2**
咸安区	3	1		8	5	3	
嘉鱼县	5			4	1	2	1
通城县	1			5	1	2	1
崇阳县	2			104	101	3	
通山县				20	13	7	
赤壁市							
随州市	**215**	**4**	**3**	**557**	**375**	**158**	**21**
随州市辖区	68	2		102	61	40	
曾都区	77	1	1	105	59	44	
随县	53	1	2	42	3	20	19
广水市	17			308	252	54	2
恩施州	**15**	**1**		**76**	**59**	**15**	**1**
恩施市	5			14	8	4	1
利川市	2	1		7	3	4	
建始县	2			6	6		
巴东县	5			20	15	5	
宣恩县				3	3		
咸丰县				2	1	1	
来凤县				24	23	1	
鹤峰县	1						
仙桃市	**2**			**11**	**9**	**2**	
潜江市	**6**	**1**		**5**	**1**	**4**	
天门市	**30**			**5**		**5**	
神农架林区				**1**	**1**		

续表 12

地区	(4)出栏1000–2999只(个、户)	(5)出栏3000只以上(个、户)	8.年存栏100头奶牛以上的总户数(个、户)	(1)存栏100–199头(个、户)	(2)存栏200–499头(个、户)	(3)存栏500–999头(个、户)
湖北省	**194**	**13**	**14**	**3**	**7**	**1**
武汉市	**2**		**3**	**1**	**1**	
武汉市辖区			1			
汉南区						
蔡甸区						
江夏区	1		2	1	1	
黄陂区	1					
新洲区						
黄石市	**1**					
黄石市辖区						
阳新县						
大冶市	1					
十堰市	**8**					
十堰市辖区						
郧阳区	1					
郧西县	2					
竹山县	2					
竹溪县	3					
房县						
丹江口市						
宜昌市	**7**	**1**	**3**	**1**	**2**	
宜昌市辖区						
夷陵区	1	1	3	1	2	
远安县						
兴山县						
秭归县						
长阳县	4					
五峰县						
宜都市	1					
当阳市	1					
枝江市						
襄阳市	**156**	**5**	**1**			**1**
襄阳市辖区						
襄城区			1			1
樊城区						
襄州区	3					
南漳县	12					
谷城县	2	3				
保康县						
老河口市	1					
枣阳市	138	2				
宜城市						
鄂州市	**1**					
荆门市	**11**	**2**				
荆门市辖区	3					
京山市	4					
沙洋县						
钟祥市	4	2				
孝感市	**1**					
孝南区	1					
孝昌县						

续表 13

地区	(4)出栏 1000–2999 只（个、户）	(5)出栏 3000 只以上（个、户）	8.年存栏 100 头奶牛以上的总户数（个、户）	(1)存栏 100–199 头（个、户）	(2)存栏 200–499 头（个、户）	(3)存栏 500–999 头（个、户）
大悟县						
云梦县						
应城市						
安陆市						
汉川市						
荆州市		**1**				
荆州开发区						
沙市区						
荆州区						
公安县						
监利县						
江陵县						
石首市						
洪湖市						
松滋市		1				
黄冈市	**3**	**3**	**5**		**3**	
龙感湖管理区						
黄州区			1		1	
团风县			1		1	
红安县	1					
罗田县		1				
英山县						
浠水县	1		1		1	
蕲春县						
黄梅县						
麻城市	1		1			
武穴市		2	1			
咸宁市	**1**		**2**	**1**	**1**	
咸安区			1		1	
嘉鱼县						
通城县	1					
崇阳县						
通山县						
赤壁市			1	1		
随州市	**2**	**1**				
随州市辖区	1					
曾都区	1	1				
随县						
广水市						
恩施州	**1**					
恩施市	1					
利川市						
建始县						
巴东县						
宣恩县						
咸丰县						
来凤县						
鹤峰县						
仙桃市						
潜江市						
天门市						
神农架林区						

续表 14

地区	(4)存栏 1000–1999 头 (个、户)	(5)存栏 2000–4999 头 (个、户)	(6)存栏 5000 头以上 (个、户)	9.年出笼鹅 100 只以上 (个、户)	10.年出笼特禽 1000 只以上 (个、户)	11.年出栏肉兔 50 只以上 (个、户)
湖北省		**3**		**1042**	**327**	**252**
武汉市		**1**		**5**	**32**	**7**
武汉市辖区		1				
汉南区						
蔡甸区						
江夏区						
黄陂区					1	
新洲区				5	31	7
黄石市				**18**	**3**	**1**
黄石市辖区						
阳新县				18	2	1
大冶市					1	
十堰市				**8**	**1**	**55**
十堰市辖区						
郧阳区				2		41
郧西县				3		2
竹山县						
竹溪县						
房县						9
丹江口市				3	1	3
宜昌市				**56**	**7**	**2**
宜昌市辖区					1	
夷陵区				1	1	
远安县						1
兴山县						
秭归县						
长阳县						
五峰县						
宜都市					1	1
当阳市				3		
枝江市				52	4	
襄阳市				**103**	**23**	**56**
襄阳市辖区					2	
襄城区						
樊城区						
襄州区				22		19
南漳县					4	1
谷城县						
保康县						
老河口市				11	2	5
枣阳市				62	15	25
宜城市				8		6
鄂州市					**8**	**2**
荆门市				**360**	**44**	**51**
荆门市辖区				220		12
京山市					7	11
沙洋县				133	35	24
钟祥市				7	2	4
孝感市				**355**	**76**	**37**
孝南区						
孝昌县						

续表 15

地区	(4)存栏 1000–1999 头 (个、户)	(5)存栏 2000–4999 头 (个、户)	(6)存栏 5000 头以上 (个、户)	9.年出笼鹅 100 只以上 (个、户)	10.年出笼特禽 1000 只以上 (个、户)	11.年出栏肉兔 50 只以上 (个、户)
大悟县						
云梦县				1	1	
应城市				44	32	7
安陆市					8	30
汉川市				310	35	
荆州市				**32**	**11**	**2**
荆州开发区						
沙市区				1		
荆州区				2	1	
公安县				10		
监利县					2	1
江陵县				14		
石首市				5	2	
洪湖市					6	1
松滋市						
黄冈市		**2**		**67**	**25**	**9**
龙感湖管理区						
黄州区				52		
团风县				5	9	2
红安县					1	
罗田县						
英山县						
浠水县				4	1	1
蕲春县						
黄梅县				6	12	6
麻城市		1				
武穴市		1			2	
咸宁市				**22**	**1**	**6**
咸安区						
嘉鱼县						
通城县				21	1	
崇阳县				1		
通山县						6
赤壁市						
随州市				**5**	**83**	**7**
随州市辖区						
曾都区					3	
随县				4	10	7
广水市				1	70	
恩施州					**8**	**6**
恩施市						
利川市					5	6
建始县						
巴东县						
宣恩县						
咸丰县						
来凤县					3	
鹤峰县						
仙桃市					**4**	**8**
潜江市				**1**	**1**	
天门市				**10**		**3**
神农架林区						

畜产品加工企业情况(一)

名称	肉制品			禽蛋制品		
	加工企业个数（个）	固定资产（万元）	年产值（万元）	加工企业个数（个）	固定资产（万元）	年产值（万元）
合计	**322**	**860591**	**3646937**	**70**	**163051**	**551995**
武汉市	17	72895	307497	2	23704	25880
黄石市	21	34352	138542	3	744	5049
十堰市	28	30044	126689	1	2994	2445
宜昌市	31	41257	291296	1	1380	1050
襄阳市	10	210543	410566	9	12150	110083
鄂州市	8	4790	96228	1	700	862
荆门市	21	53525	340382	11	35430	103622
孝感市	25	60242	345391	8	31196	194038
荆州市	26	59340	202766	12	24678	45580
黄冈市	46	167347	675764	4	7000	4300
咸宁市	19	33386	140135			
随州市	29	23630	307686	2	7963	28036
恩施州	12	52848	150641	2	400	665
仙桃市	16	5780	31235	1	10340	18400
潜江市	5	4842	46300	8	1741	4288
天门市	7	5650	35781	5	2631	7696
神农架林区	1	120	38			

畜产品加工企业情况(二)

名称	乳制品			蜂制品		
	加工企业个数（个）	固定资产（万元）	年产值（万元）	加工企业个数（个）	固定资产（万元）	年产值（万元）
合计	**9**	**240452**	**446865**	**48**	**59538**	**176919**
武汉市	4	169736	375039	5	13223	32500
黄石市	1	616	2200			
十堰市				3	2896	7500
宜昌市				1	60	950
襄阳市				8	4211	59115
鄂州市				1	800	881
荆门市	1	1500	4250	5	5700	34703
孝感市				5	674	1036
荆州市				3	2845	7036
黄冈市	2	60000	48396	3	4300	1278
咸宁市	1	8600	16980	1	3000	5440
随州市				3	7199	20628
恩施州				3	3680	656
仙桃市						
潜江市						
天门市				1	880	1100
神农架林区				6	10070	4095

畜牧部门饲料加工情况

指标名称	一、饲料加工厂（站）个数（个）	二、从业人员（人）	三、全年实际产量（吨）	其中			四、年产值（万元）	五、年利润（万元）	六、固定资产（万元）
				预混料	浓缩料	全价料			
年产 1000 吨以下	82	1202	27762	5866	3395	13743	23823	2326	32667
年产 1001–2000 吨	19	302	55388	9093		42835	30984	1663	18108
年产 2001–4000 吨	29	567	81808	15665	4974	58767	52814	2668	26955
年产 4001–10000 吨	29	719	182270	4323	502	167975	140289	6870	71829
年产 10001 吨以上	164	12179	14587392	448154	484208	12491681	7488877	200676	913057
全省合计	323	14969	14934620	483101	493079	12775001	7736786	214402	1062616

兽药生产企业情况

地区	固定资产（万元）	年销售收入（万元）	年产值（万元）	年利润（万元）	从业人数（人）
合计	**695061**	**266690**	**326041**	**33714**	**4480**
武汉市	61122	88681	100899	13659	949
黄石市	5000	5300	5300	480	68
十堰市	8634	11150	11838	858	116
宜昌市	435000	3900	4550	700	1351
襄阳市	5130	9488	17810	665	102
鄂州市					
荆门市	18536	19582	22500	–890	215
孝感市	25309	49782	52782	6626	376
荆州市					
黄冈市	132330	75277	106531	10964	1213
咸宁市	1000	2100	2100	300	42
随州市					
恩施州					
仙桃市	800	720	650	160	14
潜江市					
天门市	2200	710	1080	192	34
神农架林区					

畜禽规模饲养情况

项　目	场、户数(个、户)	年存、出栏(笼)量(万头、万只)
生猪出栏500头以上	9202	2859
商品肉鸡出笼1万只以上	2727	26975
商品蛋鸡存笼2000只以上	8970	17797
年存栏奶牛100头以上	14	1
年出栏肉牛50头以上	2969	52
年出栏肉羊100只以上	4740	140
年出笼鹅100只以上	1042	195
年出笼特禽1000只以上	327	1228
年出栏肉兔50只以上	252	131

《湖北农村统计年鉴 2023》

1.农村基本情况

2.农业产值

3.种植业

4.林业及土特产

5.畜牧业

6.渔业☑

7.农业机械化

8.农村主要能源及物资消耗

9.农业技术推广及应用

10.水利建设

11.农垦及监狱系统农场

水产品总产量及捕捞产量

单位：吨

地区	合计	捕捞产量							养殖产量小计	增殖渔业产量小计
		小计	鱼类	甲壳类			贝类	其它类		
				小计	虾	蟹				
湖北省	**5004205**	**24005**	**20094**	**3472**	**3210**	**262**	**295**	**144**	**4727812**	**252388**
武汉市	**453187**	**6340**	**5531**	**809**	**792**	**17**			**421278**	**25569**
新洲区	113553	962	840	122	122				109852	2739
江夏区	85489	2820	2758	62	62				66899	15770
蔡甸区	70028	889	826	63	46	17			67573	1566
黄陂区	105577	1404	872	532	532				98679	5494
汉南区	26245	265	235	30	30				25980	
东西湖区	52295								52295	
黄石市	**245391**	**6103**	**4900**	**956**	**931**	**25**	**232**	**15**	**208593**	**30695**
黄石市直	4490								3256	1234
大冶市	94360	1870	1750	105	80	25		15	74490	18000
阳新县	146541	4233	3150	851	851		232		130847	11461
十堰市	**48060**								**32805**	**15255**
十堰市直	35								35	
十堰市辖区	1170								1170	
丹江口市	31064								22314	8750
郧阳区	1910								1818	92
郧西	1350								800	550
竹山县	8300								3200	5100
竹溪县	1685								1022	663
房县	2546								2446	100
荆州市	**1222157**	**55**	**26**	**14**	**11**	**3**	**15**		**1206211**	**15891**
荆州区	118800								118600	200
沙市区	47975								47903	72
江陵县	32867								32295	572
松滋市	38765								38065	700
公安县	141880								137880	4000
石首市	129453								126432	3021
监利县	290392								286932	3460
洪湖市	422025	55	26	14	11	3	15		418104	3866
宜昌市	**198764**	**513**	**456**	**55**	**54**	**1**	**2**		**184519**	**13732**
宜昌市直	274								192	82
夷陵区	6000	363	321	42	42				5305	332
宜都市	6850								5550	1300
枝江市	92540								84740	7800
当阳市	82663	140	125	13	12	1	2		78633	3890
远安县	2654								2489	165
兴山县	65								35	30
秭归县	204								82	122
长阳县	7468								7468	
五峰县	46	10	10						25	11
襄阳市	**209113**	**10**	**7**	**3**	**3**				**168795**	**40308**
襄阳市辖区	22614								21008	1606
老河口市	37416								31636	5780
襄州区	44084								35184	8900
枣阳市	47010	10	7	3	3				28800	18200
宜城市	33458								29980	3478
南漳县	10124								9228	896
谷城县	13233								12325	908
保康县	1174								634	540
鄂州市	**287593**	**45**	**43**	**2**	**2**				**265794**	**21754**
鄂城区	98762	45	43	2	2				95579	3138
华容区	100463								84674	15789
梁子湖区	88368								85541	2827

续表 单位:吨

地区	合计	捕捞产量							养殖产量小计	增殖渔业产量小计
		小计	鱼类	甲壳类			贝类	其它类		
				小计	虾	蟹				
荆门市	**494308**	**2008**	**1796**	**204**	**200**	**4**		**8**	**468605**	**23695**
荆门市辖区										
沙洋县	197999								194139	3860
钟祥市	153938								141409	12529
京山市	85191	500	336	156	152	4		8	82391	2300
沙洋农场										
东宝区	24695	628	628						22237	1830
掇刀区	18218								17482	736
漳河新区	11625	880	832	48	48				8461	2284
屈家岭管理区	2642								2486	156
孝感市	**448200**								**431213**	**16987**
孝南区	73513								71348	2165
孝昌县	24384								23997	387
大悟县	27578								24828	2750
安陆市	29322								27572	1750
云梦县	56181								56181	
应城市	74254								69386	4868
汉川市	162368								157301	5067
孝感市辖区	600								600	
黄冈市	**485122**								**459120**	**26002**
黄州区	37224								33484	3740
团风县	52628								50948	1680
红安县	17077								15297	1780
麻城市	27406								23702	3704
罗田县	6708								5388	1320
英山县	6432								5818	614
浠水县	72821								68986	3835
蕲春县	84728								80129	4599
武穴市	60749								59319	1430
黄梅县	106038								102738	3300
龙感湖区	13311								13311	
咸宁市	**242538**	**3949**	**3505**	**422**	**317**	**105**	**22**		**231396**	**7193**
咸安区	50213	264	224	39	35	4	1		48999	950
嘉鱼县	70550	1350	1253	97	85	12			67320	1880
赤壁市	79990	1005	802	182	133	49	21		76202	2783
通城县	13548	400	379	21	12	9			12648	500
崇阳县	14976	930	847	83	52	31			13566	480
通山县	13261								12661	600
恩施州	**3355**								**3355**	
恩施市	676								676	
建始县	382								382	
巴东县	47								47	
利川市	1376								1376	
宣恩县	115								115	
咸丰县	66								66	
来凤县	650								650	
鹤峰县	43								43	
随州市	**88065**	**4982**	**3830**	**1007**	**900**	**107**	**24**	**121**	**71827**	**11256**
曾都区	11970	692	659	33	33				9810	1468
随县	39892	847	431	356	322	34	24	36	31920	7125
广水市	36203	3443	2740	618	545	73		85	30097	2663
仙桃市	**300331**								**300331**	
天门市	**116412**								**113670**	**2742**
潜江市	**161574**								**160265**	**1309**
神农架	**35**								**35**	

水产品养殖产量(一)

单位:吨

地区	养殖产量合计	其中:一、鱼　类						
		小计	草鱼	鲢鱼	鲫鱼	鳙鱼	鳊鲂	青鱼
湖北省	**4727812**	**3317404**	**863992**	**493796**	**361888**	**407497**	**247997**	**180924**
武汉市	**421278**	**370340**	**111863**	**42733**	**33295**	**30553**	**42553**	**18119**
新洲区	109852	101880	51046	12980	5963	7655	6155	2467
江夏区	66899	54196	2674	621	4159	4952	7109	2801
蔡甸区	67573	54008	13005	7375	4877	5327	11835	1392
黄陂区	98679	86806	28247	8917	8132	6651	8468	5134
汉南区	25980	22825	5930	2083	2055	2400	1835	836
东西湖区	52295	50625	10961	10757	8109	3568	7151	5489
黄石市	**208593**	**180989**	**28106**	**21997**	**25187**	**32489**	**19857**	**13036**
黄石市直	3256	3241	663	719	800	327	302	100
大冶市	74490	65090	14929	11203	13075	7900	6500	3650
阳新县	130847	112658	12514	10075	11312	24262	13055	9286
十堰市	**32805**	**30127**	**4500**	**4792**	**1470**	**2280**	**1136**	**798**
十堰市直	35	28	3	3	7			
十堰市辖区	1170	1170	243	258	67	266	19	
丹江口市	22314	20354	2860	2900	800	1000	750	350
郧阳区	1818	1761	230	435	70	145	175	20
郧西	800	790	110	99	15	90	22	2
竹山县	3200	2900	470	385	440	300	170	290
竹溪县	1022	902	180	220	50	210		
房县	2446	2222	404	492	21	269		136
荆州市	**1206211**	**584040**	**184859**	**70871**	**58576**	**40393**	**21607**	**52989**
荆州区	118600	99638	18033	11003	5956	4581	7050	36620
沙市区	47903	27562	5826	3903	6382	1834	439	797
江陵县	32295	13206	4890	1728	680	1351	422	406
松滋市	38065	23951	5500	4400	2644	2270	800	1200
公安县	137880	64321	17810	4950	3424	5954	3301	4456
石首市	126432	77607	19509	5306	18160	8120	6200	2430
监利县	286932	74252	15538	3379	1430	2270	805	4030
洪湖市	418104	203503	97753	36202	19900	14013	2590	3050
宜昌市	**184519**	**175666**	**26813**	**28237**	**23265**	**18935**	**22140**	**4092**
宜昌市直	192	192	57	52	31	31		
夷陵区	5305	5039	822	968	1100	562	600	198
宜都市	5550	5430	1270	870	450	440	260	90
枝江市	84740	82890	11400	10700	9100	6120	11300	2530
当阳市	78633	72662	11939	14550	11762	10910	9410	860
远安县	2489	2062	373	430	383	197	127	82
兴山县	35	33	3	3	3	2	2	2
秭归县	82	82	9	23	11	14	11	
长阳县	7468	7251	940	630	420	650	430	330
五峰县	25	25		11	5	9		
襄阳市	**168795**	**140149**	**22110**	**31337**	**15607**	**29420**	**10219**	**6543**
襄阳市辖区	21008	19172	3422	4982	1860	4519	857	1077
老河口市	31636	24580	3320	4180	3210	4320	1248	2280
襄州区	35184	32072	5370	6528	3389	6585	4026	256
枣阳市	28800	24475	4105	8090	2450	6410	189	931
宜城市	29980	25329	3941	5025	3611	5021	2068	211
南漳县	9228	4894	638	1208	900	943	468	94
谷城县	12325	9087	1205	1207	137	1523	1342	1666
保康县	634	540	109	117	50	99	21	28
鄂州市	**265794**	**249766**	**97059**	**49396**	**20331**	**38508**	**16597**	**11655**
鄂城区	95579	91159	43604	18500	5799	10125	6689	2300
华容区	84674	80778	33685	16856	7493	8402	4789	5181
梁子湖区	85541	77829	19770	14040	7039	19981	5119	4174

续表 1

单位：吨

地区	养殖产量合计	其中：一、鱼　类						
		小计	草鱼	鲢鱼	鲫鱼	鳙鱼	鳊鲂	青鱼
荆门市	**468605**	**332180**	**84794**	**74958**	**48813**	**46302**	**29633**	**8346**
荆门市辖区								
沙洋县	194139	124464	40027	29874	16201	12071	10632	975
钟祥市	141409	117020	27564	24914	21201	18002	13464	1565
京山市	82391	53305	10692	13688	6151	10089	2655	3285
沙洋农场								
东宝区	22237	15694	3246	3479	2650	2710	980	1067
掇刀区	17482	13211	1979	1611	1307	2225	1074	1015
漳河新区	8461	6717	1054	1047	1036	835	529	430
屈家岭管理区	2486	1769	232	345	267	370	299	9
孝感市	**431213**	**334472**	**96032**	**55494**	**48829**	**42075**	**25867**	**16549**
孝南区	71348	66276	18126	4433	10135	8930	13543	1739
孝昌县	23997	22695	4666	2817	1988	7530	2200	2895
大悟县	24828	21828	5095	3840	2520	3813	1000	380
安陆市	27572	23201	3895	2160	4771	4730	1978	860
云梦县	56181	50038	15000	4700	16391	4480	785	820
应城市	69386	50603	19881	6940	6200	4892	3117	2202
汉川市	157301	99231	29169	30404	6774	7600	3214	7643
孝感市辖区	600	600	200	200	50	100	30	10
黄冈市	**459120**	**332062**	**71982**	**55877**	**34529**	**67147**	**27526**	**16610**
黄州区	33484	31638	13452	9306	1765	3421	1525	1025
团风县	50948	46538	11241	18035	3490	6810	2295	421
红安县	15297	12076	2741	3514	752	1948	950	698
麻城市	23702	22431	6105	3010	2731	7760	1010	420
罗田县	5388	4722	120	2800	80	1315	40	12
英山县	5818	5551	1136	1473	282	1635	118	95
浠水县	68986	56096	10065	3405	7085	13386	5834	2807
蕲春县	80129	68458	11424	8234	10162	15379	9602	4818
武穴市	59319	36898	7897	2517	3835	10919	2502	1969
黄梅县	102738	45968	6649	3387	4265	4476	3650	4187
龙感湖区	13311	1686	1152	196	82	98		158
咸宁市	**231396**	**181279**	**31429**	**21822**	**19971**	**28834**	**13056**	**13217**
咸安区	48999	38813	10698	8398	4885	4609	2504	1366
嘉鱼县	67320	56773	8370	4550	6600	8150	3810	4730
赤壁市	76202	51416	5707	4052	5156	11993	4565	4998
通城县	12648	11470	2550	1443	945	835	1350	1110
崇阳县	13566	11046	1804	1279	1325	547	746	413
通山县	12661	11761	2300	2100	1060	2700	81	600
恩施州	**3355**	**2702**	**1201**	**214**	**189**	**151**	**8**	**56**
恩施市	676	604	257	42	56		8	6
建始县	382	372	41	12	6			
巴东县	47	47	16	6	4			
利川市	1376	921	400	131	100	100		
宣恩县	115	53	14	3	5	3		
咸丰县	66	44	10	6	10	8		
来凤县	650	618	452	6		40		50
鹤峰县	43	43	11	8	8			
随州市	**71827**	**57922**	**8636**	**10447**	**10475**	**9578**	**4387**	**6846**
曾都区	9810	9319	1676	2243	1812	1977	318	883
随县	31920	27743	3637	5006	5938	3665	2764	2815
广水市	30097	20860	3323	3198	2725	3936	1305	3148
仙桃市	**300331**	**247986**	**73979**	**17009**	**12271**	**5659**	**5671**	**5962**
天门市	**113670**	**67627**	**11358**	**5651**	**6939**	**7931**	**6569**	**4688**
潜江市	**160265**	**30062**	**9266**	**2961**	**2141**	**7242**	**1171**	**1418**
神农架	**35**	**35**	**5**					

续表 2 单位：吨

地区	其中：一、鱼　类							
	鲤鱼	黄鳝	黄颡鱼	鳜鱼	泥鳅	乌鳢	鮰鱼	鲶鱼
湖北省	**96610**	**154279**	**152802**	**76610**	**40891**	**24696**	**72091**	**15723**
武汉市	**10344**	**6724**	**20494**	**23632**	**3039**	**2857**	**5142**	**2511**
新洲区	3526	1938	2128	1248	616	920	1325	1097
江夏区	1166	3066	8570	12870				
蔡甸区	578	148	3904	1735	341	788	1977	366
黄陂区	4491	289	4390	3008	2004	866	1714	625
汉南区	160	1283	656	3885	78	160	126	68
东西湖区	423		846	886		123		355
黄石市	**5305**	**2628**	**7896**	**3692**	**6402**	**5235**	**740**	**2080**
黄石市直	20		100	60				
大冶市	760	98	1650	900	585	750	740	210
阳新县	4525	2530	6146	2732	5817	4485		1870
十堰市	**1200**	**641**	**471**	**461**	**483**	**47**	**92**	**180**
十堰市直	4							
十堰市辖区	60			50	161		46	
丹江口市	560	610	280	380	230	20		140
郧阳区	65	4	40	5	10	7		
郧西	20		12	5	30			
竹山县	250	25	100		20	20		10
竹溪县	190				30			20
房县	51	2	39	21	2		46	10
荆州市	**8815**	**44333**	**42438**	**19630**	**7495**	**2638**	**8125**	**921**
荆州区	2010	500	9029	300	260	190	30	
沙市区			5749		525		425	
江陵县	52	1525	1300		790	30	12	20
松滋市	1227	1100	1400	700	520	80		110
公安县	2106	9108	11570	480	440	168	58	216
石首市	2030	2760	5560	2690	680	980	210	555
监利县	920	21540	5230	9410	1180	955	840	
洪湖市	470	7800	2600	6050	3100	235	6550	20
宜昌市	**8878**	**178**	**26444**	**310**	**1499**	**588**	**2351**	**507**
宜昌市直			21					
夷陵区	318		458		13			
宜都市	120		20					
枝江市	1950	90	23700	50	935		440	
当阳市	6180	88	1918	165	384	588	1485	270
远安县	120		140		67		26	27
兴山县			2					
秭归县								
长阳县	190		185	95	100		400	210
五峰县								
襄阳市	**14149**	**797**	**2537**	**410**	**1035**	**242**	**454**	**1484**
襄阳市辖区	1815	96	55	17	43	34	20	255
老河口市	2662	160	1210	370	220	0	80	450
襄州区	3682	398	640	10	380	52	340	384
枣阳市	1375	42	350	2	199	70	2	124
宜城市	3745	74	27	3	110	5		143
南漳县	272	8	108	4	23	29	12	31
谷城县	568	19	127	4	60	52		97
保康县	30		20					
鄂州市	**5517**	**1027**	**3277**	**1580**	**310**	**476**	**1352**	**58**
鄂城区	1461	436	1840	139	2	12	85	5
华容区	555	550	1094	1340	203	236		37
梁子湖区	3501	41	343	101	105	228	1267	16

续表 3　　　　单位:吨

地区	其中:一、鱼　类							
	鲤鱼	黄鳝	黄颡鱼	鳜鱼	泥鳅	乌鳢	鮰鱼	鲶鱼
荆门市	**11282**	**2690**	**8670**	**1475**	**1576**	**2081**	**3026**	**1349**
荆门市辖区								
沙洋县	5836	1700	2235	650	610	850	271	365
钟祥市	3620	434	2169	46	485	496	2406	103
京山市	1090	245	1491	321	310	234		740
沙洋农场								
东宝区	239	115	386	26	10	20	94	22
掇刀区	186	50	1790	120		384	180	43
漳河新区	302	145	584	311	95	97	75	76
屈家岭管理区	9	1	15	1	66			
孝感市	**16185**	**4043**	**6471**	**4288**	**5782**	**4119**	**1935**	**502**
孝南区	3991	15	845	347	2166	881		
孝昌县	157	130	50	30	90	36	4	2
大悟县	2450	120	350	0	1950	120		80
安陆市	1170	350	780	310	480	210	40	145
云梦县	895	202	2218	150	168	2011	22	275
应城市	4624	521	877	428	143	545		
汉川市	2888	2705	1351	3023	785	316	1869	
孝感市辖区	10							
黄冈市	**4545**	**5900**	**13162**	**12308**	**1173**	**2840**	**485**	**1457**
黄州区		115	46	478				
团风县	150	32	374	1510	10	10	205	60
红安县	51	40	330	82	204			
麻城市	280	95	435	150	80	145		85
罗田县	13	2	150		20	13		13
英山县	271		4	60		10		20
浠水县	465	850	2450	3025	195	320		502
蕲春县	2019	601	1391	2103	155	471	145	212
武穴市	1218	470	297	1750	119	216	15	245
黄梅县	78	3695	7685	3150	390	1655	120	320
龙感湖区								
咸宁市	**6228**	**8377**	**5635**	**4471**	**4784**	**2407**	**9161**	**2208**
咸安区	2865	545	508	246	299	199		243
嘉鱼县	270	3200	2810	380	3050	700	8373	880
赤壁市	2162	4192	1567	1851	1010	1254	463	905
通城县	504	290	142	636	195	92	184	2
崇阳县	397	130	548	618	180	122	111	118
通山县	30	20	60	740	50	40	30	60
恩施州	**467**	**2**	**14**	**6**	**9**		**31**	**1**
恩施市	197	2	7	6	9			
建始县	8							
巴东县	4		7				1	1
利川市	190							
宣恩县	10							
咸丰县	9							
来凤县	40						30	
鹤峰县	9							
随州市	**3185**	**639**	**888**	**274**	**940**	**391**	**24**	**683**
曾都区	145	28	110	19	11	6	19	15
随县	2038	291	507	56	299	27	5	668
广水市	1002	320	271	199	630	358		
仙桃市	**12**	**72086**	**8074**	**2974**	**6170**	**717**	**31533**	**1642**
天门市		**2955**	**4170**	**1000**	**13**		**6750**	
潜江市	**483**	**1259**	**2161**	**99**	**181**	**58**	**890**	**140**
神农架	**15**							

水产品养殖产量(二)

单位:吨

地区	其中:一、鱼　类								
	鲟鱼	鲈鱼	罗非鱼	长吻鮠	银鱼	鳗鲡	鲍鱼	其它	其中观赏鱼
湖北省	**9904**	**37719**	**2687**	**1325**	**619**	**4852**	**58475**	**12027**	**1298**
武汉市	**29**	**3537**	**242**			**150**	**12414**	**109**	**5**
新洲区	29	1039					1748		3
江夏区		28	59				6121		
蔡甸区		246					114		1
黄陂区		1186	183				2392	109	1
汉南区		520					750		
东西湖区		518				150	1289		
黄石市	**230**	**1054**	**190**				**2235**	**2630**	**5**
黄石市直							150		
大冶市	230	160	190				260	1300	
阳新县		894					1825	1330	5
十堰市	**292**	**2412**	**90**				**7375**	**1407**	**106**
十堰市直								11	
十堰市辖区									
丹江口市		1894					7060	520	90
郧阳区	130	225	35				105	60	2
郧西	162	45					160	18	10
竹山县		120						300	
竹溪县								2	2
房县		128	55				50	496	2
荆州市	**1850**	**12531**		**670**	**37**		**5146**	**116**	
荆州区	1050	70					2950	6	
沙市区		1511					171		
江陵县									
松滋市		2000							
公安县		90					190		
石首市		140		670	37		1500	70	
监利县		6410					315		
洪湖市	800	2310					20	40	
宜昌市	**4493**	**2003**	**461**	**138**	**10**		**4072**	**252**	
宜昌市直									
夷陵区									
宜都市	1600	300					10		
枝江市	140	1200		85			3150		
当阳市	515	360	73	53	10		902	240	
远安县	65	3	3				10	9	
兴山县	3	10						3	
秭归县	14								
长阳县	2156	130	385						
五峰县									
襄阳市	**853**	**624**	**29**		**429**		**1601**	**269**	**165**
襄阳市辖区		14					77	29	22
老河口市		520			350				100
襄州区	30							2	18
枣阳市		5			2		54	75	
宜城市		2			2		1298	43	
南漳县	40	30			75		7	4	3
谷城县	763	53	13				165	86	22
保康县	20		16					30	
鄂州市		**622**	**48**				**1341**	**612**	**13**
鄂城区		72	17				47	26	
华容区		52	31				274		13
梁子湖区		498					1020	586	

续表 单位:吨

地区	其中:一、鱼 类								
	鲟鱼	鲈鱼	罗非鱼	长吻鮠	银鱼	鳗鲡	鲍鱼	其它	其中观赏鱼
荆门市	**28**	**2008**	**106**	**367**	**45**	**752**	**3509**	**370**	**20**
荆门市辖区									
沙洋县	28	271	106				1762		
钟祥市		219					307	25	
京山市		569				602	1003	140	
沙洋农场									
东宝区		430			20		200		20
掇刀区		511		367			189	180	
漳河新区		3			25		48	25	
屈家岭管理区		5				150			
孝感市	**3**	**1030**	**404**				**3061**	**1803**	**3**
孝南区		35					310	780	
孝昌县	3	25					48	24	3
大悟县							110		
安陆市		360	146				786	30	
云梦县		336	85				1500		
应城市		60	173						
汉川市		214					307	969	
孝感市辖区									
黄冈市	**161**	**3457**	**418**	**0**	**10**	**3950**	**5587**	**2938**	**621**
黄州区		210					65	230	
团风县		1263					632		
红安县		510					256		
麻城市		35			10		30	50	360
罗田县		122	2				20		
英山县		19	416					12	
浠水县		250				2350	1606	1501	20
蕲春县	4	135					1168	435	15
武穴市	157	753				1600	382	37	26
黄梅县		160					1428	673	200
龙感湖区									
咸宁市	**1733**	**3778**	**687**		**88**		**2431**	**962**	**355**
咸安区		1182					251	15	
嘉鱼县		55					520	325	
赤壁市			359				826	356	350
通城县	3	427	1		18		743		5
崇阳县	1130	914	267		40		91	266	
通山县	600	1200	60		30				
恩施州	**144**	**14**	**12**					**183**	
恩施市	4		10						
建始县	122							183	
巴东县	6		2						
利川市									
宣恩县	12	6							
咸丰县		1							
来凤县									
鹤峰县		7							
随州市	**8**	**20**					**501**		**5**
曾都区	8	18					31		5
随县		2					25		
广水市							445		
仙桃市		**2210**					**1702**	**315**	
天门市	**75**	**1827**		**150**			**7500**	**51**	
潜江市		**592**							
神农架	**5**							**10**	

水产品养殖产量(三)

单位:吨

地区	二、甲壳类	其中:虾					其中:河蟹
		小计	青虾	克氏原螯虾	南美白对虾	其他	
湖北省	**1316037**	**1154163**	**7809**	**1138392**	**6535**	**1427**	**161874**
武汉市	**47554**	**39280**	**1046**	**36137**	**2045**	**52**	**8274**
新洲区	7078	5166		4567	599		1912
江夏区	12634	12135	454	11291	338	52	499
蔡甸区	13246	10596	50	10466	80		2650
黄陂区	10583	8956	542	7491	923		1627
汉南区	2363	1137		1052	85		1226
东西湖区	1650	1290		1270	20		360
黄石市	**26569**	**24885**	**15**	**24790**	**80**		**1684**
黄石市直	15						15
大冶市	9030	7910		7830	80		1120
阳新县	17524	16975	15	16960			549
十堰市	**1389**	**1389**	**50**	**1104**	**40**	**195**	
十堰市直							
十堰市辖区							
丹江口市	950	950	50	690	20	190	
郧阳区	45	45		30	15		
郧西	10	10			5	5	
竹山县	130	130		130			
竹溪县	30	30		30			
房县	224	224		224			
荆州市	**587886**	**471518**	**310**	**470665**	**140**	**403**	**116368**
荆州区	15532	15502		15502			30
沙市区	18782	18782		18650	132		
江陵县	18396	17846		17846			550
松滋市	12149	11883		11883			266
公安县	63143	63011		62988		23	132
石首市	48083	47863		47855	8		220
监利县	203540	162720		162720			40820
洪湖市	208261	133911	310	133221		380	74350
宜昌市	**8544**	**8544**		**8534**	**10**		
宜昌市直							
夷陵区	245	245		245			
宜都市	100	100		100			
枝江市	1850	1850		1850			
当阳市	5723	5723		5713	10		
远安县	426	426		426			
兴山县							
秭归县							
长阳县	200	200		200			
五峰县							
襄阳市	**26365**	**25560**	**278**	**24948**	**286**	**48**	**805**
襄阳市辖区	1810	1810	186	1351	225	48	
老河口市	7042	6262	18	6238	6		780
襄州区	2950	2950		2918	32		
枣阳市	4295	4280	17	4260	3		15
宜城市	3521	3511	4	3507			10
南漳县	3444	3444	3	3421	20		
谷城县	3209	3209	50	3159			
保康县	94	94		94			
鄂州市	**15830**	**15640**	**74**	**14910**	**656**		**190**
鄂城区	4410	4392		4260	132		18
华容区	3830	3828		3828			2
梁子湖区	7590	7420	74	6822	524		170

续表 1　　　　单位:吨

地区	二、甲壳类	其中:虾					其中:河蟹
		小计	青虾	克氏原螯虾	南美白对虾	其他	
荆门市	**115963**	**115720**	**48**	**115652**		**20**	**243**
荆门市辖区							
沙洋县	66721	66534	44	66490			187
钟祥市	21800	21800		21800			
京山市	15028	15020		15020			8
沙洋农场							
东宝区	6200	6200		6200			
掇刀区	3882	3882		3882			
漳河新区	1674	1674	4	1650		20	
屈家岭管理区	658	610		610			48
孝感市	**91610**	**68163**	**103**	**67917**	**63**	**80**	**23447**
孝南区	4850	4490		4490			360
孝昌县	1210	1205	3	1199	3		5
大悟县	2910	2910		2910			
安陆市	4246	4160	100	3920	60	80	86
云梦县	5965	5700		5700			265
应城市	14821	14621		14621			200
汉川市	57608	35077		35077			22531
孝感市辖区							
黄冈市	**123516**	**122757**	**3290**	**116930**	**2221**	**316**	**759**
黄州区	1531	1531		922	609		
团风县	4410	4410		4370	40		
红安县	2898	2898	103	2675	120		
麻城市	860	810		810			50
罗田县	560	560		480	80		
英山县	262	262		262			
浠水县	12550	12550	40	11600	910		
蕲春县	11663	11656	12	11531	91	22	7
武穴市	22077	21965	35	21575	241	114	112
黄梅县	55080	54490	3100	51080	130	180	590
龙感湖区	11625	11625		11625			
咸宁市	**45996**	**43930**	**2166**	**41448**	**28**	**288**	**2066**
咸安区	9933	9910		9910			23
嘉鱼县	7577	7525	1850	5650		25	52
赤壁市	24298	22552	316	22195	28	13	1746
通城县	1033	973		973			60
崇阳县	2255	2070		1820		250	185
通山县	900	900		900			
恩施州	**637**	**637**		**637**			
恩施市	60	60		60			
建始县	10	10		10			
巴东县							
利川市	455	455		455			
宣恩县	60	60		60			
咸丰县	20	20		20			
来凤县	32	32		32			
鹤峰县							
随州市	**12070**	**11821**	**425**	**11341**	**55**		**249**
曾都区	308	294		274	20		14
随县	4003	3827	166	3661			176
广水市	7759	7700	259	7406	35		59
仙桃市	**44947**	**39235**	**4**	**38323**	**908**		**5712**
天门市	**39214**	**37264**		**37236**	**3**	**25**	**1950**
潜江市	**127947**	**127820**		**127820**			**127**
神农架							

续表 2　　　　单位：吨

地区	三、贝类	其中：河蚌	螺	蚬	四、其它类	其中：龟	鳖	蛙
湖北省	**1460**	**359**	**979**	**122**	**92911**	**9919**	**62108**	**20884**
武汉市					**3384**	**305**	**1830**	**1249**
新洲区					894			894
江夏区					69			69
蔡甸区					319		299	20
黄陂区					1290	29	1075	186
汉南区					792	276	436	80
东西湖区					20		20	
黄石市	**321**	**20**	**187**	**114**	**714**	**120**	**363**	**231**
黄石市直								
大冶市					370	120	80	170
阳新县	321	20	187	114	344		283	61
十堰市	**10**	**10**			**1279**	**10**	**1195**	**74**
十堰市直					7		7	
十堰市辖区								
丹江口市					1010	10	990	10
郧阳区					12		8	4
郧西								
竹山县					170		170	
竹溪县	10	10			80		20	60
房县								
荆州市	**532**	**56**	**470**	**6**	**33753**	**5074**	**25074**	**3605**
荆州区					3430	350	2080	1000
沙市区					1559	1038	378	143
江陵县					693	218	335	140
松滋市					1965	65	1760	140
公安县	122	56	60	6	10294	91	10101	102
石首市					742	22	560	160
监利县					9140	1060	6910	1170
洪湖市	410		410		5930	2230	2950	750
宜昌市	**1**	**1**			**308**	**61**	**136**	**111**
宜昌市直								
夷陵区					21			21
宜都市					20	10	10	
枝江市								
当阳市	1	1			247	51	120	76
远安县					1		1	
兴山县					2			2
秭归县								
长阳县					17		5	12
五峰县								
襄阳市	**13**	**5**	**8**		**2268**	**8**	**905**	**1355**
襄阳市辖区					26	1	10	15
老河口市	4	2	2		10	2	4	4
襄州区					162		12	150
枣阳市					30		14	16
宜城市					1130	3	845	282
南漳县					890	1	14	875
谷城县	9	3	6		20	1	6	13
保康县								
鄂州市	**2**		**2**		**196**	**20**	**130**	**46**
鄂城区	2		2		8		8	
华容区					66	8	23	35
梁子湖区					122	12	99	11

续表 3 单位:吨

地区	三、贝类	其中:河蚌	螺	蚬	四、其它类	其中:龟	鳖	蛙
荆门市					**20462**	**3172**	**16529**	**761**
荆门市辖区								
沙洋县					2954	180	2513	261
钟祥市					2589	930	1322	337
京山市					14058	1755	12184	119
沙洋农场								
东宝区					343	213	130	
掇刀区					389	70	310	9
漳河新区					70	15	35	20
屈家岭管理区					59	9	35	15
孝感市	**252**	**51**	**201**		**4879**	**81**	**4469**	**329**
孝南区					222	19	203	
孝昌县					92	2	35	55
大悟县					90	40	50	
安陆市					125	7	18	100
云梦县					178	13	165	
应城市					3962		3941	21
汉川市	252	51	201		210		57	153
孝感市辖区								
黄冈市					**3542**	**38**	**802**	**2702**
黄州区					315		205	110
团风县								
红安县					323	3	14	306
麻城市					411	1	300	110
罗田县					106	1	105	
英山县					5		5	
浠水县					340	20	60	260
蕲春县					8	3	4	1
武穴市					344		49	295
黄梅县					1690	10	60	1620
龙感湖区								
咸宁市					**4121**	**255**	**754**	**3112**
咸安区					253	8	57	188
嘉鱼县					2970	220	250	2500
赤壁市					488	27	312	149
通城县					145		60	85
崇阳县					265		75	190
通山县								
恩施州					**16**			**16**
恩施市					12			12
建始县								
巴东县								
利川市								
宣恩县					2			2
咸丰县					2			2
来凤县								
鹤峰县								
随州市	**104**	**91**	**11**	**2**	**1731**	**8**	**1351**	**372**
曾都区					183		2	181
随县	104	91	11	2	70	8	61	1
广水市					1478		1288	190
仙桃市	**105**	**5**	**100**		**7293**	**649**	**5869**	**775**
天门市	**120**	**120**			**6709**	**90**	**2635**	**3984**
潜江市					**2256**	**28**	**66**	**2162**
神农架								

精养鱼池主养名特优水产品面积

面积：公顷；温室面积：平方米

地区	龟		鳖		河蟹	鳜鱼	青虾
	小计	#温室	小计	#温室			
湖北省	**2234**	**281359**	**28492**	**1173182**	**96941**	**77219**	**7501**
武汉市	**28**	**3300**	**416**	**3260**	**5000**	**2474**	**20**
新洲区					927	47	
江夏区					162	1500	
蔡甸区			38		2255	333	20
黄陂区	2		98	2000	753	152	
汉南区	26	3300	280	1260	750	405	
东西湖区					153	37	
黄石市	**6**	**10000**	**120**	**176**	**808**	**567**	**1**
黄石市直					20	11	
大冶市	6	10000	48		333	170	
阳新县			72	176	455	386	1
十堰市			**50**	**3300**		**381**	**50**
十堰市直							
十堰市辖区							
丹江口市						380	50
郧阳区				3300		1	
郧西							
竹山县			50				
竹溪县							
房县							
荆州市	**1377**	**91245**	**16209**	**58770**	**64577**	**36743**	**2**
荆州区	47	5300	624	3450	30	20	
沙市区	22	7000	90				
江陵县	95	72823	398				
松滋市	250	2500	2667	9000	1000	3500	
公安县	275		9100		4335	1300	
石首市	30		1250	40000	95	105	
监利县	368	3522	1885	6200	26667	18718	
洪湖市	290	100	195	120	32450	13100	2
宜昌市	**25**	**300**	**288**	**500**		**47**	
宜昌市直							
夷陵区							
宜都市	1		10				
枝江市	2		50				
当阳市	22	300	227	500		47	
远安县							
兴山县							
秭归县							
长阳县			1				
五峰县							
襄阳市	**27**		**314**		**667**	**320**	**313**
襄阳市辖区			11				
老河口市	20		20		520	280	25
襄州区	6		10				220
枣阳市					136	27	50
宜城市	1		267		11	11	4
南漳县			5			2	9
谷城县			1				5
保康县							
鄂州市			**62**	**1560**	**159**	**392**	**105**
鄂城区			8		14	163	
华容区					1	23	2
梁子湖区			54	1560	144	206	103

续表 1　　　　面积：公顷；温室面积：平方米

地区	龟		鳖		河蟹	鳜鱼	青虾
	小计	# 温室	小计	# 温室			
荆门市	**588**	**170544**	**8190**	**602257**	**373**	**1181**	**544**
荆门市辖区							
沙洋县	23	14650	890	97230	303	1023	542
钟祥市	112	82354	526	56027		33	
京山市	390	49500	6610	441000	4	60	
沙洋农场							
东宝区	38	15200	40				
掇刀区	4	3000	90	8000		4	
漳河新区	2		2			60	2
屈家岭管理区	19	5840	32		66	1	
孝感市	**50**	**1650**	**1022**	**380639**	**17394**	**10716**	**382**
孝南区	5	1000	166	24500	233	2873	
孝昌县	5		26	2000	10	12	2
大悟县	10		30				
安陆市	30		112		230	256	380
云梦县		650	220	500	208	182	
应城市			468	353639	900	2273	
汉川市					15813	5120	
孝感市辖区							
黄冈市	**4**	**700**	**168**	**44920**	**2487**	**10815**	**4657**
黄州区						62	
团风县						2767	
红安县	2		22			287	26
麻城市			13	40000	40	350	
罗田县		200	10	2400			
英山县			7			9	
浠水县				1500		95	
蕲春县	2	500	2	500	22	885	96
武穴市			42		92	2350	620
黄梅县			72	520	2333	4010	3915
龙感湖区							
咸宁市	**5**		**32**	**1100**	**463**	**12635**	**1235**
咸安区	5		7	1100	140	420	
嘉鱼县					33	330	
赤壁市					210	10265	1235
通城县			10		55	170	
崇阳县			15		25	1260	
通山县						190	
恩施州						**1**	
恩施市						1	
建始县							
巴东县							
利川市							
宣恩县							
咸丰县							
来凤县							
鹤峰县							
随州市	**4**		**421**	**41000**	**217**	**402**	**189**
曾都区					13	5	3
随县	4		15		117	22	53
广水市			406	41000	87	375	133
仙桃市	**73**	**3420**	**821**	**4300**	**3753**	**511**	**3**
天门市	**7**		**367**	**31000**	**1039**	**34**	
潜江市	**40**	**200**	**12**	**400**	**4**		
神农架							

续表 2 面积：公顷；温室面积：平方米

地区	克氏螯虾	鲌鱼	黄颡鱼	鳝鱼	鮰鱼	泥鳅	鲈鱼
湖北省	**165407**	**21527**	**56217**	**22656**	**7277**	**4756**	**10967**
武汉市	**5154**	**927**	**1039**	**678**	**297**	**58**	**496**
新洲区		87	55	127	126	16	284
江夏区	512	510	369	141			8
蔡甸区	2602	34	265	10	133	22	20
黄陂区	1821	246	229		29	16	87
汉南区	34	50	38	400	9	4	40
东西湖区	185		83				57
黄石市	**1695**	**369**	**970**	**171**	**66**	**389**	**127**
黄石市直		15	5				
大冶市	650	34	270	5	66	40	34
阳新县	1045	320	695	166		349	93
十堰市	**251**	**8082**	**317**	**636**		**251**	**6509**
十堰市直							
十堰市辖区							
丹江口市	140	8060	280	610		230	2100
郧阳区	21	22	10	1		1	34
郧西							
竹山县	90		27	25		20	15
竹溪县							
房县							4360
荆州市	**52234**	**1661**	**10203**	**8546**	**1127**	**858**	**1138**
荆州区		1220	1300			8	3
沙市区	200	15	530		30	35	100
江陵县	367		225	550	1	282	
松滋市			250	170		50	150
公安县		165	4788	2165	104	121	16
石首市	1420	220	680	550	60	110	25
监利县	26667	21	1780	3011	32	172	434
洪湖市	23580	20	650	2100	900	80	410
宜昌市	**2402**	**560**	**5846**	**15**	**139**	**107**	**246**
宜昌市直							
夷陵区	18		65				
宜都市	100	10	6				20
枝江市	1070	180	5500		50	38	80
当阳市	1107	370	266	15	84	61	143
远安县			9			6	
兴山县							2
秭归县							
长阳县	107				5	2	1
五峰县							
襄阳市	**3304**	**12**	**889**	**351**	**49**	**116**	**99**
襄阳市辖区	52			40			
老河口市	160		240	10			80
襄州区			395	240	24		
枣阳市	660	4	167	42	23	69	5
宜城市	2189		14	16		11	1
南漳县	160	5	70	3	2	13	10
谷城县	41	3	1			23	3
保康县	42		2				
鄂州市	**1013**	**131**	**1058**	**525**	**96**	**4**	**66**
鄂城区	700	28	949	518	4		52
华容区	313	17	67			2	
梁子湖区		86	42	7	92	2	14

续表 3 面积：公顷；温室面积：平方米

地区	克氏螯虾	鲌鱼	黄颡鱼	鳝鱼	鮰鱼	泥鳅	鲈鱼
荆门市	**6981**	**1061**	**3324**	**312**	**657**	**286**	**415**
荆门市辖区							
沙洋县	4320	523	1021	121	231	10	20
钟祥市	1000	41	780	30	213	17	34
京山市	900	400	812	21		40	300
沙洋农场							
东宝区	127	60	320		23		21
掇刀区	500	16	225	8	15		35
漳河新区	67	20	156	132	175	200	4
屈家岭管理区	67	1	10			19	1
孝感市	**13107**	**587**	**10436**	**696**	**323**	**545**	**198**
孝南区	1066		2000	110		310	20
孝昌县	280	92	1982	163	2	80	30
大悟县	667						
安陆市	92	425	850	35	125	89	108
云梦县	800	40	4130	95	11	13	20
应城市	3329		1044	83			
汉川市	6873	30	430	210	185	53	20
孝感市辖区							
黄冈市	**40016**	**6380**	**11341**	**2157**	**36**	**498**	**594**
黄州区	45	5	4	9			15
团风县	2667	72	2693	1	13		70
红安县	286	183	275	17		88	145
麻城市	633		1000	50		45	62
罗田县	28		20			30	40
英山县	117		2				3
浠水县	60	80	25	15		6	15
蕲春县	2063	155	512	95	18	19	5
武穴市	12050	670	1600	220	5	100	75
黄梅县	22067	5215	5210	1750		210	164
龙感湖区							
咸宁市	**27484**	**643**	**8905**	**835**	**1258**	**1007**	**635**
咸安区	7200	103	510	205		165	85
嘉鱼县	266		330	200	1000	650	10
赤壁市	16667	160	7380	320	28	150	
通城县	817	155	45	75	35	30	110
崇阳县	2200	225	560	35	195	12	200
通山县	334		80				230
恩施州	**169**		**2**		**2**	**2**	**1**
恩施市	25		2			2	1
建始县	7						
巴东县							
利川市	100						
宣恩县	24						
咸丰县	3						
来凤县	10				2		
鹤峰县							
随州市	**3817**	**335**	**400**	**378**	**21**	**252**	**80**
曾都区	220	50	47	1	16	44	20
随县	2144	132	221	144	5	20	5
广水市	1453	153	132	233		188	55
仙桃市	**4022**	**246**	**837**	**7056**	**2803**	**315**	**207**
天门市	**2000**	**533**	**386**	**131**	**300**	**20**	**73**
潜江市	**1758**		**264**	**169**	**103**	**48**	**83**
神农架							

养殖产量、面积(按水面分类)(一)

地区	池塘养殖面积				稻田综合养殖面积				
	小计	其中:精养鱼池		普通池塘	小计	其中:稻田养虾	稻田养鳅	稻田养鳖	其它品种养殖面积
		小计	其中:尾水治理面积						
	公顷	公顷	公顷	公顷	公顷	公顷	公顷	公顷	公顷
湖北省	**526602**	**391335**	**63674**	**135267**	**534707**	**521311**	**2441**	**5642**	**5313**
武汉市	**43823**	**34347**	**4372**	**9476**	**14526**	**14486**			**40**
新洲区	11146	10674	1105	472	2893	2853			40
江夏区	9133	8066	678	1067	5400	5400			
蔡甸区	7293	5371	701	1922	4333	4333			
黄陂区	9000	4858	944	4142	1667	1667			
汉南区	2805	2805	811		20	20			
东西湖区	4446	2573	133	1873	213	213			
黄石市	**15334**	**13337**	**859**	**1997**	**11460**	**10889**	**71**	**409**	**91**
黄石市直	197	192		5					
大冶市	5887	4705	184	1182	5359	5166	33	80	80
阳新县	9250	8440	675	810	6101	5723	38	329	11
十堰市	**7232**	**850**	**529**	**6382**	**188**	**122**	**5**	**45**	**16**
十堰市直	5	1	1	4					
十堰市辖区	52	22	22	30					
丹江口市	1440	360	312	1080	85	55		30	
郧阳区	2010	140	114	1870	5	5			
郧西	600	70	25	530					
竹山县	2493	200	47	2293	61	31	5	15	10
竹溪县	150	10	8	140	21	15			6
房县	482	47		435	16	16			
荆州市	**124901**	**116140**	**22416**	**8761**	**200716**	**198577**	**575**	**830**	**734**
荆州区	7047	7047	4228		8867	8867			
沙市区	2215	2015	790	200	9406	9400			6
江陵县	5333	4783	1372	550	12167	11837	200	10	120
松滋市	6667	3934	420	2733	6900	6720			180
公安县	12866	12800	220	66	33341	32913	125	265	38
石首市	7807	7187	3087	620	17330	17190	20	30	90
监利县	29432	24840	3633	4592	63967	63332	30	405	200
洪湖市	53534	53534	8666		48738	48318	200	120	100
宜昌市	**12667**	**10145**	**3876**	**2522**	**4538**	**4364**	**4**	**57**	**113**
宜昌市直	150	150							
夷陵区	1202	700		502	100	100			
宜都市	969	200	10	769	106	106			
枝江市	4988	4588	2800	400	945	880			65
当阳市	4536	4130	1025	406	2947	2871	4	57	15
远安县	588	238		350	300	300			
兴山县	15	13		2					
秭归县	7			7					
长阳县	199	126	41	73	140	107			33
五峰县	13			13					
襄阳市	**29587**	**17911**	**4121**	**11676**	**13840**	**11967**	**103**	**444**	**1326**
襄阳市辖区	3047	2392	1300	655	533	499	8	6	20
老河口市	4160	3200	1020	960	3121	2753	11	12	345
襄州区	7180	4580	1560	2600	1566	1312	14	56	184
枣阳市	6460	2450		4010	2178	1876	70	75	157
宜城市	3863	1662	31	2201	2554	2000		295	259
南漳县	2324	1119	106	1205	1933	1752			181
谷城县	2528	2483	79	45	1885	1733			152
保康县	25	25	25		70	42			28
鄂州市	**14479**	**11861**	**811**	**2618**	**8334**	**7690**	**141**	**90**	**413**
鄂城区	4909	3476	358	1433	2000	2000			
华容区	4667	4275	314	392	2018	1538	80		400
梁子湖区	4903	4110	139	793	4316	4152	61	90	13

续表

地区	池塘养殖面积				稻田综合养殖面积				
	小计	其中:精养鱼池		普通池塘	小计	其中:稻田养虾	稻田养鳅	稻田养鳖	其它品种养殖面积
		小计	其中:尾水治理面积						
	公顷	公顷	公顷	公顷	公顷	公顷	公顷	公顷	公顷
荆门市	**50343**	**30178**	**1934**	**20165**	**58727**	**54933**	**206**	**2779**	**809**
荆门市辖区									
沙洋县	14973	9020	548	5953	25047	24567	33	126	321
钟祥市	13200	7667	639	5533	13600	11493	173	1834	100
京山市	11933	7866	157	4067	11667	10808		559	300
沙洋农场									
东宝区	4444	3223	413	1221	4200	4164			36
掇刀区	3347	1159	100	2188	2847	2634		200	13
漳河新区	1766	733		1033	1033	1000		33	
屈家岭管理区	680	510	77	170	333	267		27	39
孝感市	**65705**	**43351**	**6661**	**22354**	**32021**	**30802**	**681**	**525**	**13**
孝南区	10151	5006	158	5145	577	577			
孝昌县	7001	5544	3200	1457	880	720	110	50	
大悟县	5737	1267		4470	1294	784	510		
安陆市	5267	2445	210	2822	1740	1619	61	56	4
云梦县	6801	4130	1813	2671	1180	1180			
应城市	9600	5317	480	4283	5816	5388		419	9
汉川市	21028	19642	800	1386	20534	20534			
孝感市辖区	120			120					
黄冈市	**53379**	**30786**	**7298**	**22593**	**59911**	**58832**	**410**	**143**	**526**
黄州区	2884	2581	1543	303	541	541			
团风县	4844	3651	904	1193	2667	2667			
红安县	5980	2689	508	3291	1534	1374			160
麻城市	4350	1333	600	3017	633	603	10	20	
罗田县	1520	168	43	1352	581	553	10		18
英山县	1765	212	42	1553	186	175		11	
浠水县	8406	3544	668	4862	8797	8767			30
蕲春县	8101	5668	1078	2433	9543	9468			75
武穴市	7752	4446	620	3306	9695	9550	57	45	43
黄梅县	6427	5144	972	1283	21667	21067	333	67	200
龙感湖区	1350	1350	320		4067	4067			
咸宁市	**29205**	**23580**	**2485**	**5625**	**31707**	**30916**	**227**	**164**	**400**
咸安区	6050	5050	980	1000	6800	6610	25	25	140
嘉鱼县	6700	6073	570	627	4894	4627	67		200
赤壁市	7055	6655	333	400	16667	16600	33	34	
通城县	2233	1333	200	900	613	546	22	25	20
崇阳县	4200	2973	256	1227	2400	2200	80	80	40
通山县	2967	1496	146	1471	333	333			
恩施州	**755**	**273**	**33**	**482**					
恩施市	193	78	16	115					
建始县	31	7		24					
巴东县	26			26					
利川市	363	143		220					
宣恩县	12			12					
咸丰县	28	20	2	8					
来凤县	87	20	15	67					
鹤峰县	15	5		10					
随州市	**24300**	**9079**	**554**	**15221**	**7506**	**6970**	**18**	**70**	**448**
曾都区	4535	1965	78	2570	233	220			13
随县	12098	3997	118	8101	2306	2284	10	12	
广水市	7667	3117	358	4550	4967	4466	8	58	435
仙桃市	**35694**	**35694**	**3973**		**14840**	**14630**		**86**	**124**
天门市	**10601**	**7994**	**393**	**2607**	**18600**	**18533**			**67**
潜江市	**8577**	**5809**	**3359**	**2768**	**57793**	**57600**			**193**
神农架	**20**			**20**					

养殖产量、面积(按水面分类)(二)

地区	池塘养殖产量			稻田综合养殖产量				
	小计	其中:精养鱼池	普通池塘	小计	其中:小龙虾	泥鳅	鳖	其它品种产量
	吨	吨	吨	吨	吨	吨	吨	吨
湖北省	**3730182**	**3239079**	**491103**	**997630**	**962613**	**4585**	**6733**	**23699**
武汉市	**395162**	**319611**	**75551**	**26116**	**25222**			**894**
新洲区	104391	101507	2884	5461	4567			894
江夏区	56760	46932	9828	10139	10139			
蔡甸区	59588	44665	14923	7985	7985			
黄陂区	96751	64300	32451	1928	1928			
汉南区	25952	25952		28	28			
东西湖区	51720	36255	15465	575	575			
黄石市	**186807**	**177224**	**9583**	**21786**	**21029**	**58**	**153**	**546**
黄石市直	3256	3223	33					
大冶市	66215	58465	7750	8275	7680	40	55	500
阳新县	117336	115536	1800	13511	13349	18	98	46
十堰市	**30520**	**8060**	**22460**	**2285**	**215**	**26**	**1198**	**846**
十堰市直	35	11	24					
十堰市辖区	1170	411	759					
丹江口市	21244	5400	15844	1070	80		990	
郧阳区	1814	635	1179	4	4			
郧西	800	590	210					
竹山县	2120	605	1515	1080	60	26	208	786
竹溪县	932	40	892	90	30			60
房县	2405	368	2037	41	41			
荆州市	**796411**	**768170**	**28241**	**409800**	**398743**	**734**	**1558**	**8765**
荆州区	103068	103068		15532	15502			30
沙市区	29867	29110	757	18036	17893			143
江陵县	15067	14255	812	17228	16729	352	12	135
松滋市	26182	22172	4010	11883	11883			
公安县	74552	74100	452	63328	62988	40	200	100
石首市	83772	79042	4730	42660	42537	62	40	21
监利县	166110	148630	17480	120822	120390	40	56	336
洪湖市	297793	297793		120311	110821	240	1250	8000
宜昌市	**176638**	**163215**	**13423**	**7881**	**7671**	**20**	**110**	**80**
宜昌市直	192	192						
夷陵区	5140	4190	950	165	165			
宜都市	5450	3850	1600	100	100			
枝江市	83540	81740	1800	1200	1200			
当阳市	72843	65000	7843	5790	5580	20	110	80
远安县	2063	1930	133	426	426			
兴山县	35	30	5					
秭归县	82		82					
长阳县	7268	6278	990	200	200			
五峰县	25	5	20					
襄阳市	**142295**	**97826**	**44469**	**26500**	**23451**	**82**	**380**	**2587**
襄阳市辖区	19699	16039	3660	1284	1230	18	6	30
老河口市	23268	17868	5400	6768	6238			530
襄州区	32349	23023	9326	3828	2780	44	84	920
枣阳市	26251	14971	11280	3540	3480	20	10	30
宜城市	27202	14467	12735	3756	3305		280	171
南漳县	5853	3950	1903	4055	3165			890
谷城县	7045	6880	165	3175	3159			16
保康县	628	628		94	94			
鄂州市	**252073**	**232214**	**19859**	**13721**	**12505**	**190**	**76**	**950**
鄂城区	92655	86814	5841	2924	2920	2	2	
华容区	80846	77291	3555	3828	2763	138		927
梁子湖区	78572	68109	10463	6969	6822	50	74	23

续表

地区	池塘养殖产量			稻田综合养殖产量				
	小计	其中：精养鱼池	普通池塘	小计	其中：小龙虾	泥鳅	鳖	其它品种产量
	吨	吨	吨	吨	吨	吨	吨	吨
荆门市	**367961**	**301865**	**66096**	**100644**	**96202**	**526**	**2315**	**1601**
荆门市辖区								
沙洋县	141693	131699	9994	52446	51990	76	106	274
钟祥市	119609	83771	35838	21800	20050	450	900	400
京山市	67786	58556	9230	14605	13020		1100	485
沙洋农场								
东宝区	16137	12937	3200	6100	5738		22	340
掇刀区	13790	8534	5256	3692	3460		170	62
漳河新区	6941	4563	2378	1520	1500			20
屈家岭管理区	2005	1805	200	481	444		17	20
孝感市	**383988**	**305584**	**78404**	**47225**	**45572**	**1524**	**101**	**28**
孝南区	70638	46023	24615	710	710			
孝昌县	22694	22000	694	1303	1199	89	15	
大悟县	21038	9469	11569	3790	2460	1330		
安陆市	24991	19321	5670	2581	2435	105	16	25
云梦县	54171	42500	11671	2010	2010			
应城市	56562	32977	23585	12824	12751		70	3
汉川市	133294	133294		24007	24007			
孝感市辖区	600		600					
黄冈市	**346901**	**278353**	**68548**	**112219**	**108529**	**342**	**389**	**2959**
黄州区	32862	30667	2195	622	622			
团风县	46578	46051	527	4370	4370			
红安县	12076	8475	3601	3221	2270			951
麻城市	22462	9652	12810	1240	758	80	300	102
罗田县	4888	1878	3010	500	430	20		50
英山县	5556	1293	4263	262	262			
浠水县	57296	40362	16934	11690	11220			470
蕲春县	71016	59166	11850	9113	9112			1
武穴市	40003	32081	7922	19316	19060	52	49	155
黄梅县	52478	47042	5436	50260	48800	190	40	1230
龙感湖区	1686	1686		11625	11625			
咸宁市	**189399**	**166907**	**22492**	**41997**	**39948**	**998**	**211**	**840**
咸安区	39639	34139	5500	9360	9210	15	15	120
嘉鱼县	61700	59350	2350	5620	4850	220		550
赤壁市	53318	49918	3400	22884	22195	633	56	
通城县	11485	7617	3868	1163	973	30	40	120
崇阳县	11496	9862	1634	2070	1820	100	100	50
通山县	11761	6021	5740	900	900			
恩施州	**3355**	**1374**	**1981**					
恩施市	676	420	256					
建始县	382	138	244					
巴东县	47		47					
利川市	1376	514	862					
宣恩县	115		115					
咸丰县	66	50	16					
来凤县	650	224	426					
鹤峰县	43	28	15					
随州市	**64568**	**40463**	**24105**	**7259**	**6711**	**85**	**84**	**379**
曾都区	9347	7217	2130	463	274			189
随县	30641	17268	13373	1279	1226	27	26	
广水市	24580	15978	8602	5517	5211	58	58	190
仙桃市	**273626**	**273626**		**26705**	**26440**		**92**	**173**
天门市	**84450**	**76301**	**8149**	**29220**	**28486**			**734**
潜江市	**35993**	**28286**	**7707**	**124272**	**121889**		**66**	**2317**
神农架	**35**		**35**					

养殖产量、面积(按水面分类)(三)

地区	养殖面积中：							
	网箱面积（池塘）	网箱产量（池塘）	工厂化面积	其中：流道养殖	循环水养殖	工厂化产量	其中：流道养殖	循环水养殖
	千立方米	吨	千立方米	千立方米	千立方米	吨	吨	吨
湖北省	**21961**	**60466**	**4385**	**435**	**3319**	**60281**	**11705**	**40029**
武汉市	**1094**	**5021**	**310**	**95**	**212**	**6467**	**2572**	**3895**
新洲区	510	1824	108	30	78	2100	266	1834
江夏区	544	3060	80	30	50	2003	1173	830
蔡甸区	40	137	28	11	17	1219	657	562
黄陂区			37	8	29	600	234	366
汉南区			3					
东西湖区			54	16	38	545	242	303
黄石市	**15**	**52**	**62**	**1**	**40**	**387**	**45**	**187**
黄石市直								
大冶市			2		2	30		30
阳新县	15	52	60	1	38	357	45	157
十堰市			**573**	**135**	**438**	**12069**	**3311**	**8758**
十堰市直			4	3	1	11	1	10
十堰市辖区			2		2	18		18
丹江口市			268	60	208	11000	3000	8000
郧阳区			122		122	15		15
郧西			140	70	70	510	300	210
竹山县			11	2	9	270	10	260
竹溪县			18		18			
房县			8		8	245		245
荆州市	**16628**	**37258**	**61**	**4**	**55**	**1341**	**103**	**1238**
荆州区			5		5	1		1
沙市区								
江陵县	335	1789						
松滋市								
公安县	3143	10119	2		2	100		100
石首市	150	2760	2		1			
监利县	7000	20840	20	2	17	380	43	337
洪湖市	6000	1750	32	2	30	860	60	800
宜昌市			**1199**	**106**	**1093**	**11008**	**1530**	**9478**
宜昌市直								
夷陵区						30		30
宜都市			410		410	1600		1600
枝江市			60	8	52	2100	580	1520
当阳市			99	98	1	1000	950	50
远安县								
兴山县								
秭归县								
长阳县			630		630	6278		6278
五峰县								
襄阳市			**842**	**59**	**782**	**6528**	**2986**	**3542**
襄阳市辖区			1		1	25		25
老河口市			56	32	23	2800	1950	850
襄州区			500		500	7		7
枣阳市			1		1	9		9
宜城市			8		8	22		22
南漳县			50	10	40	320	240	80
谷城县			106	17	89	3105	796	2309
保康县			120		120	240		240
鄂州市	**100**	**150**	**7**		**7**	**35**		**35**
鄂城区	100	150	6		6			
华容区			1		1	35		35
梁子湖区								

续表

地区	养殖面积中：							
	网箱面积（池塘）	网箱产量（池塘）	工厂化面积	其中：流道养殖	循环水养殖	工厂化产量	其中：流道养殖	循环水养殖
	千立方米	吨	千立方米	千立方米	千立方米	吨	吨	吨
荆门市	**365**	**2305**	**747**	**21**	**202**	**12579**	**781**	**3706**
荆门市辖区								
沙洋县	363	2274	51	2	48	3000	200	2500
钟祥市	2	31	119	6	10	2079	150	129
京山市			517	1	112	6404	12	802
沙洋农场								
东宝区			7	5		268	200	
掇刀区			20	4	2	638	179	125
漳河新区			3	3		40	40	
屈家岭管理区			30		30	150		150
孝感市	**301**	**2814**	**6**		**6**	**518**		**518**
孝南区						12		12
孝昌县	2	15	5		5	398		398
大悟县								
安陆市	9	94						
云梦县			1		1	108		108
应城市								
汉川市	290	2705						
孝感市辖区								
黄冈市			**331**	**8**	**243**	**4309**	**187**	**3822**
黄州区								
团风县			17		17	413		413
红安县								
麻城市			80			300		
罗田县								
英山县			3	2	1	11	6	5
浠水县			152	4	148	2570	120	2450
蕲春县			25	1	24	225	45	180
武穴市			54	1	53	790	16	774
黄梅县								
龙感湖区								
咸宁市	**1463**	**8175**	**31**	**4**	**27**	**825**	**110**	**715**
咸安区	175	545						
嘉鱼县	460	3200						
赤壁市	774	4300	12		12	210		210
通城县								
崇阳县	54	130	1		1	75		75
通山县			18	4	14	540	110	430
恩施州			**12**		**12**	**84**		**84**
恩施市			3		3	31		31
建始县								
巴东县								
利川市			1		1	10		10
宣恩县			2		2	20		20
咸丰县								
来凤县								
鹤峰县			6		6	23		23
随州市			**68**		**68**	**685**		**685**
曾都区								
随县								
广水市			68		68	685		685
仙桃市			**44**	**2**	**42**	**123**	**80**	**43**
天门市	**691**	**2955**	**91**		**91**	**3304**		**3304**
潜江市	**1304**	**1736**	**1**		**1**	**19**		**19**
神农架								

水产苗种生产投放

地区	投放鱼种总量	鱼种产量	鱼苗生产数量		扣蟹	稚龟	稚鳖	虾类育苗	贝类育苗
			合计	其中:黄颡鱼					
	吨	吨	亿尾	亿尾	公斤	万只	万只	亿尾	万粒
湖北省	**1122911**	**1100738**	**1363**	**60.39**	**2556150**	**2207**	**6823**	**1464.38**	**15**
武汉市	**85479**	**91018**	**149**	**9.29**	**109**	**96**	**157**	**7.52**	
新洲区	18680	19130	51					1.92	
江夏区	14000	16910	40	8.00	109			0.70	
蔡甸区	18392	16452	19				25		
黄陂区	17522	17936	34	0.06			26	4.00	
汉南区	4385	2790	1	0.03		96	106	0.90	
东西湖区	12500	17800	4	1.20					
黄石市	**42402**	**37378**	**67**	**3.00**	**12100**	**1**	**7**	**13.50**	
黄石市直	836	818	6						
大冶市	17920	15100	9			1	2	8.50	
阳新县	23646	21460	52	3.00	12100		5	5.00	
十堰市	**10163**	**6395**	**10**	**0.08**			**2**	**0.65**	
十堰市直	8	1	1						
十堰市辖区	299								
丹江口市	8200	5800	6						
郧阳区	310	280	1				1	0.60	
郧西	290	20							
竹山县	420	210	1	0.08			1	0.05	
竹溪县	110	3	1						
房县	526	81							
荆州市	**308602**	**304199**	**279**	**18.31**	**1966802**	**422**	**3400**	**831.00**	**15**
荆州区	28500	30010	30					31.00	
沙市区	6023	2410	11	6.00		50	15		
江陵县	11517	8292	22	0.01		15	108	4.00	
松滋市	11000	11000	10	1.00	13000	30	300		
公安县	34810	34240	40	1.10	7410	29	750	240.00	15
石首市	38732	39867	20		18236	2	120	23.00	
监利县	68420	72280	45	2.00	176556	280	1822	128.00	
洪湖市	109600	106100	101	8.20	1751600	16	285	405.00	
宜昌市	**55678**	**35650**	**20**	**1.10**		**61**	**60**	**16.00**	
宜昌市直	38								
夷陵区	1450	980						1.00	
宜都市		800	1				5		
枝江市	31500	22400	6	0.60				0.50	
当阳市	21610	10550	10	0.50		61	55	13.80	
远安县	580	670	1					0.70	
兴山县	4								
秭归县	28		0						
长阳县	467	250	2						
五峰县	1								
襄阳市	**37216**	**38695**	**27**	**3.45**	**4160**	**1**	**35**	**35.48**	
襄阳市辖区	2880	5800			50			10.00	
老河口市	5520	8960	2		3800			6.00	
襄州区	8200	5280	4	3.40			1	7.80	
枣阳市	9630	7510	2	0.05	310				
宜城市	6225	5428	4				32	5.58	
南漳县	1865	3672	9				1	2.60	
谷城县	2696	1595	6			1	1	3.50	
保康县	200	450							
鄂州市	**68542**	**43219**	**31**	**11.80**	**5000**		**10**	**84.40**	
鄂城区	16623	10220	19	11.00				3.00	
华容区	30715	27367	9	0.80				1.40	
梁子湖区	21204	5632	3		5000		10	80.00	

续表

地区	投放鱼种总量	鱼种产量	鱼苗生产数量		扣蟹	稚龟	稚鳖	虾类育苗	贝类育苗
			合计	其中：黄颡鱼					
	吨	吨	亿尾	亿尾	公斤	万只	万只	亿尾	万粒
荆门市	**125825**	**121726**	**76**	**2.60**	**21**	**1601**	**2022**	**49.01**	
荆门市辖区									
沙洋县	50312	49901	27	1.00	21	73	33	12.20	
钟祥市	36890	38556	17	1.00		520	262	15.00	
京山市	21250	22630	16	0.60		700	1530	8.30	
沙洋农场									
东宝区	8500	2220	1			35	10	4.80	
掇刀区	6260	5137	6			12	135	4.50	
漳河新区	2160	2840	8					4.21	
屈家岭管理区	453	442	0			261	52		
孝感市	**103119**	**114535**	**69**	**2.80**	**533936**	**7**	**43**	**79.20**	
孝南区	16000	16100	16	0.30		1	5	0.50	
孝昌县	12660	9987	5	1.30			12	3.20	
大悟县	6550	4518	5			1	20		
安陆市	9000	9400	4						
云梦县	13000	12570	1			5	4	3.50	
应城市	13200	10242	13	1.20			2	35.00	
汉川市	32509	51618	26		533936			37.00	
孝感市辖区	200	100							
黄冈市	**103072**	**120387**	**355**	**2.86**	**4000**	**3**	**15**	**119.32**	
黄州区	7823	10565	165	0.65					
团风县	9500	6700	26					1.00	
红安县	6000	5680	12					1.05	
麻城市	6750	5450	4	0.50	3000			2.50	
罗田县	2758	460	5			3	6		
英山县	2468	2208	3						
浠水县	19250	22570	50	1.20			2	42.00	
蕲春县	12033	29932	22	0.35				8.67	
武穴市	12390	13900	21				5	14.00	
黄梅县	19550	19600	48	0.16	1000		2	48.00	
龙感湖区	4550	3322						2.10	
咸宁市	**52960**	**105290**	**51**	**0.05**	**26000**	**2**	**90**	**25.30**	
咸安区	7300	16500	9	0.02	8000	1	10	10.30	
嘉鱼县	16100		17					7.00	
赤壁市	18800	79990	16	0.03	18000	1	68	6.70	
通城县	3700	1700	1						
崇阳县	4460	4900	2				12	1.30	
通山县	2600	2200	6						
恩施州	**1042**	**349**	**0**						
恩施市	365	164							
建始县	5	2	0						
巴东县	10								
利川市	602	175							
宣恩县	9	8	0						
咸丰县	20								
来凤县	31								
鹤峰县									
随州市	**17863**	**14430**	**33**	**0.05**			**300**	**5.00**	
曾都区	2198	1857	5	0.05				3.00	
随县	8210	6615							
广水市	7455	5958	28				300	2.00	
仙桃市	**60250**	**56992**	**35**	**2.00**		**3**	**413**	**5.00**	
天门市	**27578**	**650**	**22**		**4022**	**5**	**263**	**14.00**	
潜江市	**23120**	**9825**	**138**	**3.00**		**5**	**6**	**179.00**	
神农架			**2**						

水产加工业(一)

地区	水产加工企业			水产冷库				部分水产品年加工量		
	总数	加工能力	其中：规模以上的加工企业个数	座数	冻结能力	冷藏能力	制冰能力	克氏螯虾	鳊鲂	斑点叉尾鮰
	个	吨/年	个	座	吨/日	吨/次	吨/日	吨	吨	吨
湖北省	**323**	**2630943**	**148**	**476**	**82779**	**216396**	**6921**	**845128**	**19392**	**15718**
武汉市	**20**	**154766**	**7**	**30**	**325**	**21880**	**155**	**2841**	**708**	**4250**
新洲区	11	85000	4	5	150	500	35		572	4250
江夏区	2	60500	1	3	155	20000	120		111	
蔡甸区	3	3776		17		1270		2834		
黄陂区	1	450	1	3	10	50		7	25	
汉南区										
东西湖区	3	5040	1	2	10	60				
黄石市	**24**	**37600**	**11**	**19**	**265**	**1600**	**221**	**4066**	**2070**	**41**
黄石市直										
大冶市	16	29780	8	10	110	750	125	3050	1400	41
阳新县	8	7820	3	9	155	850	96	1016	670	
十堰市	**13**	**99000**	**5**	**16**	**320**	**20100**	**40**			
十堰市直										
十堰市辖区										
丹江口市	11	98000	5	14	220	20000	40			
郧阳区										
郧西	2	1000		2	100	100				
竹山县										
竹溪县										
房县										
荆州市	**87**	**917100**	**37**	**167**	**48130**	**67800**	**2754**	**453000**	**1350**	**6135**
荆州区	2	50000		2	10000	10000	1	20000		
沙市区	1	50000	1	2	150	200		7600		
江陵县	12	10000	6	6	330	650		6000		100
松滋市	2	5500	2	5	1000	1200	3			
公安县	6	99200	3	5	28100	28100	20	96000	1350	
石首市	8	96000	3	8	2500	3000	60	20400		
监利县	28	218400	10	84	2050	8450	1220	174100		235
洪湖市	28	388000	12	55	4000	16200	1450	128900		5800
宜昌市	**13**	**77500**	**5**	**15**	**620**	**5300**	**270**	**1770**	**370**	**560**
宜昌市直										
夷陵区										
宜都市	4	15000	2	4	200	800	40			
枝江市	4	52000	3	5	300	1100	110	1000		110
当阳市	1	3000		2		1600				
远安县										
兴山县										
秭归县										
长阳县	4	7500		4	120	1800	120	770	370	450
五峰县										
襄阳市	**16**	**20891**	**2**	**11**	**176**	**282**	**33**	**125**	**143**	**12**
襄阳市辖区	1	1000		1	30					
老河口市	5	15600	1	3	50	50				
襄州区	2	993								
枣阳市	1	280		1	2	25	1	80		
宜城市	2	1855			12	7		45	15	5
南漳县	4	563	1	3	2	120	2		128	7
谷城县	1	600		3	80	80	30			
保康县										
鄂州市	**16**	**139486**	**9**	**21**	**1265**	**2160**	**420**	**200**	**14367**	**720**
鄂城区	5	59386	4	9	515	1080		200	9800	720
华容区										
梁子湖区	11	80100	5	12	750	1080	420		4567	

续表

地区	水产加工企业			水产冷库				部分水产品年加工量		
	总数	加工能力	其中：规模以上的加工企业个数	座数	冻结能力	冷藏能力	制冰能力	克氏螯虾	鳊鲂	斑点叉尾鮰
	个	吨/年	个	座	吨/日	吨/次	吨/日	吨	吨	吨
荆门市	**17**	**212200**	**12**	**44**	**5160**	**12435**	**1980**	**51943**	**210**	
荆门市辖区										
沙洋县	5	108000	5	8	3200	2800	200	25120		
钟祥市	3	30000	1	9	500	3000	400	4523	10	
京山市	2	12200	1	7	280	1500	200			
沙洋农场										
东宝区	4	31000	4	13	1000	1050	1100	19100	200	
掇刀区	1	10000	1	5	100	4000		3200		
漳河新区	2	21000		2	80	85	80			
屈家岭管理区										
孝感市	**25**	**49094**	**2**	**11**	**1580**	**2350**	**120**	**17362**	**14**	
孝南区										
孝昌县	1	14	1						14	
大悟县										
安陆市										
云梦县	15	31580		6	1500	2200				
应城市	1	3000		2	40	150		3000		
汉川市	8	14500	1	3	40		120	14362		
孝感市辖区										
黄冈市	**36**	**95650**	**8**	**42**	**9170**	**31484**	**536**	**22702**	**160**	**3000**
黄州区	3	1750		1	15	65	14			
团风县										
红安县	2	1200		5	25	50	10			
麻城市	5	3650	2	2	15	6		35		
罗田县	11	200	1	4	5	13	2			
英山县										
浠水县	6	40000	2	12	1000	10500	100			
蕲春县	2	3850		6	260	450	60		10	
武穴市	2	10000	1	3	800	200	200	600		
黄梅县	5	35000	2	9	7050	20200	150	22067	150	3000
龙感湖区										
咸宁市	**9**	**30330**	**3**	**26**	**345**	**1355**	**8**	**5320**		
咸安区	2	100						20		
嘉鱼县	4	15000	1	20	300	300				
赤壁市	3	15230	2	5	40	1050	3	5300		
通城县				1	5	5	5			
崇阳县										
通山县										
恩施州										
恩施市										
建始县										
巴东县										
利川市										
宣恩县										
咸丰县										
来凤县										
鹤峰县										
随州市	**1**	**25000**	**1**	**1**	**50**	**6000**	**38**	**6226**		
曾都区										
随县										
广水市	1	25000	1	1	50	6000	38	6226		
仙桃市	**6**	**61750**	**6**	**29**	**12027**	**16620**	**280**	**15630**		**1000**
天门市	**3**	**31000**	**3**	**3**		**14000**		**15985**		
潜江市	**37**	**679576**	**37**	**41**	**3346**	**13030**	**66**	**247958**		
神农架										

水产加工业(二)

地区	水 产 加 工 品 (吨)						
	总量	(一)水产品冷冻			(二)鱼糜制品及干腌制品		
		小计	#冷冻品	#冷冻加工品	小计	#鱼糜制品	#干腌制品
湖北省	**1440891**	**878743**	**346821**	**531922**	**450893**	**213673**	**237220**
武汉市	**90519**	**61467**	**13575**	**47892**	**27896**	**24782**	**3114**
新洲区	27980	9650	3500	6150	18330	15870	2460
江夏区	56552	51657	10000	41657	4563	4347	216
蔡甸区	1152				428		428
黄陂区	290	160	75	85	30	25	5
汉南区							
东西湖区	4545				4545	4540	5
黄石市	**27313**	**2492**	**1940**	**552**	**24700**	**9340**	**15360**
黄石市直							
大冶市	19390	1360	820	540	17910	4310	13600
阳新县	7923	1132	1120	12	6790	5030	1760
十堰市	**33700**	**28600**	**5600**	**23000**	**5100**	**200**	**4900**
十堰市直							
十堰市辖区							
丹江口市	33700	28600	5600	23000	5100	200	4900
郧阳区							
郧西							
竹山县							
竹溪县							
房县							
荆州市	**438321**	**178633**	**121020**	**57613**	**258383**	**118435**	**139948**
荆州区	18605	3100	3000	100	15505	15000	505
沙市区	21800	3800		3800	18000	15000	3000
江陵县	203	3		3			
松滋市	3800	3000	3000		800	800	
公安县	49925	21290	14480	6810	28635	25710	2925
石首市	17323	17000		17000	323	215	108
监利县	90260	74440	52340	22100	15820	6910	8910
洪湖市	236405	56000	48200	7800	179300	54800	124500
宜昌市	**46063**	**24600**	**10300**	**14300**	**21363**	**3250**	**18113**
宜昌市直	235				235		235
夷陵区	740				740		740
宜都市	10100	1000		1000	9000		9000
枝江市	25600	18900	7900	11000	6700	3000	3700
当阳市	3550				3550	250	3300
远安县							
兴山县	9				9		9
秭归县	29				29		29
长阳县	5800	4700	2400	2300	1100		1100
五峰县							
襄阳市	**9576**	**8651**	**8348**	**303**	**925**	**91**	**834**
襄阳市辖区	817	560	560		257	62	195
老河口市	5548	5350	5350		198	18	180
襄州区	767	624	624		143	11	132
枣阳市	300	300	150	150			
宜城市	679	679	661	18			
南漳县	992	754	682	72	238		238
谷城县	473	384	321	63	89		89
保康县							
鄂州市	**55533**	**14013**	**4023**	**9990**	**30830**	**8097**	**22733**
鄂城区	27125	4100		4100	16435	3822	12613
华容区							
梁子湖区	28408	9913	4023	5890	14395	4275	10120

续表 1

地区	水产加工品（吨）						
	总量	（一）水产品冷冻			（二）鱼糜制品及干腌制品		
		小计	# 冷冻品	# 冷冻加工品	小计	# 鱼糜制品	# 干腌制品
荆门市	**143709**	**85663**	**8114**	**77549**	**27746**	**16195**	**11551**
荆门市辖区							
沙洋县	90500	48200		48200	12300	6350	5950
钟祥市	28500	18000	3000	15000	10500	7500	3000
京山市	11420	8650	1850	6800	2770	1570	1200
沙洋农场							
东宝区	8610	8500	2500	6000	110	10	100
掇刀区	2200	1900	500	1400			
漳河新区	2276	413	264	149	1863	682	1181
屈家岭管理区	203				203	83	120
孝感市	**17594**	**13128**	**9125**	**4003**	**4466**	**256**	**4210**
孝南区							
孝昌县	14				14		14
大悟县							
安陆市							
云梦县	4060	350		350	3710		3710
应城市	1000	1000		1000			
汉川市	12520	11778	9125	2653	742	256	486
孝感市辖区							
黄冈市	**119132**	**45110**	**31647**	**13463**	**33439**	**19127**	**14312**
黄州区	2638	95		95	2543	1585	958
团风县	40300						
红安县	1435	1085	790	295	350	220	130
麻城市	4800	570	450	120	4230	4100	130
罗田县	1192				1192	360	832
英山县	1095				1095	178	917
浠水县	8908	900	750	150	8005	4190	3815
蕲春县	12917	6200	3912	2288	6717	3999	2718
武穴市	6367	4060	445	3615	2307	695	1612
黄梅县	39480	32200	25300	6900	7000	3800	3200
龙感湖区							
咸宁市	**17995**	**12650**	**4880**	**7770**	**5345**	**3400**	**1945**
咸安区	20	20		20			
嘉鱼县	7000	5000		5000	2000	2000	
赤壁市	9830	7550	4800	2750	2280	1400	880
通城县	680	80	80		600		600
崇阳县	465				465		465
通山县							
恩施州	**13**	**13**	**13**				
恩施市							
建始县							
巴东县							
利川市	13	13	13				
宣恩县							
咸丰县							
来凤县							
鹤峰县							
随州市							
曾都区							
随县							
广水市							
仙桃市	**32890**	**5690**	**100**	**5590**	**200**		**200**
天门市	**4951**	**4951**		**4951**			
潜江市	**403582**	**393082**	**128136**	**264946**	**10500**	**10500**	
神农架							

续表 2

地区	水产加工品(吨)					用于加工的水产品总量(吨)
	(三)罐制品	(四)水产饲料(鱼粉)	(五)鱼油制品	(六)其它水产品加工		
				小计	#助剂和添加剂	
湖北省	**11018**	**98681**		**1556**	**332**	**1957797**
武汉市	**100**			**1056**	**332**	**101617**
新洲区						44320
江夏区				332	332	49872
蔡甸区				724		3000
黄陂区	100					405
汉南区						
东西湖区						4020
黄石市	**120**	**1**				**49240**
黄石市直						
大冶市	120					37000
阳新县		1				12240
十堰市						**45000**
十堰市直						
十堰市辖区						
丹江口市						45000
郧阳区						
郧西						
竹山县						
竹溪县						
房县						
荆州市	**5**	**1100**		**200**		**707210**
荆州区						47510
沙市区						45000
江陵县				200		6100
松滋市						5200
公安县						60000
石首市						15000
监利县						185400
洪湖市	5	1100				343000
宜昌市	**100**					**93762**
宜昌市直						655
夷陵区						2010
宜都市	100					
枝江市						67000
当阳市						10000
远安县						
兴山县						31
秭归县						66
长阳县						14000
五峰县						
襄阳市						**12743**
襄阳市辖区						330
老河口市						9000
襄州区						1456
枣阳市						200
宜城市						989
南漳县						768
谷城县						
保康县						
鄂州市	**10690**					**111532**
鄂城区	6590					49432
华容区						
梁子湖区	4100					62100

续表 3

地区	水 产 加 工 品 (吨)					
	(三)罐制品	(四)水产饲料(鱼粉)	(五)鱼油制品	(六)其它水产品加工		用于加工的水产品总量(吨)
				小计	#助剂和添加剂	
荆门市		**30000**		**300**		**223842**
荆门市辖区						
沙洋县		30000				101000
钟祥市						55000
京山市						29400
沙洋农场						
东宝区						30000
掇刀区				300		4200
漳河新区						3772
屈家岭管理区						470
孝感市						**31219**
孝南区						
孝昌县						
大悟县						
安陆市						
云梦县						4860
应城市						5000
汉川市						21359
孝感市辖区						
黄冈市	**3**	**40580**				**95070**
黄州区						7550
团风县		40300				8620
红安县						3200
麻城市						11870
罗田县						3315
英山县						2419
浠水县	3					17525
蕲春县						17891
武穴市						22680
黄梅县		280				
龙感湖区						
咸宁市						**25190**
咸安区						30
嘉鱼县						10000
赤壁市						14230
通城县						
崇阳县						930
通山县						
恩施州						
恩施市						
建始县						
巴东县						
利川市						
宣恩县						
咸丰县						
来凤县						
鹤峰县						
随州市						
曾都区						
随县						
广水市						
仙桃市		**27000**				**19600**
天门市						**15985**
潜江市						**425787**
神农架						

渔业人口与从业人员

地区	渔业乡（个）	渔业村（个）	渔业户（户）	渔业人口（人）		渔业从业人员（人）		
				小计	其中：传统渔民	合计	其中：专业从业人员	
							小计	捕捞
湖北省	**64**	**853**	**435787**	**1376293**	**497361**	**1054458**	**673547**	**5473**
武汉市	**1**	**90**	**35940**	**119023**	**48846**	**82860**	**51228**	**664**
新洲区		44	11546	35892	13429	27981	17933	246
江夏区		6	1338	4445	1776	8303	2908	72
蔡甸区		17	6308	21223	8422	19035	8658	
黄陂区			11816	45108	16339	18870	13623	244
汉南区		7	2682	7980	7150	4879	4469	102
东西湖区	1	16	2250	4375	1730	3792	3637	
黄石市	**1**	**15**	**9230**	**36660**	**7540**	**37407**	**14467**	**632**
黄石市直			168	430		670	160	
大冶市	1	4	4000	15000	1780	10900	4400	600
阳新县		11	5062	21230	5760	25837	9907	32
十堰市		**1**	**2933**	**12188**	**909**	**7792**	**3718**	
十堰市直			18	24	10	23	8	
十堰市辖区								
丹江口市		1	560	2800	760	1800	1200	
郧阳区			1542	6939		2697	1025	
郧西			216	1021		614	416	
竹山县			160	400		1870	800	
竹溪县			300	700		580	130	
房县			137	304	139	208	139	
荆州市	**14**	**315**	**94697**	**278497**	**131073**	**238637**	**189274**	
荆州区			4056	15615	1156	15526	11556	
沙市区			5010	8955	4500	8030	5720	
江陵县			4082	15325	2526	8187	6367	
松滋市		16	5560	15210	3450	12975	9845	
公安县		34	8121	23540	9150	28039	22481	
石首市			396	728		3855	3132	
监利县	3	130	31447	112224	47383	66575	43773	
洪湖市	11	135	36025	86900	62908	95450	86400	
宜昌市		**6**	**19697**	**57530**	**4448**	**53273**	**30419**	**236**
宜昌市直			46	115		115	115	
夷陵区			3922	8058	438	5806	1209	135
宜都市			200	1000		1420	620	
枝江市		4	8776	31950		21430	14330	
当阳市		2	6749	16401	4010	20946	11881	101
远安县						2759	1847	
兴山县			4	6		10	10	
秭归县						62	62	
长阳县						725	345	
五峰县								
襄阳市	**4**	**20**	**37818**	**90519**	**23727**	**44415**	**29395**	**120**
襄阳市辖区		1	5100	10100	8655	7101	4481	
老河口市	1	5	14217	23671	12164	5800	3570	120
襄州区				700		700	700	
枣阳市			8260	26500	1543	14050	8850	
宜城市	1	4	5595	16345		3287	3287	
南漳县	2	10	3080	9500	1360	9690	6665	
谷城县			1566	3635		3730	1810	
保康县				68	5	57	32	
鄂州市	**1**	**13**	**12311**	**48982**	**18405**	**49701**	**31043**	**163**
鄂城区	1	2	4805	13776	7471	16177	7939	140
华容区		5	2386	14966	1074	9567	7633	23
梁子湖区		6	5120	20240	9860	23957	15471	

续表 1

地区	渔业乡（个）	渔业村（个）	渔业户（户）	渔业人口（人）		渔业从业人员（人）		
				小计	其中：传统渔民	合计	其中：专业从业人员	
							小计	捕捞
荆门市	**9**	**121**	**32929**	**90831**	**28163**	**70479**	**47659**	**2453**
荆门市辖区								
沙洋县	6	46	7080	23682	8832	17563	14284	
钟祥市		44	8967	31754	9155	24980	16830	500
京山市	3	29	7743	20622	8420	18578	11208	750
沙洋农场								
东宝区			4880	6990	260	2493	1263	703
掇刀区			1492	4432		2668	2089	281
漳河新区		2	2395	2393	1496	3541	1448	219
屈家岭管理区			372	958		656	537	
孝感市	**1**	**40**	**32189**	**116530**	**58876**	**104231**	**71398**	
孝南区			6150	19351		9082	8407	
孝昌县			3292	11415	9880	11225	11225	
大悟县			3265	11800	3000	11795	6080	
安陆市			2190	8570	4438	8570	4627	
云梦县			3085	8831	3760	8831	7768	
应城市			5381	18699	7552	14645	10300	
汉川市	1	40	8826	37864	30246	40083	22991	
孝感市辖区								
黄冈市	**11**	**112**	**46518**	**158367**	**55676**	**140617**	**75138**	**120**
黄州区	1	7	2861	7586	6702	9456	6910	
团风县		5	4454	12710	6050	6733	5233	
红安县	1	1	4430	13557	1375	14311	8766	
麻城市		3	5200	14500	3365	14730	10520	120
罗田县			989	2011	316	968	342	
英山县	1	12	1857	3605	376	6596	1015	
浠水县	1	21	6940	22625	10506	22987	9789	
蕲春县	1	22	5192	20111	6230	20006	8905	
武穴市		2	5020	25100	3586	15921	8612	
黄梅县			9160	35476	17170	27823	13960	
龙感湖区	6	39	415	1086		1086	1086	
咸宁市	**20**	**91**	**22536**	**95953**	**24995**	**57993**	**28436**	**937**
咸安区	8	26	2500	10000	3900	6580	3880	200
嘉鱼县	1	8	8421	33753	4579	15235	6305	
赤壁市	5	17	4300	21000	13060	17930	8160	330
通城县			2115	7400	2196	5348	4061	47
崇阳县		4	3750	15000	960	7420	1900	360
通山县	6	36	1450	8800	300	5480	4130	
恩施州			**796**	**1610**		**2078**	**950**	
恩施市			170	509		524	205	
建始县			7	15		32	15	
巴东县			139	387		134	19	
利川市			231	612		759	341	
宣恩县			25			26	26	
咸丰县			5	12		255	125	
来凤县			198			306	198	
鹤峰县			21	75		42	21	
随州市			**19821**	**70427**	**856**	**27909**	**12433**	**148**
曾都区			546	910	856	890	870	30
随县			14759	53231		17977	9748	118
广水市			4516	16286		9042	1815	
仙桃市			**37440**	**115202**	**72770**	**67858**	**40115**	
天门市			**10440**	**38500**		**29900**	**15910**	
潜江市	**2**	**29**	**20424**	**45267**	**21077**	**39308**	**31964**	
神农架			**68**	**207**				

续表 2

地区	渔业从业人员(人)						
	其中:专业从业人员		专业从业人员中:女性	兼业从业人员		临时从业人员	
	养殖	其它		小计	其中:女性	小计	其中:女性
湖北省	**626520**	**41554**	**176920**	**263865**	**65768**	**117046**	**28435**
武汉市	**44755**	**5809**	**19204**	**24278**	**5754**	**7354**	**1386**
新洲区	17192	495	4219	8289	1967	1759	165
江夏区	2440	396	2667	3671	1126	1724	665
蔡甸区	8658		1145	7521	688	2856	
黄陂区	8616	4763	8117	4232	1799	1015	556
汉南区	4212	155	1746	410	105		
东西湖区	3637		1310	155	69		
黄石市	**13267**	**568**	**3325**	**18410**	**2170**	**4530**	**1195**
黄石市直	102	58		270	50	240	180
大冶市	3500	300	870	4400	610	2100	290
阳新县	9665	210	2455	13740	1510	2190	725
十堰市	**2911**	**807**	**584**	**2574**	**649**	**1500**	**461**
十堰市直	7	1		13		2	
十堰市辖区							
丹江口市	800	400	260	400	180	200	50
郧阳区	1025		50	1122	186	550	90
郧西	290	126	22	150	32	48	11
竹山县	520	280	220	420	150	650	300
竹溪县	130		32	400	32	50	10
房县	139			69	69		
荆州市	**177438**	**11836**	**56424**	**31925**	**11603**	**17438**	**7630**
荆州区	11556		1650	3080	485	890	110
沙市区	5320	400	910	980	550	1330	700
江陵县	6255	112	1635	1350	750	470	183
松滋市	9560	285	1050	2570	580	560	118
公安县	21410	1071	5155	3399	1226	2159	944
石首市	2785	347	285	436	42	287	31
监利县	41952	1821	17239	15880	5120	6922	2644
洪湖市	78600	7800	28500	4230	2850	4820	2900
宜昌市	**29021**	**1162**	**11585**	**14862**	**5038**	**7992**	**2098**
宜昌市直	115		12				
夷陵区	936	138	218	2185	638	2412	525
宜都市	520	100	100	400	100	400	100
枝江市	13900	430	6300	4200	1650	2900	930
当阳市	11540	240	4521	7144	2021	1921	434
远安县	1628	219	394	813	622	99	91
兴山县	10						
秭归县	62		15				
长阳县	310	35	25	120	7	260	18
五峰县							
襄阳市	**25654**	**3621**	**2016**	**8711**	**1900**	**6309**	**873**
襄阳市辖区	3521	960	330	1520	420	1100	480
老河口市	3260	190	210	1610	280	620	72
襄州区	700						
枣阳市	8670	180	900	2900	400	2300	260
宜城市	3265	22					
南漳县	4416	2249		2345	785	680	
谷城县	1790	20	576	321	15	1599	61
保康县	32			15		10	
鄂州市	**29982**	**898**	**8450**	**6690**	**2737**	**11968**	**2382**
鄂城区	7481	318	1990	1589	654	6649	265
华容区	7378	232	1375	365	71	1569	331
梁子湖区	15123	348	5085	4736	2012	3750	1786

续表 3

地区	渔业从业人员(人)						
	其中:专业从业人员		专业从业人员中:女性	兼业从业人员		临时从业人员	
	养殖	其它		小计	其中:女性	小计	其中:女性
荆门市	**42480**	**2726**	**12579**	**16483**	**4959**	**6337**	**2444**
荆门市辖区							
沙洋县	13181	1103	6212	1977	901	1302	450
钟祥市	15680	650	2650	4800	1080	3350	1150
京山市	10158	300	2500	6840	2500	530	160
沙洋农场							
东宝区	510	50	204	500	100	730	621
掇刀区	1487	321	577	352	64	227	36
漳河新区	962	267	298	1902	287	191	24
屈家岭管理区	502	35	138	112	27	7	3
孝感市	**65211**	**6187**	**10021**	**21825**	**3158**	**11008**	**1742**
孝南区	8052	355	1588	230	30	445	63
孝昌县	11225						
大悟县	5560	520	1100	4825	900	890	120
安陆市	3239	1388	1390	3000	90	943	339
云梦县	7768		3228	1036	65	27	10
应城市	8011	2289	502	3498	510	847	232
汉川市	21356	1635	2213	9236	1563	7856	978
孝感市辖区							
黄冈市	**68562**	**6456**	**11667**	**38294**	**8447**	**27185**	**5233**
黄州区	6652	258		1926	86	620	78
团风县	4983	250	890	1310	150	190	12
红安县	8226	540	1134	3865	1200	1680	420
麻城市	10100	300	150	3360	50	850	
罗田县	342		4	496	15	130	12
英山县	808	207	205	2618	378	2963	495
浠水县	9224	565	1485	7758	4485	5440	1187
蕲春县	8343	562	2318	4635	1143	6466	1212
武穴市	8450	162	1625	5143	317	2166	332
黄梅县	10348	3612	3556	7183	623	6680	1485
龙感湖区	1086		300				
咸宁市	**26778**	**721**	**6097**	**26434**	**2347**	**3123**	**583**
咸安区	3650	30	1110	1900	480	800	195
嘉鱼县	6120	185		8930			
赤壁市	7830		3360	8930	1210	840	143
通城县	3858	156	515	564	157	723	192
崇阳县	1520	20	12	5160	220	360	13
通山县	3800	330	1100	950	280	400	40
恩施州	**947**	**3**	**91**	**705**	**98**	**423**	**42**
恩施市	205		36	200	51	119	19
建始县	12	3	3	5	2	12	2
巴东县	19		6	63	6	52	
利川市	341		30	228	32	190	21
宣恩县	26		5				
咸丰县	125			80		50	
来凤县	198		11	108	7		
鹤峰县	21			21			
随州市	**11730**	**555**	**2203**	**11296**	**3119**	**4180**	**1174**
曾都区	805	35		10	3	10	3
随县	9110	520	1948	4669	1214	3560	995
广水市	1815		255	6617	1902	610	176
仙桃市	**40115**		**15198**	**23486**	**10094**	**4257**	**902**
天门市	**15910**		**7010**	**11530**		**2460**	
潜江市	**31759**	**205**	**10466**	**6362**	**3695**	**982**	**290**
神农架							

渔业船舶拥有量

地区	机动渔船合计			机动渔船按船长分		
				24米以上		
	艘	总吨	千瓦	艘	总吨	千瓦
湖北省	**8418**	**13501**	**83033**	**4**	**294**	**1825**
武汉市	**594**	**1207**	**12647**	**3**	**236**	**1473**
武汉市直	13	315	4520	2	152	1153
新洲区	149	202	1338			
江夏区	51	163	1620	1	84	320
蔡甸区	59	72	1480			
黄陂区	213	312	2316			
汉南区	107	130	1153			
东西湖区	2	13	220			
黄石市	**846**	**1048**	**6641**			
黄石市直	22	68	306			
大冶市	45	76	410			
阳新县	779	904	5925			
十堰市	**30**	**250**	**2792**	**1**	**58**	**352**
十堰市直						
十堰市辖区						
丹江口市	11	25	922			
郧阳区	12	106	1101	1	58	352
郧西	2	5	154			
竹山县	4	106	512			
竹溪县	1	8	103			
房县						
荆州市	**3319**	**3966**	**18537**			
荆州区						
沙市区						
江陵县						
松滋市	27	85	314			
公安县	126	418	1549			
石首市	4	57	1400			
监利县	403	465	2250			
洪湖市	2759	2941	13024			
宜昌市	**153**	**519**	**2408**			
宜昌市直	4	164	746			
夷陵区	77	103	506			
宜都市	3	64	382			
枝江市						
当阳市	64	138	410			
远安县	2	2	33			
兴山县	1	8	105			
秭归县	2	40	226			
长阳县						
五峰县						
襄阳市	**926**	**2098**	**12480**			
襄阳市辖区	89	166	1375			
老河口市	202	367	2850			
襄州区	84	389	1484			
枣阳市	243	673	2635			
宜城市	102	204	1530			
南漳县	132	165	1115			
谷城县	50	102	1393			
保康县	24	32	98			
鄂州市	**82**	**203**	**622**			
鄂城区	64	152	433			
华容区	18	51	189			
梁子湖区						
荆门市	**72**	**130**	**2193**			

续表 1

地区	机动渔船合计			机动渔船按船长分		
				24 米以上		
	艘	总吨	千瓦	艘	总吨	千瓦
荆门市直	5	27	850			
荆门市辖区						
沙洋县						
钟祥市	42	71	948			
京山市						
沙洋农场						
东宝区	9	15	272			
掇刀区	9	10	63			
漳河新区	7	7	60			
屈家岭管理区						
孝感市	**257**	**557**	**3890**			
孝南区	3	3	190			
孝昌县	66	95	304			
大悟县	70	245	627			
安陆市	53	42	967			
云梦县	13	15	224			
应城市	6	21	300			
汉川市	2	87	386			
孝感市辖区	44	49	892			
黄冈市	**545**	**1141**	**6454**			
黄冈市直	55	269	1286			
黄州区	42	142	767			
团风县	66	201	854			
红安县	8	26	384			
麻城市	39	52	355			
罗田县	17	21	100			
英山县	23	23	153			
浠水县	63	88	454			
蕲春县	127	155	916			
武穴市	105	164	1185			
黄梅县						
龙感湖区						
咸宁市	**976**	**1271**	**6821**			
咸安区	25	35	344			
嘉鱼县	17	84	2100			
赤壁市	323	361	1822			
通城县	120	303	714			
崇阳县	491	488	1841			
通山县						
恩施州	**16**	**190**	**1958**			
恩施州直	2	30	380			
恩施市	1	8	103			
建始县	1	7	103			
巴东县	5	70	564			
利川市	1	3	66			
宣恩县	1	7	103			
咸丰县	3	12	225			
来凤县						
鹤峰县	2	53	414			
随州市	**440**	**703**	**4092**			
曾都区	25	48	592			
随县	209	429	1902			
广水市	206	226	1598			
仙桃市	**4**	**23**	**628**			
天门市	**158**	**195**	**870**			
潜江市						
神农架						

续表 2

地区	机动渔船按船长分						非机动渔船合计	
	12–24 米			12 米以下				
	艘	总吨	千瓦	艘	总吨	千瓦	艘	总吨
湖北省	**382**	**1943**	**12384**	**8032**	**11264**	**68824**	**16823**	**6967**
武汉市	**5**	**108**	**1302**	**586**	**863**	**9872**		
武汉市直	2	84	990	9	79	2377		
新洲区				149	202	1338		
江夏区	1	8	105	49	71	1195		
蔡甸区				59	72	1480		
黄陂区	1	8	104	212	304	2212		
汉南区				107	130	1153		
东西湖区	1	8	103	1	5	117		
黄石市	**14**	**49**	**647**	**832**	**999**	**5994**	**300**	**300**
黄石市直	1	7	105	21	61	201		
大冶市	1	9	103	44	67	307	300	300
阳新县	12	33	439	767	871	5486		
十堰市				**29**	**192**	**2440**		
十堰市直								
十堰市辖区								
丹江口市				11	25	922		
郧阳区				11	48	749		
郧西				2	5	154		
竹山县				4	106	512		
竹溪县				1	8	103		
房县								
荆州市	**250**	**555**	**1831**	**3069**	**3411**	**16706**	**10800**	**2180**
荆州区								
沙市区								
江陵县								
松滋市	25	75	167	2	10	147		
公安县				126	418	1549		
石首市				4	57	1400		
监利县	1	50	320	402	415	1930		
洪湖市	224	430	1344	2535	2511	11680	10800	2180
宜昌市	**5**	**214**	**981**	**148**	**305**	**1427**	**50**	**30**
宜昌市直	4	164	746					
夷陵区				77	103	506		
宜都市	1	50	235	2	14	147	50	30
枝江市								
当阳市				64	138	410		
远安县				2	2	33		
兴山县				1	8	105		
秭归县				2	40	226		
长阳县								
五峰县								
襄阳市	**26**	**298**	**716**	**900**	**1800**	**11764**	**69**	**72**
襄阳市辖区				89	166	1375	20	40
老河口市				202	367	2850		
襄州区				84	389	1484		
枣阳市	26	298	716	217	375	1919	49	32
宜城市				102	204	1530		
南漳县				132	165	1115		
谷城县				50	102	1393		
保康县				24	32	98		
鄂州市	**1**	**4**	**17**	**81**	**199**	**605**		
鄂城区				64	152	433		
华容区	1	4	17	17	47	172		
梁子湖区								
荆门市	**3**	**24**	**700**	**69**	**106**	**1493**	**196**	**202**

续表 3

地区	机动渔船按船长分						非机动渔船合计	
	12–24 米			12 米以下				
	艘	总吨	千瓦	艘	总吨	千瓦	艘	总吨
荆门市直	3	24	700	2	3	150		
荆门市辖区								
沙洋县								
钟祥市				42	71	948		
京山市								
沙洋农场								
东宝区				9	15	272		
掇刀区				9	10	63		
漳河新区				7	7	60	196	202
屈家岭管理区								
孝感市	**13**	**125**	**873**	**244**	**432**	**3017**	**2185**	**1738**
孝南区				3	3	190	820	278
孝昌县				66	95	304	160	240
大悟县	4	90	52	66	155	575	40	40
安陆市	3	23	569	50	19	398		
云梦县	3	6	47	10	9	177		
应城市				6	21	300	1165	1180
汉川市				2	87	386		
孝感市辖区	3	6	205	41	43	687		
黄冈市	**56**	**356**	**1891**	**489**	**785**	**4563**	**258**	**211**
黄冈市直	12	117	662	43	152	624	7	20
黄州区	3	66	457	39	76	310	17	26
团风县	40	153	669	26	48	185	85	21
红安县				8	26	384	14	12
麻城市				39	52	355	11	12
罗田县				17	21	100	14	10
英山县				23	23	153		
浠水县				63	88	454		
蕲春县				127	155	916		
武穴市	1	20	103	104	144	1082	110	110
黄梅县								
龙感湖区								
咸宁市	**1**	**54**	**1800**	**975**	**1217**	**5021**	**1492**	**1492**
咸安区				25	35	344		
嘉鱼县	1	54	1800	16	30	300		
赤壁市				323	361	1822	1492	1492
通城县				120	303	714		
崇阳县				491	488	1841		
通山县								
恩施州	**7**	**145**	**1290**	**9**	**45**	**668**		
恩施州直	2	30	380					
恩施市				1	8	103		
建始县				1	7	103		
巴东县	2	51	290	3	19	274		
利川市				1	3	66		
宣恩县				1	7	103		
咸丰县	2	12	210	1		15		
来凤县								
鹤峰县	1	52	410	1	1	4		
随州市				**440**	**703**	**4092**	**1473**	**742**
曾都区				25	48	592	23	17
随县				209	429	1902		
广水市				206	226	1598	1450	725
仙桃市	**1**	**11**	**336**	**3**	**12**	**292**		
天门市				**158**	**195**	**870**		
潜江市								
神农架								

渔业船舶拥有量(机动渔船中的生产渔船)

地区	机动渔船中:生产渔船					
	生产渔船合计			捕捞渔船小计		
	艘	总吨	千瓦	艘	总吨	千瓦
湖北省	**8153**	**11357**	**54564**	**2422**	**3003**	**12154**
武汉市	**555**	**681**	**4941**	**385**	**409**	**1862**
武汉市直						
新洲区	147	184	939	123	147	630
江夏区	36	36	159	36	36	159
蔡甸区	57	57	1208			
黄陂区	211	300	2102	122	122	540
汉南区	104	104	533	104	104	533
东西湖区						
黄石市	**838**	**1004**	**5891**	**571**	**674**	**3241**
黄石市直	20	54	115			
大冶市	43	63	211			
阳新县	775	887	5565	571	674	3241
十堰市						
十堰市直						
十堰市辖区						
丹江口市						
郧阳区						
郧西						
竹山县						
竹溪县						
房县						
荆州市	**3303**	**3797**	**15862**	**250**	**261**	**1068**
荆州区						
沙市区						
江陵县						
松滋市	25	75	167			
公安县	124	402	1371			
石首市						
监利县	400	400	1760	199	199	876
洪湖市	2754	2920	12564	51	62	192
宜昌市	**141**	**241**	**916**	**141**	**241**	**916**
宜昌市直						
夷陵区	77	103	506	77	103	506
宜都市						
枝江市						
当阳市	64	138	410	64	138	410
远安县						
兴山县						
秭归县						
长阳县						
五峰县						
襄阳市	**908**	**2065**	**11639**			
襄阳市辖区	83	166	1245			
老河口市	198	353	2696			
襄州区	82	345	1809			
枣阳市	242	671	2559			
宜城市	101	244	1524			
南漳县	131	168	1049			
谷城县	47	86	659			
保康县	24	32	98			
鄂州市	**82**	**203**	**622**	**67**	**162**	**532**
鄂城区	64	152	433	56	130	389
华容区	18	51	189	11	32	143
梁子湖区						
荆门市	**25**	**26**	**310**	**23**	**24**	**300**

续表 1

地区	机动渔船中：生产渔船					
	生产渔船合计			捕捞渔船小计		
	艘	总吨	千瓦	艘	总吨	千瓦
荆门市直	2	3	150	2	3	150
荆门市辖区						
沙洋县						
钟祥市						
京山市						
沙洋农场						
东宝区	7	6	37	5	4	27
掇刀区	9	10	63	9	10	63
漳河新区	7	7	60	7	7	60
屈家岭管理区						
孝感市	**232**	**402**	**1786**			
孝南区						
孝昌县	65	90	292			
大悟县	69	241	542			
安陆市	47	14	273			
云梦县	10	12	99			
应城市						
汉川市						
孝感市辖区	41	45	580			
黄冈市	**531**	**992**	**5062**			
黄冈市直	55	269	1286			
黄州区	39	76	310			
团风县	64	192	651			
红安县	5	5	44			
麻城市	37	39	334			
罗田县	17	21	100			
英山县	23	23	153			
浠水县	63	88	454			
蕲春县	124	135	648			
武穴市	104	144	1082			
黄梅县						
龙感湖区						
咸宁市	**960**	**1147**	**3804**	**906**	**1082**	**3557**
咸安区	23	23	173	23	23	173
嘉鱼县	15	26	100			
赤壁市	315	315	1079	315	315	1079
通城县	119	295	611	119	295	611
崇阳县	488	488	1841	449	449	1694
通山县						
恩施州						
恩施市						
建始县						
巴东县						
利川市						
宣恩县						
咸丰县						
来凤县						
鹤峰县						
随州市	**426**	**636**	**2983**	**79**	**150**	**678**
曾都区	20	33	180	19	32	175
随县	205	402	1624	60	118	503
广水市	201	201	1179			
仙桃市						
天门市	**152**	**163**	**748**			
潜江市						
神农架						

续表 2

地区	机动渔船中：生产渔船								
	捕捞渔船小计						养殖渔船小计		
	45-440 千瓦(61-599 马力)			44 千瓦(60 马力)以下			艘	总吨	千瓦
	艘	总吨	千瓦	艘	总吨	千瓦			
湖北省	**2**	**3**	**150**	**2420**	**3000**	**12004**	**5731**	**8354**	**42410**
武汉市				**385**	**409**	**1862**	**170**	**272**	**3079**
武汉市直									
新洲区				123	147	630	24	37	309
江夏区				36	36	159			
蔡甸区							57	57	1208
黄陂区				122	122	540	89	178	1562
汉南区				104	104	533			
东西湖区									
黄石市				**571**	**674**	**3241**	**267**	**330**	**2650**
黄石市直							20	54	115
大冶市							43	63	211
阳新县				571	674	3241	204	213	2324
十堰市									
十堰市直									
十堰市辖区									
丹江口市									
郧阳区									
郧西									
竹山县									
竹溪县									
房县									
荆州市				**250**	**261**	**1068**	**3053**	**3536**	**14794**
荆州区									
沙市区									
江陵县									
松滋市							25	75	167
公安县							124	402	1371
石首市									
监利县				199	199	876	201	201	884
洪湖市				51	62	192	2703	2858	12372
宜昌市				**141**	**241**	**916**			
宜昌市直									
夷陵区				77	103	506			
宜都市									
枝江市									
当阳市				64	138	410			
远安县									
兴山县									
秭归县									
长阳县									
五峰县									
襄阳市							**908**	**2065**	**11639**
襄阳市辖区							83	166	1245
老河口市							198	353	2696
襄州区							82	345	1809
枣阳市							242	671	2559
宜城市							101	244	1524
南漳县							131	168	1049
谷城县							47	86	659
保康县							24	32	98
鄂州市				**67**	**162**	**532**	**15**	**41**	**90**
鄂城区				56	130	389	8	22	44
华容区				11	32	143	7	19	46
梁子湖区									
荆门市	**2**	**3**	**150**	**21**	**21**	**150**	**2**	**2**	**10**

续表 3

地区	机动渔船中:生产渔船								
	捕捞渔船小计						养殖渔船小计		
	45-440 千瓦(61-599 马力)			44 千瓦(60 马力)以下			艘	总吨	千瓦
	艘	总吨	千瓦	艘	总吨	千瓦			
荆门市直	2	3	150						
荆门市辖区									
沙洋县									
钟祥市									
京山市									
沙洋农场									
东宝区				5	4	27	2	2	10
掇刀区				9	10	63			
漳河新区				7	7	60			
屈家岭管理区									
孝感市							**232**	**402**	**1786**
孝南区									
孝昌县							65	90	292
大悟县							69	241	542
安陆市							47	14	273
云梦县							10	12	99
应城市									
汉川市									
孝感市辖区							41	45	580
黄冈市							**531**	**992**	**5062**
黄冈市直							55	269	1286
黄州区							39	76	310
团风县							64	192	651
红安县							5	5	44
麻城市							37	39	334
罗田县							17	21	100
英山县							23	23	153
浠水县							63	88	454
蕲春县							124	135	648
武穴市							104	144	1082
黄梅县									
龙感湖区									
咸宁市				**906**	**1082**	**3557**	**54**	**65**	**247**
咸安区				23	23	173			
嘉鱼县							15	26	100
赤壁市				315	315	1079			
通城县				119	295	611			
崇阳县				449	449	1694	39	39	147
通山县									
恩施州									
恩施市									
建始县									
巴东县									
利川市									
宣恩县									
咸丰县									
来凤县									
鹤峰县									
随州市				**79**	**150**	**678**	**347**	**486**	**2305**
曾都区				19	32	175	1	1	5
随县				60	118	503	145	284	1121
广水市							201	201	1179
仙桃市									
天门市							**152**	**163**	**748**
潜江市									
神农架									

渔业船舶拥有量(机动渔船中的辅助渔船)

地区	机动渔船中:辅助渔船								
	艘	总吨	千瓦	其中:捕捞辅助船			其中:渔业执法船		
				艘	总吨	千瓦	艘	总吨	千瓦
湖北省	**265**	**2144**	**28469**	**37**	**25**	**322**	**228**	**2119**	**28147**
武汉市	**39**	**526**	**7706**				**39**	**526**	**7706**
武汉市直	13	315	4520				13	315	4520
新洲区	2	18	399				2	18	399
江夏区	15	127	1461				15	127	1461
蔡甸区	2	15	272				2	15	272
黄陂区	2	12	214				2	12	214
汉南区	3	26	620				3	26	620
东西湖区	2	13	220				2	13	220
黄石市	**8**	**44**	**750**				**8**	**44**	**750**
黄石市直	2	14	191				2	14	191
大冶市	2	13	199				2	13	199
阳新县	4	17	360				4	17	360
十堰市	**30**	**250**	**2792**				**30**	**250**	**2792**
十堰市直									
十堰市辖区									
丹江口市	11	25	922				11	25	922
郧阳区	12	106	1101				12	106	1101
郧西	2	5	154				2	5	154
竹山县	4	106	512				4	106	512
竹溪县	1	8	103				1	8	103
房县									
荆州市	**16**	**169**	**2675**				**16**	**169**	**2675**
荆州区									
沙市区									
江陵县									
松滋市	2	10	147				2	10	147
公安县	2	16	178				2	16	178
石首市	4	57	1400				4	57	1400
监利县	3	65	490				3	65	490
洪湖市	5	21	460				5	21	460
宜昌市	**12**	**278**	**1492**				**12**	**278**	**1492**
宜昌市直	4	164	746				4	164	746
夷陵区									
宜都市	3	64	382				3	64	382
枝江市									
当阳市									
远安县	2	2	33				2	2	33
兴山县	1	8	105				1	8	105
秭归县	2	40	226				2	40	226
长阳县									
五峰县									
襄阳市	**18**	**33**	**841**				**18**	**33**	**841**
襄阳市辖区	6		130				6		130
老河口市	4	14	154				4	14	154
襄州区	2	4	34				2	4	34
枣阳市	1	2	75				1	2	75
宜城市	1	2	15				1	2	15
南漳县	1	3	66				1	3	66
谷城县	3	8	367				3	8	367
保康县									
鄂州市									
鄂城区									
华容区									
梁子湖区									
荆门市	**47**	**104**	**1883**	**37**	**25**	**322**	**10**	**79**	**1561**

续表

地区	机动渔船中：辅助渔船								
	艘	总吨	千瓦	其中：捕捞辅助船			其中：渔业执法船		
				艘	总吨	千瓦	艘	总吨	千瓦
荆门市直	3	24	700				3	24	700
荆门市辖区									
沙洋县									
钟祥市	42	71	948	37	25	322	5	46	626
京山市									
沙洋农场									
东宝区	2	9	235				2	9	235
掇刀区									
漳河新区									
屈家岭管理区									
孝感市	**25**	**155**	**2104**				**25**	**155**	**2104**
孝南区	3	3	190				3	3	190
孝昌县	1	5	12				1	5	12
大悟县	1	4	85				1	4	85
安陆市	6	28	694				6	28	694
云梦县	3	3	125				3	3	125
应城市	6	21	300				6	21	300
汉川市	2	87	386				2	87	386
孝感市辖区	3	4	312				3	4	312
黄冈市	**14**	**149**	**1392**				**14**	**149**	**1392**
黄冈市直									
黄州区	3	66	457				3	66	457
团风县	2	9	203				2	9	203
红安县	3	21	340				3	21	340
麻城市	2	13	21				2	13	21
罗田县									
英山县									
浠水县									
蕲春县	3	20	268				3	20	268
武穴市	1	20	103				1	20	103
黄梅县									
龙感湖区									
咸宁市	**16**	**124**	**3017**				**16**	**124**	**3017**
咸安区	2	12	171				2	12	171
嘉鱼县	2	58	2000				2	58	2000
赤壁市	8	46	743				8	46	743
通城县	1	8	103				1	8	103
崇阳县	3						3		
通山县									
恩施州	**16**	**190**	**1958**				**16**	**190**	**1958**
恩施州直	2	30	380				2	30	380
恩施市	1	8	103				1	8	103
建始县	1	7	103				1	7	103
巴东县	5	70	564				5	70	564
利川市	1	3	66				1	3	66
宣恩县	1	7	103				1	7	103
咸丰县	3	12	225				3	12	225
来凤县									
鹤峰县	2	53	414				2	53	414
随州市	**14**	**67**	**1109**				**14**	**67**	**1109**
曾都区	5	15	412				5	15	412
随县	4	27	278				4	27	278
广水市	5	25	419				5	25	419
仙桃市	**4**	**23**	**628**				**4**	**23**	**628**
天门市	**6**	**32**	**122**				**6**	**32**	**122**
潜江市									
神农架									

渔业灾情(一)

地区	一、水产品损失					
	数量损失（吨）	价值损失（万元）	#台风、洪涝		#病害	
			数量	价值	数量	价值
湖北省	**42636**	**50810**	**5847**	**2882**	**11248**	**13157**
省直属						
武汉市	**3014**	**2925**				
新洲区	1500	1500				
江夏区	1382	1209				
蔡甸区						
黄陂区	132	216				
汉南区						
东西湖区						
黄石市	**185**	**595**			**25**	**45**
黄石市直						
大冶市	160	550				
阳新县	25	45			25	45
十堰市	**1081**	**4256**	**20**	**50**	**20**	**50**
十堰市直	1	4				
十堰市辖区						
丹江口市	960	4002				
郧阳区						
郧西	40	100	20	50	20	50
竹山县						
竹溪县	80	150				
房县						
荆州市	**10727**	**11927**	**517**	**356**	**716**	**2259**
荆州区	4	7	4	7		
沙市区	95	180			95	180
江陵县	68		3		21	
松滋市	500	1200	300			1200
公安县	660	780	110	149	350	379
石首市	800	1240	100	200	250	500
监利县	6100	7320				
洪湖市	2500	1200				
宜昌市	**1403**	**1433**	**200**	**100**	**813**	**957**
宜昌市直						
夷陵区	185	60			35	10
宜都市	50	150			50	150
枝江市	850	450	200	100	500	150
当阳市	240	225			157	157
远安县	4	17			4	11
兴山县	7	52				
秭归县						
长阳县	67	479			67	479
五峰县						
襄阳市	**4165**	**2799**	**960**	**351**	**2385**	**1679**
襄阳市直						
襄阳市辖区	225	200			15	
老河口市	440	336			30	56
襄州区	57	70	42	38		6
枣阳市	2100	1370	290	135	1810	1235
宜城市						
南漳县	330	426			180	216
谷城县	1013	397	628	178	350	166
保康县						
鄂州市	**1192**	**1921**			**493**	**783**
鄂城区	1006	1548			415	626
华容区	67	135			67	135
梁子湖区	119	238			11	22

续表 1

地区	一、水产品损失					
	数量损失（吨）	价值损失（万元）	#台风、洪涝		#病害	
			数量	价值	数量	价值
荆门市	**3796**	**1528**	**1045**	**20**	**1445**	**835**
荆门市直						
荆门市辖区						
沙洋县	2386	450	910		790	
钟祥市	575	680			575	680
京山市	550					
沙洋农场						
东宝区						
掇刀区	108	191	15	20	80	155
漳河新区	120	130	120			
屈家岭管理区	57	77				
孝感市	**4256**	**2266**	**800**		**2956**	**1732**
孝南区	310	320			180	180
孝昌县	1471		780		420	
大悟县	1120	850	20		1100	850
安陆市	19	44				
云梦县	80	350				
应城市						
汉川市	1256	702			1256	702
孝感市辖区						
黄冈市	**5126**	**7866**			**936**	**1456**
黄州区						
团风县	262	262				
红安县	293	531			55	55
麻城市	200	200				
罗田县	20	30				
英山县	9	12				
浠水县	840	750			350	220
蕲春县	22	26			1	1
武穴市	530	555			180	180
黄梅县	2950	5500			350	1000
龙感湖区						
咸宁市	**158**	**534**	**5**	**5**		
咸安区	8	11	5	5		
嘉鱼县	60	400				
赤壁市						
通城县	30	58				
崇阳县	60	65				
通山县						
恩施州	**150**	**883**				
恩施市						
建始县	33	254				
巴东县						
利川市	60	500				
宣恩县						
咸丰县	12	38				
来凤县	45	91				
鹤峰县						
随州市	**2500**	**2147**	**2300**	**2000**		
曾都区	800		800			
随县	1500	2000	1500	2000		
广水市	200	147				
仙桃市	**1638**	**2269**			**421**	**826**
天门市	**650**	**1300**				
潜江市	**2595**	**6161**			**1038**	**2535**
神农架						

续表 2

地区	一、水产品损失						二、人员损失(人)		
	#干旱		#污染		#其它		失踪	死亡	重伤
	数量	价值	数量	价值	数量	价值			
湖北省	**24619**	**34391**	**10**	**18**	**912**	**362**			
省直属									
武汉市	**3014**	**2925**							
新洲区	1500	1500							
江夏区	1382	1209							
蔡甸区									
黄陂区	132	216							
汉南区									
东西湖区									
黄石市	**150**	**500**			**10**	**50**			
黄石市直									
大冶市	150	500			10	50			
阳新县									
十堰市	**1041**	**4156**							
十堰市直	1	4							
十堰市辖区									
丹江口市	960	4002							
郧阳区									
郧西									
竹山县									
竹溪县	80	150							
房县									
荆州市	**9494**	**9312**							
荆州区									
沙市区									
江陵县	44								
松滋市	200								
公安县	200	252							
石首市	450	540							
监利县	6100	7320							
洪湖市	2500	1200							
宜昌市	**390**	**376**							
宜昌市直									
夷陵区	150	50							
宜都市									
枝江市	150	200							
当阳市	83	68							
远安县		6							
兴山县	7	52							
秭归县									
长阳县									
五峰县									
襄阳市	**395**	**463**			**425**	**306**			
襄阳市直									
襄阳市辖区	210	200							
老河口市					410	280			
襄州区					15	26			
枣阳市									
宜城市									
南漳县	150	210							
谷城县	35	53							
保康县									
鄂州市	**699**	**1138**							
鄂城区	591	922							
华容区									
梁子湖区	108	216							

续表 3

地区	一、水产品损失						二、人员损失(人)		
	#干旱		#污染		#其它		失踪	死亡	重伤
	数量	价值	数量	价值	数量	价值			
荆门市	**832**	**673**			**474**				
荆门市直									
荆门市辖区									
沙洋县	212	450			474				
钟祥市									
京山市	550								
沙洋农场									
东宝区									
掇刀区	13	16							
漳河新区		130							
屈家岭管理区	57	77							
孝感市	**500**	**534**							
孝南区	130	140							
孝昌县	271								
大悟县									
安陆市	19	44							
云梦县	80	350							
应城市									
汉川市									
孝感市辖区									
黄冈市	**4190**	**6410**							
黄州区									
团风县	262	262							
红安县	238	476							
麻城市	200	200							
罗田县	20	30							
英山县	9	12							
浠水县	490	530							
蕲春县	21	25							
武穴市	350	375							
黄梅县	2600	4500							
龙感湖区									
咸宁市	**150**	**523**			**3**	**6**			
咸安区					3	6			
嘉鱼县	60	400							
赤壁市									
通城县	30	58							
崇阳县	60	65							
通山县									
恩施州	**150**	**883**							
恩施市									
建始县	33	254							
巴东县									
利川市	60	500							
宣恩县									
咸丰县	12	38							
来凤县	45	91							
鹤峰县									
随州市	**200**	**147**							
曾都区									
随县									
广水市	200	147							
仙桃市	**1217**	**1443**							
天门市	**650**	**1300**							
潜江市	**1547**	**3608**	**10**	**18**					
神农架									

渔业灾情(二)

地区	三、损毁渔业设施(一)									
	损失数量	经济损失(万元)	池塘		网箱(池塘)		围栏		沉船	
			公顷	价值	个	价值	千米	价值	艘	价值
湖北省		**3031**	**1870**	**2407**	**12**	**275**	**20**	**10**		
省直属										
武汉市			**149**							
新洲区										
江夏区			149							
蔡甸区										
黄陂区										
汉南区										
东西湖区										
黄石市		**10**					**20**	**10**		
黄石市直										
大冶市		10					20	10		
阳新县										
十堰市										
十堰市直										
十堰市辖区										
丹江口市										
郧阳区										
郧西										
竹山县										
竹溪县										
房县										
荆州市		**23**		**23**						
荆州区										
沙市区										
江陵县		23		23						
松滋市										
公安县										
石首市										
监利县										
洪湖市										
宜昌市		**90**								
宜昌市直										
夷陵区										
宜都市										
枝江市		90								
当阳市										
远安县										
兴山县										
秭归县										
长阳县										
五峰县										
襄阳市		**1032**		**899**						
襄阳市直										
襄阳市辖区										
老河口市										
襄州区		899		899						
枣阳市										
宜城市										
南漳县										
谷城县		133								
保康县										
鄂州市										
鄂城区										
华容区										
梁子湖区										

续表 1

地区	三、损毁渔业设施（一）									
	损失数量	经济损失（万元）	池塘		网箱（池塘）		围栏		沉船	
			公顷	价值	个	价值	千米	价值	艘	价值
荆门市		**1045**	**1345**	**1012**						
荆门市直										
荆门市辖区										
沙洋县		1037	1345	1012						
钟祥市										
京山市										
沙洋农场										
东宝区										
掇刀区		8								
漳河新区										
屈家岭管理区										
孝感市		**3**								
孝南区										
孝昌县										
大悟县										
安陆市		3								
云梦县										
应城市										
汉川市										
孝感市辖区										
黄冈市										
黄州区										
团风县										
红安县										
麻城市										
罗田县										
英山县										
浠水县										
蕲春县										
武穴市										
黄梅县										
龙感湖区										
咸宁市										
咸安区										
嘉鱼县										
赤壁市										
通城县										
崇阳县										
通山县										
恩施州										
恩施市										
建始县										
巴东县										
利川市										
宣恩县										
咸丰县										
来凤县										
鹤峰县										
随州市		**180**	**283**	**100**						
曾都区		180	200	100						
随县										
广水市			83							
仙桃市										
天门市										
潜江市		**648**	**93**	**373**	**12**	**275**				
神农架										

续表 2

地区	三、损毁渔业设施（二）									
	堤坝		船损		泵站		涵闸		码头	
	米	价值	艘	价值	座	价值	座	价值	米	价值
湖北省			**14624**	**228**	**9**	**15**	**3**	**6**		
省直属										
武汉市										
新洲区										
江夏区										
蔡甸区										
黄陂区										
汉南区										
东西湖区										
黄石市										
黄石市直										
大冶市										
阳新县										
十堰市										
十堰市直										
十堰市辖区										
丹江口市										
郧阳区										
郧西										
竹山县										
竹溪县										
房县										
荆州市										
荆州区										
沙市区										
江陵县										
松滋市										
公安县										
石首市										
监利县										
洪湖市										
宜昌市										
宜昌市直										
夷陵区										
宜都市										
枝江市										
当阳市										
远安县										
兴山县										
秭归县										
长阳县										
五峰县										
襄阳市			**1214**	**120**	**4**	**7**	**3**	**6**		
襄阳市直										
襄阳市辖区										
老河口市										
襄州区										
枣阳市										
宜城市										
南漳县										
谷城县			1214	120	4	7	3	6		
保康县										
鄂州市										
鄂城区										
华容区										
梁子湖区										

续表 3

地区	三、损 毁 渔 业 设 施（二）									
	堤坝		船损		泵站		涵闸		码头	
	米	价值	艘	价值	座	价值	座	价值	米	价值
荆门市			**10410**	**28**		**5**				
荆门市直										
荆门市辖区										
沙洋县			10210	20		5				
钟祥市										
京山市										
沙洋农场										
东宝区										
掇刀区			200	8						
漳河新区										
屈家岭管理区										
孝感市					**5**	**3**				
孝南区										
孝昌县										
大悟县										
安陆市					5	3				
云梦县										
应城市										
汉川市										
孝感市辖区										
黄冈市										
黄州区										
团风县										
红安县										
麻城市										
罗田县										
英山县										
浠水县										
蕲春县										
武穴市										
黄梅县										
龙感湖区										
咸宁市										
咸安区										
嘉鱼县										
赤壁市										
通城县										
崇阳县										
通山县										
恩施州										
恩施市										
建始县										
巴东县										
利川市										
宣恩县										
咸丰县										
来凤县										
鹤峰县										
随州市			**3000**	**80**						
曾都区			3000	80						
随县										
广水市										
仙桃市										
天门市										
潜江市										
神农架										

渔业灾情(三)

地区	三、损毁渔业设施(二)								
	护岸		防波堤		工厂化养殖		苗种繁育场		其他
	米	价值	米	价值	座	价值	个	价值	价值
湖北省	**12200**	**90**							
省直属									
武汉市									
新洲区									
江夏区									
蔡甸区									
黄陂区									
汉南区									
东西湖区									
黄石市									
黄石市直									
大冶市									
阳新县									
十堰市									
十堰市直									
十堰市辖区									
丹江口市									
郧阳区									
郧西									
竹山县									
竹溪县									
房县									
荆州市									
荆州区									
沙市区									
江陵县									
松滋市									
公安县									
石首市									
监利县									
洪湖市									
宜昌市	**12200**	**90**							
宜昌市直									
夷陵区									
宜都市									
枝江市	12200	90							
当阳市									
远安县									
兴山县									
秭归县									
长阳县									
五峰县									
襄阳市									
襄阳市直									
襄阳市辖区									
老河口市									
襄州区									
枣阳市									
宜城市									
南漳县									
谷城县									
保康县									
鄂州市									
鄂城区									
华容区									
梁子湖区									

续表 1

地区	三、损毁渔业设施（二）								
	护岸		防波堤		工厂化养殖		苗种繁育场		其他
	米	价值	米	价值	座	价值	个	价值	价值
荆门市									
荆门市直									
荆门市辖区									
沙洋县									
钟祥市									
京山市									
沙洋农场									
东宝区									
掇刀区									
漳河新区									
屈家岭管理区									
孝感市									
孝南区									
孝昌县									
大悟县									
安陆市									
云梦县									
应城市									
汉川市									
孝感市辖区									
黄冈市									
黄州区									
团风县									
红安县									
麻城市									
罗田县									
英山县									
浠水县									
蕲春县									
武穴市									
黄梅县									
龙感湖区									
咸宁市									
咸安区									
嘉鱼县									
赤壁市									
通城县									
崇阳县									
通山县									
恩施州									
恩施市									
建始县									
巴东县									
利川市									
宣恩县									
咸丰县									
来凤县									
鹤峰县									
随州市									
曾都区									
随县									
广水市									
仙桃市									
天门市									
潜江市									
神农架									

续表 2

地区	四、受灾养殖面积(公顷)						五、直接经济损失合计(万元)
	小计	台风、洪涝	病害	干旱	污染	其它	
湖北省	**42291**	**3147**	**13703**	**25408**	**14**	**19**	**53841**
省直属							
武汉市	**695**			**695**			**2925**
新洲区	200			200			1500
江夏区	386			386			1209
蔡甸区							
黄陂区	109			109			216
汉南区							
东西湖区							
黄石市	**380**		**15**	**350**		**15**	**605**
黄石市直							
大冶市	365			350		15	560
阳新县	15		15				45
十堰市	**212**	**10**	**4**	**198**			**4256**
十堰市直	1			1			4
十堰市辖区							
丹江口市	186			186			4002
郧阳区							
郧西	14	10	4				100
竹山县							
竹溪县	11			11			150
房县							
荆州市	**3818**	**156**	**787**	**2875**			**11950**
荆州区	4	4					7
沙市区	115		115				180
江陵县	72	5	32	35			23
松滋市	300		300				1200
公安县	370	80	190	100			780
石首市	417	67	150	200			1240
监利县	2330			2330			7320
洪湖市	210			210			1200
宜昌市	**1045**	**150**	**616**	**279**			**1523**
宜昌市直							
夷陵区	150			150			60
宜都市	50		50				150
枝江市	670	150	420	100			540
当阳市	132		110	22			225
远安县	14		9	5			17
兴山县	2			2			52
秭归县							
长阳县	27		27				479
五峰县							
襄阳市	**2084**	**421**	**1456**	**205**		**2**	**3831**
襄阳市直							
襄阳市辖区	70		15	55			200
老河口市							336
襄州区	8	6				2	969
枣阳市	1295	165	1130				1370
宜城市							
南漳县	220		120	100			426
谷城县	491	250	191	50			530
保康县							
鄂州市	**196**		**112**	**84**			**1921**
鄂城区	160		94	66			1548
华容区	15		15				135
梁子湖区	21		3	18			238

续表 3

地区	四、受灾养殖面积(公顷)						五、直接经济损失合计(万元)
	小计	台风、洪涝	病害	干旱	污染	其它	
荆门市	**5098**	**1455**	**2988**	**655**			**2573**
荆门市直							
荆门市辖区							
沙洋县	3734	1395	2019	320			1487
钟祥市	869		869				680
京山市	200			200			
沙洋农场							
东宝区							
掇刀区	210	60	100	50			199
漳河新区	10			10			130
屈家岭管理区	75			75			77
孝感市	**6397**	**520**	**5308**	**569**			**2269**
孝南区	1045		910	135			320
孝昌县	960	520	120	320			
大悟县	550		550				850
安陆市	14			14			47
云梦县	100			100			350
应城市							
汉川市	3728		3728				702
孝感市辖区							
黄冈市	**3026**		**1091**	**1935**			**7866**
黄州区							
团风县	582			582			262
红安县	259		12	247			531
麻城市	180			180			200
罗田县	10			10			30
英山县	12			12			12
浠水县	860		750	110			750
蕲春县	45		9	36			26
武穴市	428		120	308			555
黄梅县	650		200	450			5500
龙感湖区							
咸宁市	**632**	**20**		**610**		**2**	**534**
咸安区	22	20				2	11
嘉鱼县	150			150			400
赤壁市							
通城县	200			200			58
崇阳县	260			260			65
通山县							
恩施州	**146**			**146**			**883**
恩施市							
建始县	4			4			254
巴东县							
利川市	120			120			500
宣恩县							
咸丰县	4			4			38
来凤县	18			18			91
鹤峰县							
随州市	**498**	**415**		**83**			**2327**
曾都区	200	200					180
随县	215	215					2000
广水市	83			83			147
仙桃市	**8860**		**603**	**8257**			**2269**
天门市	**87**			**87**			**1300**
潜江市	**9117**		**723**	**8380**	**14**		**6809**
神农架							

增殖渔业产量及面积

产量:吨、面积:公顷

地区	产量				面积			
	合计	湖泊	水库	其他	合计	湖泊	水库	其他
湖北省	**252388**	**116866**	**129155**	**6367**	**334462**	**153868**	**171914**	**8680**
省直属								
武汉市	**25569**	**23548**	**2021**		**47909**	**43373**	**4536**	
新洲区	2739	2109	630		6164	5028	1136	
江夏区	15770	15770			19867	19867		
蔡甸区	1566	1566			8652	8652		
黄陂区	5494	4103	1391		13226	9826	3400	
汉南区								
东西湖区								
黄石市	**30695**	**26049**	**4646**		**19975**	**17602**	**2373**	
黄石市直	1234	1078	156		1280	1190	90	
大冶市	18000	13780	4220		8533	7050	1483	
阳新县	11461	11191	270		10162	9362	800	
十堰市	**15255**		**15255**		**60107**		**60107**	
十堰市直								
十堰市辖区								
丹江口市	8750		8750		48600		48600	
郧阳区	92		92		1200		1200	
郧西	550		550		1400		1400	
竹山县	5100		5100		5110		5110	
竹溪县	663		663		3730		3730	
房县	100		100		67		67	
荆州市	**15891**	**11901**	**470**	**3520**	**36233**	**27278**	**3045**	**5910**
荆州区	200		200		3940	2116	1824	
沙市区	72	72			113	113		
江陵县	572	572			572	572		
松滋市	700	310	200	190	3265	1610	870	785
公安县	4000	3900	70	30	10376	10000	351	25
石首市	3021	3021			6621	6621		
监利县	3460	3460			5480	5480		
洪湖市	3866	566		3300	5866	766		5100
宜昌市	**13732**	**2150**	**11472**	**110**	**8679**	**1840**	**6634**	**205**
宜昌市直	82		82		40		40	
夷陵区	332		332		206		206	
宜都市	1300	100	1200		660	40	620	
枝江市	7800	2050	5650	100	3100	1800	1100	200
当阳市	3890		3890		4157		4157	
远安县	165		165		271		271	
兴山县	30		20	10	15		10	5
秭归县	122		122		180		180	
长阳县								
五峰县	11		11		50		50	
襄阳市	**40308**		**40308**		**23197**		**23197**	
襄阳市直								
襄阳市辖区	1606		1606		1661		1661	
老河口市	5780		5780		3600		3600	
襄州区	8900		8900		3095		3095	
枣阳市	18200		18200		7690		7690	
宜城市	3478		3478		2885		2885	
南漳县	896		896		1613		1613	
谷城县	908		908		1653		1653	
保康县	540		540		1000		1000	
鄂州市	**21754**	**20628**	**859**	**267**	**12439**	**11937**	**450**	**52**
鄂城区	3138	2027	844	267	3394	3105	237	52
华容区	15789	15789			6480	6480		
梁子湖区	2827	2812	15		2565	2352	213	

续表

地区	产量				面积			
	合计	湖泊	水库	其他	合计	湖泊	水库	其他
荆门市	**23695**	**5730**	**17774**	**191**	**35622**	**8880**	**26652**	**90**
荆门市直								
荆门市辖区								
沙洋县	3860	3230	630		9000	6680	2320	
钟祥市	12529	2500	9892	137	11200	2200	9000	
京山市	2300		2300		3266		3266	
沙洋农场								
东宝区	1830		1830		6336		6336	
掇刀区	736		736		933		933	
漳河新区	2284		2230	54	4540		4450	90
屈家岭管理区	156		156		347		347	
孝感市	**16987**	**8872**	**7589**	**526**	**14853**	**6944**	**7414**	**495**
孝南区	2165	1515	650		2450	1867	583	
孝昌县	387		387		1241		1241	
大悟县	2750		2750		2000		2000	
安陆市	1750		1750		1607		1607	
云梦县								
应城市	4868	2290	2052	526	5369	2891	1983	495
汉川市	5067	5067			2186	2186		
孝感市辖区								
黄冈市	**26002**	**10627**	**14114**	**1261**	**26226**	**11053**	**14478**	**695**
黄州区	3740	2518	122	1100	2286	1546	123	617
团风县	1680	420	1260		2102	636	1466	
红安县	1780		1740	40	1058		1058	
麻城市	3704		3704		4250		4250	
罗田县	1320		1320		1467		1467	
英山县	614		614		640		640	
浠水县	3835	2329	1446	60	3531	2406	1125	
蕲春县	4599	2761	1838		5840	3493	2347	
武穴市	1430	799	570	61	2919	1572	1269	78
黄梅县	3300	1800	1500		2133	1400	733	
龙感湖区								
咸宁市	**7193**	**3310**	**3391**	**492**	**34404**	**20338**	**12833**	**1233**
咸安区	950	900	30	20	6574	4431	1260	883
嘉鱼县	1880	1300	580		9800	8327	1473	
赤壁市	2783	1110	1243	430	14613	7580	6833	200
通城县	500		458	42	1367		1217	150
崇阳县	480		480		1520		1520	
通山县	600		600		530		530	
恩施州								
恩施市								
建始县								
巴东县								
利川市								
宣恩县								
咸丰县								
来凤县								
鹤峰县								
随州市	**11256**		**11256**		**10195**		**10195**	
曾都区	1468		1468		1690		1690	
随县	7125		7125		6666		6666	
广水市	2663		2663		1839		1839	
仙桃市								
天门市	**2742**	**2742**			**3043**	**3043**		
潜江市	**1309**	**1309**			**1580**	**1580**		
神农架								

增殖渔业产量(按品种分)

单位:吨

地区	合计	一、鱼类						
		小计	青鱼	草鱼	鲢鱼	鳙鱼	鲌鱼	其他
湖北省	**252388**	**247014**	**17061**	**45707**	**81379**	**73223**	**12880**	**16764**
省直属								
武汉市	**25569**	**25569**	**1713**	**6200**	**6560**	**7389**	**3097**	**610**
新洲区	2739	2739	301	375	884	751	228	200
江夏区	15770	15770	1290	3804	3190	4726	2430	330
蔡甸区	1566	1566	122	265	754	261	84	80
黄陂区	5494	5494		1756	1732	1651	355	
汉南区								
东西湖区								
黄石市	**30695**	**29358**	**1336**	**5978**	**10949**	**8005**	**630**	**2460**
黄石市直	1234	1234	26	252	760	196		
大冶市	18000	18000	1085	5506	6899	3750	580	180
阳新县	11461	10124	225	220	3290	4059	50	2280
十堰市	**15255**	**13890**	**1123**	**1875**	**2591**	**2113**	**4040**	**2148**
十堰市直								
十堰市辖区								
丹江口市	8750	7650	100	600	1200	800	3150	1800
郧阳区	92	92		18	62	12		
郧西	550	550	10	80	165	140	90	65
竹山县	5100	4895	995	1070	950	950	800	130
竹溪县	663	603		100	203	180		120
房县	100	100	18	7	11	31		33
荆州市	**15891**	**15451**	**1188**	**3304**	**4804**	**5078**	**832**	**245**
荆州区	200	200		50	100	50		
沙市区	72	72	2	10	35	20		5
江陵县	572	572	40	225	205	102		
松滋市	700	700	25	230	235	110		100
公安县	4000	3800	650	801	908	1221	120	100
石首市	3021	3021	55	246	1030	990	660	40
监利县	3460	3460	86	182	955	2185	52	
洪湖市	3866	3626	330	1560	1336	400		
宜昌市	**13732**	**13732**	**1257**	**2712**	**4825**	**3301**	**657**	**980**
宜昌市直	82	82		16	41	25		
夷陵区	332	332	10	45	158	102	17	
宜都市	1300	1300	50	180	630	440		
枝江市	7800	7800	1060	1820	1930	1550	480	960
当阳市	3890	3890	112	609	1930	1063	160	16
远安县	165	165			86	79		
兴山县	30	30	7	8	4	7		4
秭归县	122	122	18	34	39	31		
长阳县								
五峰县	11	11			7	4		
襄阳市	**40308**	**40308**	**2099**	**7708**	**14710**	**13982**	**570**	**1239**
襄阳市直								
襄阳市辖区	1606	1606	139	308	461	496	56	146
老河口市	5780	5780	1060	1050	1810	1660	160	40
襄州区	8900	8900	210	2298	2820	3544	28	
枣阳市	18200	18200	160	3000	7500	6450	260	830
宜城市	3478	3478	171	732	1373	1097	35	70
南漳县	896	896	34	114	404	311	25	8
谷城县	908	908	243	100	114	300	6	145
保康县	540	540	82	106	228	124		
鄂州市	**21754**	**21753**	**4211**	**6805**	**4396**	**4096**	**253**	**1992**
鄂城区	3138	3137	230	709	918	946	55	279
华容区	15789	15789	3981	6096	2420	1381	198	1713
梁子湖区	2827	2827			1058	1769		

续表 1　　　　单位：吨

地区	合计	一、鱼类						
		小计	青鱼	草鱼	鲢鱼	鳙鱼	鲌鱼	其他
荆门市	**23695**	**23695**	**1154**	**2862**	**10862**	**6729**	**984**	**1104**
荆门市直								
荆门市辖区								
沙洋县	3860	3860	225	401	1962	601	301	370
钟祥市	12529	12529	279	1142	5912	4669	245	282
京山市	2300	2300	169	213	1123	632	111	52
沙洋农场								
东宝区	1830	1830	130	270	860	240	50	280
掇刀区	736	736	95	177	169	283	5	7
漳河新区	2284	2284	252	614	777	258	272	111
屈家岭管理区	156	156	4	45	59	46		2
孝感市	**16987**	**15385**	**1424**	**4533**	**4120**	**2981**	**292**	**2035**
孝南区	2165	2165	6	180	722	1134	30	93
孝昌县	387	387	5	23	221	126	12	
大悟县	2750	2750	180	590	580	360	50	990
安陆市	1750	1750	180	334	480	480	186	90
云梦县								
应城市	4868	4466	905	2115	1084	361		1
汉川市	5067	3867	148	1291	1033	520	14	861
孝感市辖区								
黄冈市	**26002**	**25893**	**925**	**2445**	**9180**	**10885**	**839**	**1619**
黄州区	3740	3740	175	915	1614	817		219
团风县	1680	1680	160	20	650	640	80	130
红安县	1780	1765	74	233	1010	387	45	16
麻城市	3704	3704	23	155	1600	1784	15	127
罗田县	1320	1320	20	45	885	310	60	
英山县	614	614	113	128	229	144		
浠水县	3835	3790	82	185	1060	1593	285	585
蕲春县	4599	4599	34	93	1055	3273	74	70
武穴市	1430	1381	155	191	187	677	161	10
黄梅县	3300	3300	89	480	890	1260	119	462
龙感湖区								
咸宁市	**7193**	**6673**	**275**	**515**	**2086**	**2210**	**462**	**1125**
咸安区	950	950			350	350		250
嘉鱼县	1880	1855	20	40	635	880	110	170
赤壁市	2783	2288	172	295	393	501	302	625
通城县	500	500			300	200		
崇阳县	480	480	43	60	258	119		
通山县	600	600	40	120	150	160	50	80
恩施州								
恩施市								
建始县								
巴东县								
利川市								
宣恩县								
咸丰县								
来凤县								
鹤峰县								
随州市	**11256**	**11256**	**91**	**197**	**5344**	**5412**	**155**	**57**
曾都区	1468	1468	78	118	722	439	80	31
随县	7125	7125			4284	2841		
广水市	2663	2663	13	79	338	2132	75	26
仙桃市								
天门市	**2742**	**2742**	**114**	**343**	**685**	**686**		**914**
潜江市	**1309**	**1309**	**151**	**230**	**267**	**356**	**69**	**236**
神农架								

续表 2 单位:吨

地区	二、贝类				三、其他
	小计	河蚌	螺	蚬	
湖北省	**2280**	**1091**	**1020**	**169**	**3094**
省直属					
武汉市					
新洲区					
江夏区					
蔡甸区					
黄陂区					
汉南区					
东西湖区					
黄石市	**274**	**20**	**211**	**43**	**1063**
黄石市直					
大冶市					
阳新县	274	20	211	43	1063
十堰市	**925**	**360**	**465**	**100**	**440**
十堰市直					
十堰市辖区					
丹江口市	800	300	400	100	300
郧阳区					
郧西					
竹山县	115	50	65		90
竹溪县	10	10			50
房县					
荆州市	**240**	**20**	**220**		**200**
荆州区					
沙市区					
江陵县					
松滋市					
公安县					200
石首市					
监利县					
洪湖市	240	20	220		
宜昌市					
宜昌市直					
夷陵区					
宜都市					
枝江市					
当阳市					
远安县					
兴山县					
秭归县					
长阳县					
五峰县					
襄阳市					
襄阳市直					
襄阳市辖区					
老河口市					
襄州区					
枣阳市					
宜城市					
南漳县					
谷城县					
保康县					
鄂州市	**1**		**1**		
鄂城区	1		1		
华容区					
梁子湖区					

续表 3　　　　　　单位：吨

地区	二、贝类				三、其他
	小计	河蚌	螺	蚬	
荆门市					
荆门市直					
荆门市辖区					
沙洋县					
钟祥市					
京山市					
沙洋农场					
东宝区					
掇刀区					
漳河新区					
屈家岭管理区					
孝感市	**790**	**673**	**91**	**26**	**812**
孝南区					
孝昌县					
大悟县					
安陆市					
云梦县					
应城市					402
汉川市	790	673	91	26	410
孝感市辖区					
黄冈市					**109**
黄州区					
团风县					
红安县					15
麻城市					
罗田县					
英山县					
浠水县					45
蕲春县					
武穴市					49
黄梅县					
龙感湖区					
咸宁市	**50**	**18**	**32**		**470**
咸安区					
嘉鱼县					25
赤壁市	50	18	32		445
通城县					
崇阳县					
通山县					
恩施州					
恩施市					
建始县					
巴东县					
利川市					
宣恩县					
咸丰县					
来凤县					
鹤峰县					
随州市					
曾都区					
随县					
广水市					
仙桃市					
天门市					
潜江市					
神农架					

《湖北农村统计年鉴2023》

农机服务组织人员及投入产出情况表

地区	一、农机服务组织及农机户 (一)农机服务组织		其中:农机专业合作社		其中:拥有农机原值100万元(含100万元)以上的	
	年末机构数(个)	年末人数(人)	年末机构数(个)	年末人数(人)	年末机构数(个)	年末人数(人)
湖北省	6418	141601	3391	106206	1358	53266
武汉市	202	2510	173	2214	77	1097
黄石市	127	2010	90	1795	27	170
十堰市	196	4254	122	2889	25	866
宜昌市	447	8976	163	7153	35	1672
襄阳市	643	25564	415	20463	299	17564
鄂州市	88	1273	64	879	7	195
荆门市	632	11274	489	9254	96	2170
孝感市	729	8886	243	6541	124	4008
荆州市	841	26332	512	19634	230	11504
黄冈市	552	15352	356	13643	110	4242
咸宁市	244	3360	159	2676	83	1529
随州市	134	2212	92	1998	28	732
恩施土家族苗族自治州	287	5038	66	1803	7	195
仙桃市	45	1405	45	1405	6	71
潜江市	477	3900	114	2670	110	2640
天门市	734	19210	248	11144	94	4611
神农架林区	40	45	40	45		
省直						

续表 1

地区	(二)农机户		其中:农机作业服务专业户		二、农机维修厂及维修点	
	年末机构数(个)	年末人数(人)	年末机构数(个)	年末人数(人)	年末机构数(个)	年末人数(人)
湖北省	1727443	2243666	165398	324198	5120	15869
武汉市	56864	76596	12808	15732	171	581
黄石市	1781	6927	1432	6150	79	198
十堰市	44119	83946	26754	55982	579	2272
宜昌市	226685	254161	12305	14484	177	585
襄阳市	294219	433180	30270	42944	1100	2698
鄂州市	7135	13302	7037	12651	97	308
荆门市	266661	289960	6371	8770	637	1509
孝感市	83602	101513	9324	12578	546	1364
荆州市	355281	417089	8277	66831	357	1091
黄冈市	154430	246425	18610	25721	394	1547
咸宁市	55073	73683	4658	6500	168	650
随州市	43581	49720	3948	4681	199	1562
恩施土家族苗族自治州	86751	115298	6958	11649	311	693
仙桃市	39960	48395	10168	15098	52	136
潜江市	4250	5480	725	880	55	170
天门市	6881	27821	5598	23392	189	496
神农架林区	170	170	155	155	9	9
省直						

续表 2

地区	三、乡村农机从业人员	其中：持证人员	其中：驾驶操作人员	农机维修人员
	年末人数（人）	年末人数（人）	年末人数（人）	年末人数（人）
湖北省	2279215	606370	598270	6101
武汉市	59850	31018	30815	203
黄石市	12454	8138	8032	106
十堰市	84269	12282	11974	308
宜昌市	173343	25565	25409	157
襄阳市	464309	154262	153579	683
鄂州市	14000	5857	5816	41
荆门市	256877	79866	77573	293
孝感市	88149	41550	40883	667
荆州市	354511	76565	76126	439
黄冈市	168891	29494	27703	1791
咸宁市	80406	17260	17008	252
随州市	144411	30307	30205	102
恩施土家族苗族自治州	152008	6627	6134	493
仙桃市	67830	22605	22599	6
潜江市	26850	25367	25282	85
天门市	131016	39587	39112	475
神农架林区	41	20	20	
省直				

续表 3

地区	四、农机化投入 (一)财政资金	1.科研投入	2.推广投入	3.安全监理投入	4.试验鉴定投入
	万元	万元	万元	万元	万元
湖北省	50425	2681	20024	3117	83
武汉市	608		428	181	
黄石市	278	14	243	20	1
十堰市	1842	22	277	146	12
宜昌市	2152	20	1076	134	
襄阳市	8612	103	6228	305	
鄂州市	250	137	92	14	2
荆门市	4717	10	220	159	
孝感市	651		229	423	
荆州市	2480	10	473	262	
黄冈市	4737	227	494	523	
咸宁市	968	100	470	221	
随州市	1195	23	814	340	5
恩施土家族苗族自治州	605	15	68	67	
仙桃市	44	–	36	–	–
潜江市	686	–	376	310	–
天门市	2584	–	1901	12	13
神农架林区	15				
省直					

续表 4

地区	(二)基本建设投入	(三)农业机械购置投入	五、农机服务收入	其中:农机作业服务收入
	万元	万元	万元	万元
湖北省	18071	374209	2574204	1977409
武汉市	570	11002	177815	155146
黄石市	340	979	25436	21130
十堰市	910	13253	91682	10394
宜昌市	229	55402	185458	147624
襄阳市	4033	70729	481934	339379
鄂州市	125	1470	3827	2949
荆门市	1662	47559	198522	154132
孝感市	274	32598	191383	165821
荆州市	821	46994	387691	298964
黄冈市	2499	26779	264140	215855
咸宁市	3391	10880	84490	63946
随州市	410	11380	48924	48471
恩施土家族苗族自治州	102	7056	139745	95078
仙桃市	18	10128	118850	110740
潜江市	1984	8900	38600	35600
天门市	703	16588	135246	111785
神农架林区		13	462	396
省直				

农业机械拥有量

地区	一、农业机械总动力	(一)柴油发动机动力	(二)汽油发动机动力	(三)电动机动力	(四)其它机械动力
	千瓦	千瓦	千瓦	千瓦	千瓦
湖北省	48786478	34180247	2053004	12415564	137663
武汉市	2468162	1479427	77464	883956	27316
黄石市	1318729	671340	45622	601715	52
十堰市	1988374	998634	71084	898207	20449
宜昌市	3389192	1916072	311708	1142863	18549
襄阳市	7656297	6682069	140956	832060	1211
鄂州市	600120	295988	16886	286966	281
荆门市	5198401	4602818	113725	458412	23446
孝感市	2984357	2111514	125249	747594	
荆州市	7053633	5554566	195591	1303476	
黄冈市	4101139	2447860	302594	1348503	2182
咸宁市	2042741	1147368	99160	786798	9415
随州市	2376805	1919486	106312	351007	
恩施土家族苗族自治州	2594322	1058018	265323	1243619	27363
仙桃市	1545987	934876	63608	540103	7400
潜江市	1530000	1010500	19500	500000	
天门市	1810674	1336670	81145	392859	
神农架林区	127545	13042	17076	97427	
省直					

续表 1

地区	二、拖拉机及配套机械		1.小型		2.中型	
	(一)拖拉机		(22.1 千瓦及以下)		(22.1–73.5 千瓦)	
	台	千瓦	台	千瓦	台	千瓦
湖北省	1258306	18329326	1059196	8491544	181299	8282762
武汉市	32318	626768	22284	204879	9293	357168
黄石市	9369	295801	4201	49763	5018	232918
十堰市	14619	223655	12365	135453	2137	78479
宜昌市	80876	1109440	70986	658928	9359	394856
襄阳市	363830	4585236	311034	2090425	49910	2228113
鄂州市	4468	99030	2977	37081	1430	56969
荆门市	284404	3299820	262290	2139660	19445	918416
孝感市	51975	1245145	33743	324490	17178	828938
荆州市	131753	2541284	100198	862964	26021	1229703
黄冈市	39453	782413	29101	313677	9616	411187
咸宁市	19935	441352	14025	140739	5294	245299
随州市	119786	1186160	109563	715730	9965	449924
恩施土家族苗族自治州	7791	128002	6612	94797	1175	32898
仙桃市	21053	454261	15334	118682	4770	249794
潜江市	38140	645460	33180	312970	4261	272000
天门市	38295	661069	31074	287214	6415	295764
神农架林区	241	4429	229	4092	12	337
省直						

续表 2

地区	其中:58.8 千瓦及以上		3.大型及以上 (73.5 千瓦及以上)		(二)拖拉机配套农具	其中:与 58.8 千瓦及以上拖拉机配套
	台	千瓦	台	千瓦	台	台
湖北省	43558	2769291	17811	1555019	2562605	207950
武汉市	1634	103956	741	64721	61586	3463
黄石市	706	46871	150	13120	27061	2633
十堰市	558	34157	117	9723	41445	1334
宜昌市	1877	112914	531	55656	236798	6683
襄阳市	9708	603091	2886	266699	846665	46666
鄂州市	332	20056	61	4980	13647	3705
荆门市	4258	278290	2669	241745	432116	10958
孝感市	3658	227968	1054	91718	94200	17562
荆州市	7967	505402	5534	448617	247246	65646
黄冈市	3131	201480	736	57549	74182	8454
咸宁市	1258	81395	616	55314	34867	7545
随州市	2512	153508	258	20505	299984	8967
恩施土家族苗族自治州	28	1852	4	307	7927	221
仙桃市	1478	93229	949	85785	16173	8801
潜江市	2595	181700	699	60490	63548	10600
天门市	1858	123421	806	78091	65121	4712
神农架林区					39	
省直						

续表 3

地区	三、种植业机械 (一)耕整地机械 1.耕整机		2.微型耕耘机		3.犁	4.旋耕机
	台	千瓦	台	千瓦	台	台
湖北省	202213	1108816	407998	2072537	838836	770396
武汉市	16693	105722	16462	104085	9817	22618
黄石市	4023	40713	3005	20336	4488	6254
十堰市	1322	8313	50015	272941	1958	7208
宜昌市	2903	21163	119239	575877	67532	80642
襄阳市	368	4520	24112	116605	299972	173530
鄂州市	2358	17133	2301	13004	1797	4693
荆门市	1241	3895	2141	4374	183343	138224
孝感市	12813	75314	7309	39527	20618	55555
荆州市	74783	312947	12002	59538	81913	108621
黄冈市	26329	173849	85275	445856	12157	41739
咸宁市	17826	97454	22246	97940	7803	18608
随州市	18598	94156	3356	16493	111643	44144
恩施土家族苗族自治州	14394	77264	55972	283150	1543	7924
仙桃市	2529	26076	1770	8208	4439	10083
潜江市	3372	21900	414	2480	16388	26430
天门市	2156	15503	1142	6817	13425	24123
神农架林区	505	12895	1237	5307		
省直						

续表 4

地区	5.深松机	6.耙	7.铺膜机	8.联合整地机	(二)种植施肥机械 1.播种机械 (1)免耕播种机	(2)精量播种机
	台	台	台	台	台	台
湖北省	2881	569041	5608	9069	15552	51907
武汉市	144	3634	283	1	497	474
黄石市	48	2923	5		53	396
十堰市	253	1517	1408	46	98	1058
宜昌市	54	42663	1721	259	420	2398
襄阳市	824	204441	1145	15	6107	25769
鄂州市	88	673	2		169	124
荆门市	344	127029	36	22	2343	5241
孝感市	30	5971	63	1	1049	1725
荆州市	123	40609	16	136	1764	2265
黄冈市	462	7847	14	1883	1707	3216
咸宁市	33	3034	42	38	156	502
随州市	149	114875	4	13	361	4217
恩施土家族苗族自治州	23	809	140	16	39	32
仙桃市	45	921		6608	42	1181
潜江市	25	7950	117	23	349	308
天门市	236	4145	612	7	398	3001
神农架林区				1		
省直						

续表 5

地区	(3)整地施肥播种机	(4)水稻直播机	2.栽植机械 (1)水稻插秧机		其中:乘坐式	
	台	台	台	千瓦	台	千瓦
湖北省	14349	8663	99027	354432	7006	88712
武汉市	1660	82	2019	10892	310	3024
黄石市	21	532	1355	5257	54	2282
十堰市	102	34	477	2151	55	675
宜昌市	1708	62	1615	5900	162	1859
襄阳市	4203	1236	15157	62956	1598	21819
鄂州市	18	77	804	1937	42	248
荆门市	1878	1629	38708	106539	551	6932
孝感市	443	334	6604	25043	674	7598
荆州市	1701	1621	11612	50798	1443	20200
黄冈市	526	1303	7019	25855	585	5735
咸宁市	178	309	1447	6714	185	2764
随州市	121	61	6273	22176	642	7503
恩施土家族苗族自治州	17	12	540	1709	11	109
仙桃市	63	1124	1033	3524	66	613
潜江市	287	2	652	5262	392	4810
天门市	1423	245	3712	17719	236	2540
神农架林区						
省直						

续表 6

地区	(2)移栽机	(三)排灌机械	2.节水灌溉类机械	(四)田间管理机械	
		1.农用水泵		1.中耕机械	
				其中:田园管理机	
	台	台	台	台	千瓦
湖北省	489	1214600	134986	30748	105324
武汉市	53	40149	21591	638	6051
黄石市		32323	8291	231	1768
十堰市	41	36731	9485	10285	17629
宜昌市	56	144421	11351	5660	24065
襄阳市	155	59773	9722	1698	6971
鄂州市		16078	1504	7	48
荆门市	125	71910	996	1273	2721
孝感市	4	165875	16642	697	3828
荆州市	43	135818	1778	2227	3990
黄冈市		92671	13521	1238	7342
咸宁市	7	78128	6194	195	969
随州市	1	51181	11631	432	1887
恩施土家族苗族自治州		116252	19997	5209	23005
仙桃市	4	118210		200	600
潜江市		30800	710	54	256
天门市		24123	1423	704	4195
神农架林区		157	150		
省直					

续表 7

地区	2.机动植保机械		其中:自走式		3.修剪机械 (1)茶树修剪机
	台	千瓦	台	千瓦	台
湖北省	747278	953532	7158	109330	120996
武汉市	28722	45114	733	11702	591
黄石市	27701	20185	510	5177	137
十堰市	13983	16483	234	825	8550
宜昌市	101130	116411	319	4315	54566
襄阳市	27502	46149	567	8877	2254
鄂州市	11376	11376	2	11	193
荆门市	38644	73679	272	6465	38
孝感市	34500	49553	1669	8681	895
荆州市	136068	171668	662	23566	43
黄冈市	100155	111908	779	20167	6423
咸宁市	21239	32479	99	2008	1637
随州市	13894	18071	46	409	268
恩施土家族苗族自治州	117492	118106			44353
仙桃市	30657	44065	8	120	
潜江市	21122	21760	1122	12520	
天门市	21897	55328	133	4468	3
神农架林区	1196	1196	3	18	1045
省直					

续表 8

地区	(2)果树修剪机		(五)收获机械 1.脱粒机		2.谷物联合收割机	
	台	千瓦	台	千瓦	台	千瓦
湖北省	104564	175832	351894	729492	116167	6506566
武汉市	352	419	14735	56490	2177	123487
黄石市	935	2840	9942	42140	1680	95213
十堰市	8979	8386	49680	87881	522	18257
宜昌市	7661	8404	74844	123688	3711	174800
襄阳市	8240	26470	34876	77596	28458	1524133
鄂州市	27	43	5486	11660	353	19692
荆门市	122	320	129	561	17499	1050161
孝感市	40	388	992	2137	8813	446939
荆州市	24	47	1293	8189	23126	1420428
黄冈市	15161	21716	35397	80428	7059	361093
咸宁市	2895	4346	13407	27676	4660	231280
随州市	661	2231	6185	18249	6508	303083
恩施土家族苗族自治州	58324	93086	102027	187317	540	14825
仙桃市	20	50			2683	145054
潜江市			2600	5330	2800	194800
天门市	123	287	301	151	5578	383320
神农架林区	1000	6800				
省直						

续表 9

地区	3.玉米收获机		其中：自走式	4.大豆收获机		5.油菜籽收获机	
	台	千瓦	台	台	千瓦	台	千瓦
湖北省	2679	149158	2353	88	5309	6687	352573
武汉市	109	6560	100	2	338	142	7442
黄石市	43	2544	3	5	397	763	41554
十堰市	25	1401	15	2	236	10	1697
宜昌市	215	10102	203			272	13734
襄阳市	1384	70816	1215			613	28523
鄂州市						23	1028
荆门市	179	11932	140	11	783	289	15707
孝感市	84	3795	82			721	31543
荆州市	298	19208	293	22	1320	2003	107856
黄冈市	28	1969	8	10	523	339	17586
咸宁市	95	5627	84	18	852	301	16794
随州市	40	2385	40			110	4914
恩施土家族苗族自治州	14	738	12				
仙桃市	83	6745	83	4	215	151	9448
潜江市	68	4140	68			311	21410
天门市	14	1197	7	14	644	639	33339
神农架林区							
省直							

续表 10

地区	6.马铃薯收获机		7.花生收获机		8.甜菜收获机	
	台	千瓦	台	千瓦	台	千瓦
湖北省	1506	9144	4805	42011		
武汉市	7	110	20	134		
黄石市	28	1335	12	331		
十堰市	15	225	1	129		
宜昌市	33	748	10	164		
襄阳市	1090	736	3016	16989		
鄂州市			5	300		
荆门市	27	1220	184	5684		
孝感市	38	379	91	2056		
荆州市	2	180				
黄冈市	59	660	787	2834		
咸宁市	14	325	14	131		
随州市	146	1772	383	3420		
恩施土家族苗族自治州	27	362				
仙桃市			1	66		
潜江市	2	150				
天门市	15	819	281	9774		
神农架林区	3	123				
省直						

续表 11

地区	9.甘蔗收获机		10.棉花收获机		11.蔬菜收获机械	
	台	千瓦	台	千瓦	台	千瓦
湖北省			1	194	21	456
武汉市					1	3
黄石市					12	36
十堰市						
宜昌市						
襄阳市						
鄂州市						
荆门市			1	194	2	147
孝感市						
荆州市						
黄冈市						
咸宁市					6	270
随州市						
恩施土家族苗族自治州						
仙桃市						
潜江市						
天门市						
神农架林区						
省直						

续表 12

地区	12.采茶机		13.饲料(草)收获机械		其中:青(黄)饲料收获机	
	台	千瓦	台	千瓦	台	千瓦
湖北省	83437	73221	12420	72422	4055	26590
武汉市	193	270	280	2712	110	1731
黄石市	34	102	5259	16241	756	6048
十堰市	2753	3363	500	4023	150	1224
宜昌市	32399	22263	300	4503	104	892
襄阳市	749	1348	906	13481	154	4409
鄂州市	46	111	668	703	326	359
荆门市	25	42	227	11587	30	3045
孝感市	52	92	26	1950	18	1744
荆州市			5	230	3	267
黄冈市	8075	13198	2250	6264	671	2508
咸宁市	1766	4663	1718	4037	1686	2250
随州市	399	439	24	531	3	100
恩施土家族苗族自治州	36946	27330	19	70	19	70
仙桃市						
潜江市			73	2793	2	103
天门市			165	3296	23	1840
神农架林区						
省直						

续表 13

地区	打(压)捆机		14.秸秆粉碎还田机	(六)设施农业设备 温室	其中:连栋温室	日光温室
	台	千瓦	台	平方米	平方米	平方米
湖北省	5172	69111	37740	860673197	18738848	9956419
武汉市	135	771	1789	104335245	3194262	9767
黄石市	82	1944	284	39097061	2069000	98667
十堰市	498	2920	283	59281445	421590	286883
宜昌市	203	648	1445	40630975	749984	1759124
襄阳市	1787	15390	13062	54237145	224449	32918
鄂州市	7	63	156	13330200	22500	
荆门市	582	20344	7841	43269874	580739	649275
孝感市	579	177	1431	219500510	9135550	839010
荆州市	336	7496	3477	68816524	270634	
黄冈市	352	8579	1408	63063250	191387	4800
咸宁市	56	2969	1002	28734428	487300	164090
随州市	143	2860	4556	32608314	228050	5716273
恩施土家族苗族自治州	157	458	151	8538940	1037315	1100
仙桃市	42	315	103	12061100	9100	
潜江市	71	2690	53	15240600	20000	
天门市	142	1487	699	57600868	83002	394513
神农架林区				326718	13986	
省直						

续表 14

地区	塑料大棚	四、农产品初加工机械		(一)种子初加工机械		(二)粮食初加工机械	
	平方米	台(套)	千瓦	台	千瓦	台(套)	千瓦
湖北省	831698179	1000534	3730145	597	3379	744857	2136506
武汉市	101131216	18510	256586			7733	35473
黄石市	36929394	7722	100011			5470	73267
十堰市	58572970	90281	336982	47	408	67095	146156
宜昌市	38121867	202845	704402	1	1	164870	519776
襄阳市	53975778	83128	364071	299	1303	57560	294426
鄂州市	13307700	4777	73303	2	3	2033	9020
荆门市	42039800	10307	67262			6328	17566
孝感市	209525919	20512	113205	4	5	9512	66445
荆州市	68530120	24204	159425			15577	92243
黄冈市	62713694	83087	289277	28	464	61068	152599
咸宁市	28083038	42046	248292	41	523	24728	173577
随州市	26663991	18886	271625	30	166	8868	84449
恩施土家族苗族自治州	7394005	366381	516498	97	296	289902	320357
仙桃市	12052000	6516	24352			5736	24352
潜江市	15220600	1699	88025	40	165	998	44920
天门市	57123354	13457	116829	8	45	11868	81880
神农架林区	312732	6176				5511	
省直							

续表 15

地区	其中:谷物(粮食)干燥机		其中:30 吨以上		(三)油料初加工机械	
	台	千瓦	台	千瓦	台(套)	千瓦
湖北省	7927	150932	2752	71039	50123	409505
武汉市	327	2410	102	1432	1597	6580
黄石市	297	4301	94	1758	1449	22277
十堰市	23	414	3	54	5017	25353
宜昌市	179	5325	136	3704	4027	21376
襄阳市	1016	27892	332	11068	12031	12131
鄂州市	71	1073	20	530	367	2125
荆门市	103	2539	52	1479	1929	4440
孝感市	910	15913	343	5559	3681	26167
荆州市	2360	40691	866	17712	3303	19155
黄冈市	591	8148	153	3864	5234	53192
咸宁市	397	8393	163	2524	1940	29595
随州市	320	3964	93	967	4955	165456
恩施土家族苗族自治州	223	1455	2	60	3270	9913
仙桃市	394	17352	82	14352	510	
潜江市	303	6350	190	4180	181	3830
天门市	413	4713	121	1797	532	7916
神农架林区					100	
省直						

续表 16

地区	(四)棉花初加工机械		(五)果蔬初加工机械		其中:1.果蔬干燥机	
	台(套)	千瓦	台(套)	千瓦	台	千瓦
湖北省	14888	42976	17753	161801	1196	14899
武汉市	672	2693	170	674	35	175
黄石市	253	418	387	2895	1	5
十堰市	70	260	1990	10968	363	631
宜昌市	643	2016	1958	21038	336	3534
襄阳市	3101	653	1611	6473	270	580
鄂州市	225	335	100	3530	3	30
荆门市	453	1113	235	1225	15	250
孝感市	1274	5611	932	2310	2	
荆州市	2012	4607	165	2313		
黄冈市	2327	10636	429	766	49	245
咸宁市	409	2356	1100	6501	16	233
随州市	1964	1536	2349	13855	1	10
恩施土家族苗族自治州	40	88	5484	36034	3	4
仙桃市	270					
潜江市	400	6500	80	32610		
天门市	775	4155	263	20609	102	9202
神农架林区			500			
省直						

续表 17

地区	2.果蔬冷藏保鲜设备		(六)茶叶初加工机械		五、畜牧机械	
	台(套)	千瓦	台(套)	千瓦	台(套)	千瓦
湖北省	7427	106599	124531	317601	552704	1320935
武汉市	27	177	1441	2641	29069	74698
黄石市	2	12	142	1034	5984	38515
十堰市	652	8059	15472	42574	64432	127364
宜昌市	419	5657	21719	52785	32743	121989
襄阳市	309	5169	8033	25707	14920	83109
鄂州市			62	530	2138	20407
荆门市	25	430	116	271	9247	54761
孝感市	87	255	5093	12668	18248	58468
荆州市	32	402	93	2198	14924	73633
黄冈市	23	475	9404	16144	75482	194380
咸宁市	642	4975	2662	20841	19139	57285
随州市	160	1791	720	6163	9546	31148
恩施土家族苗族自治州	4808	35180	59498	133771	248244	342991
仙桃市					2409	8950
潜江市	80	32610			2492	13450
天门市	161	11407	11	275	3606	19244
神农架林区			65		81	546
省直						

续表 18

地区	(一)饲料(草)加工机械设备		其中:1.铡草机	2.饲料(草)粉碎机	(二)饲养设备	
	台(套)	千瓦	台	台	台(套)	千瓦
湖北省	381939	935746	54869	186932	122225	281918
武汉市	4094	30781	881	1157	17819	38092
黄石市	1357	11118	2	122	4335	21478
十堰市	48465	96553	14017	23653	9174	21087
宜昌市	29135	117277	1786	14514	2422	2241
襄阳市	11956	66374	2185	5007	1850	8941
鄂州市	1077	10770	362	715	896	5825
荆门市	3380	36431	282	3098	3582	18230
孝感市	5572	33227	1084	4319	8804	15511
荆州市	5182	38272	1704	1367	8540	17936
黄冈市	37640	117400	1955	4689	36048	68719
咸宁市	8383	37542	4753	3094	10180	19716
随州市	5013	20507	265	4576	2943	7450
恩施土家族苗族自治州	218228	296666	25181	119316	11889	22536
仙桃市	520	5850	10	510	1472	3036
潜江市	871	6160	30	101	331	2150
天门市	988	10273	321	667	1940	8971
神农架林区	78	546	51	27		
省直						

续表 19

地区	(三)畜产品采集储运设备		其中:1.挤奶机		2.剪毛机	
	台(套)	千瓦	台	千瓦	台	千瓦
湖北省	4578	13078	352	1880	21	39
武汉市	168	1618	3	21		
黄石市						
十堰市	3051	4298				
宜昌市	47	210	34	174	11	33
襄阳市	190	1900				
鄂州市	10	20				
荆门市						
孝感市	452	1597				
荆州市						
黄冈市	318	2182	284	1663	4	2
咸宁市	31	23	31	23		
随州市	141					
恩施土家族苗族自治州	153	1201				
仙桃市	17	30			6	4
潜江市						
天门市						
神农架林区						
省直						

续表 20

地区	(四)畜禽粪污资源化利用设备	六、水产机械		(一)水产养殖机械	
	台(套)	台	千瓦	台	千瓦
湖北省	17288	507934	959098	493724	902432
武汉市	6425	53960	85460	53858	84642
黄石市	290	26265	64607	26265	64607
十堰市	290	1859	6013	1288	3373
宜昌市	450	18671	47202	18671	47200
襄阳市	500	5683	9644	5683	9644
鄂州市	135	20802	44310	20802	44310
荆门市	1839	45411	80148	45366	79272
孝感市	1531	24554	45691	24526	45131
荆州市	904	149983	175378	139623	162979
黄冈市	459	56111	113279	55085	110378
咸宁市	543	22167	68564	20495	42793
随州市	1449	8659	16271	8463	14739
恩施土家族苗族自治州	105	18011	26640	17876	26322
仙桃市	400	40776	148029	40701	139180
潜江市	1290	7421	18800	7421	18800
天门市	678	7601	9064	7601	9064
神农架林区					
省直					

续表 21

地区	其中:1.增氧机		2.投(饲)饵机		(二)捕捞机械设备	
	台	千瓦	台	千瓦	台	千瓦
湖北省	308717	681970	181288	209084	1918	16985
武汉市	31878	70226	21980	12871	12	108
黄石市	17031	51923	8224	12685		
十堰市	986	2754	166	532	156	929
宜昌市	12003	35988	6423	10987		
襄阳市	3885	7393	1782	2229		
鄂州市	10345	32348	10015	11728		
荆门市	27191	64156	18170	15074		
孝感市	16286	38401	8116	6713	28	530
荆州市	85188	153873	54435	7556		
黄冈市	35675	80503	17943	23695	37	1163
咸宁市	14557	33503	5873	7971	1672	14224
随州市	5752	10281	2621	4368	2	17
恩施土家族苗族自治州	17535	25933	222	322	11	14
仙桃市	23810	58350	16891	80830		
潜江市	4306	14180	3115	4620		
天门市	2289	2160	5312	6903		
神农架林区						
省直						

续表 22

地区	七、农田基本建设机械		八、农用航空器	(一)植保无人驾驶航空器	(二)其他无人驾驶航空器
	台	千瓦	架	架	架
湖北省	33433	1491786	7811	7792	4
武汉市	2179	111369	451	451	
黄石市	2928	123221	391	391	
十堰市	2477	123813	217	216	1
宜昌市	1013	61858	465	465	
襄阳市	2098	68092	844	844	
鄂州市	760	48690	52	52	
荆门市	2103	125526	699	684	
孝感市	2351	91196	534	534	
荆州市	6465	248067	2203	2203	
黄冈市	3429	156475	592	592	
咸宁市	3037	127401	259	259	
随州市	2165	62988	152	152	
恩施土家族苗族自治州	967	47067	71	70	1
仙桃市	170	8506	251	251	
潜江市	810	68060	344	344	
天门市	481	19458	286	284	2
神农架林区					
省直					

农机作业情况

地区	一、农机作业总体情况（一）机耕面积	（二）机播面积	（三）机电灌溉面积	（四）机械植保面积	（五）机收面积	二、主要农作物生产机械化作业情况（一）小麦 1.小麦机耕面积
	公顷	公顷	公顷	公顷	公顷	公顷
湖北省	6323803	3608020	3341070	5362015	4776254	1013114
武汉市	268657	140635	249047	316447	213777	10672
黄石市	116966	81636	90725	110795	96557	7008
十堰市	298108	91676	74991	261687	135070	52117
宜昌市	455769	188026	201786	450555	223323	37602
襄阳市	936846	708728	238790	745189	834635	354726
鄂州市	54186	29247	64300	64620	41716	4953
荆门市	593993	422409	307257	366736	515418	115394
孝感市	460511	281212	328501	358135	394108	77159
荆州市	958070	568036	844474	1050381	829454	151666
黄冈市	675957	384051	283921	568699	479458	34290
咸宁市	310794	145120	101128	190924	231078	5637
随州市	237355	154727	97273	193458	199020	51142
恩施土家族苗族自治州	382937	42832	44645	217969	106893	475
仙桃市	179795	119826	99754	111334	150224	26006
潜江市	138800	76167	100000	125000	110300	27400
天门市	249961	173142	213128	228236	214592	56773
神农架林区	5099	550	1350	1850	630	93
省直						

续表 1

地区	2.小麦机播面积	3.小麦机收面积	(二)水稻 1.水稻机耕面积	2.水稻机械种植面积	其中:水稻机直播面积	水稻机插面积
	公顷	公顷	公顷	公顷	公顷	公顷
湖北省	810101	1005848	2240262	1427168	311848	1109224
武汉市	8739	10632	102246	66900	21165	45735
黄石市	5887	7009	56483	39237	26533	12704
十堰市	19722	40697	21888	11944		11944
宜昌市	24581	35045	75475	46484	6519	39965
襄阳市	295440	354670	199801	132733	11280	121197
鄂州市	4067	5133	26160	17667	11167	6500
荆门市	83982	116591	245920	201842	12714	189128
孝感市	65917	78255	242710	143290	29924	109886
荆州市	130785	158101	458805	294552	33749	260803
黄冈市	27071	32919	310651	179403	77204	100098
咸宁市	2933	5545	138443	67214	34127	33087
随州市	40239	50884	123417	92291	8646	83645
恩施土家族苗族自治州	8	133	43881	11911	320	11368
仙桃市	22990	26006	64080	41011	29470	11541
潜江市	24667	27467	58767	33167	8067	25100
天门市	53066	56760	71500	47486	964	46522
神农架林区	7		37	37		
省直						

续表 2

地区	水稻机浅栽面积	3.水稻机收面积	(三)玉米 1.玉米机耕面积	2.玉米机播面积	3.玉米机收面积	(四)大豆 1.大豆机耕面积
	公顷	公顷	公顷	公顷	公顷	公顷
湖北省	3703	2205816	736689	379013	387213	208270
武汉市		101674	17327	10617	12911	8272
黄石市		55677	9543	6579	5907	1766
十堰市		18273	75119	28352	35209	14978
宜昌市		72413	127704	46906	51466	9503
襄阳市		200239	204104	182468	174806	5357
鄂州市		25200	1067	693	267	2333
荆门市		244778	52033	27713	19587	30759
孝感市	3480	240071	11210	7927	8923	5226
荆州市		454805	32657	21795	24691	36881
黄冈市		303217	10816	7000	7798	19570
咸宁市		131681	20323	5807	7844	5374
随州市		126269	16569	5211	3011	1332
恩施土家族苗族自治州	223	36885	136298	11531	18525	20728
仙桃市		64080	14253	12257	11259	10066
潜江市		59100	2400	1600	1933	10667
天门市		71433	3313	2351	3077	25457
神农架林区		20	1953	205		
省直						

续表 3

地区	2.大豆机播面积	3.大豆机收面积	(五)油菜	2.油菜机播面积	3.油菜机收面积	(六)马铃薯
			1.油菜机耕面积			1.马铃薯机耕面积
	公顷	公顷	公顷	公顷	公顷	公顷
湖北省	105040	100296	1106468	601422	754924	216597
武汉市	6381	5564	39380	24112	30554	1334
黄石市	388	309	33393	27387	26095	2655
十堰市	3604	3785	47867	19290	24597	18823
宜昌市	3148	3245	84023	31194	45282	43241
襄阳市	2091	1819	42842	20587	30253	18148
鄂州市	153	533	11613	6580	10200	1320
荆门市	21560	12963	129624	81091	116955	2949
孝感市	1469	1476	82827	52479	54914	2803
荆州市	14655	15457	213512	99881	174510	1375
黄冈市	6222	8130	157306	107703	85793	12862
咸宁市	5317	4256	94012	51435	61581	4283
随州市	22		25668	8765	13355	6420
恩施土家族苗族自治州	909	50	39622	1022	755	94498
仙桃市	8455	6442	54500	34880	42237	733
潜江市	6733	10800	16667	10000	11000	1133
天门市	23933	25466	33400	25010	26842	2334
神农架林区			213	7		1686
省直						

续表 4

地区	2.马铃薯机播面积	3.马铃薯机收面积	（七）花生 1.花生机耕面积	2.花生机播面积	3.花生机收面积	（八）棉花 1.棉花机耕面积
	公顷	公顷	公顷	公顷	公顷	公顷
湖北省	35912	46364	223119	100453	77547	109441
武汉市		293	12387	2490	1481	6819
黄石市	400	665	3790	1281	894	2082
十堰市	1870	4660	18121	5892	3445	
宜昌市	5730	6463	9938	2465	462	2751
襄阳市	4959	6513	60309	45599	41583	8515
鄂州市			1900			3100
荆门市	845	518	14306	5122	3688	3008
孝感市	1106	756	24242	7043	4930	7932
荆州市	61		1243	45	65	28874
黄冈市	1233	3113	45458	18011	6808	23579
咸宁市	2212	3055	5964	5220	5949	2872
随州市	4343	4112	9284	355	1184	3524
恩施土家族苗族自治州	10863	13626	6194			
仙桃市			1238		200	8919
潜江市			1013			1280
天门市	2067	2000	7699	6930	6859	6187
神农架林区	223	590	33			
省直						

续表 5

地区	2.棉花机播面积	3.棉花机收面积	(九)水果 1.水果机械中耕面积	2.水果机械施肥面积	3.水果机械植保面积	4.水果机械修剪面积
	公顷	公顷	公顷	公顷	公顷	公顷
湖北省	3386	50	218566	183927	340328	99203
武汉市			4187	2890	4236	848
黄石市	240		879	3061	5221	1140
十堰市			12788	5500	21875	8210
宜昌市	262	13	102363	84555	147270	31920
襄阳市	416		18292	8827	24892	10436
鄂州市			1380	1165	1400	968
荆门市	253	37	7906	2830	14731	2450
孝感市			1529	3046	1791	832
荆州市	852		11922	6568	19758	
黄冈市	1003		8404	3241	10223	4966
咸宁市	128		12837	10056	15020	2033
随州市			9925	14275	15032	13130
恩施土家族苗族自治州			23307	36654	55218	22086
仙桃市	233		440		1320	
潜江市			2090	1000	2100	
天门市			319	258	241	184
神农架林区						
省直						

续表 6

地区	5.水果机械采收产量	6.水果机械田间转运产量	(十)茶叶 1.茶叶机械中耕面积	2.茶叶机械施肥面积	3.茶叶机械植保面积	4.茶叶机械修剪面积
	吨	吨	公顷	公顷	公顷	公顷
湖北省	123001	3985760	156210	103101	227999	199970
武汉市	86	33268	2334	1956	2557	782
黄石市	1054	650	1752	1830	1050	486
十堰市	261	163389	32272	29253	40528	33150
宜昌市		2754035	14463	27503	27959	30463
襄阳市	15716	147935	14814	9365	23387	20140
鄂州市		12708	260	242	260	162
荆门市	5720	227873	388	426	937	158
孝感市		50055	12161	4894	16858	6072
荆州市		130762				
黄冈市	3700	39115	20173	2274	22125	16217
咸宁市	560	16138	20460	19991	24515	28225
随州市	68779	158310	2335	3885	4380	4472
恩施土家族苗族自治州	10470	159287	34703	1389	62363	59092
仙桃市		25080				
潜江市		50500				
天门市	16655	16655	15	13	14	
神农架林区			80	80	1066	550
省直						

续表 7

地区	5.茶叶机械采收产量	6.茶叶机械田间转运产量	三、单项农机作业情况 (一)机械深松深耕面积	其中:机械深松面积	(二)机械免耕播种面积	(三)机械精量播种面积
	吨	吨	公顷	公顷	公顷	公顷
湖北省	212764	193837	513354	108770	96237	730636
武汉市	163	20	7750	3764	6014	13448
黄石市	700		4513	600	1132	65207
十堰市	7250	9372	4025	792	3091	7343
宜昌市	45758	55019	8089	4666	1249	35468
襄阳市	2447	4422	164949	21227	26697	153273
鄂州市	80		3939	3939	1061	12046
荆门市		1	23323	20836	7132	96229
孝感市	3948	5998	68315	3000		42385
荆州市			82191	10507	16878	31505
黄冈市	31873	1794	32110	15694	23763	83058
咸宁市	50702	46248	3450	1469	440	50008
随州市	2147	2089	10490	4335	717	4355
恩施土家族苗族自治州	67696	68862	28391	5409	3377	517
仙桃市			2333	2333		75050
潜江市			3400	2333		3000
天门市		12	65886	7667	4686	57744
神农架林区			200	200		
省直						

续表 8

地区	(四)机械深施化肥面积	(五)机械铺膜面积	(六)农田机械节水灌溉面积	(七)机械化播种牧草面积	(八)机械化秸秆还田面积	(九)机械化秸秆捡拾打捆面积
	公顷	公顷	公顷	公顷	公顷	公顷
湖北省	262280	36867	544764	17336	2998498	450848
武汉市	7260	4196	53067		141175	43270
黄石市	4687	650	1623	200	87971	788
十堰市	8023	6961	36797	190	32978	17141
宜昌市	11424	6034	27589		140459	8311
襄阳市	69837	3454	87278	230	608014	84036
鄂州市	10225		41934		9133	450
荆门市	12961	2620	58405	10670	405731	83131
孝感市	76756	1845	33153	250	310716	26703
荆州市	16729		37409		381672	95319
黄冈市	40135	3060	66513	5200	306591	19293
咸宁市	507	1405	34605	463	157910	31702
随州市	1937	1954	9378		74435	5579
恩施土家族苗族自治州	323	3113	8054		512	694
仙桃市					143383	750
潜江市			3900	133	106000	15000
天门市	1476	1575	45059		91820	18680
神农架林区						
省直						

续表 9

地区	(十)农用航空器作业面积	其中:植保无人驾驶航空器作业面积	(十一)机械化青(黄)贮秸秆数量	四、农机社会化服务作业情况 (一)农机专业合作社作业服务面积	(二)农机跨区作业面积	1.跨区机耕面积
	公顷	公顷	吨	公顷	公顷	公顷
湖北省	1320032	1302430	2328583	2502293	1009958	225634
武汉市	77088	73105	151995	107688	50411	14483
黄石市	56187	55487	312578	107970	46237	7072
十堰市	19257	9449	78629	87035	19722	7783
宜昌市	50407	50407	292127	128181	24477	2482
襄阳市	335456	333736	734714	381016	135025	21810
鄂州市	6626	6626	4258	32408	23002	3289
荆门市	109757	109757	300921	251932	91622	2773
孝感市	87674	86948	10088	321276	70872	15702
荆州市	243490	243490	90988	276373	293264	69786
黄冈市	91970	91310	71596	382652	71391	23274
咸宁市	47612	47612	2880	89921	16667	1522
随州市	9755	9755	1903	74991	92967	19451
恩施土家族苗族自治州	13032	13027	253880	27948	19827	12963
仙桃市	14430	14430		52900	23760	17010
潜江市	110000	110000	20000	80000	10800	2000
天门市	47292	47292	675	97903	19912	4233
神农架林区			1350	2100		
省直						

续表 10

地区	2.跨区机播面积	3.跨区机收面积	其中:跨区机收小麦	跨区机收水稻	跨区机收玉米	(三)农机托管作业面积
	公顷	公顷	公顷	公顷	公顷	公顷
湖北省	51275	685269	214968	430271	14366	2055310
武汉市	691	34359	7307	26453	599	49677
黄石市	3521	35644	3661	29760	2223	8487
十堰市	2223	9716	3012	5992	712	7741
宜昌市	672	21306	4961	15608	734	45016
襄阳市	12590	99535	60849	24347	2630	68943
鄂州市	1910	15826	3033	4826		682
荆门市		86309	30096	53905	2308	25987
孝感市	5658	49512	13541	35629	342	10661
荆州市	4328	178811	49270	126714	1692	94228
黄冈市	6315	41169	8335	27224	910	22449
咸宁市	3712	11133	1832	9301		54378
随州市	3150	70366	19490	50196	680	27542
恩施土家族苗族自治州	43	6816	68	6612	136	4013
仙桃市	200	6550	1800	4300	300	1517415
潜江市	2000	6800	2100	3600	1100	66241
天门市	4263	11416	5613	5803		51850
神农架林区						
省直						

续表 11

地区	1.农业生产性服务组织或个人完成的机械托管耕整地作业面积	其中：农机社会化服务组织完成的机械托管耕整地作业面积	2.农业生产性服务组织或个人完成的机械托管种植作业面积	其中：农机社会化服务组织完成的机械托管种植作业面积	3.农业生产性服务组织或个人完成的机械托管植保作业面积
	公顷	公顷	公顷	公顷	公顷
湖北省	2519374	1534991	1454939	1062781	2020069
武汉市	53048	32020	23352	17351	119893
黄石市	6964	4206	6998	5178	6889
十堰市	10219	4203	6311	4539	4204
宜昌市	56698	34224	27369	15307	60878
襄阳市	159467	136034	16792	12496	22585
鄂州市	1403	1060	70	70	1393
荆门市	26791	16170	19533	14513	30516
孝感市	11372	6867	8581	5959	13591
荆州市	99208	36144	65687	36131	154052
黄冈市	25866	15613	11329	8417	24323
咸宁市	71794	43335	22702	16867	42912
随州市	24299	14667	22492	16712	31397
恩施土家族苗族自治州	4418	2667	678	504	3629
仙桃市	1837681	1109226	1139828	846904	1356636
潜江市	72546	43789	42202	31357	87842
天门市	57601	34768	41016	30476	59331
神农架林区					
省直					

续表 12

地区	其中:农机社会化服务组织完成的机械托管植保作业面积	4.农业生产性服务组织或个人完成的机械托管收获作业面积	其中:农机社会化服务组织完成的机械托管收获作业面积	五、农产品初加工机械化作业情况 (一)机械脱出农产品数量	其中:1.机械脱出粮食数量
	公顷	公顷	公顷	吨	吨
湖北省	1238343	2049982	1442703	37183154	23622222
武汉市	75816	45503	32569	3146630	950678
黄石市	4357	12597	9020	361136	286057
十堰市	2571	7176	5136	1505599	585312
宜昌市	34902	41214	24119	3714507	1290921
襄阳市	14234	17564	12600	5587610	4106930
鄂州市	1393	70	70	1300878	271381
荆门市	19297	29692	21252	2614679	2472036
孝感市	8553	10707	7504	3744009	2247124
荆州市	61600	93974	48145	3818895	3317257
黄冈市	15381	28321	20271	3866304	2797692
咸宁市	27136	67080	48014	1763838	901023
随州市	19854	35488	25401	1383373	1322890
恩施土家族苗族自治州	2295	6951	4975	1960877	876286
仙桃市	857889	1527530	1093357	874903	740003
潜江市	55548	73872	52875	615000	588300
天门市	37519	52243	37394	881916	825832
神农架林区				43000	42500
省直					

续表 13

地区	2.机械脱出油料数量	(二)机械清选农产品数量	其中:1.机械清选蔬菜数量	2.机械清选水果数量	3.机械清选棉花数量	(三)机械保质农产品数量
	吨	吨	吨	吨	吨	吨
湖北省	2048785	33319770	17150538	4711772	105258	31032964
武汉市	50572	2716613	2615242	59542		2120088
黄石市	56579	299719	33052	2200		344547
十堰市	97288	778455	499408	60465	12	522273
宜昌市	154397	3397913	1401172	1771065	882	3872469
襄阳市	227514	5056495	1440936	222869	54300	3016260
鄂州市	43643	1378470	708270	668800		1404996
荆门市	142643	375415	354780	18015	2620	2136651
孝感市	159513	3529678	2851631	92804	2618	3614034
荆州市	387270	6307164	3061715	583642	22247	5086250
黄冈市	350760	2002373	591116	81694	22579	1586701
咸宁市	59898	1178595	58070	800		1444786
随州市	7647	2080963	930251	967012		2467838
恩施土家族苗族自治州	93373	1930060	351549	148352		1249354
仙桃市	134900	841220	841220			1357083
潜江市	26700					466000
天门市	56084	1446638	1412126	34512		337035
神农架林区	5					6600
省直						

续表 14

地区	其中：1.机械保质粮食数量	2.机械保质油料数量	3.机械保质蔬菜数量	4.机械保质水果数量	5.机械保质棉花数量	6.机械保质茶叶数量
	吨	吨	吨	吨	吨	吨
湖北省	12773043	1432599	4264398	2368288	54716	288192
武汉市	941730	58643	1064221	48308	5130	350
黄石市	309363	19163	10018	5000		1004
十堰市	342520	60623	44943	18601		1203
宜昌市	522250	109367	926337	1499669	790	47561
襄阳市	1365035	71356	419057	38270	458	167743
鄂州市	271840	40817	6875	13204	3824	220
荆门市	1510119	284752	326800	14980		
孝感市	1469085	71745	154184	33968	6876	6664
荆州市	1760714	300773	611448	204267	27551	293
黄冈市	929698	131910	16361	14854	7417	6941
咸宁市	431765	48008	41047	6793		8116
随州市	1575428	13235	475135	373079	2670	3646
恩施土家族苗族自治州	193950	113332	142972	95295		44432
仙桃市	466600	14086				
潜江市	430000	9000	25000	2000		
天门市	251246	85789				
神农架林区	1700					20
省直						

续表 15

地区	六、畜牧养殖机械化作业情况 (一)机械收获饲草秸秆量	其中:机械收获牧草数量	(二)机械化饲草料加工数量	(三)机械饲喂的畜禽数量(折算为羊单位)	(四)机械清粪的畜禽数量(折算为羊单位)	(五)机械环控的畜禽数量(折算为羊单位)
	吨	吨	吨	个	个	个
湖北省	12510710	1663110	13232882	46800396	42106148	38926373
武汉市	541412		438457	3680846	4691390	3083654
黄石市	214890	1560	415696	100192	82192	1386920
十堰市	627520	3410	721829	1765020	2790912	1257722
宜昌市	1864541	906	3787050	6163938	3514957	3873225
襄阳市	1949510	74829	1547732	6319317	6300264	3366970
鄂州市	5132	2918	21537	341184	342333	1498620
荆门市	1038052		1281975	2623818	2493040	2281342
孝感市	388411	5841	1018832	1411221	1833597	1024303
荆州市	2086955	1083043	117456	5559487	6999256	8209255
黄冈市	1266907	112784	831946	3282899	3112919	3237580
咸宁市	838472	300205	824030	3499360	2617665	3613244
随州市	242083	28538	164779	9299581	5251702	3043346
恩施土家族苗族自治州	159330	32564	1168845	468962	172505	24664
仙桃市	754249		544180	462600	491020	1501120
潜江市	36000	15000	15000	809726	694532	821545
天门市	497247	1512	303538	1012245	717864	702863
神农架林区			30000			
省直						

续表 16

地区	(六)机械挤奶的家畜数量(折算为羊单位)	(七)机械剪毛的畜禽数量(折算为羊单位)	(八)机械捡蛋的蛋禽数量(折算为羊单位)	七、水产养殖机械化作业情况 (一)池塘养殖 1.机械投饲池塘养殖产量	2.机械水质调控池塘养殖产量	3.机械起捕池塘养殖产量
	个	个	个	吨	吨	吨
湖北省	75543	2195	3724071	1771145	1493579	379979
武汉市	16681		305355	273199	202271	178624
黄石市			46828	91570	30794	11420
十堰市			19958	1704	2198	25
宜昌市	16428	720	72258	35743	52164	12027
襄阳市	3800		429911	35791	36903	7934
鄂州市			69021	207520	207524	1820
荆门市			160961	106235	81212	103041
孝感市	1439	95	614461	113885	82937	1760
荆州市			5	142890	97101	90
黄冈市	30268	1100	145163	253489	219352	13823
咸宁市	6864		1179337	89225	53263	3068
随州市	63		629664	13061	11494	5110
恩施土家族苗族自治州			7280	950	196	16
仙桃市		280	6500	280760	280760	
潜江市			10245	40000	40000	
天门市			27124	85124	95410	41221
神农架林区						
省直						

续表 17

地区	4.机械清淤池塘养殖产量	(二)网箱养殖	2.机械清洗网箱养殖产量	3.机械起捕网箱养殖产量	(三)工厂化养殖	2.机械起捕工厂化养殖产量
		1.机械投饲网箱养殖产量			1.机械投饲工厂化养殖产量	
	吨	吨	吨	吨	吨	吨
湖北省	990107	35107	4293	5465	5940	2224
武汉市	232895	508	508	100	1393	848
黄石市	43632					
十堰市	1212	10		80	1453	20
宜昌市	555				510	
襄阳市	7732	867	275	992	685	529
鄂州市	207774					
荆门市	63114	4225	3308	4194	1249	677
孝感市	8136	870				
荆州市	40682					
黄冈市	41563	1952	202	99	650	150
咸宁市	12229	155				
随州市	6633					
恩施土家族苗族自治州	170					
仙桃市	280760	26520				
潜江市	11600					
天门市	31420					
神农架林区						
省直						

续表 18

地区	(四)筏式吊笼及底播养殖	2.机械采收养殖产量	八、设施农业(种植)机械化作业情况	(二)机械种植面积	(三)机械采运面积	(四)机械灌溉施肥面积
	1.机械投苗养殖产量		(一)机械耕整地面积			
	吨	吨	公顷	公顷	公顷	公顷
湖北省	1118	2248	85424	18256	7957	47085
武汉市			9449	2402	866	6326
黄石市	900	1300	3912	940	300	2451
十堰市			12510	4173	1163	3479
宜昌市			4020	1788	858	3323
襄阳市	217	948	4148	820	365	3357
鄂州市			1165	283		263
荆门市			4148	1204	965	2948
孝感市			18289	1509	558	3852
荆州市	1		6423	2124	1317	4251
黄冈市			5764	626	157	5211
咸宁市			3260	1052	937	3008
随州市			3609	205	112	724
恩施土家族苗族自治州			700	300	72	588
仙桃市			1300	120	100	990
潜江市			1524			1260
天门市			5154	710	188	5054
神农架林区			50			
省直						

续表 19

地区	(五)机械调控环境面积	农机作业情况补充资料 1.保护性耕作面积	2.免耕播种面积	其中:小麦免耕播种面积	水稻免耕播种面积	玉米免耕播种面积
	公顷	公顷	公顷	公顷	公顷	公顷
湖北省	18435	330556	99256	16044	10981	32318
武汉市	3266	405	1914	895	210	
黄石市	1007	1886	890	413		477
十堰市	727	1151	1902	320		1582
宜昌市	149	6542	1849	1234		613
襄阳市	135	47543	28866	3468	880	18174
鄂州市	214	1803	1457	726	350	371
荆门市	1020	3000	10780	897	3148	5465
孝感市	1401	6813				
荆州市	1352	25560	13651	7327	857	252
黄冈市	1689	19727	18724	380	3624	3337
咸宁市	1339	1	269	34		235
随州市	137	15793	682	350	172	160
恩施土家族苗族自治州	390	6780	3377		1727	1650
仙桃市	810	174880	14880			
潜江市		11000				
天门市	4799	7667	15		13	2
神农架林区		5				
省直						

续表 20

地区	3.实际脱出农产品总量	4.实际清选农产品总量	5.实际保质农产品总量	6.收获的饲草秸秆总量	7.饲草料加工总量	8.畜禽总数（折算为羊单位）
	吨	吨	吨	吨	吨	个
湖北省	69301320	65892234	66364356	53207263	35217559	190499471
武汉市	6786181	6680455	6210987	1202785	784800	6302788
黄石市	367270	367431	1297431	983682	522843	3624364
十堰市	3196600	2345447	1842411	1761042	2306448	6967162
宜昌市	8869441	8744083	8800888	9556679	7116292	17332979
襄阳市	9866589	10172244	9421384	5926598	5493824	37960592
鄂州市	1696100	1614100	1717298	725152	406277	5030100
荆门市	5918901	3198511	5903101	4725239	3784619	14732230
孝感市	4616980	5073417	5142367	5367645	2523797	18401801
荆州市	6020503	8041534	7199526	3431405	1780105	14169529
黄冈市	7435543	5815196	4580750	4958083	2543684	20752132
咸宁市	4528476	4423568	4329320	2535076	1765444	10894564
随州市	2780935	2508790	2868201	1930010	1049017	12188710
恩施土家族苗族自治州	4250873	4182823	3974398	7221392	3699658	16056374
仙桃市	1357083	841220	1357083	1620000	634000	1980000
潜江市	615000	615000	465000	36000	15000	1740235
天门市	957845	1268415	1241738	1226475	791752	2365911
神农架林区	37000		12472			
省直						

续表 21

地区	9.环控畜禽总数(折算为羊单位)	10.产奶家畜数量(折算为羊单位)	11.产毛畜禽数量(折算为羊单位)	12.蛋禽数量(折算为羊单位)	13.池塘养殖总产量	14.网箱养殖总产量
	个	个	个	个	吨	吨
湖北省	104081740	268480	70038	13813836	4008025	115005
武汉市	4138750	23110	290	895175	442073	648
黄石市	2365410			104785	145402	
十堰市	2912813	2500	4200	308280	7326	230
宜昌市	9018107	18489	1200	562632	161657	1953
襄阳市	19040991	12539	30968	1597898	147415	1696
鄂州市	1676240	991	518	87793	245472	
荆门市	7675815		169	1193348	391931	6416
孝感市	11222203	14740	3811	1046739	303962	6960
荆州市	10420765	106369		962039	947626	50320
黄冈市	10738692	86234	9120	2371900	456330	4764
咸宁市	6149171	2962		1908868	211279	180
随州市	8569965	65		1125064	89446	
恩施土家族苗族自治州	5858691	265		282915	3355	
仙桃市	1501120		1850	687400	295100	35560
潜江市	854653			160124	40651	1700
天门市	1938354	216	17912	518876	119000	4578
神农架林区						
省直						

续表 22

地区	15.工厂化养殖总产量	16.筏式吊笼及底播养殖总产量	17.果园面积	18.茶园面积	19.水果采收产量	20.茶叶采收产量
	吨	吨	公顷	公顷	吨	吨
湖北省	18219	8217	439120	385138	6619871	380169
武汉市	1279		9161	7726	152718	2925
黄石市		5155	12539	5560	119059	1872
十堰市	2459		32217	53404	334058	15342
宜昌市	3754		154050	66252	3355599	112092
襄阳市	1213	1062	33688	27890	780860	11718
鄂州市			3213	433	46752	206
荆门市	736		18513	1954	355957	248
孝感市			5899	31602	144187	9329
荆州市	84		24244	630	525247	299
黄冈市	8515	2000	33423	27353	115675	38554
咸宁市	95		26755	34256	84482	61469
随州市			15722	7786	164700	3134
恩施土家族苗族自治州	84		61117	120200	333324	122980
仙桃市			1260		25360	
潜江市			2314		59529	
天门市			5006	93	22364	2
神农架林区						
省直						

《湖北农村统计年鉴2023》

农村主要能源及物资消耗

单位：吨

地区	农用柴油使用量	农药使用量	农用塑料薄膜使用量
湖北省	**614897**	**85457**	**56596**
武汉市	**17650**	**3011**	**5632**
武汉市辖区	1329	243	1420
汉南区	1566	146	270
蔡甸区	1499	440	665
江夏区	1897	583	563
黄陂区	5794	624	1672
新洲区	5565	976	1043
黄石市	**22279**	**2631**	**1538**
黄石市辖区	13	2	20
阳新县	10954	2181	938
大冶市	11312	448	580
十堰市	**25288**	**1839**	**3917**
茅箭区	6	8	33
张湾区	158	37	125
郧阳区	2017	451	656
郧西县	3004	91	838
竹山县	5449	187	453
竹溪县	2269	75	609
房县	7455	69	746
丹江口市	4930	921	457
宜昌市	**39796**	**5944**	**4734**
宜昌市辖区	531	240	82
夷陵区	7722	912	321
远安县	2411	254	319
兴山县	1357	149	454
秭归县	1264	581	369
长阳县	1309	343	508
五峰县	271	51	347
宜都市	3642	624	304
当阳市	12942	1255	1320
枝江市	8347	1535	710
襄阳市	**121815**	**9282**	**6156**
高新区	1382	231	58
襄城区	6299	572	276
樊城区	3391	97	263
襄州区	22955	2700	880
南漳县	13101	495	230
谷城县	3543	338	782
保康县	3359	419	420
老河口市	9994	383	282
枣阳市	37140	2060	1393
宜城市	20652	1986	1571
鄂州市	**2808**	**341**	**355**
梁子湖区	660	85	47
华容区	1258	116	65
鄂城区	890	140	243
荆门市	**77798**	**6424**	**5284**
东宝区	4635	264	451
掇刀区	4482	254	231
沙洋县	14176	1468	1254
钟祥市	37940	3047	2202
京山市	16565	1391	1146
孝感市	**28995**	**6020**	**4669**

续表 单位：吨

地区	农用柴油使用量	农药使用量	农用塑料薄膜使用量
孝感市辖区	394	2	
孝南区	3660	598	941
孝昌县	3923	351	501
大悟县	4153	178	1278
云梦县	785	518	245
应城市	7283	287	174
安陆市	5131	800	73
汉川市	3666	3286	1457
荆州市	**66088**	**21461**	**2265**
荆州开发区	51	30	5
沙市区	637	1064	72
荆州区	4013	1223	259
公安县	11875	4405	318
江陵县	8159	2234	155
石首市	4303	2245	230
洪湖市	8530	2902	290
松滋市	5550	1774	271
监利市	22970	5584	665
黄冈市	**61665**	**10571**	**7356**
龙感湖农场	50	33	3
黄州区	1431	228	419
团风县	2156	875	218
红安县	4145	832	2523
罗田县	2711	552	211
英山县	4706	185	442
浠水县	13160	1514	1276
蕲春县	9324	1339	409
黄梅县	10310	1930	168
麻城市	9618	1981	1412
武穴市	4054	1102	274
咸宁市	**49276**	**1434**	**1496**
咸安区	10142	208	477
嘉鱼县	8567	335	350
通城县	7160	87	81
崇阳县	6981	141	184
通山县	5523	59	214
赤壁市	10903	604	190
随州市	**49108**	**4916**	**5614**
曾都区	12026	2156	1264
随县	31809	2345	3331
广水市	5273	415	1019
恩施州	**5962**	**1056**	**2868**
恩施市	383	128	513
利川市	688	304	578
建始县	1456	74	370
巴东县	1563	160	492
宣恩县	376	85	337
咸丰县	823	152	235
来凤县	305	132	113
鹤峰县	369	21	229
仙桃市	**16315**	**3779**	**2939**
潜江市	**8716**	**2232**	**1114**
天门市	**20785**	**4506**	**638**
神农架林区	**553**	**11**	**23**

农用化肥施用

单位:吨

项目	农用化肥施用量（按折纯法计算）	氮肥	磷肥	钾肥	复合肥
湖北省	**2579801**	**888729**	**342215**	**226779**	**1122079**
武汉市	**101265**	**34906**	**15051**	**10706**	**40602**
武汉市辖区	8660	1578	1063	354	5665
汉南区	1936	446	294	94	1102
蔡甸区	11490	3098	1402	1169	5821
江夏区	15788	3888	2062	1601	8237
黄陂区	30725	11298	4384	4473	10570
新洲区	32667	14598	5846	3016	9207
黄石市	**42812**	**17165**	**5532**	**4384**	**15731**
黄石市辖区	256	63	4	6	183
阳新县	21591	8570	2403	1498	9120
大冶市	20965	8532	3125	2880	6428
十堰市	**88184**	**38679**	**12936**	**6035**	**30534**
茅箭区	369	111	33	36	189
张湾区	1921	521	239	210	951
郧阳区	24005	10657	4057	2359	6932
郧西县	10674	1882	0	0	8792
竹山县	8981	5925	772	911	1373
竹溪县	29493	13717	6143	1843	7790
房县	7572	3595	830	504	2643
丹江口市	5169	2271	862	172	1864
宜昌市	**276121**	**84672**	**38716**	**22783**	**129950**
宜昌市辖区	6447	2227	1061	875	2284
夷陵区	46630	15215	3804	2100	25511
远安县	7180	2492	1003	139	3546
兴山县	8192	1408	1190	905	4689
秭归县	30926	8448	4782	2901	14795
长阳县	16393	5492	1288	233	9380
五峰县	21884	6995	4730	2318	7841
宜都市	14496	5277	1003	1510	6706
当阳市	66701	22790	13787	6940	23184
枝江市	57272	14328	6068	4862	32014
襄阳市	**346018**	**78652**	**10046**	**7092**	**250229**
高新区	3717	1451	560	614	1092
襄城区	14272	4901	1936	615	6820
樊城区	11349	3590	1019	546	6194
襄州区	89163	16762	27	14	72360
南漳县	29024	13577	2379	2009	11058
谷城县	18212	6267	2169	1593	8183
保康县	15223	2508	56	466	12194
老河口市	31965	4057	887	348	26673
枣阳市	80932	17392	396	266	62878
宜城市	52161	8147	617	620	42777
鄂州市	**60131**	**13664**	**8861**	**6560**	**31045**
梁子湖区	17972	4575	3489	2400	7508
华容区	19741	2805	1860	1002	14074
鄂城区	22418	6284	3512	3158	9463
荆门市	**275105**	**75515**	**39661**	**21828**	**138101**
东宝区	10383	4054	2251	940	3138
掇刀区	9653	4206	3419	689	1339
沙洋县	106458	23940	10008	8060	64450
钟祥市	85458	27988	20344	7220	29906
京山市	63153	15327	3639	4919	39268
孝感市	**168866**	**75979**	**24185**	**13877**	**54825**

续表 单位:吨

项目	农用化肥施用量(按折纯法计算)	氮肥	磷肥	钾肥	复合肥
孝感市辖区	305	118	7	16	164
孝南区	23673	10105	3072	2210	8286
孝昌县	17349	5126	2508	2661	7054
大悟县	15510	9574	1188	388	4360
云梦县	13375	3822	1091	1143	7319
应城市	24630	7159	3970	2076	11425
安陆市	34701	19871	7184	2447	5199
汉川市	39323	20204	5165	2936	11018
荆州市	**294547**	**125413**	**51512**	**36494**	**81128**
荆州开发区	535	174	115	61	185
沙市区	11151	2701	1949	2098	4403
荆州区	21777	7891	2790	2486	8610
公安县	53978	23141	9691	6990	14156
江陵县	29498	14570	5554	3050	6324
石首市	24784	8816	4294	3254	8420
洪湖市	41646	19830	7712	4693	9411
松滋市	37527	15158	3900	4316	14153
监利市	73651	33132	15507	9546	15466
黄冈市	**294189**	**105477**	**34739**	**27359**	**126614**
龙感湖农场	2034	358	211	245	1220
黄州区	13975	4794	3400	1811	3970
团风县	18587	5971	2510	1765	8340
红安县	44264	18528	7361	3384	14991
罗田县	15746	6857	1317	1773	5799
英山县	5145	1956	581	412	2196
浠水县	44204	16760	2706	2957	21781
蕲春县	39936	18257	5574	2740	13365
黄梅县	38898	13758	5210	4066	15864
麻城市	30322	7036	2237	3003	18046
武穴市	41078	11202	3631	5203	21042
咸宁市	**99787**	**34374**	**17294**	**13033**	**35086**
咸安区	22178	7599	3847	2430	8301
嘉鱼县	28044	8892	5317	3751	10085
通城县	14370	4576	1275	2769	5750
崇阳县	13663	4641	2967	1923	4132
通山县	7897	2546	836	649	3866
赤壁市	13635	6121	3052	1510	2952
随州市	**143563**	**57567**	**27787**	**14387**	**43823**
曾都区	27392	10635	4932	2956	8869
随县	79171	31447	15680	7947	24098
广水市	37000	15485	7175	3484	10856
恩施州	**219700**	**89080**	**34245**	**21350**	**75025**
恩施市	33422	13250	4398	3220	12554
利川市	43364	20401	6795	3534	12634
建始县	27076	12561	5359	2446	6710
巴东县	38229	15158	4573	1883	16614
宣恩县	21091	5507	4004	2741	8839
咸丰县	32047	14284	4801	4202	8761
来凤县	8968	3735	1238	1398	2597
鹤峰县	15502	4183	3077	1926	6317
仙桃市	**50126**	**20685**	**7236**	**4377**	**17828**
潜江市	**49661**	**13294**	**7105**	**6960**	**22302**
天门市	**67449**	**22968**	**7253**	**9487**	**27741**
神农架林区	**2278**	**639**	**57**	**67**	**1515**

《湖北农村统计年鉴2023》

1.农村基本情况

2.农业产值

3.种植业

4.林业及土特产

5.畜牧业

6.渔业

7.农业机械化

8.农村主要能源及物资消耗

9.农业技术推广及应用☑

10.水利建设

11.农垦及监狱系统农场

主要农作物病虫害发生面积

单位:万亩次

地区	水稻	小麦	玉米	大豆	马铃薯	棉花	油菜	柑橘	蔬菜
湖北	**8215.22**	**2310.69**	**1312.25**	**221.97**	**251.47**	**436.84**	**1725.39**	**1210.08**	**1961.15**
武汉	281.00	14.63	24.27	20.25	1.70	39.42	38.07		122.43
黄石	195.63	6.10	14.05	1.15	1.20	4.10	51.80	16.40	29.50
十堰	105.69	97.02	107.69	29.80	29.50		74.37	149.00	191.06
宜昌	521.58	42.22	243.34		55.74		192.17	869.48	329.43
襄阳	762.74	939.53	438.25	1.00	12.91	51.76	70.39	19.50	135.36
鄂州	66.00	14.50	1.70	2.70	0.50	6.90	17.20	2.35	56.00
荆门	1039.20	285.34	110.36	43.40	1.07	28.16	128.71	46.20	158.53
孝感	674.20	165.28	30.07	10.52	6.00	11.55	102.20	0.50	160.73
荆州	1604.32	267.37	71.78	50.90		114.29	279.27	14.50	46.44
黄冈	1575.06	121.70	38.88	8.11	15.80	78.18	353.44	10.21	279.33
咸宁	479.42	16.32	39.32	5.71	3.75	7.01	156.67	23.25	166.38
随州	285.10	74.02	14.73	0.08	1.90	4.10	22.90		33.15
恩施州	150.06	0.80	157.82	21.45	120.30		74.52	58.03	153.03
仙桃	253.00	60.80	14.39	7.50		63.20	61.40	0.66	41.72
潜江	49.70	43.76	0.70		0.05	11.57	25.12		31.85
天门	172.30	161.00	4.28	19.00		16.60	77.00		23.10
神农架林区	0.22	0.30	0.63	0.40	1.05		0.16		3.11

主要农作物病虫害防治面积

单位:万亩次

地区	水稻	小麦	玉米	大豆	马铃薯	棉花	油菜	柑橘	蔬菜
湖北	**11374.02**	**4289.38**	**1648.45**	**263.54**	**334.65**	**642.26**	**2094.30**	**2487.34**	**2845.35**
武汉	391.58	38.26	27.91	23.47	2.20	46.48	60.12		185.10
黄石	210.60	21.70	14.86	0.98	1.10	4.49	50.00	16.90	31.60
十堰	87.11	132.33	90.49	13.40	16.75		56.39	267.20	150.14
宜昌	652.60	132.52	366.02		82.40		277.28	1985.77	703.91
襄阳	1187.41	1509.96	640.27		17.08	75.60	89.75	20.30	165.51
鄂州	66.40	14.30	2.07	2.77	0.65	7.33	15.10	2.40	104.00
荆门	1092.50	472.56	91.66	56.30	1.61	34.62	151.03	62.10	219.37
孝感	977.98	250.60	32.07	11.45	7.15	18.99	109.50	3.00	247.64
荆州	2414.19	875.95	96.90	68.80		212.78	433.62	25.90	84.82
黄冈	1954.54	132.41	46.78	10.41	18.25	107.09	382.51	13.41	298.15
咸宁	494.04	32.47	50.52	6.26	4.43	8.24	172.13	25.03	181.76
随州	317.50	189.10	16.48	0.20	4.40	7.00	26.00		59.40
恩施州	199.30	0.80	146.87	36.30	177.75		81.55	64.64	190.65
仙桃	435.00	99.50	14.44	8.20		65.50	82.00	0.69	47.26
潜江	644.30	125.22	4.55		0.05	32.63	25.12		116.65
天门	248.70	261.00	5.94	25.00		21.50	82.20		56.40
神农架林区	0.27	0.70	0.63		0.83				3.00

主要农作物病虫害挽回损失

单位：吨

地区	水稻	小麦	玉米	大豆	马铃薯	棉花	油菜	柑橘	蔬菜
湖北	**1565756**	**470753**	**333010**	**18933**	**59196**	**32716**	**223445**	**1000381**	**2325633**
武汉	58084	2772	3940	851	107	1063	3287		70978
黄石	26480	5001	2693	25	1100	517	6220	4030	7900
十堰	11494	16951	21399	1290	6049		3883	45396	113061
宜昌	140900	14636	65843		8376		29263	850562	841319
襄阳	166450	205831	103553		5606	2965	11279	12207	165387
鄂州	4266	3594	651	200	41	307	3882	570	10998
荆门	133954	26555	11405	2563	486	1670	15125	21462	286702
孝感	118822	42391	9430	1835	2819	1326	16982	457	105971
荆州	314255	57859	53176	1898		7917	52969	5150	8150
黄冈	190589	15769	7644	1615	2382	5679	26897	2764	129337
咸宁	67636	3227	5627	360	364	399	8055	3951	301569
随州	115817	16133	5182	10	909	457	5626		5285
恩施州	29760	147	30877	1851	30376		11159	52949	120847
仙桃	91042	7293	4590	920		6641	5651	883	107203
潜江	2946	8467	45		1	21	4283		422
天门	93074	44020	6455	5515		3754	18884		49893
神农架林区	184	107	500		580				611

主要农作物病虫害实际损失

单位：吨

地区	水稻	小麦	玉米	大豆	马铃薯	棉花	油菜	柑橘	蔬菜
湖北	**213123**	**54849**	**38929**	**3110**	**11016**	**6070**	**36380**	**118297**	**287795**
武汉	4997	276	481	115	12	96	431		8639
黄石	1560	107	352	4	100	68	598	490	885
十堰	2355	1797	3404	733	2293		654	4007	44086
宜昌	8676	590	4809		1653		2121	97309	29870
襄阳	19025	18714	9850		1035	382	1556	2095	25316
鄂州	585	699	69	28	4	30	717	22	1184
荆门	12283	1780	605	99	52	88	1564	2374	30380
孝感	14974	3931	1393	321	337	275	2269	37	18149
荆州	62244	11820	8585	476		2128	9698	678	2038
黄冈	33356	2283	1185	249	442	1443	6554	779	26104
咸宁	4825	297	431	50	51	27	1211	419	31414
随州	20003	2701	1029	1	152	95	1216		782
恩施州	3827	55	5233	147	4870		1505	9957	44582
仙桃	10116	583	510	162		790	1413	130	18918
潜江	993	3089	12			5	1281		103
天门	13296	6123	951	724		644	3590		5285
神农架林区	8	4	30	1	15		2		60

农民专业合作社建设情况

地区	户数情况									出资总额								
	12月期末户数	2021年12月末户数	增长率±%	2022年1–12月新登记户数	2021年1–12月新登记户数	增长率±%	12月新登记户数	上年12月新登记户数	增长率±%	12月期末出资总额（万元）	2021年12月末出资总额（万元）	增长率±%	2022年1–12月新登记出资总额（万元）	2021年1–12月新登记出资总额（万元）	增长率±%	12月新登记出资总额（万元）	上年12月新登记出资总额（万元）	增长率±%
全　省	**114520**	**108244**	**5.80**	**10273**	**7929**	**29.56**	**669**	**1159**	**–42.28**	**27351202**	**26007646**	**5.17**	**1927170**	**1545265**	**24.71**	**118438**	**191069**	**–38.01**
武　汉	6038	5512	9.54	737	672	9.67	22	46	–52.17	1223438	1138379	7.47	130177	140906	–7.61	2835	9855	–71.23
黄　石	3767	3745	0.59	185	188	–1.60	18	46	–60.87	1095203	1058237	3.49	45645	40026	14.04	2446	6973	–64.92
十　堰	10846	9263	17.09	2071	1277	62.18	66	386	–82.90	1593549	1216005	31.05	223826	107295	108.61	10543	26240	–59.82
宜　昌	9511	9112	4.38	741	622	19.13	37	59	–37.29	1683893	1626017	3.56	112249	94443	18.85	4351	7260	–40.07
襄　阳	8540	8512	0.33	575	484	18.80	34	57	–40.35	2280496	2289089	–0.38	129377	114169	13.32	5739	11710	–50.99
鄂　州	2067	1961	5.41	140	112	25.00	9	14	–35.71	478363	452609	5.69	25754	23453	9.81	1035	3100	–66.61
荆　门	7613	7331	3.85	474	350	35.43	40	46	–13.04	2264308	2183284	3.71	132732	76921	72.56	12610	8916	41.43
孝　感	7462	7063	5.65	582	514	13.23	31	40	–22.50	1989226	1892925	5.09	139857	123561	13.19	4296	11030	–61.05
荆　州	11906	11208	6.23	1281	906	41.39	77	175	–56.00	3576517	3398937	5.22	317404	242322	30.98	21320	52988	–59.76
黄　冈	13094	12339	6.12	980	805	21.74	60	91	–34.07	2992671	2813642	6.36	203845	155299	31.26	9256	14169	–34.67
咸　宁	7061	6588	7.18	705	391	80.31	59	45	31.11	2035376	1964474	3.61	127590	103231	23.60	10266	11080	–7.35
随　州	5085	4902	3.73	365	378	–3.44	15	45	–66.67	1362782	1328399	2.59	71645	83526	–14.22	2555	8188	–68.80
恩　施	14017	13613	2.97	833	768	8.46	167	66	153.03	2320047	2269420	2.23	112814	110610	1.99	18246	8467	115.50
仙　桃	2055	1976	4.00	132	139	–5.04	10	11	–9.09	734843	714909	2.79	35977	41659	–13.64	3700	3070	20.52
潜　江	1605	1486	8.01	152	116	31.03	7	3	133.33	543576	538704	0.90	37540	30625	22.58	850	365	132.88
天　门	3484	3277	6.32	295	190	55.26	16	25	–36.00	1038215	987094	5.18	77782	51086	52.26	8240	7105	15.97
林　区	369	356	3.65	25	17	47.06	1	4	–75.00	138699	135523	2.34	2956	6134	–51.81	150	553	–72.88

农村可再生能源及秸秆综合利用情况

地区	清洁能源入户年末累计数(户)	秸秆综合利用率(%)
湖北省	**5095237**	**94.13**
武汉市	**201613**	**95.34**
武汉市辖区	6483	
汉南区	11633	96.51
蔡甸区	23993	95.16
江夏区	37495	95.52
黄陂区	64264	95.32
新洲区	57745	95.05
黄石市	**99957**	**92.47**
黄石市辖区		
阳新县	43719	92.10
大冶市	56238	92.59
十堰市	**432196**	
茅箭区	6806	
张湾区	9694	
郧阳区	77949	91.94
郧西县	79080	92.14
竹山县	70549	94.12
竹溪县	63122	91.73
房县	64970	92.43
丹江口市	60026	94.17
宜昌市	**643482**	**95.73**
宜昌市辖区		
夷陵区	123574	95.23
远安县	36251	95.00
兴山县	40996	96.18
秭归县	86864	96.96
长阳县	71776	95.90
五峰县	49367	95.24
宜都市	69578	95.32
当阳市	72914	95.89
枝江市	92162	95.80
襄阳市	**441829**	**94.69**
襄阳市辖区		
襄城区	13301	94.84
樊城区	16001	94.34
襄州区	99793	95.53
南漳县	69932	94.30
谷城县	50364	94.25
保康县	55479	95.48
老河口市	41189	95.15
枣阳市	58270	94.11
宜城市	37500	94.00
鄂州市	**36882**	**95.02**
荆门市	**241824**	**95.11**
东宝区	37434	99.13
掇刀区	11717	93.03
京山市	60978	94.28
沙洋县	48050	95.26
钟祥市	83645	95.12
孝感市	**276921**	**92.89**
孝感市辖区		
孝南区	32015	90.43

续表

地区	清洁能源入户年末累计数（户）	秸秆综合利用率（%）
孝昌县	35373	92.89
大悟县	76915	92.26
云梦县	20107	94.10
应城市	32249	94.50
安陆市	38433	91.82
汉川市	41829	93.55
荆州市	**395930**	**94.72**
荆州市辖区		
沙市区	8610	92.79
荆州区	10025	97.46
公安县	93185	94.15
监利县	57934	94.00
江陵县	46230	95.15
石首市	36207	96.70
洪湖市	61864	95.34
松滋市	81875	93.58
黄冈市	**705559**	**95.07**
黄冈市辖区		
黄州区	29633	95.26
团风县	42756	95.17
红安县	55580	95.07
罗田县	58200	94.57
英山县	51720	95.17
浠水县	103526	95.21
蕲春县	115397	95.10
黄梅县	90993	95.26
麻城市	115099	94.57
武穴市	42655	95.46
咸宁市	**252994**	**94.01**
咸安区	38952	94.22
嘉鱼县	30584	93.68
通城县	36099	94.04
崇阳县	46460	93.68
通山县	55286	94.55
赤壁市	45613	94.14
随州市	**265444**	**92.54**
曾都区	44704	92.05
随县	57734	92.88
广水市	163006	92.25
恩施州	**806936**	**92.47**
恩施市	177323	94.04
利川市	116434	92.90
建始县	110595	92.00
巴东县	111901	90.95
宣恩县	80887	90.34
咸丰县	90297	93.30
来凤县	64553	91.08
鹤峰县	54946	92.21
仙桃市	**98937**	**91.45**
潜江市	**74296**	**93.20**
天门市	**108269**	**90.48**
神农架林区	**12168**	**88.50**

农村土地规模经营及流转情况

单位：亩

地区	1.家庭承包经营的耕地面积	2.土地经营权流转总面积	3.适度规模经营的面积
湖北省	**61930119**	**27261621**	**17014433**
武汉市	3008720	1404528	1081869
黄石市	1354717	729407	691115
十堰市	2429799	559870	339657
宜昌市	4647408	1860348	1158671
襄阳市	7713663	3318251	1753033
鄂州市	558313	390816	390816
荆门市	4777136	2270384	2141006
孝感市	5129876	2768552	1711766
荆州市	9017674	5497414	2866859
黄冈市	6095616	2193696	1563076
咸宁市	2488571	1139147	870188
随州市	2454913	1004737	619019
恩施州	7046519	1028957	474208
仙桃市	1794328	1068381	346152
潜江市	2064656	855645	260127
天门市	1273169	1161971	736730
神农架林区	75041	9520	10143

“二品一标”产品统计

单位：个

地区	绿色食品	有机食品	农产品地理标志
湖北省	**2527**	**177**	**197**
武汉市	**552**	**25**	**18**
武汉市辖区	39		1
东西湖区	101		2
汉南区	26	2	1
蔡甸区	56		2
江夏区	123	23	6
黄陂区	106		3
新洲区	101		3
黄石市	**47**		**2**
黄石市辖区	2		
阳新县	15		2
大冶市	30		
十堰市	**77**	**4**	**24**
茅箭区			1
张湾区	5		2
郧阳区	8		3
郧西县	5		6
竹山县	22		3
竹溪县	10	2	1
房县	12		5
丹江口市	15	2	2
宜昌市	**260**	**5**	**40**
宜昌市辖区	16		
夷陵区	52	5	3
远安县	10		4
兴山县	6		6
秭归县	18		4
长阳县	63		5
五峰县	31		1
宜都市	22		2
当阳市	25		4
枝江市	17		5
襄阳市	**79**	**1**	**7**
襄阳市辖区	6		
襄城区	3		1
樊城区	5		
襄州区	18		
南漳县	15		3
谷城县		1	1
保康县	2		
老河口市	2		
枣阳市	19		2
宜城市	9		
鄂州市	**7**		**1**
荆门市	**135**	**20**	**19**
东宝区	28		2
掇刀区	11		1
京山市	30	2	2
沙洋县	34	6	2
钟祥市	30	12	11
漳河新区	1		
屈家岭管理区	1		
孝感市	**229**		**10**
孝感市辖区	20		

续表

单位:个

地区	绿色食品	有机食品	农产品地理标志
孝南区	64		1
孝昌县	12		
大悟县	15		2
云梦县	39		2
应城市	43		
安陆市	13		1
汉川市	23		1
荆州市	**165**	**3**	**18**
荆州市辖区	5		
沙市区	3		
荆州区	10		2
公安县	12		
监利市	53		3
江陵县	21		1
石首市	6		
洪湖市	23		5
松滋市	32	3	7
黄冈市	**184**	**10**	**21**
黄冈市辖区			
黄州区	15		1
团风县	52		
红安县	1		1
罗田县	29		3
英山县	16		3
浠水县	13	1	3
蕲春县	7		5
黄梅县	15	3	
麻城市	12	6	2
武穴市	17		3
龙感湖管区	7		
咸宁市	**108**	**1**	**11**
咸安区	24		3
嘉鱼县	43		
通城县	9		2
崇阳县	5		1
通山县	18		5
赤壁市	9	1	
随州市	**110**	**4**	**4**
曾都区	45	2	
随县	37	2	1
广水市	28		1
恩施州	**510**	**102**	**14**
恩施市	81	53	2
利川市	219	17	2
建始县	35	2	4
巴东县	30	2	
宣恩县	20	13	1
咸丰县	48	7	2
来凤县	43	1	
鹤峰县	34	7	2
仙桃市	**16**		
潜江市	**18**		**2**
天门市	**24**		**4**
神农架林区	**6**	**2**	**2**

《湖北农村统计年鉴 2023》

水库数量

单位：座

行政区	合计	大型			中型	小型		
		大(1)型	大(2)型	小计		小(1)型	小(2)型	小计
湖北省	**6768**	**11**	**64**	**75**	**288**	**1217**	**5188**	**6405**
武汉市	**261**		**3**	**3**	**6**	**40**	**212**	**252**
蔡甸区	10						10	10
江夏区	94					13	81	94
黄陂区	106		2	2	5	23	76	99
新洲区	40		1	1	1	3	35	38
东湖新技术开发区	11					1	10	11
黄石市	**285**	**1**	**1**	**2**	**6**	**51**	**226**	**277**
西塞山区	2						2	2
下陆区	3					1	2	3
铁山区	3					1	2	3
阳新县	167	1	1	2	3	25	137	162
大冶市	110				3	24	83	107
十堰市	**515**	**3**	**7**	**10**	**22**	**81**	**402**	**483**
茅箭区	10				2	2	6	8
张湾区	17	1		1		3	13	16
郧阳区	87				4	14	69	83
郧西县	107		2	2	3	12	90	102
竹山县	66	1	2	3	3	15	45	60
竹溪县	47		2	2	5	5	35	40
房县	78		1	1	3	15	59	74
丹江口市	103	1		1	2	15	85	100
宜昌市	**455**	**3**	**4**	**7**	**32**	**111**	**305**	**416**
西陵区	3	1		1			2	2
伍家岗区	5					1	4	5
点军区	15				1	1	13	14
猇亭区	6					2	4	6
夷陵区	69	1	1	2	4	12	51	63
远安县	56				3	10	43	53
兴山县	16		1	1	1	3	11	14
秭归县	20				2	5	13	18
长阳土家族自治县	14	1		1	1	4	8	12
五峰土家族自治县	10				3	4	3	7
宜都市	47		1	1	5	9	32	41
当阳市	127		1	1	7	45	74	119
枝江市	67				5	15	47	62
襄阳市	**1195**		**14**	**14**	**60**	**181**	**940**	**1121**
襄城区	55		1	1	2	4	48	52
樊城区	26				4	7	15	22
襄州区	271		2	2	6	34	229	263
南漳县	139		4	4	1	15	119	134
谷城县	87		1	1	7	12	67	79
保康县	20		1	1	2	6	11	17
老河口市	57		2	2	7	19	29	48
枣阳市	383		2	2	20	63	298	361
宜城市	127		1	1	10	15	101	116
东津区	30				1	6	23	29
鄂州市	**36**				**1**	**7**	**28**	**35**
梁子湖区	17					2	15	17
鄂城区	19				1	5	13	18
荆门市	**709**	**1**	**6**	**7**	**31**	**175**	**496**	**671**
东宝区	104	1		1	4	27	72	99

续表 单位:座

行政区	合计	大型			中型	小型		
		大(1)型	大(2)型	小计		小(1)型	小(2)型	小计
掇刀区	43				4	17	22	39
京山市	224		3	3	8	37	176	213
沙洋县	62				7	33	22	55
钟祥市	248		3	3	8	56	181	237
屈家岭管理区	28					5	23	28
孝感市	**447**		**1**	**1**	**16**	**96**	**334**	**430**
孝南区	25				1	6	18	24
孝昌县	40		1	1	2	10	27	37
大悟县	133				8	23	102	125
云梦县	7					1	6	7
应城市	99				2	17	80	97
安陆市	143				3	39	101	140
荆州市	**114**		**2**	**2**	**6**	**19**	**87**	**106**
荆州区	30		1	1	2	6	21	27
公安县	6				1	2	3	5
石首市	18					1	17	18
松滋市	60		1	1	3	10	46	56
黄冈市	**1200**	**1**	**11**	**12**	**38**	**192**	**958**	**1150**
黄州区	2					1	1	2
团风县	84		1	1	6	8	69	77
红安县	163		2	2	4	23	134	157
罗田县	173		1	1	7	28	137	165
英山县	83		1	1	2	17	63	80
浠水县	68	1		1	2	17	48	65
蕲春县	179		2	2	4	30	143	173
黄梅县	22		1	1	2	4	15	19
麻城市	326		3	3	7	44	272	316
武穴市	100				4	20	76	96
咸宁市	**549**		**4**	**4**	**19**	**78**	**448**	**526**
咸安区	101		1	1	1	7	92	99
嘉鱼县	18		1	1	1	7	9	16
通城县	96				6	15	75	90
崇阳县	109		1	1	4	11	93	104
通山县	95				4	16	75	91
赤壁市	130		1	1	3	22	104	126
随州市	**706**		**8**	**8**	**21**	**98**	**579**	**677**
曾都区	111		1	1	4	11	95	106
随县	392		5	5	12	53	322	375
广水市	203		2	2	5	34	162	196
恩施土家族苗族自治州	**259**	**2**	**3**	**5**	**28**	**85**	**141**	**226**
恩施市	44		1	1	5	10	28	38
利川市	54				6	15	33	48
建始县	33				4	6	23	29
巴东县	15	1		1		5	9	14
宣恩县	16		1	1	3	10	2	12
咸丰县	19		1	1	2	8	8	16
来凤县	55				4	22	29	51
鹤峰县	23	1		1	4	9	9	18
省直管	**37**				**2**	**3**	**32**	**35**
天门市	**27**					**2**	**25**	**27**
神农架林区	**4**				**2**	**1**	**1**	**2**
其他	**6**						**6**	**6**

泵站工程数量

单位：处

地区	合计	按规模分							按功能位置分		
		大型			中型	小型			河湖取(排)水	水库取(排)水	其他
		大(1)型	大(2)型	小计		小(1)型	小(2)型	小计			
湖北省	**47471**	**6**	**69**	**75**	**330**	**3652**	**43414**	**47066**	**23212**	**3922**	**20337**
武汉市	**6352**		**16**	**16**	**60**	**514**	**5762**	**6276**	**1308**	**23**	**5021**
江岸区	12				4	8		8			12
江汉区	10				1	1	8	9			10
硚口区	7				1		6	6	6		1
汉阳区	12				1	2	9	11	4		8
武昌区	25				3	6	16	22	3		22
青山区	47		1	1	6	3	37	40	11		36
洪山区	12		1	1	1	4	6	10	4		8
东西湖区	328		4	4	9	85	230	315	238		90
汉南区	67		1	1	6	16	44	60	15		52
蔡甸区	1419		1	1	6	66	1346	1412	181		1238
江夏区	978		1	1	4	70	903	973	144	23	811
黄陂区	1622		1	1	5	81	1535	1616	268		1354
新洲区	1671		1	1	8	140	1522	1662	375		1296
经济技术开发区	28		2	2	4	17	5	22	11		17
东湖新技术开发区	102				1	14	87	101	37		65
化学工业区	11		3	3		1	7	8	11		
东湖生态旅游风景区	1						1	1			1
黄石市	**1433**	**1**	**1**	**2**	**14**	**152**	**1265**	**1417**	**1360**	**72**	**1**
黄石港区	12				4	3	5	8	12		
西塞山区	47				2	13	32	45	47		
下陆区											
铁山区											
阳新县	655	1		1	6	78	570	648	655		
大冶市	719		1	1	2	58	658	716	646	72	1
十堰市	**289**				**1**	**26**	**262**	**288**	**99**	**28**	**162**
茅箭区	2				1	1		1		2	
郧阳区	63					3	60	63	57	6	
郧西县	34					1	33	34	3	1	30
竹山县	2					2		2	2		
竹溪县	40					1	39	40	5	1	34
房县	37					1	36	37	5		32
丹江口市	111					17	94	111	27	18	66
宜昌市	**1093**		**1**	**1**	**14**	**132**	**946**	**1078**	**919**	**96**	**78**
西陵区	13					5	8	13	6		7
伍家岗区	2					1	1	2	2		
点军区	41					3	38	41	37	4	
猇亭区	3				1	2		2	3		
夷陵区	69					4	65	69	66	3	

续表 1 单位：处

地区	合计	按规模分								按功能位置分		
		大型			中型	小型			河湖取(排)水	水库取(排)水	其他
		大(1)型	大(2)型	小计		小(1)型	小(2)型	小计			
远安县	119						119	119	119		
秭归县	18					2	16	18	18		
长阳土家族自治县	9					6	3	9	9		
五峰土家族自治县	1					1		1	1		
宜都市	136				1	31	104	135	36	29	71
当阳市	405				4	29	372	401	390	15	
枝江市	277		1	1	8	48	220	268	232	45	
襄阳市	**3258**		**3**	**3**	**22**	**235**	**2998**	**3233**	**2694**	**559**	**5**
襄城区	268				3	8	257	265	260	8	
樊城区	123				1	6	116	122	100	21	2
襄州区	312		1	1	3	51	257	308	255	56	1
南漳县	452					6	446	452	316	136	
谷城县	71					18	53	71	49	22	
保康县	121					1	120	121	121		
老河口市	199				3	38	158	196	141	58	
枣阳市	1344		2	2	10	43	1289	1332	1142	200	2
宜城市	368				2	64	302	366	310	58	
鄂州市	**1024**	**1**	**2**	**3**	**9**	**107**	**905**	**1012**	**1024**		
梁子湖区	255				1	42	212	254	255		
华容区	418				2	28	388	416	418		
鄂城区	351	1	2	3	6	37	305	342	351		
荆门市	**4575**		**2**	**2**	**19**	**212**	**4342**	**4554**	**1217**	**2107**	**1251**
东宝区	737				1	14	722	736	581	141	15
掇刀区	388					8	380	388		380	8
京山市	173					20	153	173	84	23	66
沙洋县	1413		1	1	8	95	1309	1404	248	3	1162
钟祥市	1749		1	1	10	67	1671	1738	192	1557	
屈家岭管理区	115					8	107	115	112	3	
孝感市	**3709**		**9**	**9**	**34**	**394**	**3272**	**3666**	**3388**	**63**	**258**
孝南区	469		2	2	7	63	397	460	430	14	25
孝昌县	147				1	13	133	146	107	26	14
大悟县	239					7	232	239	230	2	7
云梦县	365		1	1	5	25	334	359	353	2	10
应城市	937		1	1	4	65	867	932	850	19	68
安陆市	434				7	53	374	427	373		61
汉川市	1118		5	5	10	168	935	1103	1045		73
荆州市	**14166**	**2**	**21**	**23**	**87**	**800**	**13256**	**14056**	**4839**	**61**	**9266**
沙市区	599		1	1	6	46	546	592	35		564
荆州区	1213		1	1	10	46	1156	1202	194	20	999
公安县	5178		7	7	10	143	5018	5161	405	5	4768

续表 2 单位：处

地区	合计	按规模分							按功能位置分		
		大型			中型	小型			河湖取(排)水	水库取(排)水	其他
		大(1)型	大(2)型	小计		小(1)型	小(2)型	小计			
监利市	743		4	4	18	161	560	721	166		577
江陵县	1191				8	122	1061	1183	1191		
石首市	2498		4	4	3	97	2394	2491	2496		2
洪湖市	840	2	2	4	26	111	699	810	246		594
松滋市	1904		2	2	6	74	1822	1896	106	36	1762
黄冈市	**5153**		**5**	**5**	**18**	**351**	**4779**	**5130**	**671**	**391**	**4091**
黄州区	398				3	17	378	395	4		394
团风县	845				1	31	813	844	72	30	743
红安县	300		1	1		20	279	299	108	1	191
罗田县	76					5	71	76	16		60
英山县	91					1	90	91			91
浠水县	577		1	1	2	53	521	574	161		416
蕲春县	663		1	1	3	28	631	659	111	26	526
黄梅县	1289		2	2	5	112	1170	1282	2	332	955
麻城市	640				1	13	626	639	28	2	610
武穴市	274				3	71	200	271	169		105
咸宁市	**2705**		**2**	**2**	**20**	**102**	**2581**	**2683**	**2259**	**259**	**187**
咸安区	247				2	21	224	245	61		186
嘉鱼县	968		2	2	5	47	914	961	954	13	1
通城县	353						353	353	325	28	
崇阳县	421					2	419	421	419	2	
通山县	89					6	83	89	30	59	
赤壁市	627				13	26	588	614	470	157	
随州市	**250**		**1**	**1**		**58**	**191**	**249**	**25**	**225**	
曾都区	42					13	29	42		42	
随县	85					17	68	85	25	60	
广水市	123		1	1		28	94	122		123	
恩施土家族苗族自治州	**58**					**10**	**48**	**58**	**52**	**6**	
恩施市	8					4	4	8	8		
利川市	6					2	4	6	5	1	
建始县	2						2	2	2		
巴东县	7					2	5	7	7		
宣恩县	3						3	3	3		
咸丰县	11					1	10	11	11		
来凤县	18					1	17	18	13	5	
鹤峰县	3						3	3	3		
省直管	**3406**	**2**	**6**	**8**	**32**	**559**	**2807**	**3366**	**3357**	**32**	**17**
仙桃市	**1028**	**1**	**4**	**5**	**13**	**187**	**823**	**1010**	**1020**		**8**
潜江市	**387**	**1**	**2**	**3**	**8**	**223**	**153**	**376**	**378**		**9**
天门市	**1991**				**11**	**149**	**1831**	**1980**	**1959**	**32**	

水闸工程数量

单位:座

地区	合计	按规模分							按功能位置分		
		大(1)型	大(2)型	小计	中型	小(1)型	小(2)型	小计	河湖引水闸	水库引水闸	其他
湖北省	**21999**	**6**	**19**	**25**	**185**	**842**	**20947**	**21789**	**11617**	**2056**	**8326**
武汉市	**1743**	**1**	**1**	**2**	**19**	**86**	**1636**	**1722**	**179**	**13**	**1551**
江岸区	5					1	4	5	5		
江汉区	1					1		1			1
硚口区	2					2		2	2		
汉阳区	7						7	7	7		
武昌区	2					2		2	2		
青山区	3						3	3	3		
洪山区	6				1	1	4	5			6
东西湖区	529				4	16	509	525	1		528
汉南区	153					3	150	153	18		135
蔡甸区	137				5	12	120	132			137
江夏区	142				2	5	135	140	2		140
黄陂区	304					21	283	304	13	8	283
新洲区	424	1		1	7	12	404	416	116	5	303
经济技术开发区	21		1	1		5	15	20	5		16
东湖新技术开发区	4					2	2	4	2		2
化学工业区	3					3		3	3		
黄石市	**436**		**4**	**4**	**10**	**30**	**392**	**422**	**301**	**128**	**7**
黄石港区	4					3	1	4			4
西塞山区	13					3	10	13	13		
铁山区	3				1		2	2	3		
阳新县	199		3	3	3	10	183	193	199		
大冶市	217		1	1	6	14	196	210	86	128	3
十堰市	**1**					**1**		**1**			**1**
竹山县	1					1		1			1
宜昌市	**1035**		**1**	**1**	**7**	**37**	**990**	**1027**	**843**	**77**	**115**
点军区	13						13	13		13	
猇亭区	3					1	2	3	3		
夷陵区	42						42	42		17	25
远安县	43					1	42	43	41	2	
宜都市	102					1	101	102	9	5	88
当阳市	334		1	1	5	16	312	328	312	20	2
枝江市	498				2	18	478	496	478	20	
襄阳市	**900**				**2**	**37**	**861**	**898**	**361**	**528**	**11**
襄城区	71					1	70	71	48	23	
樊城区	20					2	18	20	12	8	
襄州区	79					10	69	79	45	34	
南漳县	269					6	263	269	11	258	
谷城县	33						33	33	18	15	
保康县	8						8	8	8		
老河口市	34				1		33	33	11	12	11
枣阳市	90					3	87	90	35	55	
宜城市	296				1	15	280	295	173	123	
鄂州市	**164**		**1**	**1**	**4**	**6**	**153**	**159**	**162**		**2**
梁子湖区	55				1		54	54	54		1
华容区	49					3	46	49	49		
鄂城区	60		1	1	3	3	53	56	59		1
荆门市	**802**				**17**	**93**	**692**	**785**	**202**	**520**	**80**
东宝区	50				1	7	42	49	13	10	27
掇刀区	25				2	2	21	23	4	17	4
京山市	131				3	22	106	128	61	45	25

续表 单位:座

地区	合计	按规模分							按功能位置分		
		大(1)型	大(2)型	小计	中型	小(1)型	小(2)型	小计	河湖引水闸	水库引水闸	其他
沙洋县	293				5	19	269	288	74	195	24
钟祥市	237				6	42	189	231	10	227	
屈家岭管理区	66					1	65	66	40	26	
孝感市	**1633**	**1**	**2**	**3**	**21**	**85**	**1524**	**1609**	**1436**	**177**	**20**
孝南区	168				9	12	147	159	168		
孝昌县	107						107	107	1	106	
大悟县	67						67	67		67	
云梦县	238				1	18	219	237	219	1	18
应城市	202		1	1	1	27	173	200	199	3	
安陆市	144	1		1		10	133	143	144		
汉川市	707		1	1	10	18	678	696	705		2
荆州市	**8195**	**1**	**1**	**2**	**27**	**202**	**7964**	**8166**	**4571**	**61**	**3563**
沙市区	290				1	4	285	289	38		252
荆州区	448				2	12	434	446	9	3	436
公安县	2126	1	1	2	4	24	2096	2120	2118	5	3
监利市	2030				7	39	1984	2023	204		1826
江陵县	966					20	946	966	966		
石首市	718				1	15	702	717	717		1
洪湖市	1146				12	77	1057	1134	425		721
松滋市	471					11	460	471	94	53	324
黄冈市	**2784**	**1**	**1**	**2**	**20**	**100**	**2662**	**2762**	**311**	**469**	**2004**
黄州区	147				4	10	133	143	1		146
团风县	358					6	352	358	37	86	235
红安县	60					1	59	60		11	49
罗田县	110				1		109	109		110	
英山县	5						5	5	3		2
浠水县	169	1	1	2		4	163	167	55		114
蕲春县	731				6	16	709	725	84	34	613
黄梅县	683				5	31	647	678	1	201	481
麻城市	238					24	214	238	55	27	156
武穴市	283				4	8	271	279	75		208
咸宁市	**1212**		**5**	**5**	**30**	**44**	**1133**	**1177**	**215**	**36**	**961**
咸安区	139		1	1	14	11	113	124	91		48
嘉鱼县	318				2	13	303	316	66	7	245
通城县	416				6	5	405	410	5	16	395
崇阳县	75		1	1	2	1	71	72	26	6	43
通山县	51		2	2	6	5	38	43	25		26
赤壁市	213		1	1		9	203	212	2	7	204
随州市	**276**		**2**	**2**	**5**	**8**	**261**	**269**	**259**	**13**	**4**
曾都区	49		2	2	1		46	46	43	6	
随县	131				1		130	130	130		1
广水市	96				3	8	85	93	86	7	3
恩施土家族苗族自治州	**4**		**1**	**1**			**3**	**3**	**3**	**1**	
恩施市	1						1	1	1		
建始县	1						1	1	1		
巴东县	1		1	1					1		
来凤县	1						1	1		1	
省直管	**2814**	**2**		**2**	**23**	**113**	**2676**	**2789**	**2774**	**33**	**7**
仙桃市	**1680**	**1**		**1**	**15**	**57**	**1607**	**1664**	**1679**		**1**
潜江市	**339**	**1**		**1**	**5**	**34**	**299**	**333**	**333**		**6**
天门市	**795**				**3**	**22**	**770**	**792**	**762**	**33**	

灌溉面积

单位：万亩

地区	按土地用途分					年实际耕地灌溉面积
	合计	耕地灌溉面积	林地灌溉面积	园地灌溉面积	牧草地灌溉面积	
湖北省	**5125.22**	**4813.25**	**158.69**	**142.95**	**10.32**	**4251.01**
武汉市	**291.53**	**274.52**	**9.96**	**7.05**		**225.20**
汉阳区	1.26	1.26				1.26
洪山区	0.81	0.75	0.06			
东西湖区	14.78	9.30	4.76	0.72		9.00
汉南区	11.12	9.89	0.77	0.47		9.89
蔡甸区	47.04	47.04				42.06
江夏区	54.36	53.43	0.51	0.42		41.36
黄陂区	88.61	81.80	3.15	3.66		51.18
新洲区	57.29	56.04	0.72	0.53		56.04
东湖新技术开发区	13.61	12.35		1.26		12.35
化学工业区	2.07	2.07				2.07
东湖生态旅游风景区	0.60	0.60				
黄石市	**108.83**	**108.30**	**0.47**	**0.06**		**84.45**
阳新县	53.88	53.70	0.12	0.06		37.50
大冶市	54.95	54.60	0.35			46.95
十堰市	**116.78**	**112.35**	**1.22**	**2.99**	**0.23**	**93.51**
茅箭区	0.18	0.18				0.18
张湾区	2.24	1.61	0.60	0.03		1.61
郧阳区	27.36	24.84	0.20	2.10	0.23	21.83
郧西县	9.56	9.54		0.02		7.95
竹山县	17.06	16.08	0.26	0.72		15.99
竹溪县	14.12	14.00		0.12		14.00
房县	15.18	15.02	0.17			12.36
丹江口市	31.10	31.10				19.61
宜昌市	**328.90**	**264.92**	**12.14**	**51.84**		**246.36**
伍家岗区	0.03			0.03		
点军区	5.93	4.43		1.50		2.24
猇亭区	1.36	0.94	0.42			0.87
夷陵区	23.49	19.25		4.25		19.25
远安县	22.92	22.13		0.78		21.26
兴山县	25.89	20.10		5.79		18.39
秭归县	24.15	14.91		9.24		14.91
长阳土家族自治县	36.65	22.19	4.22	10.25		19.08
五峰土家族自治县	15.45	12.08		3.38		10.98
宜都市	23.99	20.18		3.81		20.10
当阳市	66.71	59.21	7.50			59.21
枝江市	82.35	69.53		12.83		60.09
襄阳市	**594.51**	**577.04**	**10.64**	**6.54**	**0.30**	**548.66**
襄城区	26.03	23.36	2.09	0.59		23.36
樊城区	14.04	14.04				12.51
襄州区	188.48	179.13	6.38	2.97		179.13
南漳县	44.19	43.35	0.35	0.50		39.53
谷城县	39.39	36.20	1.40	1.50	0.30	32.46
保康县	10.64	10.53	0.02	0.09		6.66
老河口市	44.73	44.33	0.17	0.24		40.23
枣阳市	168.71	168.71				168.71
宜城市	58.32	57.41	0.26	0.66		46.08
鄂州市	**43.42**	**38.34**	**4.65**	**0.44**		**36.71**
梁子湖区	10.02	9.45	0.41	0.17		9.45
华容区	13.10	12.11	0.75	0.24		12.11
鄂城区	20.31	16.78	3.50	0.03		15.15
荆门市	**473.31**	**439.05**	**16.55**	**12.18**	**5.54**	**319.94**
东宝区	25.23	19.34	3.32	2.58		19.34
掇刀区	23.34	21.84	0.75	0.75		19.25
京山市	153.75	151.98	0.77	1.01		101.33

续表 单位:万亩

地区	按土地用途分					年实际耕地灌溉面积
	合计	耕地灌溉面积	林地灌溉面积	园地灌溉面积	牧草地灌溉面积	
沙洋县	121.79	119.07	1.59	1.13		96.87
钟祥市	121.41	107.97	5.93	1.98	5.54	77.25
屈家岭管理区	27.80	18.86	4.20	4.74		5.91
孝感市	**510.63**	**484.07**	**19.59**	**6.77**	**0.21**	**407.06**
孝南区	54.92	47.33	6.47	1.13		47.33
孝昌县	66.78	56.57	5.76	4.46		46.20
大悟县	47.36	46.88	0.14	0.35		33.80
云梦县	58.86	57.80	0.48	0.38	0.21	38.30
应城市	85.89	85.89				79.05
安陆市	82.55	82.55				57.33
汉川市	114.29	107.07	6.75	0.47		105.06
荆州市	**916.56**	**876.85**	**21.08**	**18.63**		**830.71**
沙市区	27.69	27.09	0.50	0.11		26.93
荆州区	57.87	53.01	1.25	3.62		53.01
公安县	148.88	148.88				148.88
监利市	258.75	252.30	6.05	0.41		211.40
江陵县	119.58	112.31	2.49	4.79		108.09
石首市	80.21	79.23	0.50	0.48		78.37
洪湖市	113.96	111.74	0.17	2.06		111.74
松滋市	109.64	92.31	10.14	7.19		92.31
黄冈市	**541.07**	**515.90**	**14.81**	**10.37**		**483.80**
黄州区	11.64	11.34		0.30		11.04
团风县	29.88	26.67	0.20	3.02		22.92
红安县	44.63	43.53	1.10			41.45
罗田县	47.63	47.63				47.63
英山县	17.69	17.69				17.69
浠水县	77.48	68.70	5.85	2.93		50.85
蕲春县	66.39	66.39				65.88
黄梅县	104.85	104.85				104.85
麻城市	73.13	71.46		1.67		71.46
武穴市	67.77	57.65	7.67	2.46		50.04
咸宁市	**192.86**	**186.78**	**3.65**	**2.43**		**169.62**
咸安区	32.99	30.84	2.15			25.43
嘉鱼县	39.75	38.25	1.20	0.30		35.15
通城县	28.82	27.95	0.30	0.57		27.84
崇阳县	30.06	28.56		1.50		25.32
通山县	15.72	15.66		0.06		15.38
赤壁市	45.53	45.53				40.52
随州市	**224.27**	**205.53**	**14.88**	**3.60**	**0.26**	**193.17**
曾都区	42.29	40.35	0.50	1.44		40.35
随县	116.58	100.94	13.65	1.86	0.14	92.82
广水市	65.40	64.25	0.74	0.30	0.12	60.00
恩施土家族苗族自治州	**178.04**	**158.58**	**9.18**	**6.48**	**3.80**	**75.93**
恩施市	21.84	21.84				12.05
利川市	38.31	35.40	2.91			15.27
建始县	17.55	16.28	1.28			5.96
巴东县	10.76	10.76				7.89
宣恩县	22.13	22.04	0.05	0.05		9.23
咸丰县	29.93	17.16	4.95	4.02	3.80	10.92
来凤县	20.12	18.92		1.20		8.18
鹤峰县	17.42	16.20		1.22		6.45
省直管	**604.53**	**571.04**	**19.91**	**13.59**		**535.91**
仙桃市	**185.60**	**170.30**	**5.10**	**10.20**		**135.32**
潜江市	**151.53**	**148.14**		**3.39**		**148.14**
天门市	**266.31**	**251.51**	**14.81**			**251.51**
神农架林区	**1.10**	**1.10**				**0.95**

水土流失综合治理面积

单位：千公顷

地区	年度新增水土流失综合治理面积							新增小流域综合治理面积
	合计	按措施分						
		梯田	水土保持林	经济林	种草	封禁治理	其他措施	
湖北省	**167.17**	**8.46**	**23.10**	**7.96**	**4.11**	**94.48**	**29.06**	**45.83**
武汉市	**5.90**		**0.69**	**0.05**	**0.19**	**4.90**	**0.07**	
江汉区								
硚口区								
汉阳区								
武昌区								
洪山区	0.06		0.02		0.04			
东西湖区	0.07						0.07	
汉南区								
蔡甸区	0.34		0.20		0.14			
江夏区	2.09			0.01		2.08		
黄陂区	1.39		0.43			0.96		
新洲区	1.95		0.04	0.04	0.01	1.86		
经济技术开发区								
东湖新技术开发区								
黄石市	**7.10**		**1.70**	**0.98**		**4.17**	**0.25**	
黄石港区								
西塞山区	2.83			0.02		2.80	0.01	
下陆区	0.08		0.01			0.07		
铁山区								
阳新县	2.93		1.05	0.96		0.85	0.07	
大冶市	1.26		0.64			0.45	0.17	
十堰市	**24.09**	**3.20**	**2.31**	**0.48**	**0.13**	**17.61**	**0.36**	**13.24**
茅箭区	1.14					1.14		1.14
张湾区	1.03		0.13	0.15		0.70	0.05	0.70
郧阳区	4.17	0.01		0.01		4.15		4.15
郧西县	3.44		1.38	0.06	0.13	1.87		2.57
竹山县	3.10	1.85		0.02		1.23		
竹溪县	2.83	1.34		0.20		1.07	0.22	2.83
房县	4.09			0.01		4.07	0.01	0.95
丹江口市	4.29		0.80	0.03		3.38	0.08	0.90
宜昌市	**20.99**	**2.45**	**0.17**	**0.08**	**0.46**	**15.81**	**2.03**	**3.92**
西陵区								
伍家岗区								
点军区	0.25			0.01	0.03		0.21	
猇亭区								
夷陵区	4.84	0.26	0.04			4.54		
远安县	0.87					0.87		
兴山县	1.58	0.04		0.03	0.41	1.10	0.01	
秭归县	2.55		0.01			1.59	0.95	

续表 1　　　　单位：千公顷

地区	年度新增水土流失综合治理面积							新增小流域综合治理面积
	合计	按措施分						
		梯田	水土保持林	经济林	种草	封禁治理	其他措施	
长阳土家族自治县	3.55	2.13	0.10			1.32		1.33
五峰土家族自治县	1.79	0.02				1.42	0.35	
宜都市	1.70				0.01	1.18	0.51	1.23
当阳市	2.12		0.01	0.02		2.09		1.36
枝江市	1.74		0.02	0.01	0.01	1.69	0.01	
襄阳市	**15.41**	**0.11**	**3.47**	**1.11**	**0.44**	**8.95**	**1.35**	
襄城区	0.29			0.01		0.10	0.17	
樊城区	0.13		0.13					
襄州区	0.63		0.21	0.01	0.41			
南漳县	3.07		0.06	0.01	0.02	2.92	0.07	
谷城县	0.90		0.17	0.07		0.66		
保康县	2.79	0.01	0.17	0.08		2.47	0.06	
老河口市	1.75		0.40	0.18		1.17		
枣阳市	3.60	0.10	0.70	0.65	0.01	1.11	1.04	
宜城市	2.25		1.64	0.10		0.51		
鄂州市	**0.47**		**0.19**	**0.09**		**0.19**		
梁子湖区	0.17		0.08	0.09				
华容区	0.08		0.08					
鄂城区	0.22		0.03			0.19		
荆门市	**12.23**	**0.69**	**2.11**	**0.23**		**6.07**	**3.13**	**8.54**
东宝区	2.11	0.02	0.92			1.01	0.16	4.64
掇刀区	1.89		0.06	0.02		1.00	0.81	1.00
京山市	3.80	0.67		0.01		3.12		
沙洋县	0.20			0.20				
钟祥市	4.23		1.13			0.94	2.16	2.90
屈家岭管理区								
孝感市	**5.38**		**2.38**	**0.53**	**0.19**	**0.86**	**1.41**	**2.70**
孝南区	0.14		0.07		0.07			
孝昌县	0.40		0.16	0.24				
大悟县	2.98		1.82	0.29		0.86		2.70
云梦县								
应城市	0.13		0.01		0.12			
安陆市	0.38		0.09				0.29	
汉川市	1.35		0.23				1.12	
荆州市	**2.43**		**0.87**	**0.05**	**0.08**	**1.43**		**1.25**
沙市区								
荆州区	0.09		0.02	0.05	0.02			
公安县								
监利市								
江陵县								

续表 2　　单位：千公顷

地区	年度新增水土流失综合治理面积							新增小流域综合治理面积
	合计	按措施分						
		梯田	水土保持林	经济林	种草	封禁治理	其他措施	
石首市	0.12		0.12					
洪湖市	0.06				0.06			
松滋市	2.16		0.73			1.43		1.25
黄冈市	**23.31**	**0.12**	**3.31**	**2.43**		**16.90**	**0.56**	**10.06**
黄州区	0.07		0.07					
团风县	1.85		0.02	0.03		1.80		1.85
红安县	2.90	0.08	0.31	1.05		1.46		2.72
罗田县	2.62		0.07	0.05		2.50		0.94
英山县	2.17		0.48	0.09		1.60		1.01
浠水县	2.49		0.90	0.33		0.93	0.33	
蕲春县	3.09	0.01	0.68	0.02		2.22	0.16	2.28
黄梅县	1.41		0.05	0.37		0.92	0.07	
麻城市	4.98		0.51	0.36		4.11		1.26
武穴市	1.73	0.03	0.22	0.13		1.36		
咸宁市	**9.68**	**0.40**	**2.71**	**0.95**	**0.11**	**4.55**	**0.96**	**3.25**
咸安区	0.80		0.51	0.17	0.05	0.07		
嘉鱼县	0.27		0.17	0.10				
通城县	2.28	0.38	0.20	0.54	0.06	1.10		1.20
崇阳县	2.38	0.02		0.13		1.41	0.82	1.10
通山县	2.89		0.91	0.01		1.97		0.95
赤壁市	1.06		0.92				0.14	
随州市	**8.50**	**0.35**	**0.71**	**0.81**		**4.80**	**1.83**	**2.88**
曾都区	0.96		0.51	0.45				
随县	4.66			0.01		2.84	1.81	
广水市	2.88	0.35	0.20	0.35		1.96	0.02	2.88
恩施土家族苗族自治州	**29.00**	**1.15**	**2.05**	**0.12**	**2.46**	**6.77**	**16.45**	
恩施市	4.98					1.25	3.73	
利川市	5.21	0.37	1.27		0.06	1.10	2.42	
建始县	4.67		0.13			2.73	1.81	
巴东县	3.61	0.40					3.22	
宣恩县	3.40	0.23	0.19		2.40		0.59	
咸丰县	2.64					0.99	1.65	
来凤县	1.26	0.06					1.20	
鹤峰县	3.22	0.10	0.47	0.12		0.70	1.84	
省直管	**2.69**		**0.44**	**0.05**	**0.05**	**1.48**	**0.67**	
仙桃市	**0.63**						**0.63**	
潜江市	**0.05**		**0.05**					
天门市	**0.05**				**0.05**			
神农架林区	**1.96**		**0.39**	**0.05**		**1.48**	**0.04**	

堤防长度

单位：千米

地区	合计	按所处位置分			按等级分					
		河（江）堤	湖堤	圩垸、围堤	1级堤防	2级堤防	3级堤防	4级堤防	5级堤防	5级以下堤防
湖北省	**24377.12**	**18592.81**	**1392.56**	**4391.75**	**540.41**	**2838.13**	**2722.36**	**4186.40**	**8717.68**	**5372.14**
武汉市	**2015.59**	**1213.09**	**194.53**	**607.97**	**187.43**	**149.34**	**353.22**	**156.20**	**715.74**	**453.66**
江岸区	40.93	34.76		6.17	22.33	5.71	6.72			6.17
江汉区	5.15	5.15			5.15					
硚口区	25.25	25.25			25.25					
汉阳区	31.91	31.91			31.91					
武昌区	22.74	22.74			22.74					
青山区	20.43	20.43			20.43					
洪山区	41.81	16.16	7.85	17.80	16.16			25.65		
东西湖区	105.80	105.80				34.65	60.00	11.15		
汉南区	104.75	95.19		9.56		50.25	46.71		7.79	
蔡甸区	252.97	81.89	12.91	158.17	10.76	21.31	58.84	3.40	158.66	
江夏区	242.17	149.43	92.74		7.06	25.04		9.10	76.34	124.63
黄陂区	505.61	127.29	40.65	337.67			72.00	4.00	106.75	322.86
新洲区	550.30	455.62	40.38	54.30			103.90	102.90	343.50	
经济技术开发区	49.84	25.54		24.30	11.82	10.27	5.05		22.70	
东湖新技术开发区	4.78	4.78			2.67	2.11				
化学工业区	11.15	11.15			11.15					
黄石市	**1333.91**	**846.91**	**124.09**	**362.91**	**28.55**	**34.37**	**49.72**	**469.54**	**337.37**	**414.36**
黄石港区	15.30	7.00	5.60	2.70	7.00				6.05	2.25
西塞山区	34.58	20.28	14.30		20.28					14.30
阳新县	724.68	349.81	85.73	289.14		24.33	29.37	180.89	208.28	281.81
大冶市	559.35	469.82	18.46	71.07	1.27	10.04	20.35	288.65	123.04	116.00
十堰市	**643.01**	**643.01**					**38.03**	**190.52**	**403.42**	**11.04**
茅箭区	26.99	26.99					18.16	8.83		
张湾区	32.00	32.00						20.00	12.00	
郧阳区	116.50	116.50						30.25	86.25	
郧西县	146.40	146.40						37.26	98.10	11.04
竹山县	80.81	80.81						19.06	61.75	
竹溪县	99.96	99.96							99.96	
房县	75.61	75.61						65.26	10.35	
丹江口市	64.74	64.74					19.87	9.86	35.01	
宜昌市	**579.10**	**488.80**	**6.83**	**83.47**			**117.84**	**261.42**	**98.05**	**101.79**
伍家岗区	1.00	1.00								1.00
猇亭区	12.48	12.48					6.80			5.68
远安县	15.57	15.57						12.77	2.80	
宜都市	63.93	63.93						38.99	24.94	
当阳市	223.97	217.14	6.83					128.86		95.11
枝江市	262.15	178.68		83.47			111.04	80.80	70.31	
襄阳市	**1390.17**	**1390.17**				**192.89**	**142.45**	**77.60**	**338.54**	**638.69**
襄城区	76.29	76.29				35.96			40.33	
樊城区	80.73	80.73				34.03	12.62		34.08	
襄州区	181.53	181.53				22.12	112.61	35.40	11.40	
南漳县	124.62	124.62						24.22	54.40	46.00
谷城县	128.24	128.24				15.14	17.22	12.18	26.20	57.50
保康县	404.03	404.03							108.84	295.19
老河口市	36.07	36.07				12.82			23.25	
枣阳市	16.00	16.00							16.00	
宜城市	342.66	342.66				72.82		5.80	24.04	240.00
鄂州市	**441.49**	**347.06**	**72.99**	**21.44**		**83.22**	**191.06**	**117.50**	**49.71**	
梁子湖区	110.72	74.65	25.10	10.97		15.15	59.58	35.99		
华容区	165.39	148.36	14.93	2.10		37.00	118.09	6.07	4.23	
鄂城区	165.38	124.05	32.96	8.37		31.07	13.39	75.44	45.48	
荆门市	**628.15**	**502.48**	**12.57**	**113.10**	**39.46**	**284.21**	**94.74**	**9.62**	**200.12**	

续表　　单位：千米

地区	合计	按所处位置分			按等级分					
		河（江）堤	湖堤	圩垸、围堤	1级堤防	2级堤防	3级堤防	4级堤防	5级堤防	5级以下堤防
京山市	5.93	5.93							5.93	
沙洋县	223.15	173.55	1.40	48.20		16.29	94.74		112.12	
钟祥市	383.45	307.38	11.17	64.90	39.46	267.92		9.62	66.45	
屈家岭管理区	15.62	15.62							15.62	
孝感市	1869.66	1742.38	127.28			218.48	377.01	669.44	537.26	67.47
孝南区	405.88	350.37	55.51			54.32	73.04	22.97	188.08	67.47
孝昌县	27.71	27.71					14.98	1.75	10.98	
大悟县	158.08	158.08						71.08	87.00	
云梦县	223.77	223.77					90.98	45.06	87.73	
应城市	288.57	231.09	57.48				107.60	17.50	163.47	
安陆市	49.40	49.40				3.10	13.00	33.30		
汉川市	716.25	701.96	14.29			161.06	77.41	477.78		
荆州市	**4219.54**	**3466.62**	**379.23**	**373.69**	**269.17**	**1115.45**	**918.37**	**990.81**	**925.74**	
沙市区	207.43	148.44	47.99	11.00	16.50	47.99		61.17	81.77	
荆州区	290.81	183.24	65.77	41.80	48.85	72.48	40.51	101.30	27.67	
公安县	956.77	654.97	89.74	212.06	22.00	403.53	284.81	163.52	82.91	
监利市	611.19	520.63	55.99	34.57	75.32	133.85	86.67	280.86	34.49	
江陵县	650.67	650.67			69.50			109.82	471.35	
石首市	458.00	430.88		27.12		157.31	279.39	18.74	2.56	
洪湖市	707.43	540.55	119.74	47.14	37.00	226.60	103.28	187.43	153.12	
松滋市	337.24	337.24				73.69	123.71	67.97	71.87	
黄冈市	**6313.34**	**3572.76**	**219.35**	**2521.23**		**195.62**	**180.51**	**580.55**	**2880.61**	**2476.05**
黄州区	247.46	181.85	33.84	31.77		46.98	73.53	101.50	25.45	
团风县	402.96	234.49		168.47		16.84	5.63	28.52	201.75	150.22
红安县	104.01	61.11		42.90				24.80	27.07	52.14
罗田县	971.30	485.73		485.57				44.67	424.20	502.43
英山县	880.36	419.56		460.80					419.56	460.80
浠水县	919.22	531.64		387.58			44.02	81.89	405.73	387.58
蕲春县	895.64	404.29	11.80	479.55			19.40	27.80	368.89	479.55
黄梅县	511.01	378.69	132.32			97.81	37.93	152.16	223.11	
麻城市	920.32	461.97		458.35				119.21	357.78	443.33
武穴市	461.06	413.43	41.39	6.24		33.99			427.07	
咸宁市	**2116.99**	**1743.82**	**199.80**	**173.37**		**41.95**	**93.07**	**125.76**	**892.60**	**963.61**
咸安区	342.13	238.49	103.64			9.87	29.00	52.00	129.39	121.87
嘉鱼县	397.99	311.58	31.60	54.81		23.79	32.78	41.00	197.95	102.47
通城县	535.73	535.73							166.33	369.40
崇阳县	423.84	423.84							138.50	285.34
通山县	138.08	105.56		32.52					99.18	38.90
赤壁市	279.22	128.62	64.56	86.04		8.29	31.29	32.76	161.25	45.63
随州市	229.82	229.82					11.41	52.06	110.35	56.00
曾都区	48.24	48.24					11.41	36.83		
随县	181.58	181.58						15.23	110.35	56.00
恩施土家族苗族自治州	**419.33**	**419.33**					**15.52**	**63.76**	**319.85**	**20.20**
恩施市	63.09	63.09					15.52	14.35	33.22	
利川市	27.72	27.72						2.68	25.04	
建始县	89.38	89.38							89.38	
巴东县	29.18	29.18							29.18	
宣恩县	49.38	49.38						29.18		20.20
咸丰县	71.49	71.49							71.49	
来凤县	40.47	40.47						4.55	35.92	
鹤峰县	48.62	48.62						13.00	35.62	
省直管	**2177.02**	**1986.56**	**55.89**	**134.57**	**15.80**	**522.60**	**139.41**	**421.62**	**908.32**	**169.27**
仙桃市	**772.98**	**682.71**		**90.27**		**229.33**	**28.41**		**515.24**	
潜江市	**546.71**	**517.99**	**12.70**	**16.02**		**171.37**		**346.62**	**28.72**	
天门市	**857.33**	**785.86**	**43.19**	**28.28**	**15.80**	**121.90**	**111.00**	**75.00**	**364.36**	**169.27**

《湖北农村统计年鉴2023》

1.农村基本情况

2.农业产值

3.种植业

4.林业及土特产

5.畜牧业

6.渔业

7.农业机械化

8.农村主要能源及物资消耗

9.农业技术推广及应用

10.水利建设

11.农垦及监狱系统农场☑

农垦基本情况

指标名称	计量单位	代码	数量
一、农垦农场情况	–	–	–
农场个数	个	1	65
二、农垦人口情况	–	–	–
农垦年末总人口	人	2	1483598
其中:农场人口	人	3	1309861
农垦年平均人口	人	4	1475363
三、从业人员情况	–	–	–
从业人员期末人数	人	5	950750
第一产业	人	6	330396
第二产业	人	7	318574
第三产业	人	8	301780
从业人员工资总额	万元	9	3614655
四、职工及工资总额	–	–	–
职工期末人数	人	10	372007
其中:在岗职工人数	人	11	324480
职工工资总额	万元	12	1274267
其中:在岗职工工资总额	万元	13	1133060
五、收入及住房情况	–	–	–
1.居民人均可支配收入	元	14	30854
2.年末实有住房面积	平方米	15	57399193
六、农垦经营规模情况	–	–	–
1.第一产业增加值	万元	16	1449629
2.第二产业增加值	万元	17	11114413
3.第三产业增加值	万元	18	8930600
七、小城镇情况	–	–	–
1.小城镇个数	个	19	52
2.小城镇人口	人	20	425753
3.小城镇占地面积	平方米	21	83564063

农垦土地利用和耕地面积

指标名称	计量单位	代码	数量
一、土地总面积	公顷	1	368952
1.耕地面积	公顷	2	144109
其中:水田	公顷	3	58243
高标准农田面积	公顷	4	88933
永久基本农田	公顷	5	106010
2.牧草地面积	公顷	6	553
3.林地面积	公顷	7	45268
4.水面面积	公顷	8	78032
其中:可养殖水面	公顷	9	54748
5.园地面积	公顷	10	6459
6.可垦荒地面积	公顷	11	3790
7.宜林地面积	公顷	12	3590
8.居民点及工矿用地面积	公顷	13	46826
9.其他面积	公顷	14	40325
二、现代化农业园区情况	–	–	–
1.现代化农业园区个数	个	15	5
2.现代化农业园区占地面积	公顷	16	7538
三、土地变动情况	–	–	–
1.年初实有耕地面积	公顷	17	144233
2.当年增加的耕地面积	公顷	18	553
3.当年被政府收回的土地	公顷	19	187
4.当年减少的耕地面积	公顷	20	677

农垦农作物播种面积和产量

指标名称	代码	播种面积（公顷）	总产量（吨）
农作物播种面积总计	1	239396	–
一、粮食作物	2	140221	909504
其中：夏收作物	3	38461	172112
（一）谷物合计	4	128979	882118
1.稻谷	5	61498	519616
其中：早稻	6	2259	18838
2.小麦	7	42248	204830
3.玉米	9	24707	155278
4.谷子	10	5	51
5.高粱	11	289	1513
6.其他谷物	12	232	831
（二）豆类合计	13	10410	20959
1.大豆	14	9960	14525
2.杂豆	15	230	633
（三）薯类	16	831	6427
二、油料合计	17	25819	102726
其中：花生	18	6713	54468
油菜籽	19	16898	43671
芝麻	20	2170	3889
三、棉花	23	4726	5755
四、麻类合计	25	33	24
苎麻	27	33	24
五、糖料合计	30	36	3069
其中：甘蔗	31	36	3069
六、药材类合计	35	737	–
七、蔬菜、瓜类	36	60002	2167274
其中：蔬菜	37	52187	1876259
瓜类	38	7758	261019
八、其他作物	39	7822	–
青饲料	41	5176	–

农垦牧业生产情况

指标名称	代码	计量单位	数量
一、肉类总产量	1	吨	88258
1.当年出栏肉猪	2	头	820092
猪肉产量	3	吨	64566
2.当年出售的肉用牛	4	头	21143
牛肉产量	5	吨	4275
3.当年出售的肉用羊	6	只	56342
羊肉产量	7	吨	1127
4.兔肉产量	8	吨	1973
5.禽肉产量	9	吨	15227
二、牛奶产量	10	吨	39895
三、蜂蜜产量	16	吨	533
四、禽蛋产量	17	吨	42067

农垦水产生产情况

指标名称	代码	计量单位	合　计	#淡　水
一、水产品总产量	1	吨	521195	521195
其中:养殖产量	2	吨	357940	357940
1.鱼类	3	吨	381966	381966
2.虾蟹类	4	吨	125924	125924
其中:对虾	5	吨	879	879
3.贝类	6	吨	51	51
4.其他	7	吨	13255	13255
二、养殖面积	8	公顷	53092	53092
其中:对虾	9	公顷	1057	1057

监狱系统农场基本情况

项目	单位	合计	各农业子公司					
			沙洋广华	沙洋小江湖	沙洋漳湖垸	沙洋荷花垸	沙洋熊望台	沙洋苗子湖
职工人数	人	5233	437	237	157	166	272	76
农业科技人员	人	236	10				182	1
耕地面积	公顷	24650	2426	3016	1250	1448	2882	548
#水田	公顷	12677	1783	1904	979	757	1037	392
果园面积	公顷	40						
茶园面积	公顷	18						
固定资产投资	万元	6313	962	533	78	39	507	422
#生产性	万元	5326	962	533	30	17	361	422
在固定资产投资中								
拨款	万元	671						
贷款	万元							
自筹	万元	5642	962	533	78	39	507	422
其他	万元							
农业机械总动力	千瓦	46160	5917	6505	2861	1913	2614	1293
农业用电量	万千瓦时	2536	236	350	88	573	409	22
农用动力机械	台	518	212		17		27	
#电动机	台	423	190		17			
柴油机	台	89	22				27	
农用排灌机械	台	275	45	35	17			5
农用加工机械	台	234	145					
大中型拖拉机	台	260	14	23	25	6	23	6
小型拖拉机	台	3						
农用水泵	台	278	45	35	17	14	5	5
谷物烘干机	台	28	10	2	1	1	3	1
机引农具	台	777	94		75	59	50	18
联合收割机	台	85	6	5	4	6	4	3
机动脱粒机	台	2						
农用运输车	辆	1					1	
机耕面积	公顷	31412	2394	933	1847	1326	2882	702
机播面积	公顷	30446	3516	933	1847	1326	2882	702
机收面积	公顷	30525	3516	933	1847	1326	2882	702
有效灌溉面积	公顷	16852	1993	2855	989	757	2310	238
机电排灌面积	公顷	15869	2061	1904	989	1067	2310	238
旱涝保收面积	公顷	13337	1493		250	1133	2310	702
水库	个	23						
化肥施用折纯量	吨	13411	1987	985	822	1333	1062	401
农药施用量	吨	322	52	30	38	22	13	22

注：1.2003 年起所有监狱农场均更名为公司。

2.2022 年沙洋监狱管理局机构撤销，所属沙洋办事处不再承担沙洋片各子公司管理职能，统一由省监狱管理局直管，表中原沙洋办事处改为 9 个农业子公司。

续表

项目	单位	各农业子公司					
		沙洋新园	沙洋马良	沙洋平湖	襄北公司	江北公司	襄南公司
职工人数	人	163	412	121	1855	615	722
农业科技人员	人				43		
耕地面积	公顷	755	1280	124	4935	3891	2095
# 水田	公顷	612	1134	124	127	3639	189
果园面积	公顷						40
茶园面积	公顷		18				
固定资产投资	万元	5	210		1411	1448	698
# 生产性	万元		210		729	1448	614
在固定资产投资中							
拨款	万元				671		
贷款	万元						
自筹	万元	5	210		740	1448	698
其他	万元						
农业机械总动力	千瓦		4313		15344	5400	
农业用电量	万千瓦时		207		168	483	
农用动力机械	台				168	94	
# 电动机	台				128	88	
柴油机	台				40		
农用排灌机械	台				85	88	
农用加工机械	台				83	6	
大中型拖拉机	台		19		144		
小型拖拉机	台				3		
农用水泵	台		15		54	88	
谷物烘干机	台		7		1	2	
机引农具	台				481		
联合收割机	台		6		51		
机动脱粒机	台				2		
农用运输车	辆						
机耕面积	公顷	755	2420		9147	6027	2979
机播面积	公顷	512	2420		9147	6027	1134
机收面积	公顷	680	2420		9147	6027	1045
有效灌溉面积	公顷	548	1134	124	2483	3421	
机电排灌面积	公顷	548	1134	124	2073	3421	
旱涝保收面积	公顷	454	1134		2440	3421	
水库	个				20		3
化肥施用折纯量	吨	1160	1010	106	1430	2288	827
农药施用量	吨	5	29		49	58	4

监狱系统农场农业总产值、增加值

单位：万元

项目	合计	各农业子公司											
		沙洋广华	沙洋小江湖	沙洋漳湖垸	沙洋荷花垸	沙洋熊望台	沙洋苗子湖	沙洋新园	沙洋马良	沙洋平湖	襄北公司	江北公司	襄南公司
按当年价格计算	86370	11620	9050	3483	4843	10984	1881	2226	5287	547	15242	16010	5197
农林牧渔业总产值	86370	11620	9050	3483	4843	10984	1881	2226	5287	547	15242	16010	5197
1、农业	24358	8030	8318	3483	4527	10084	1709	1496	5060	547	14662	10752	5197
2、林业	10	8	2								2	825	
3、牧业								103	129		238		
4、渔业	4148	3582	417		149	402	10	627	98			3277	
5、农林牧渔服务业	480		313		167	498	162				340	1156	
按当年价格计算	41447	5475	3880	2053	2879	5492	832	860	2758	282	8057	6480	2399
农林牧渔业增加值	41447	5475	3880	2053	2879	5492	832	860	2758	282	8057	6480	2399
1、农业	12786	4347	3576	2053	2810	5042	717	508	2630	282	7842	3903	2399
2、林业	1	5	–4								2	289	
3、牧业								28	30		43		
4、渔业	1348	1123	188		37	200	5	402	98			1802	
5、农林牧渔服务业增加值	152		120		32	250	110	–78			170	486	

监狱系统农场生产情况

项目	单位	合计	各农业子公司					
			沙洋广华	沙洋小江湖	沙洋漳湖垸	沙洋荷花垸	沙洋熊望台	沙洋苗子湖
全年农作物总播面	公顷	40842	3755	4482	1847	2131	5577	856
全年粮食作物总播面	公顷	32447	3516	3712	1847	2093	3167	849
全年粮食总产量	吨	186812	23192	20693	12558	11238	17943	5490
#夏粮播面	公顷	13782	1523	1676	868	683	1028	384
夏粮产量	吨	81382	8074	9004	4635	4134	6031	2217
秋粮播面	公顷	21165	1993	1904	979	1448	2139	458
秋粮产量	吨	118984	15118	11689	7923	7104	11912	3273
棉花播面	公顷	1267						
棉花产量	吨	1054						
油料播面	公顷	3438		289		38	640	7
油料产量	吨	9253		753		226	2113	17
#油菜籽播面	公顷	2249		216				7
油菜籽产量	吨	5231		480				17
茶叶产量	吨	1						
水果产量	吨	360	360					
水产品产量	吨	6235	2982	332		149		10
大牲畜年末存栏	头	4						
#耕牛	头							
羊年末存栏	只							
家禽年末存栏	万只	0						
生猪年末存栏	头	1175						
肥猪出栏	头	2483						
家禽出栏	万只	0						
肉类产量	吨	51						
禽蛋产量	吨	114						
造林面积	公顷	265		111				
#当年造林面积	公顷	2		2				

续表

项目	单位	各农业子公司					
		沙洋新园	沙洋马良	沙洋平湖	襄北公司	江北公司	襄南公司
全年农作物总播面	公顷	1116	2420	248	9029	6257	3124
全年粮食作物总播面	公顷	680	2420	248	8621	4437	857
全年粮食总产量	吨	4086	16088	1699	41865	28497	3463
#夏粮播面	公顷	168	1177	124	4247	1171	733
夏粮产量	吨	754	6618	700	30795	5445	2975
秋粮播面	公顷	512	1243	124	4374	3266	2725
秋粮产量	吨	3332	9470	999	11070	23052	14042
棉花播面	公顷						1267
棉花产量	吨						1054
油料播面	公顷	17			391	1590	466
油料产量	吨	48			1075	3696	1325
#油菜籽播面	公顷	17			86	1590	333
油菜籽产量	吨	48			115	3696	875
茶叶产量	吨		1				
水果产量	吨						
水产品产量	吨	530	125			2107	
大牲畜年末存栏	头				4		
#耕牛	头						
羊年末存栏	只						
家禽年末存栏	万只				0.1		
生猪年末存栏	头	372	478		325		
肥猪出栏	头	1305	591		587		
家禽出栏	万只				0.1		
肉类产量	吨				51		
禽蛋产量	吨	114			0.2		
造林面积	公顷					154	
#当年造林面积	公顷